Band 10

ALLGEMEINER DEUTSCHER HOCHSCHULSPORTVERBAND

Erschienen im Hans Putty Verlag
Postfach 13 09 46, 5600 Wuppertal 1

Copyright: Putty 1986

Gestaltung der Titelseite: Idee Gerhard Treutlein und Nico Sperle
Fotomontage: Marek Lufft
Abbildungen: Autoren
Foto Seite 30: Walter Breier
Typosript-Herstellung: Walter Breier
Gesamtherstellung: Werbedruck Köhler + Foltmer, 2900 Oldenburg

Alle Rechte vorbehalten

1. Auflage

ISBN 3-87650-048-6

Gerhard Treutlein
Jürgen Funke
Nico Sperle (Hrsg.)

Körpererfahrung in traditionellen Sportarten

Hans Putty Verlag · Wuppertal 1986

Inhaltsverzeichnis

1. Grundlagen

Jürgen Funke (in Diskussion mit Gerhard Treutlein)   7
(Einleitung)

2. Körpererfahrung in den Individualsportarten

Gerhard Treutlein: 31
Faszinierende Leichtathletik – auch durch Körpererfahrung

Heinz Janalik: 98
Lebenslange Körpererfahrungen durch Judo

Bodo Ungerechts: 128
Körpererfahrung im Sportschwimmen

Heinz Janalik: 146
Warum das "Anfänger-Sein" nicht genießen? – Elementare Erlebnisse und Erfahrungen im Skikurs mit Anfängern

Gerhard Treutlein: 164
Elemente eines an Körpererfahrungen orientierten Skiunterrichts

Nico Sperle: 187
Körpererfahrung im alpinen Skifahren

3. Körpererfahrung in den Sportspielen

Bernd Ruhnau: 205
Körpererfahrung im Handball

Peter Weinberg: 219
Was die Hände über (den) Kopf auf das Spielfeld bringen. Oder: Körpererfahrung im Volleyball

Karl Heinz Leist/Jürgen Loibl: 231
Basketball – grundsätzliche Überlegungen und erste praktische Schritte

4. Körpererfahrung in der Vor- und Nachbereitung

Wolfgang Knörzer: 251
Körpererfahrungsübungen – Hilfen zur Verbesserung der Körperbewußtheit

Angelika Förster: 268
Atmung und Bewegung: Über die psychophysiologische Wirkung von Atemübungen auf den Organismus

Gerhard Treutlein/Michael Preibsch: 284
Vor- und Nachbereitung eines an Körpererfahrungen orientierten Sporttreibens

5. Sportmedizin

Jürgen Schimmel   304
Sport und Gesundheit

6. Literaturverzeichnis   313

7. Informationen zu den Autoren   320

1. Grundlagen

Jürgen Funke (in Diskussion mit Gerhard Treutlein)

Dies soll ein praktisches Buch sein. Es sammelt unter dem Thema Körpererfahrung vor allem Lernvorschläge für Lehre und Training. Die aus unserer Sicht nötige "Theorie" sei hier vorangestellt. Sie diene als Lesehilfe.

1.1. Was meinen wir mit "Körpererfahrungen"

Um Sie in den Ansatz einzuführen, möchten wir Sie zu einem kleinen Exkurs in Form einer Selbsterfahrung einladen. Fragen Sie sich bitte, wie Ihnen gerade jetzt in diesem Augenblick das gegeben ist, was Sie Ihren Körper nennen. Ist es nicht so, daß er Ihnen nur merkwürdig unvollständig gegeben ist? Sie können ihn sicherlich dort erspüren, wo er aufsitzt oder aufruht. Sie besitzen darüber hinaus vielleicht bestimmte Wahrnehmungen aus der Gegend Ihres Magens oder Darmes. Vielleicht spüren Sie einige Partien des Rückens, der Schulter oder des Nackens, weil sich dort Spannungszüge aufgebaut haben. Es kann auch sein, daß Ihnen fühlbar "der Schädel" brummt. Vielleicht war eines von den Viertelliterchen gestern schlecht. Andererseits sind Ihnen sehr viele Abschnitte Ihres Körpers zur Zeit gar nicht gegeben, sie müßten erst nach ihnen "suchen", um sie wahrzunehmen. Stellen Sie sich nun bitte vor, wie sich das ändert, wenn Sie Sporttreiben. Denken Sie dabei einmal an das Schwimmen: Sie werden dann vielleicht eine sehr deutliche Wahrnehmung ihrer Haut besitzen, weil Sie frösteln oder weil Sie sie mit den warmen Strahlen der Brause abtasten. Sie werden sich in Ihrer ganzen körperlichen Ausdehnung gegeben sein, sobald Sie eintauchen und überall vom Wasser umschlossen werden. Ballen Sie nun bitte einmal alle Finger der rechten oder linken Hand zu einer Faust und erhöhen Sie allmählich den Druck, bis er sehr groß wird. Nun öffnen Sie die Hand und spreizen Sie sie so weit, wie es geht. Erhöhen Sie auch hier die Spannung. Wechseln Sie bitte auf diese Weise mehrfach zwischen dem Öffnen und Schließen der Hand. Sie werden feststellen, daß Ihnen Ihre Hand sehr deutlich in den Momenten erhöhter Druck- oder Zugspannung

Grundlagen

gegeben ist, während sie im Wechsel zwischen den Polen der Spannung eher in den Hintergrund verschwindet. Auf ähliche Weise ist Ihnen ihr ganzer Körper gegeben, wenn Sie sich beim Schwimmen in der Brustlage weit ausstrecken und danach wieder zusammenziehen.
Es sollte durch diesen kurzen Ausflug klar werden, daß im Wechsel unseres Tuns, durch ein verschiedenes Sich-Bewegen der Körper als Erlebnisgegebenheit hergestellt wird. Er wird uns in mehr oder weniger großen Bereichen und Bezirken zugänglich. Wir spüren ihn dabei mehr oder weniger deutlich, dürfen also nicht nur warten, bis er sich in der Bewegung selbst aufdrängt, sondern müssen uns zugleich als "gute Wahrnehmer" sensibel für ihn machen. Es ist hinzuzufügen, daß dieses Sich-selbst-in-seinem-Körper-wahrnehmen immer gefühlsgetönt geschieht. Wir empfinden Lust oder Schmerz und beurteilen unsere Gefühle als angenehm oder unangenehm, wobei bekannt ist, daß die hier angesprochene Sinnlichkeit jedes einzelnen das Thema Lust und Schmerz höchst unterschiedlich formuliert (*1).
In diesem Sinne ist es gemeint, wenn wir sagen, das Sporttreiben beschere Körpererfahrungen. In unserem didaktischen Ansatz möchten wir den Sport daraufhin auslegen und erfahrbar machen. Er soll für die Subjekte die Erlebbarkeit, Bewußtheit und weitreichende Handhabung ihres Körpers sichern. Damit ist zugleich verbunden, daß über den Körper als einem Mittler und Fühler auch die menschliche und dingliche Umwelt miterfahren wird. Deshalb prägten wir die Formeln, sportliche Körpererfahrung sei "Erfahrung des Körpers" und "Erfahrung mit dem Körper" (*2). Beides gehört für uns zusammen und bildet in dieser Doppelheit das didaktische Anliegen.

1.2 <u>Zum Verhältnis von Selbsterfahrung, Bewegungserfahrung und Köpererfahrung</u>

Unseres Erachtens kann das, was bisher dargestellt wurde, mit dem Begriff Selbsterfahrung auch begriffen werden, aber nicht in der hier beabsichtigten Präzisierung und Zuspitzung. Der Begriff der Selbsterfahrung ist umfassender. Ich kann mich selbst auch als einen Denker erfahren, wenn ich geistig kommuniziere oder als einen Fühlenden, wenn ich liebe oder hasse. Damit werden deutlich andere Akzente eines Selbsterlebens gesetzt, die dann ggf. auch

jeweils andere didaktische Konsequenzen nach sich ziehen (*3).
Körpererfahrung ist nach unserer Auffassung ein ausgezeichneter Aspekt der umfassenderen Selbsterfahrung. Für diesen Aspekt können wir als Didaktiker eine fachliche Zuständigkeit erkennen und legitimieren, und wir können dem Sport damit ein begründetes Recht in der Erziehung und Bildung verschaffen. Auch der uns geläufige Begriff der Bewegungserfahrung trifft die gemeinte Sache anders. Bewegungserfahrung ist insoweit immer zugleich Körpererfahrung, als sie ja körperlich realisiert werden muß. Sehr genau genommen ist das Erfahren des Sich-Bewegens aber eine etwas andere Sache als z. B. die nachklingende Erfahrung des Sich-Bewegt-Habens. Und sie ist auch eine andere Sache, als ihre in der fühlbaren Formung des Körpers und der Veränderung meiner Beziehung zur Welt zum Ausdruck kommende bleibende Wirkung der Bewegung. Wir ordnen deshalb die Erfahrung des Sich-Bewegens in die Körpererfahrung ein und betrachten die erlebte und nacherlebte Bewegung als die ausgezeichnete Möglichkeit der Körpererfahrung.
Wenn wir daran denken, daß Körpererfahrung auch "im Spiegel der anderen" geschieht, indem man sich in den Vergleich zu anderen Körpern setzt, ohne sich dabei selbst zu bewegen, und wenn man hinzunimmt, daß auch nur empfangene Berührungen, z. B. in der Massage, Körpererfahrungen zugänglich werden lassen, wird klar, daß Bewegungs- und Körpererfahrungen nicht restlos identisch sein können.

1.3 Typische Körpererfahrungen im Sport

Dazu muß zweierlei gesagt werden:
1. Die Spezifizierung typischer Körpererfahrungen wird erst einmal absichtlich nur so weit getrieben, daß das Thema "der Körper in Ruhe, Bewegung und Beziehuhng" ganz allgemein als Thema unseres Sporttreibens erkannt werden kann. Wir wollen zunächst keine unter diesem Gesichtspunkt vorab bestimmten Erfahrungen verallgemeinern, sondern über Aufmerksamkeiten zu persönlichen Entdeckungen führen. Das ist, wenn man so will, das "gestaltdidaktische" dieses Ansatzes (vgl. dazu PETZOLD 1980, 207 - 406). Insofern geht es hier mehr um die Methoden unseres Unterrichts. Sie sollen eine Anleitung zur Suche nach Erfahrungen darstellen, ohne diese Erfahrungen

Grundlagen

substantiell zu fixieren. Das markiert einen entscheidenden Unterschied zu dezidierten "Systemen der Körpererfahrung", die auf solche bestimmten Erfahrungen abstellen und dafür geeignete Übungen finden oder sogar konstruieren. Als Beispiel nennen wir einmal die "Eutonie", der es um die Erfahrung der Wohlspannung der Muskulatur geht, die Bioenergetik, soweit sie die Erfahrung des Zusammenhangs innerer und äußerer Verspannungen ermöglicht oder Moshe Feldenkraisübungen, die das Sich-Bewegen aus dem bloß unbewußten Tun hervorheben wollen und damit einer Funktion ihren Eigenwert geben möchten. (*4) Als Sportdidaktiker befinden wir uns in einer anderen Situation als die Erfinder solcher Systeme: Wir müssen die Theorie einer Praxis bilden. Der Sportler aber hat es in seiner Praxis immer mit einer Absicht auf seinen Sport hin zu tun, die über dem Aspekt der Körpererfahrung auch hinausgreift. Er steht in vielfältigen Sinnbezügen, und es wäre dogmatisch und verkürzend, wenn wir behaupten wollten, Sporttreiben sei Körpererfahrung und sonst nicht. Der Sport ist kein bloßes Körpererfahrungssystem, sondern Sport. Als Gegenstand des Interesses und der Vermittlung kann er nicht unter einer einzigen Auslegung begriffen und verwirklicht werden. Die bildungstheoretische Didaktik hat ja zu Recht und mit bleibendem Erkenntniswert herausgearbeitet, daß (in ihren Worten) jede Leibesübung immer dem Gebiet des vom menschlichen Geist Erdachten und Geschaffenen angehört und daß infolgedessen sich dieses Geistige, also ihr Sinn im Betreiben, erschließe (*5). Und es ist in der kritischen Verfolgung dieses Gedankens einsichtig geworden, daß eine Leibesübung nicht nur einen einzigen Sinn ausdrückt und enthält, sondern mehrsinnig, mehrperspektivisch gebildet ist (*6). So viel zur Relativierung unseres Anspruchs. Wir behaupten aber gerade aufgrund dieser Relativierung, daß die Körpererfahrung eine tragende Perspektive darstellt, einen zentralen Sinn, den wir dem Sporttreiben geben können und der didaktisch verwirklicht werden muß, und wir weisen unsererseits kritisch darauf hin, daß uns diese Perspektive eher unberücksichtigt erscheint.
2. Wir wollen aber auch nicht bloß mit dem Hinweis auf ein Globalthema "der Körper in Bewegung, Ruhe und Beziehung" jeglicher

Grundlagen

Präzisierung von möglichen und wünschenswerten Erfahrungen aus dem Weg gehen. Wir schicken voraus, daß die genaue Erforschung des Sporttreibens als Erlebnisgegebenheit eine Bringeschuld der Sportwissenschaft darstellt. Unsere Bemühungen, Körpererfahrungen zu ermöglichen, sind daher immer tastende Versuche, die Grundlage dieses Bemühens zugleich mitzuerkennen. Dies wird vielleicht in Ihren Augen manches, was versucht wird, verständlicher, vielleicht verzeihlicher erscheinen lassen. Mit diesem Vorbehalt sei nun gesagt, daß Sporttreiben uns unseren Köper durch die folgenden Erfahrungen geben kann:

Spannung, Entspannung und den Wechsel zwischen beiden Polen, wie z. B. durch Überstreckung und nachfolgende Beugung; den Aufbau einer Spannung im Ausholen und der nachfolgenden explosiven Entladung wie in Würfen, Sprüngen, Stößen oder durch die Dehnungen großer Muskelgruppen; Berührungen und Abdrücke des Körpers auf elastischen oder als leibverträglich wahrgenommenen Unterlagen bzw. Geräten. Wärme- und Kälteansprachen der Haut, desgleichen mit Wind und Wasser. Reflexzonenansprachen der Füße. Statomotorische Sensationen wie Schwindel oder Beschleunigungswechsel im Schaukeln, Gleiten, Rutschen, Fallen. Zirkuläre, zyklische Schwingung des Körpers in wiederholten Bewegungen, die zugleich in sich auf sensiblem Niveau variabel gestaltet werden wie beim Laufen, Radfahren, Rudern, Rückschlagen. Energieströme, die bei der Ausführung und oder im Nacherleben einer Bewegung auftreten; Funktionswahrnehmungen innerer Organtätigkeiten wie Herzklopfen, Blutströme, Atmen, Lustschmerzen der Muskulatur und der Haut, wie sie charakteristisch sind für Muskelkater, Blasen, Hautabriebe oder empfangene Schläge und Knüffe. Wahrnehmungszentrierungen auf bestimmte Sinnenbezirke z. B. der Innenwahrnehmung beim Üben mit geschlossenen Augen oder selbstreduzierter visueller Kontrolle oder Umzentrierungen auf Riechen und Hören. Kontakte mit den Körpern anderer Menschen im Heben, Tragen, Sichern und Kämpfen. Verschmelzungen von Körper, Gerät und Umwelt. Fühl- und sichtbare Veränderungen des Körpers durch das fortlaufende Betreiben von Körperübungen.

Grundlagen

1.4 Wahrnehmen – Empfinden – Erfahren

Eingangs haben wir die Wendung gebraucht, daß uns unser Körper "gegeben" sei. Das war vielleicht befremdlich. Der üblichere und verständlichere Begriff dafür lautet "Wahrnehmungen". Gegeben ist uns unser Körper, weil wir ihm nicht vollständig ausweichen können. Er ist da und drängt sich uns auf und meldet sich. Doch müssen wir dies trotzdem wahrnehmen, d. h. wir müssen aus der Fülle der überhaupt gegenwärtig möglichen Sinneseindrücke etwas absichtlich herausheben. Es ist also in der Regel eine aktive, zuwendende Tätigkeit des "Nehmens" aus dem Gegebenen nötig, um sich des eigenen Körpers und damit seiner selbst zu versichern (vgl. NEISSER 1979, 7-9). Verbunden ist damit eine Stellungnahme zu dem, worauf wir aufmerksam sind. Wir können dem ängstlich nachhorchen und uns fragen, ob es tatsächlich Bestand hat oder eine Einbildung darstellt. Wir können es beiseite schieben oder genießen, ganz je nachdem, welchen Wert wir ihm beimessen. Die Wahrnehmung integriert dabei alle möglichen Arten des sinnlichen Heraushebens wie Hören, Sehen, Schmecken, Riechen, Tasten und inneres Fühlen. Sie hat zudem ihre "Werkzeuge" in der Form von Schemata. In sie wird das Wahrgenommene eingeordnet, durch sie fällt ein Sinnesdatum auf und wird uns als etwas zugänglich. Einen Muskelschmerz deuten wir nur so als Muskelkater oder Zerrung, eine vestibuläre Erregung als lustvolles Schaukeln oder angsterregende Turbulenz. D. h. das unmittelbar in der Aufmerksamkeitsrichtung Liegende, das Empfundene oder Gesehene erhält seinen Informations- und Stellenwert, wird als etwas überhaupt wahrnehmbar nur durch vorhergegangene und bewahrte Wahrnehmungen. Damit bilden die Schemata der Wahrnehmung den Inhalt unserer Erfahrung. Wer oft von einem Sprungbalken abgesprungen ist, kann "aus Erfahrung" alle Sinnesdaten in größerer Genauigkeit zur Beurteilung, z. B. der Treffsicherheit seines Fußabdrucks, heranziehen als ein Ungeübter, dem nichts in ähnlich differenzierter Weise "auffällt". In gleicher Weise kann ein Tennisspieler, oft gegen das Urteil des objektiven Beobachters, recht genau sagen, ob ein Ball gerade noch die Linie getroffen oder schon verfehlt hat. Er braucht das nicht zu sehen, weil er es aus der Bewegung heraus wahrnimmt.

Grundlagen

Strittig ist die Frage, ob Erfahrungen bis zur begrifflichen Formulierung des Wahrgenommenen emporgehoben werden müssen, um überhaupt als Erfahrungen gelten zu können. Im Rahmen der Wahrnehmungspsychologie wird man dieses Problem so auflösen müssen, daß dies nicht der Fall sein muß. Erfahrung zeigt sich zuallererst im geglückten, der Situation und Intention angepaßten Tun. So ist entscheidend für die Erfahrung eines Stuhls nicht, daß ausdrücklich ein Begriff für ihn geprägt und mittgeteilt wird, sondern daß diese Gegebenheit der Umwelt als Sitzling richtig benützt bzw. in andere Bedeutungen des Umgangs mit ihm zutreffend eingebracht wird. Körpererfahrungen sind daher zuerst auf der sensomotorischen Stufe des Handelns und Erkennens anzusiedeln.
Das bedeutet nicht, daß sie nicht bewußtseins- und begriffsfähig sein dürfen. Jedoch kann diese Stufe des Erkennens nicht diejenige allein sein, auf der Wahrnehmungen zu Erfahrungen umgebildet werden. Der Hinweis auf sehr kleine Kinder und z.B. geistig behinderte Menschen mag genügen, um den ausschließenden Charakter einer solchen Auffassung kritisch zu kennzeichnen. Wir verwenden daher die Begriffe Empfindung und Wahrnehmung nicht in scharfem Gegensatz, sondern weitgehend synonym, wobei "Wahrnehmen" mehr die Totalität des Vorgangs, "Empfinden" Herausgehobenes, Besonderes in diesem Ganzen meint (*7). Als Erfahrung bezeichnen wir die wiederholte Wahrnehmung, die dadurch selbst Mittel des Wahrnehmens durch Schemabildung wird.

1.5 <u>Zum</u> <u>Verhältnis</u> <u>von</u> <u>Körpererfahrung</u> <u>und</u> <u>Ganzheitlichkeit</u>
Recht häufig wird im Zusammenhang mit Ansätzen zur Körpererfahrung der Begriff Ganzheitlichkeit ins Spiel gebracht. Der Mensch, der sich bewegt und Sport treibt, sei ein Ganzer und Zusammenhängender und kein Bündel isolierbarer und dann wieder zusammenfügbarer Aspekte. Das ist gegen den Kopfmensch gesagt, der nur aus seinem Intellekt verstanden und auf ihn hin angesprochen wird, gegen den Gefühlsmensch, den nur noch die Emotionen treiben, den Körpermensch, der ganz aus dem Muskelsinn bestehen soll. Natürlich sind das alles Übertreibungen, sind das in Bilder gefaßte Tendenzen und Perspektiven. Die Betonung der Ganzheitlichkeit, ist aus der Wirklichkeit des Menschen heraus gesehen, eine Trivialität. Er lebt

Grundlagen

ungeteilt. Ein vom Körper sich lösender "Geist" ist empirisch nicht vorstellbar, es sei denn als die bei Wilhelm Busch (*8) so anschaulich durch den Schornstein entweichende Seele. Aber da liegt ja dann auch schon die leibliche Hülle tot, eben "entseelt" am Boden, mit dem Teilen hat das Ganze schon aufgehört lebendig zu sein. Was kann also der Sinn der Rede von der Ganzheitlichkeit sein? In unserem Zusammenhang kann es nur, wie gesagt, die Warnung vor einer ungenügenden Berücksichtigung der Gesamtverfassung des Sporttreibenden sein, die durch die Einzelerkenntnisse der Sportwissenschaft und -praxis hier und da aus dem Blick gerät. Da läßt sich im Gefolge kognitiver Theorien ein Sporttreiben beobachten, in dem alle Vorgänge intellektuell zentriert werden. Keine Bewegung, die nicht zerlegt, erklärt, medial-analytisch materialisiert, begrifflich gefaßt und gesetzmäßig hergeleitet würde. Da fragen wir: Wo bleibt die unmittelbare Erfahrung, wo das Sich-Verlassen auf die Klugheit des erfahrenen Leibes, die mit allem, was da erklärt wird, schon vertraut ist bzw. sich auf seine Weise vertraut macht? Da läßt sich auch - im Gefolge von Trainigstheorien - ein den Geist negierender und "nervtötender" rein körperlicher Drill beobachten. Machen, nicht denken, heißt die Devise und der Sportler wird zum willigen motorischen Endglied eines übergeordneten Verstandes degradiert. Gegen so etwas fragen wir, ob nicht das leiblich Erfahrene den Ansatzpunkt auch für das Begreifen bilden muß, um sich nicht im öde Mechanischen festzulaufen, und ob nicht die Freude im Sport ins Trainig selbst und nicht bloß in die Festreden über den Sport gehört.
Da werden im Gefolge bestimmter Wettkampfspychologien Methoden der Desensibilisierung des Athleten angewendet. Die Aufregung soll sich legen, die Selbstgewißheit steigen, der Gegner einem gleichgültig oder auch besonders zuwider sein. Hier fragen wir, ob nicht die Sensibilisierung für das, was einem widerfährt, für die Selbsterfahrung wertvoller ist als das Unempfindlichmachen. Des weiteren sind in der modernen Wettkampfpraxis Optimierungen der Wettkampfstätten sehr weit fortgeschritten. Ein Athlet ist heute in der Regel so "sportstättensensibel", daß er polare Erfahrungen nicht mehr ertragen kann oder will. Da fragen wir, ob nicht auch

Grundlagen

polare Erfahrungen zur Vollständigkeit eines recht verstandenen Sporttreibens gehören und deshalb mittrainiert werden sollen, Läufe auch gegen den Wind und bei schlechtem Wetter, Schwimmen auch in strömenden, widrigen Gewässern und nicht so optimalen Bassins, wie sie in weniger reichen Ländern begegnen u.s.w.. Ist nicht auch die hohe Sensibilität für alle Abweichungen vom normal gewohnten Rahmen schon Hypochondrie?
In diesem Sinne, glauben wir, kann die Rede von der Ganzheit verstanden werden, sie unterstellt das Prinzip des Aufsteigens von der abstrakten Einzelerkenntnis in die Wirklichkeit des sporttreibenden Menschen als den notwendigen Schritt und dies nicht im Sinne einer "Anwendung von ... auf ...", sondern im Sinne einer umfassenden Vergewisserung.

1.6 Wohlbefinden und Glück

Kann man sagen, daß Wohlbefinden und Glück ein recht verstandenes Sporttreiben auszeichnen? Soll man das überhaupt sagen, wo das doch nicht objektivierbar, rein subjektiv, unwissenschaftlich und willkürlich zu sein scheint? Wir wollen uns trauen, das zu sagen. Und wir meinen aus eigener und durch mitgeteilte Erfahrung behaupten zu können, daß ein auch auf Körpererfahrungen ausgerichtetes Sporttreiben dazu beiträgt, daß sich der Sportler wohlbefindet und glücklich sein kann. Die Langeweile eines monotonen Trainings kann durchbrochen werden durch neue Erfahrungen, durch eine gespannte Aufmerksamkeit auf Empfindungen, die einem das eigene Tun neu erschließen. Ein Sporttreiben, dessen Führungsgröße das Wohlbefinden während des Übens ist, vitalisiert den Übenden, statt ihn zu erschöpfen, man fühlt sich z. B. nach einem in diesem Sinne geführten Waldlauf erfrischt statt abgemattet. Die Gewißheit, daß man noch einen Körper hat, der sich spüren läßt und in dem man sich selbst spürt, gehört zu den "glücklichen" Momenten des Tages. Die Zentrierung auf das Wahrnehmen des Körpers und das Wahrnehmen mit dem Körper kann zu einer zeitlosen Gegenwartserfahrung führen, die dem nahesteht, was Goethe als den Inbegriff des Glücks bezeichnet hat: "Zum Augenblicke dürft ich sagen, verweile doch, du bist so schön."(*9) Nun ist Goethe immer gut, aber vielleicht zu hoch gegriffen, deshalb läßt es sich auch schlichter sagen. Der

15

Grundlagen

kleine Junge, aus der Turnhalle in die Pause geschickt, sagt: "Pause? Pause ist schade!" Das ist es.

2. Was meinen wir nicht, wenn wir von Körpererfahrung reden

Das Wichtigste ist dazu schon gesagt: die alleinige und sozusagen sektiererische Auslegung des Sports ausschließlich als Körpererfahrung und eine Bildung eines geschlossenen Systems ist nicht gemeint. Auch Therapie ist keine Absicht. Wichtig ist zuerst, daß mit "Körpererfahrung" kein absolut neuer Gesichtspunkt für die Interpretation und das Lehren des Sports aufgestellt wird. Als bereits vorhandene, einschlägig argumentierende Quellen sind zu nennen: die Aufsätze zur Körpererziehung aus dem "Natürlichen Turnen" seit Beginn der 20er Jahre, GRUPES Grundlegung der Sportpädagogik durch die Leibphänomenologie 1963, die Untersuchungen zum Zusammenhang von Wahrnehmung und Bewegung durch KOHL 1958, eine Reihe von Arbeiten von ins Exil gegangenen Praktikern und Theoretikern der Gymnastik, deren Ansätze zur Zeit wie etwa der von GINDLER (BROOKS 1979) reimportiert werden. Auch das Bestreben, sensomotorische Erfahrungen durch den handelnden Umgang mit dem eigenen Körper in einer vielfältig anregenden Umgebung zu vermitteln wie bei SCHERLER (1975 u. 1976) und der Motopädagogik KIPHARDS (1982) verweisen darauf, daß hiermit ein durchgehender Zug sport- und bewegungspädagogischer Selbstreflexion getroffen ist. Daß die Perspektive der Körpererfahrung dennoch "neu" erscheint, liegt eher daran, daß ihr - genau wie den genannten Quellen - im Zuge anderer Aufmerksamkeiten weniger Beachtung geschenkt worden ist.

Schließlich müssen wir uns absetzen gegen alle Versuche, das leiblich akzentuierte Geschehen, auf das es uns ankommt, zu mystifizieren und damit den Ansatz der Körpererfahrung als eine frühe Botschaft des heraufziehenden Wassermannzeitalters zu betrachten. Selbstverständlich: Begriffe wie "Meditation" oder "Zen" liegen nahe. Sie könnten bei oberflächlicher Betrachtung dazu führen, das gesamte Anliegen ins Reich des Unerklärlichen oder Irrationalen zu verweisen. Es ist jedoch nüchtern betrachtet so, daß bereits in unserer Fachwissenschaft solche Begriffe und an sie anschließende

Erfahrungen angesprochen werden, so daß sie mehr und mehr in ein allgemeines Wissen um die Vorgänge und die Bedeutung des Sich-Bewegens integriert werden. Wir verweisen hier auf die Bewegungslehre von FETZ (1964, 125-131), besonders die Passagen über Bewegungsempfindungen, die verschiedenen Ausführungen zum Üben (neuerdings wieder von EHNI (1985)) und auf das von MOEGLING gestaltete Heft zur "Bewegungsmeditation" (Sportpädagogik 10 (1986) 1).

3. Wieso ist das Thema bedeutsam?
Um dies zu sagen, können wir nicht ganz auf Gesellschaftskritik verzichten.
Nehmen wir an, wir wollten von einem Punkt A, an dem wir uns befinden, zu einem Punkt B gelangen. Dazwischen liege ein Gitter. Wir haben es eilig. Wir springen mit Schwung darüber hinweg, nachdem wir Höhe und Anlauf eingeschätzt haben, und eilen fort zu B. Aber leider befinden wir uns in einem Alter oder einer gesellschaftlichen Stellung, die den Sprung verbieten. Wir gehen also um das Gitter herum und gelangen auf diese Weise zu B. Aber leider können wir gar nicht gehen, wir liegen im Bett. Was wollten wir also in B? Etwas einkaufen. Nun, da muß eben B zu uns kommen. Wir wälzen uns auf die Seite, drehen die Wählscheibe und bestellen telefonisch. Aber leider können wir auch das nicht. Wir sollen ganz still liegen und uns nicht rühren. Deshalb bringen wir mit einem Wink unserer Augen unsere Pflegerin dazu, uns den Wunsch abzufragen und die Sache für uns zu erledigen. Vielleicht wollten wir auch gar nichts kaufen, sondern uns in B etwas anschauen. Auch da ist Rat. Wir ordern ein Bild oder einen Videostrip und erledigen das zuhause.
Diese Beispiele zeigen anschaulich, was wir die gesellschaftliche Bedeutung des Körpers nennen. Das Vermögen und die Mittel unserer Gesellschaft machen es möglich, weitreichende Handlungsziele bei minimaler organismischer Funktionfähigkeit zu verfolgen. Es kommt vom einzelnen her gesehen nur darauf an, in welchem Umfange man Dienstleistungen oder Ersatzhandlungen mit geringerem körperlichem Aufwand operativ intelligent organisieren kann. Zur Zeit begründet dies noch eine gesellschaftliche Schichtung in Intelligenzleister

Grundlagen

und Bewegungsleister. Aber auch diese Schichtung wird korrodieren und verfließen, wenn die Elektronisierung und Roboterisierung weiter fortgeschritten ist. Es bleibt uns eine vergleichsweise geringe Restsorge um das leibliche Wohlergehen, um derentwillen man Vorrat durch Übung und Diät schaffen und Kenntnisse erwerben muß. Und selbst diese Restsorge wird verringert. Bedeutende Anstrengungen werden unternommen, um jede Vorbeugung durch Nachsorge zu ersetzen. Medizin und Pharmakologie bringen immer mehr Mittel hervor, die auch noch das Restminimum an organischer Funktionsbereitschaft und das ihm entsprechende Lebensgefühl als Konsumartikel verfügbar machen.

Die Menschen nun handeln aufgrund ihres Wissens um eben diese Möglichkeiten. Sie bestimmen als Praxis des Lebens mit dem Körper das, was sie als den Körper noch in Funktion wahrnehmen. Dieser praktischen Erfahrung ihres Handelns nach ist der Körpr ein ersetzliches und relativ unerhebliches operatives Mittel. Wie wir gesehen haben, brauchen wir ein nur sehr geringes Maß an Muskelkraft, Beweglichkeit und Sinnenschärfe und bleiben doch handlungsfähig und mächtig. Ja, es scheint so, als wenn Einfluß und Vermögen geradezu davon abhängen, daß die organismisch aufwendigen Operationen unseres Handelns zugunsten der intelligenten Organisation von Mitteln und Dienstleistungen zurückgestellt werden. Über Zäune springen ist dann ein Symbol für geringen Status und mangelnde Intelligenz. Wenn wir uns mit solchem Vorverständnis umschauen, fällt uns bald an vielen Stellen die Substitution des körperlichen Vermögens auf; in der Arbeitswelt, im Verkehr, im Städtebau, im Wohnungsbau, im Haushalt. Überall mehr Komfort und weniger Anstrengung, mehr Roboter, Elektronik, maschinelle und menschliche Dienstleistung, mehr Knopfdruck und Geisterhand.

Diese Lage erklärt auch manches Unerklärliche in körperlichen Dingen: Daß viele Menschen achtlos mit sich selbst umgehen, ihren "Körper" vergessen, ihn manchmal zum Arzt tragen, die Medizin schlucken und die Ratschläge wenig beherzigen; daß es viel zu viele dicke, unbewegliche, haltungsschwache, zahnfaule Kinder gibt, deren Eltern gar keine Anstrengungen unternehmen, dem irgendwie vorsorgend abzuhelfen, aber auch mehr Zahnspangen, Sonder-

Grundlagen

turnen, Rehabilitation und Therapie. Hier wirkt kein böser Wille, spricht sich keine Dummheit oder Faulheit aus. All diese Menschen handeln rational, wie es die Lage erfordert. Man benötigt das nicht, und wo das Minimum unterschritten wird, ist rasche Hilfe versprochen.
Selbst die zur Zeit noch sichtbaren Mängel, Herz- und Kreislaufkrankheiten, Haltungsschwächen und -fehler, Dickleibigkeit und Bewegungsschwächen werden ihre Mittel finden und erträgliche Erscheinungen des Normalen werden. Das ist die eine Seite der Medaille. Die Bedeutung des Körpers ist erheblicher, als sie bisher dargelegt wurde. Jedoch, was wir bisher erklärt haben, ist so in letzter Zeit oft und nachdrücklich in kulturkritischer Wendung beschworen worden. Vom Verschwinden des Körpers und Schulen der Körperlosigkeit war metaphorisch die Rede. Es ist gut, das zu hören, weil es unseren Optimismus über die Zustimmung zu unseren Zielen dämpft. Aber es gibt wohl doch nur eine Teilwahrheit wieder. Wie wir gezeigt haben, ist es möglich, weitreichende Handlungsziele operativ unkörperlich anzustreben und dabei auch noch Erfolg zu haben. In der Verblüffung über diese Tatsache sollte nicht vergessen werden, daß die Erfahrung von beidem abhängig bleibt, vom Ziel und von den zielerreichenden Operationen. Über den Zaun springen und telefonieren bedingen, selbst wenn sie zu einem fast gleichen Ergebnis führen, je eine grundsätzlich andere Erfahrung der Welt und unserer leiblichen Existenz in ihr, und sie beruhen auch auf einer ganz anderen Vorstellung von dem, was die Welt für uns sein kann. Zugleich bringe ich mich selbst als jemand dadurch hervor. Ich nehme Stellung zur Welt und erfahre mich selbst. Inhalt und Art dieses weltdeutenden Selbsterlebens begründen eine Lebensqualität. Bergsteiger wenden ihre Kraft und Ausdauer an die Widerstände eines Felsens, Reiter zähmen ein heftiges Pferd, Skiwanderer trotzen Sturm und Kälte, Paare hegen ihre Zärtlichkeiten, und es sind immer jene unkörperlich operierenden Intelligenzen, als die sie sich in anderem Zusammenhang handlungsfähig und mächtig zeigten, die das tun. Diese eine Welt und ihre Selbsterfahrung reicht ihnen eben nicht. Unser Sport hat unter diesem Aspekt mit dafür zu sorgen, daß sich Menschen körperlich akzentuierte Ziele

Grundlagen

setzen. Es deutet den Menschen das körperliche Vermögen als eine Quelle befriedigender Erfahrungen, in denen sie sich selbst finden und bestimmen können.
Der Körper ist ein Anfang. Immer wieder.
Ein Kind wird geboren. Es schreit. Es schläft. Es regt sich. Erwachsene sind bei ihm. Nehmen teil. Machen vor. Helfen. Halten. Wiegen. Baden. Füttern. Rufen. Antworten. Geben Spielzeug. Verschwinden. Kommen wieder. Fordern. Gebieten. Es geschieht Entwicklung. Die Erwachsenen nehmen die Regungen die Kindes als etwas wahr. Sie sehen Anfänge. Sie deuten sie aus, stellen sich vor, was daraus werden kann. Unser Kind ist müde, sagen sie, wenn es das Gesicht verzieht und nörgelt. Unser Kind will stehen, hoffen sie, wenn es an die Gitterstäbe des Laufstalls greift. Unser Kind ist musikalisch, denken sie sich, wenn es so schön lallt. Und sie unternehmen etwas, damit das, was ihnen ein Anfang scheint, auch zu dem kommt, worauf es ihnen hindeutet. Das Kind erfährt das. Führende Hände und lockende Rufe bedeuten das Stehen. Kleine Gute-Nacht- und Wiegenlieder die Musik, ein Bett das Alleinsein in Ruhe. In den körperlichen Handlungen hat die Entwicklungspsychologie die Grundlage der Intelligenz wahrgenommen, im Lallen die des höchst entwickelten Sprechens, im Strampeln die Anfänge aller Lokomotionen der besten Athleten. In den groben Bewegungen der Arme Voraussetzungen für die feine Koordination von Auge und Hand, die chinesische Schriftzeichner zuwege bringen. Noch die abstraktesten Leistungen unseres erwachsenen Vermögens haben irgendwann im Entwicklungsgang körperliche Handlungen zu ihrer Bedingung gehabt. Die sorgsame Pflege und Anregungen dieser Handlungen kann als die beste erzieherische Vorbereitung für die darauf aufbauenden Entwicklungsfortschritte bezeichnet werden. Das Zurückgreifen auf den Körper nun ist im Laufe unseres Lebens oft erforderlich. Wenn wir eine neue Sprache erwerben wollen, wenn wir krank waren und uns wiederherstellen, wenn wir unsere eigenen Kinder verstehen wollen, wenn wir uns Ziele oder Aufgaben vornehmen, die uns noch neu sind (auch noch im Ruhestand), wenn wir die wortlose Verständigung suchen. Wenn unsere Seele leidet und uns der Streß überwältigt. Wir denken, es ist vertretbar, hilfsweise zur Kennzeichnung

der Bedeutung des Körpers einen erweiterten Begriff des "Körperschemas" zu verwenden. Nach PIAGET (und dies deckt sich mit der Auffassung der Wahrnehmungspsychologie bei NEISSER) (*10) bedeutet Schema: eine vorbewußt oder bewußt verfügbare Handlung, die einer Absicht ihre gleichbleibenden, wenn auch in sich beweglichen Mittel gibt. In diesem Sinne sind Greifen und Saugen sensomotorische Schemata, und das Festhalten der Größe eines Gegenstands, gegen seine im Wahrnehmungsfeld objektiv erscheinende Verkleinerung in der Entfernung, ist ein gedankliches Schema. Man kann nun in der Fortsetzung dieser Bestimmungen sagen, daß der Körper insgesamt ein Schema, ein sehr komplexes Schema darstellt. Es steht für eine Summe von möglichen und genauso von nicht möglichen Handlungen. Dies drückt sich aus in einem vorbewußten "ich kann", und "ich kann immer wieder", wie es uns Alfred SCHÜTZ als die "zweite lebensweltliche Idealisierung" sehen gelehrt hat und durch ein entsprechendes "ich kann nicht". Der Körper steht als ein Schema für Handlungen, Wirkungen und Beziehungen, die selbstverständlich, unter Umständen in Reichweite oder ganz und gar unmöglich sind. Im Traum, in der Erinnerung und in der Phantasie überschreiten wir dieses Schema, aber eben auch durch konkretes, assimilierendes und akkomodierendes Handeln, wie es uns das Sporttreiben abverlangt. Wenn man mit SCHERLER nun die Perspektive PIAGETS etwas verändert, der daran interessiert war, den Durchgang der Erkenntnis durch die sensomotorischen Stufen zu betrachten, um die höher bewerteten Stufen des beweglichen gedanklichen Handelns zu finden, wenn man also darauf abstellt, daß jede Stufe in Funktion bleibt und in sich selbst die Möglichkeit der Entwicklung, der Vertiefung und Verfeinerung enthält, dann erkennen wir Körpererfahrungen als einen bedeutsamen Beitrag dazu, die Stufe des sensomotorischen Erkennens zu kultivieren. Auch dies erscheint als ein wichtiger Beitrag zur Verwirklichung menschlicher Möglichkeiten.

4. <u>Wieso</u> <u>ist</u> <u>das</u> <u>Thema</u> <u>für</u> <u>"traditionelle</u> <u>Sportarten"</u> <u>bedeutsam?</u>
Nehmen wir dazu zunächst ein Beispiel. Der vorherrschenden Auffassung von Leichtathletik entspricht es, einen Kugelstoß vor allem unter dem Gesichtspunkt physikalischer Einwirkungen und Lageverän-

Grundlagen

derungen zu betrachten. Es werden Kennlinien der optimalen Beschleunigung des Wurfgeräts aufgestellt, Abwurfwinkelkalküle errechnet, die leiblichen Möglichkeiten eines Athleten als besondere, meist nicht ganz optimale, daher einschränkende Bedingungen der Realisierung der Wurfformel einbezogen. Auf diese Weise hat sich eine die Wirklichkeit der Leichtathletik eher verzerrende Rekonstruktion dieses Gebietes eingespielt. Wahr ist doch wohl auch, daß das Ergebnis unsres Stoßes von dem persönlichen Zustand abhängt, in dem wir uns befinden. Im Zustand der Gereiztheit, Aufregung, Hektik bewegen wir uns anders, als wenn wir wach, ausgeglichen, gelassen und wohlgespannt sind. Durch eine veränderte Einstellung unseres Zustandes können unsere Bewegungen eine andere Form und einen gesteigerten Effekt bekommen. Durch anderes Sich-Bewegen können wir den gegebenen Zustand verändern. Das ist für einen Sportler eine vielleicht vergessene Selbstverständlichkeit, um die man sich neu, z. B. in der sehr biomechanisch und leistungspsychologisch durchgebildeten Leichtathletik, didaktisch bemühen sollte. Wer eine Kugel weit stoßen will, muß nicht vornehmlich biomechanische Kennlinien realisieren: diese sind unfühlbare Abstrakte. Er muß dafür sorgen, daß die Kugel warm in seiner Hand liegt, daß sie einverleibt ist, daß sich Absicht und körperseelischer Zustand miteinander vertragen und aneinander entwickeln, kurz, er muß das tun, was manche "meditieren" nennen und sein fortschreitendes Können beinhaltet eine vertiefte Fähigkeit dazu.
Das heißt, die traditionellen Sportarten sind reicher und tiefer mit Erfahrungsmöglichkeiten ausgestattet, als die Art sie zu betrachten und sie zu lehren gegenwärtig zugänglich macht.
Nach unserer Auffassung gibt ein aufmerksames Umgehen des Sportlers mit dem eigenen Körper diesem die Möglichkeit, nachhaltiger und besser Sport zu treiben. Ein vorwiegend an extern errechneten und vorgegebenen Belastungsdaten ausgerichtetes Training verkennt den besonderen Standpunkt und die Eigenart des sporttreibenden Menschen. Der Mensch kann nur in Grenzen metaphorisch als Bewegungsapparat gedeutet werden, dessen leistungsbestimmende Teilfunktionen isoliert, errechnet und stimuliert werden können. Eine

Grundlagen

solche Vorstellung führt in der Praxis sehr schnell an die Grenzen des noch Möglichen. Der Athlet wird durch eine solche Auffassung von sich selbst entfremdet. Er hört nicht mehr auf sich, sondern stumpft sich ab, um den Normen zu entsprechen.

Ein weiterer Gesichtspunkt kommt hinzu, den wir eigentlich immer stillschweigend vorausgesetzt haben. Sporttreiben, in dem uns geläufigen Sinne, orientiert an regelmäßigen Wettkämpfen, unternommen zur Erprobung und Steigerung der persönlichen Tüchtigkeit und als Anlaß zur Geselligkeit, stellt für uns einen hohen Wert dar. Wir sagten bereits, daß es nur wenige gleichgute Möglichkeiten wie diesen Sport gibt, um Menschen dafür zu gewinnen, sich selbst körperlich akzentuierte Ziele zu setzen. Der Sport macht gerade darin anspruchsvoll. Wer den Tennisball trifft, sieht das absichtliche Setzen als neuen Anspruch vor sich. Wer Setzen kann, möchte das Tempo und den Schnitt variieren. Wer dies beherrscht, möchte es mit Sicherheit und Gleichmäßigkeit, ohne vom Wechsel der "Form" betroffen zu werden, realisieren u.s.w.. Uns geht es in einer kritisch geneigten Einstellung zum Sport darum, daß der Sport nicht maschinenartig, unsensibel, gegen den Körper und gegen die Sportpartner ausgeübt wird. Das ist letzlich eine Wertentscheidung. Aber kein Sport kommt ohne eine normative Grundlage aus. Schneller, höher, weiter erschöpfen die Ethik des Sports nicht. Es muß hinzukommen, daß der Überbietungswille gebunden bleibt an ein Körpergewissen. Selbst im Zuschauersport scheint es so zu sein, daß die aggressive Unterwanderung allgemein geteilter ethischer Grundlagen eines friedlichen Spielens, unter größtmöglicher gegenseitiger Herausforderung, den Zuschauern die Freude an der Sache verdirbt. Und ebensowenig wie Verletzungen billigend in Kauf genommen werden können, kann die Steigerung der menschenmöglichen Leistung im Sport, z. B. durch Kindertraining, ohne eine Rücksicht darauf auskommen, was das aktuell zu Erreichende für die gesamte Lebensspanne des Sportlers bedeutet.

Insofern scheint uns, gerade auch wegen vieler wenig ermutigender Erscheinungen des veröffentlichten Sports, eine mehr leibökolgische Betrachtung des Sports angebracht. Der Sport kann ja nicht stehenbleiben, er muß sich entwickeln. Und dazu sagen wir, daß mehr

Grundlagen

guter Sport ein leibverantwortlicher Sport sein sollte. Man mag einwenden, daß dabei ein entabenteuerter, in Watte gepackter Schonsport herauskommen wird und daß das freie, existentielle Risiko seinen unbedingten Stellenwert im Sport behalten müsse. Von Schonung, denken wir, war nicht die Rede, sondern von einer auf die Lebensspanne Rücksicht nehmenden Verantwortung. Diese weist dem Sportler im ethischen Dilemma (MAIER 1985) den besseren Weg, z.B. gegen krebserregende Anabolika und gegen das Niedertreten des Gegenspielers, um die exponiertesten zu nennen.

5. <u>Wie</u> <u>lassen</u> <u>sich</u> <u>Körpererfahrungen</u> <u>vermitteln?</u>
Körpererfahrungen setzen eine gewisse sinnliche Ansprechbarkeit, eine Sensibilität für das, was geschieht oder geschehen wird, voraus. Möglicherweise kann dann noch eine bewußte Verarbeitung dessen, was man erlebt hat, hinzukommen. Aus dieser Überlegung läßt sich ein Dreischritt für die Vermittlung von Körpererfahrungen ableiten:
1. Sinnliche Aufgeschlossenheit setzt mich in die Lage, wahrzunehmen, was in meinem Körper und im Kontakt meines Körpers mit der Umwelt geschieht. Funktionstüchtige und differenzierungsfähige Sinne sind eine wesentliche Vorbedingung für Körpererfahrungen. Wir können heute nicht mehr davon ausgehen, daß alle Lernenden im Sport über voll funktionstüchtige Sinne verfügen, zumindest nicht, daß sie mit allen ihren Sinnen bewußt wahrnehmen. Eine Schärfung der sinnlichen Bereitschaft durch entsprechende Aufgaben und Aufmerksamkeitszentrierung sollte deshalb sowohl bei Lernenden, aber auch zeitweise immer wieder bei Könnern angestrebt werden.
Stichwort: SINNE SCHäRFEN.
2. Körpererfahrungen können in erster Linie dann gemacht werden, wenn die Lern- und Übunssituation sowie der methodische Weg und das Lehrverhalten so arrangiert werden, daß sinnliche Bereitschaft, daß Wahrnehmung auch wichtig wird. Bei einer Aufmerksamkeitszentrierung auf das Technische oder die zu erzielende Leistung scheint dies schwerer möglich, als wenn die Lernaufgabe Umwelt und Absicht in Beziehung setzt und der Lernende sinnlich herausfinden muß, wie diese Beziehung von ihm gestaltet wird.

Stichwort: SINNE NUTZEN.
3. In einem dritten Schritt kann ein bewußtes Verarbeiten des Wahrgenommenen erfolgen. Man kann sagen, was man empfunden hat, es vergleichen. Doch sollte ein solches Verarbeiten - vor allem bei Kindern und alten Menschen - vorsichtig angeregt und dosiert angewendet werden. Die Erlebnisse sollen nicht zerredet werden. Wenn man jedoch aktuelles Wohlbefinden für die Zukunft sichern möchte, dann kann ein Bewußtwerden seiner Gründe und Bedingungen gerechtfertigt sein.
Stichwort: (AUCH MAL) DARÜBER REDEN.
Die beiden ersten Schritte können im Sinne einer funktionalen Vorgehensweise angewendet werden. Im Idealfall werden dem Lernenden dabei wahrnehmungs- und erlebnisreiche Bewegungsangebote gemacht, in denen erfahrungsgemäß bestimmte Erfahrungen mit großer Wahrscheinlichkeit entstehen. Gut ist es, wenn der Lehrer durch sein Mittun in eine Erfahrungsgemeinschaft mit den Lernenden tritt, um aus ihr heraus durch Anregungen und Fragen den Prozess zu unterstützen. Es können als Anregung bewußt auch solche Bewegungen gewählt werden, die im Anklang an kindliches Bewegen stehen. Kindheitserinnerungen und die Beobachtung von Kindern können uns den Weg zu zahlreichen Aufgaben zeigen. Das Suchen, Wiederfinden, Wiederholen und Ausprobieren kindlicher Bewegungen sind ein bedeutender Anstoß, angenehme Bewegungs-/Körpererlebnisse funktional zugänglich zu machen. Im dritten Schritt geht es um das deutend-verstehende Miteinandersprechen. Was beim Sich-Bewegen aufgefallen ist, kann ausgedrückt, was von dem Ausgedrückten verstanden worden ist, zurückgespiegelt werden. Günstig ist es, wenn Beiträge, die grundsätzlich freiwillig gegeben werden, auch einfach stehen bleiben dürfen, ohne einen Kommentar haben zu müssen. Erfahrungsgemäß ist es erhellender, das Feld der Empfindungen in seiner Differenziertheit zu erkennen, als eine "Einigung" anzustreben. Sagen, wie ich empfinde oder empfunden habe, führt hier weiter als das Forschen, wie man empfindet.
Entscheidend ist unseres Erachtens, daß über eine körpererfahrungsorientierte Vermittlung von Sportarten dem Lernenden ermöglicht wird, daß sein Bewegungsgefühl die Führung bei der Bewegung

Grundlagen

übernehmen kann. Unangenehme Bewegungsempfindungen sind dann Anlaß zu einer Korrekturmaßnahme. Gute Bewegungen sind stets flüssige und angenehme Bewegungen, Brüche und ungünstige Ausführungen können erspürt werden. Eine körpererfahrungsorientierte Vermittlung erfordert auch ein Überdenken der Lehrerrolle. Stärker als bei anderem Unterricht müssen beim Lehrer folgende Qualitäten gegeben sein:
- zum Lenken der Aufmerksamkeit,
- zum Stellen von offenen Fragen,
- zum Formulieren von Vermittlungshilfen,
- zum Arrangieren von Situationen, die Gelegenheit zu Körpererfahrungen bieten,
- zum Suchen von Gesprächen über Körperwahrnehmungen und -erfahrungen,
- zu Offenheit und Flexibilität in der Gesprächsführung, (*11)
- zur Bereitschaft, Gehörtes einfach zu akzeptieren oder auch unkommentiert im Raum stehen zu lassen,
- zum Verzicht darauf, Schüler so lange zu "verhören", bis das gewünschte Ergebnis geäußert wird.

Der Lehrer muß selbst über ausreichend Körpererfahrungen verfügen, um zu wissen, wie er die Aufmerksamkeit lenken und zentrieren kann; er muß für das, was sich beim Lernenden tut, interessiert, ja neugierig sein. Er muß sich dessen bewußt sein, daß nicht nur sein Schüler/Sportler von ihm, sondern auch er von diesem lernen kann. Da nicht jeder Mensch gleich ist, muß er darauf vorbereitet sein, daß in den Auswertungsgesprächen Antworten möglich sind, die für ihn überraschend kommen; das Aushalten von überraschenden Situationen und auch von momentanem Nichtsanfangenkönnen mit einer Äußerung zeichnet einen Lehrenden bei körpererfahrungsorientiertem Unterrichten aus.

6. Zu den Beiträgen dieses Bandes

Wir sagten, daß die Aufhellung der Erlebnisse im Sport, so auch der durch Sport ermöglichten Körpererfahrung zur Bringeschuld der Sportwissenschaft gehört. Wir haben die Perspektive, aber wir wissen wenig über sie. Deshalb sind wir besonders froh, daß sich,

Grundlagen

außer uns selbst, weitere Fachleute für einzelne Disziplinen des Sports bereitgefunden haben, hier erste Beiträge zu liefern. Denn das ist der aus unserer Sicht einzig gangbare Weg: Wie der Körper im Sporttreiben gegeben ist und was mit ihm empfunden wird, das kann nur einer sagen, der aus Erfahrung spricht. Deshalb führen Vorschläge zur Körpererfahrung im Sport nur zu etwas Praktischem, wenn sie von jemand geäußert werden, der seine Sache kennt. Man muß mit wachen Sinnen Sport getrieben und mit Einfühlungsvermögen andere zum Sporttreiben angeleitet haben, wenn man im gegenwärtigen Stand der Kenntnisse etwas Sinnvolles aussagen will. Das ist keine Versicherung gegen Irrtum oder Überziehen. Etwas auf diesem Gebiete zu sagen, schließt dieses Risiko weiterhin ein. Aber es ist ein Ausweis von Redlichkeit, wenn man aus Erfahrung spricht und nicht bloß aus Begeisterung. Die biographischen Hinweise zu den einzelnen Autoren mögen unsere Einschätzung belegen. Jeder Beitrag bildet den Versuch, die besonderen "Potenzen" der Disziplin für die Körpererfahrung zu erkunden und zu beschreiben. Alle sind ausdrücklich praktisch gedacht, sie wollen das bisher Erkannte in Form von Lern- und Trainingsvorschlägen zugänglich machen. Deshalb soll, wenn es nach uns geht, dieses Buch nicht gelesen und sozusagen seminaristisch verarbeitet werden, sondern es soll die eigene praktische Erkundung anregen und in ihr seinen Sinn, seine Bestätigung und Kritik finden. Es ist deshalb ein Arbeitsbuch, was wir zusammengestellt haben. Es ist nicht aus einem Guß und in allen Beiträgen auf demselben Stand von Erkenntnis und Aussage. Aber alle Beiträger sind in Richtung der Leitperspektive in Bewegung, ein Anfang also und kein Abschluß. Wegen der Authentizität der Erfahrung, die wir für die einzelnen Autoren ansetzen, wiederholen sich auch einzelne Gegenstände, so daß hier ein mehrperspektivisches Bild erscheint. Dies schien uns besser, als einen Autor um der Vollständigkeit der Gebiete willen auf etwas anzusprechen, was er nicht im gleichen Maße zu seiner Sache gemacht hat. Gleichwohl haben wir uns bemüht, die großen Gebiete des Sports insoweit hier zu versammeln, als Individual- und Mannschaftssport zum Zuge kommen. Und wir haben auch dafür Sorge getragen, daß eine gewisse Vollständigkeit insofern gegeben ist, als Vor- und Nachbereitung

Grundlagen

eines körperbewußten Trainings angesprochen und ein erster, aus unserer Perspektive heraus ansetzender Zugriff auf Sport und Gesundheit gemacht wird.

Anmerkungen

*1 Kursbuch 49 ("Sinnlichkeiten")
*2 FUNKE 1983, 7 - 8
*3 vgl. dazu POPPER/ECCLES 1984, 194 - 214, wo eine Reihe von archaischen Belegen angeführt wird, aus denen hervorgeht, daß akzentuiert körperliche und seelische Selbsterfahrung, also ein gewisser "Dualismus" zum Selbstbewußtsein der Menschen seit frühester Zeit gehört.
*4 vgl. ALEXANDER 1977; WINDELS 1984; LOWEN 1976 ; FELDENKRAIS 1982
*5 vgl. SCHMITZ 1979, 21
*6 vgl. EHNI 1977
*7 Eine Empfindung, sagt MERLEAU-PONTY, habe ein auf Empfinden eingestelltes Subjekt. Es muß jemand geben, der auf seine Weise empfindet und intentional darauf gespannt ist. Dieses Subjekt aber "ist weder ein von einer (gegebenen, in den Dingen ruhenden) Qualität Kenntnis nehmender Denker, noch ein träges Milieu, das von einer solchen affiziert wird, sondern ein Vermögen, das mit jedem Existenzmilieu in eins entspringt und mit ihm sich synchronisiert, ...(ich) lausche oder blicke in der Erwartung einer Empfindung, und plötzlich ergreift das Sinnliche mein Ohr oder meinen Blick, und ich liefere einen Teil meines Leibes oder gar meinen ganzen Leib dem ... aus." (MERLEAU-PONTY 1966, 249). Und: "Die Empfindung ... ist gewiß intentional, d. h. ... sie vermeint etwas ... Doch das in ihr Vermeinte ist nur blindlings erkannt durch die Vertrautheit meines Leibes mit ihm, es ist nicht in voller Klarheit konstituiert, es ist nur ... übernommen von einem latent bleibenden Wissen." (MERLEAU-PONTY 1966, 251).
*8 W. BUSCH, "Die fromme Helene" (o.J. 633 - 636) "und hilflos und mit Angstgewimmer verkohlt dies fromme Frauenzimmer / Hier

sieht man ihre Trümmer rauchen. Der Rest ist nicht mehr zu gebrauchen / ...Schon wartet an des Hauses Schlote der Unterwelt geschwärzter Bote / ... Er faßt die arme Seele schnelle und fährt mit ihr zum Schlund der Hölle."

*9 dtv Ausgabe, Faust II, 335
*10 NEISSER 1979. Hieraus ergeben sich bedeutsame Bezüge zu einem anthropologisch-funktionalen Bewegungsverständnis, wie es uns von BUITENDIJK, GORDIJN/TAMBOER, TREBELS UND GRUPE nahegelegt wird. Schon BUITENDIJK sagt, daß das physikalische Verständnis nicht falsch, sondern unzureichend ist. Deshalb sei das physikalische Verständnis zu überschreiten, um die Sache zu verstehen und verständig zu lehren. vgl. dagegen SÖLL 1985, der erneut das enge, physikalische Verständnis zum Dreh- und Angelpunkt einer Didaktik der Leichtathletik erhebt.
*11 s. dazu ausführlicher FUNKE 1986

Leichtathletik

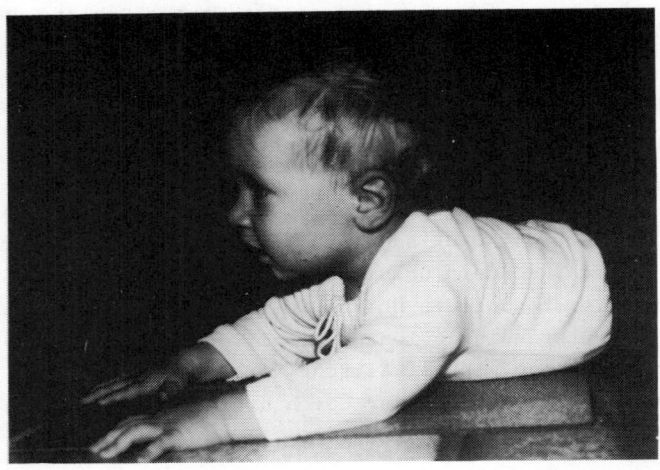

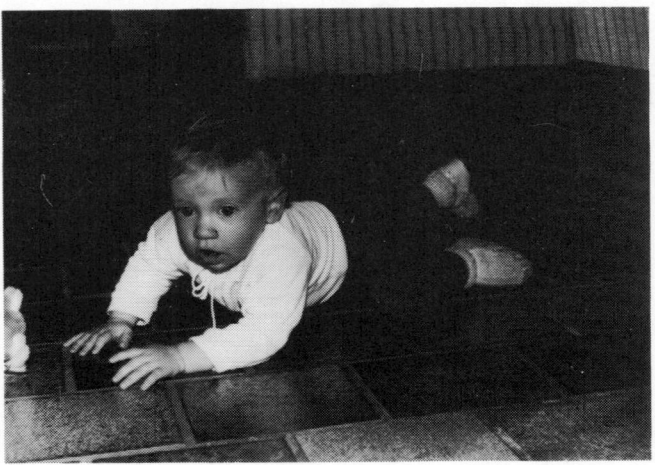

Spannung, Überstreckung und Kontaktaufnahme mit der Welt
im Kleinkindalter

2. Körpererfahrung in den Individual-Sportarten

Gerhard Treutlein

FASZINIERENDE LEICHTATHLETIK - AUCH DURCH KÖRPERERFAHRUNG

> "Wollt Ihr die Menschen bessern, so macht sie glücklich; wollt Ihr sie aber glücklich machen, so geht an die Quellen des Glücks ..., an die Sinne. Die Verneinung der Sinne ist die Quelle aller Verrücktheit und Bosheit und Krankheit im Menschenleben, die Bejahung der Sinne die Quelle der physischen, moralischen und theoretischen Gesundheit."
> (LUDWIG FEUERBACH) (*1)

1. Faszination durch Bewußtheit des Istwerts

1.1. Zum Zusammenhang von Sinnesansprache, Bewußtheit und Faszination

Die meisten aktiven Leichtathleten erleben ihre Sportart als faszinierendes Handlungsfeld, in dem sie sich wohlfühlen. Wie kommt es dann, daß viele Schüler im Sportunterricht und Sportstudierende im Studium dieses gleiche Handlungsfeld Leichtathletik als Sportart ansehen, in der sie sich quälen müssen, sie sich frustriert fühlen, in der Unwohlsein geradezu vorprogrammiert scheint? Die Faszination scheint demnach nicht zwangsläufig mit dem Betreiben der Sportart zu entstehen, weitere Vorbedingungen müssen zu ihrer Entstehung erfüllt sein.

Betrachten wir zunächst das Wort Faszination und das Phänomen einer Faszination durch eine Sportart: Das Wort Faszination beinhaltet Elemente wie Zauber, Bann, Betörung und Anziehungskraft; "faszinierende Leichtathletik" sagt aus: Die Leichtathletik kann bezaubern und nachhaltig anziehen. Da aber die einen von dieser Sportart frustriert und die anderen von ihr fasziniert werden, muß der Frage nachgegangen werden, was an ihr

Leichtathletik

fasziniert, anzieht und verzaubert.
Die Beantwortung der Frage wird selten versucht, bzw. die Frage wird kaum gestellt. Beispiele für mögliche Antworten auf eine solche Frage sind folgende Äußerungen:
- "Laufen, Springen und Werfen bilden die Grundformen der Leichtathletik. Die von ihnen ausgehende Faszination hat sich über Jahrtausende erhalten." (ZIESCHANG 1980, 7). Was die Faszination des Laufens, Springens und Werfens im einzelnen ausmacht, wird von ZIESCHANG nicht aufgeführt. Die Gründe für die Faszination der Leichtathletik insgesamt sieht ZIESCHANG im geringen Lernaufwand, in der Genauigkeit der Leistungsermittlung und in den ausgezeichneten Voraussetzungen für Leistungsvergleich und Wettkampf.
- SÖLL (1985, 71) schreibt der Leichtathletik folgende konstitutiven Prinzipien zu:
"1. Die Begrenzung auf die einfachen und alltagsnahen Grundtätigkeiten des Laufens, Springens und Werfens,
2. die Leistungsorientierung im Sinne eines höheren Niveaus der Bewegungsintensität mit der immanenten Tendenz der Leistungsoptimierung". Sie zielt nach seiner Meinung "ideal auf größtmögliche Expansion der menschlichen Leistungsgrenzen... Bewegungs- und Tätigkeitsziel der Leichtathletik ist also die Zeit- und Distanzoptimierung, nicht die Bewegung selbst bzw. ihre Darstellung oder Ausgestaltung. Bewegungsqualität, als die richtige Ausführung der Bewegung, versteht sich in der Leichtathletik stets als zweckmäßige oder optimale Technik." (SÖLL 1985, 72) Diese richtige Bewegung kann nach SÖLL aus der Struktur der Bewegung und biomechanischen Gesetzmäßigkeiten abgeleitet werden.
- Auch KURZ (1982, 14) sieht den Sinn der Leichtathletik im Leistungsvergleich und der Leistungsverbesserung: "In der Leichtathletik geht es darum, daß Menschen sich im Laufen, Springen und Werfen (Stoßen) zu verbessern suchen und miteinander vergleichen, nach Regeln und Bedingungen, die ihnen vorher bis ins einzelne bekannt sind und die einen möglichst objektiven Vergleich individueller Ergebnisse zulassen."

Leichtathletik

Zweifelsohne sind solche Ansichten richtig, stellen aber nur Teilaspekte des "Erlebnis- und Erfahrungsfelds Leichtathletik" und damit nur einen Teil möglicher Faszination durch Leichtathletik dar. Wenn die Aussagen von ZIESCHANG, SÖLL und KURZ die leichtathletische Wirklichkeit vollständig abdecken würden, dann dürfte niemand Lernen, Üben und Trainieren von leichtathletischen Disziplinen negativ erleben; auch die Frustrierten müßten eigentlich Freude an der Leichtathletik finden. Daß dies nicht der Fall ist und es eine große Zahl von Schülern gibt, die die Leichtathletik ablehnen, zeigen Umfragen zur Beliebtheit von Sportarten im Sportunterricht.

Die folgende Aussage eines vom Leichtathletikunterricht in der Schule frustrierten Langstrecklers (der deutschen Spitzenklasse) deutet an, was möglicherweise im primär leistungsorientierten Sportunterricht fehlt: "Als Schüler gab es für mich nichts Schlimmeres als Leichtathletik, da sie langweilig angeboten wurde, immer leistungsorientiert und damit für mich stressig. Die 1000 m lief ich jedes Jahr nur unter Zwang, der guten Note wegen. Stets schlief ich drei Tage vor dem 1000 m Lauf sehr schlecht, da dieser Lauf für mich gleichbedeutend war mit Zahnarztbesuch oder einer Tracht Prügel. Gerade weil ich dermaßen Angst vor dieser mich jedes Jahr unvorbereitet treffenden Qual hatte, begann ich für mich mit dem Laufen, damit der 1000 m Lauf eine gute Note einbringt, ohne weh zu tun. Ich lief allein oder mit Freunden durch den Wald. Erst nach zwei Jahren ließ ich mich überreden, Wettkämpfe im Verein zu machen. Noch heute ist für mich aber das Laufen im Wald wichtiger als Wettkampf." Dieser Athlet fand seine persönliche Faszination zunächst nicht durch Leistungsvergleich, Leistungssteigerung und Wettkampf, sondern durch das Laufen im Wald, durch seine Begegnung mit der Natur, durch das Laufen ohne Ausrichtung an Leistung und Wettkampf. Seine Aussagen deuten auf Lücken in gängigen Antworten auf unsere Frage hin: Es geht in der Leichtathletik um mehr als um Leistungsvergleich, -steigerung und -wettkampf, sonst wäre wenig verständlich, warum viele ältere Leichtathleten - auch solche, die in jüngeren Jahren nicht sonderlich leistungsstark waren - diese Sportart immer noch mit großer

Leichtathletik

Begeisterung betreiben, selbst wenn sie weit hinter den Leistungen und Erfolgen ihrer jungen Jahre zurückbleiben. Nicht wenige Leichtathleten bleiben bei dieser Sportart bis ins Alter, auch ohne Wettkampftätigkeit und meßbare Erfolge; andere finden erst im und nach dem vierten Lebensjahrzehnt zur Leichtathletik wie etwa viele Läufer, wobei längst nicht alle, z. B. an Volksläufen und Altersklassewettbewerben, teilnehmen.
In den geläufigen Deutungen der Leichtathletik fehlen demnach Punkte, die zur Faszination dieser Sportart beitragen und die sich im Bewußtsein vieler begeisterter Leichtathleten finden: In ihrer Wahrnehmung und Erinnerung sind mehr und andere als nur technik-, leistungs- und wettkampfbezogene Eindrücke enthalten; auch ohne bewußte Wahrnehmungszentrierung brechen manchmal Sinnes- und Körperwahrnehmungen gleichsam blitzartig durch und bleiben im Gedächtnis haften, auch bei jenen Leichtathleten, die primär auf Leistung und Erfolg zentriert sind: Zum Beispiel die Wahrnehmung
- gelösten, lockeren Laufens im Gelände, im Wald oder an einem Bach entlang,
- einer flüssigen, ge-glück-ten Bewegung,
- des Gefühls von Geschwindigkeit auf einer schmalen Anlaufbahn beim Weitsprung oder auf einem Trampelpfad im Wald,
- des Gefühls eines runden, flüssigen Rhythmus beim Hürdenlaufen,
- des Gefühls des Fliegens bei allen Sprüngen,
- des Empfindens einer starken Spannung und explodierender Energie bei Abstoß und Abwurf,
- des Fühlens des überstreckten, fliegenden Körpers beim Hoch- und Weitsprung,
- des Wechsels zwischen Streckung, Pendeln, Beugung, Streckung und Beugung beim Stabhochsprung.

Und geht die Erinnerung zurück zur Erlebnisdimension, die wir als Kinder im Umgang mit Laufen, Springen und Werfen hatten, fällt es leicht, diese Aufzählung weiter auszudehnen durch Wahrnehmungen wie:
- des Fluggefühl bei Sprüngen - und vor allem Niedersprüngen - im Wald und am Strand, beim Überspringen von Bächen und Hindernissen,

Leichtathletik

- des Wechsels zwischen Spannung und Spannungslösung beim Herumtollen und Traben im Wald mit wechselndem Tempo,
- des Körpergefühls bei Zielwürfen, Werfen mit Bällen, von Steinen als Wasserreiter u. a. m. .

Kinder erleben Laufen, Springen und Werfen oft als lustvoll, zumal sie primär im Freien und oft auch in Verbindung mit natürlichen Sensationen verbunden betrieben werden. Typische Körperwahrnehmungen wie Spannung und Spanungslösung, Streckung, Öffnung und Schließung des Körpers oder Fliegen und Fallen sind in ihrem kindlichen Bewegungsleben oft in hohem Umfang enthalten, allerdings bleibt es beim Bewußtsein solcher Wahrnehmungen, Bewußtheit wird selten errreicht (s. Abb. 1).

Und auch die Ansprache des Gleichgewichtssinns, die besonders zum Entstehen von Wohlbefinden beiträgt, fehlt nicht (s. Abb. 2) :

Die aufgeführten Wahrnehmungen und Erfahrungen weisen auf die Aussage von FEUERBACH zu Beginn dieses Kapitels hin: Wohlbefinden, Glücksgefühle und Faszination können auch durch eine vielfältige Ansprache der Sinne entstehen, durch das Wahrnehmen und Bewußtwerden des Istwerts einer Bewegung. Diese Erkenntnis wird in der heutigen Leichtathletik (und ihrer Vermittlung), die sehr stark an Soll-Werten wie optimalen Bewegungsabläufen, Rekorden, Normen und Qualifikationsleistungen orientiert ist, vernachlässigt. Die oben angeführten Wahrnehmungen, die als lustvoll und angenehm erlebt wurden, betreffen den Ist-Wert beim Vollzug leichtathletischer Bewegungen. Die diesem Beitrag zugrunde liegende Hypothese lautet: Der Ist-Wert solcher positiv bewerteter Körperwahrnehmungen, -gefühle und -erlebnisse macht einen wesentlichen Teil der Faszination der Leichtathletik aus.

Die bewußte Wahrnehmung des Ist-Werts kann für positive Erlebnisse sorgen, während eine vorwiegende Soll-Wert-Orientierung den Leichtathletik betreibenden Schülern und Studenten nicht nur die Möglichkeit erschwert, dieser Sportart vielfältige Sinnperspektiven zuzuordnen, sie behindert auch die Fähigkeit zu einer bewußten Wahrnehmung des Ist-Werts. Ohne zeitweises bewußtes WAHRNEHMEN, ohne positive Gefühle und Erlebnisse wird leicht Frustration provoziert und diese Sportart läuft dann Gefahr, schal, monoton und

Leichtathletik

Abb. 1 a

Abb. 1 b

Abb. 1 c   Abb. 1 d

Abb. 2

Leichtathletik

sinn-entleert zu werden. Das heißt: Damit wird vor allem jenen die Faszination der Leichtathletik vorenthalten, die sie am dringendsten spüren müßten, nämlich den Anfängern und Leistungsschwächeren. Freude, Lust und Wohlbefinden im Umgang mit leichtathletischen Bewegungen sind wesentliche Grundlagen der Faszination. Bei einer Zentrierung auf Erfolg und Leistung kann von vielen ein wesentlicher Teil der Faszination der Leichtathletik kaum entdeckt werden.

Den bisher weitgehend vernachlässigten Ist-Wert und damit die Dimension der Körpererfahrung in den Leichtathletikunterricht, aber auch in das Leichtathletiktraining einzubringen, erfordert eine bestimmte, vom Geläufigen abweichende Lehrmethode: Verstärktes erfahrungsgeleitendes Suchen und Finden - weniger Nach-Machen, intensive Beschäftigung mit dem Ist-Wert von Bewegungen statt ständiger Orientierung an Soll-Werten, Verlagerung unserer Aufmerksamkeit von Zielen und Erfolgsorientierung weg zu den Mitteln und Wegen unseres Tuns. Sensibilität für uns selbst und unsere Umwelt ist eine Voraussetzung und gleichzeitig auch Konsequenz einer solchen Vorgehensweise. Eine Differenzierung unserer Wahrnehmung und eine Schärfung unserer Sinne, die unsere Wahrnehmung bedingen, werden so zu wesentlichen Aufgaben eines Leichtathletikunterrichts, der die Faszination dieser Sportart vermitteln will. Die Beschränkung auf Ziele im Sinne des "citius, altius, fortius" (*2) birgt dagegen die Gefahr in sich, den Zugang zu Faszination zu verstellen.

In der Vermittlung von Leichtathletik erfolgt heute eine mehrfache Reduktion gegenüber theoretisch gegebener Möglichkeiten:
- Quantitative Aspekte werden zulasten von qualitativen bevorzugt.
- Die Außensicht einer Bewegung erscheint wichtiger als die Innensicht.
- Soll-Werte befinden sich weit mehr im Blickpunkt als Ist-Werte.
- Statt der Vielfalt leichtathletischer Formen, wie sie bei historischer und lebensgeschichtlicher Betrachtung zu finden sind, wird durch biomechanische und bewegungstheoretische Betrachtungen sowie einer Orientierung am Bewegungsideal und an Wettkampf-

Leichtathletik

regeln ausgelöst, vorwiegend das eingeschränkte Spektrum regelrechter leistungsorientierter Formen der Leichtathletik angeboten.
Laufen, Springen und Werfen waren in früheren Zeiten und in der Kindheit etwas anderes, Vielseitigeres und Vielfältigeres; es waren Formen, in denen umfangreiche und variierende Möglichkeiten der Wahrnehmung enthalten waren. Ein Leichtathletikunterricht, der auch die Wahrnehmung von Ist-Werten und damit eine Differenzierung der Wahrnehmung und Schärfung der Sinne zum Ziel hat, muß die Vielfalt der Formen anregen und ermöglichen. Er muß den weitgehend verdrängten Aspekt der Wahrnehmung bewußt machen und das unmittelbare Erfassen von physisch Gegebenem zu einem Schwerpunkt von Lernen, Üben und Trainieren werden lassen; damit kann auch Anfängern ein Zugang zur Faszination des Laufens, Springens und Werfens vermittelt werden. Eine so gestaltete Leichtathletik wird zu einem Feld, in dem der Sportler sich besser kennenlernen und erfahren kann; sie ermöglicht dem Lernenden den Übergang von der Außen- zur Innensteuerung und versetzt ihn damit in die Lage, sein Befinden selbst zu beeinflussen und zu steuern, da er über die Wahrnehmungsschulung sensibel für die Signale seines Körpers wird. Ein an Körperwahrnehmungen und -erfahrungen orientierter Leichtathletikunterricht muß den Stellenwert der (Fremd-) Erfahrungen und des Technikwissens von Lehrenden reduzieren und die Wahrnehmungsfähigkeit und Sinnesqualität von Lernenden in den Mittelpunkt stellen. Lehrende können zu dieser Art von leichtathletischem Lernen, Üben und Trainieren wesentliche Impulse beisteuern; bloß mechanisches technik- und konditionsorientiertes Lernen und Drill erschweren oder verhindern sogar die angestrebte Bewußtheit und behindern das "Fasziniert-Werden". Lernende müssen die Möglichkeit erhalten, im Umgang mit Bewegung ihre persönliche Faszination, Lust, Wohlbefinden und möglicherweise Glücksgefühle suchen und finden zu können.

1.2. Zur Förderung von Wahrnehmung und Bewußtheit

Wenn Leichtathletikunterricht und -training auch auf die Körperwahrnehmung und -erfahrung der Lernenden ausgerichtet sind, erleichtert die Beachtung folgender Prinzipien (*3) die Wahrnehmung auch komplexer Formen des Ist-Werts von Bewegungen:

1. Lebe jetzt. Beachte Deine Bewegungen in diesem Moment mehr als das Vergangene und Zukünftige.
2. Lebe hier. Beschäftige Dich beim Üben und Trainieren mehr mit dem, was sich in Deinem Körper "bewegt" als mit dem, was abwesend ist, als mit Leistung und Erfolg oder Mißerfolg.
3. Erfahre, was real ist, erlebe und erfahre Deinen Körper. Fühle und nimm wahr.
4. Drück Dich und Deine Gefühle lieber aus als zu erklären, zu rechtfertigen oder zu bewerten.
5. Laß Dich auf Anstrengung und Überwindung genauso ein wie auf Freude.
6. Übernimm die volle Verantwortung für Deine Handlungen, Gefühle und Gedanken.
7. Sei wie Du bist.

Die Beachtung dieser Prinzipien wird dem Lernenden leichter möglich, wenn auch der Lehrende einige Punkte berücksichtigt, die Körpererfahrungen und eine Zentrierung auf den Ist-Wert einer Bewegung fördern:

1. Langsam vorgehen und dem Lernenden Zeit lassen

Der Lernende braucht Zeit, um sich selbst wahrnehmen und seine Wahrnehmungen organisieren zu können. Hierzu sind oft viele Wiederholungen notwendig, verbunden mit einem Variieren von und Experimentieren mit Bewegungen. Gemeinsamer Takt und vorgeschriebener Rhythmus als Fremdsteuerung verstellen den Weg zum eigenen Rhythmus, der von den gegebenen physischen und psychischen Möglichkeiten bestimmt wird: "Die Langsamkeit ist notwendig, um parasitäre, überflüssige Anstrengungen zu entdecken und sie dann schrittweise auszuschalten. Überflüssiger Kraftaufwand ist schlechter als ungenügender, da er unnütz Kraft kostet." (FELDENKRAIS 1985, 134)

Leichtathletik

2. **Die Aufmerksamkeit weg von Leistung und Erfolg zu dem verschieben, was ist**

Beim Lernen wirkt die Konzentration auf etwas, was als richtig deklariert wird, im Sinne eines Zieldrangsyndroms; das Denken an das Ziel be- und verhindert die Wahrnehmung dessen, was jetzt gerade ist, es führt zu höherem Energieeinsatz als eigentlich notwendig wäre. Eine Zentrierung auf den Weg, auf die Wahrnehmung des Ist-Werts, erleichtert den Lernprozess, eine Zielfixierung schwächt den Anreiz zum Lernen: "Lassen Sie beim Lernen jede Absicht weg, es richtig zu machen; tun Sie nichts oder schön und eilen Sie nicht, denn Eile stiftet Verwirrung. Gehen Sie langsam vor und wenden Sie lieber weniger Kraft auf als nötig." (FELDENKRAIS 1985, 136)

3. **Fehler zulassen und die Selbsbeobachtung durch Variieren von Bewegungen fördern**

Fehler lassen sich beim motorischen Lernen nicht vermeiden. FELDENKRAIS (1985, 137) vertritt sogar die Auffassung: "Wer keine Fehler machen kann, kann auch nichts lernen." Das Neue, Unbekannte begreifen kann vor allem derjenige, der mit verschiedenen Formen von Bewegung konfrontiert wird. Deshalb sollten als fehlerhaft bezeichnete Bewegungen systematisch in den Lernprozess eingebaut werden (z. B. die Hockhaltung beim Fosbury-Flop), um ein Körpergefühl für unterschiedliche Bewegungen und die Steuerungsfähigkeit des eigenen Körpers entwickeln zu können. Wenn nur eine "richtige" Bewegung gelehrt und durchgeführt wird, kann kaum eine Bewußtheit der Bewegung entstehen: "Bewußtsein entsteht aus dem Erkennen von Unterschieden. ...Damit ist gemeint, daß man Dunkelheit erlebt haben muß, wenn ein Bewußtsein für Licht vorhanden sein soll." (LOWEN 1979, 141). Auch FELDENKRAIS weist darauf hin, daß Unterscheiden besser ist als mechanisches Wiederholen, Unterscheiden als aufmerksames Beobachten dessen, was man tut und wie man es tut. (vgl. FELDENKRAIS 1978, 198). Diese gewünschte Fähigkeit der Unterscheidung als Voraussetzung der Bewußtheit wird gefördert durch das Experimentieren bzw. Spielen mit vielfältigen Formen von Bewegung bzw. durch das Variieren von Bewegungen. Nicht jeder muß dabei anspruchsvolle kreative Leistungen vollbringen. Aber z. B.

Leichtathletik

Parry O BRIEN oder Dick FOSBURY hätten wohl nie zu den nach ihnen genannten Techniken gefunden, wenn sie nicht bekannte Bewegungen variiert oder mit ihnen experimentiert hätten bzw. neue Formen gesucht hätten. Sie fanden über Selbstbeobachtung zu für sie günstigeren Bewegungsabläufen.

4. Die Selbstbeobachtung fördern als Voraussetzung für die Verfügbarkeit des Könnens

Da gelernte Bewegungen unter unterschiedlichen Bedingungen angewendet werden, bringt eine Automatisation einer Bewegung ohne Befähigung zur Selbstbeobachtung kein optimales Ergebnis. Die Fähigkeit zur Selbstbeobachtung erlaubt Änderungen während des Bewegungshandelns, was bei einer Bewegungsautomatisation durch Fremdsteuerung und Drill nicht möglich ist. Es reicht eben nicht aus, wenn der Trainer/Sportlehrer die "richtige" Bewegung lehrt, Fehler korrigiert und damit die Bewegung letztlich von außen zu steuern versucht. Selbstbeobachtung ist eine wesentliche Voraussetzung für eigengesteuertes und situationsangemessenes Handeln. Langfristig läßt sich eine Zeitersparnis erreichen: "Die Zeit, die man auf Sebstbeobachtung beim Handeln wendet - und jedes Handeln ist Bewegung - ist geringfügig, gemessen an der Verfügbarkeit und Gesundheit des Könnens, die dadurch entstehen." (FELDENKRAIS 1985, 139)

Aus diesen Überlegungen ergibt sich für eine an Körpererfahrungen orientierte Leichtathletik die Notwendigkeit, die Selbstbeobachtungsfähigkeit zu intensivieren und den Ist-Wert zum Ausgangspunkt des Lernens zu machen.

Bewußte Wahrnehmung des eigenen Körpers und seiner Umwelt sowie der Zugang zu Wohlbefinden in und durch Bewegung werden erleichtert, wenn folgende, der Orientierung der Wahrnehmung dienenden Fragen, beachtet werden: (*4)

- Werden möglichst viele Sinne abwechslungsreich angesprochen?
- Ist ein ausgewogenes Verhältnis zwischen Spannung und Spannungslösung gegeben?
- Erfolgt ein deutlicher Wechsel zwischen Spannung und Spannungslösung?
- Wird bei Körperstreckungen eine Überstreckung erreicht?
- Wurde durch eine hohe physische Belastung eine möglicherweise

Leichtathletik

   nicht erwünschte Zentrierung der Wahrnehmung auf Atmung, Herz
   und Kreislauf sowie Muskelwiderstand verursacht?
- Wurde die Innensicht der Bewegung über den kinästhetischen und
  den Gleichgewichtssinn ausreichend berücksichtigt?
- Erfolgte einen Beobachtung der Atmung?
- Wurde die Haltung und Steuerung des Kopfes bewußt? (*5)

Bei Berücksichtigung der angeführten Prinzipien und Fragen fällt es leichter, seinen Weg in der Leichtathletik zu finden. Technische Perfektion und körperliches Leistungsvermögen sind dann nicht mehr einzige Ziele, sondern mögliche Nebenprodukte eines intensiven Suchens und experimentierenden Übens. Nicht nur der Spitzensportler, sondern jeder, der seinen Weg auf der Grundlage dieses erweiterten Leichathletikverständnisses geht, kann die Fülle der Möglichkeiten, Wahrnehmungen, Gefühle, Erlebnisse und Erfahrungen, die die Leichtathletik bietet, nutzen.

1.3. Möglichkeiten der Wahrnehmungszentrierung in der Leichtathletik

Ähnliche Körperwahrnehmungen und -erfahrungen wie beim kindlichen Umgang mit Laufen, Springen und Werfen können auch beim Lernen, Üben und Trainieren leichtathletischer Disziplinen gemacht werden, vor allem wenn die bewußte Wahrnehmung des eigenen Körpers und seiner Umwelt mit Hilfe von Wahrnehmungszentrierung gefördert wird. Aus der Vielfalt möglicher Körperwahrnehmungen und -erfahrungen seien folgende genannt, auf die die Wahrnehmung zentriert werden kann:

- <u>Ansprache der Sinne</u>: Eine Ansprache der Sinne ist vor allem beim Betreiben von leichtathletischen Disziplinen in natürlicher Umgebung möglich, am leichtesten beim langsamen längeren Laufen im Gelände. Hier kann die Funktionsfähigkeit aller Sinne erlebt werden, nicht nur jene der Augen. Auch bei anderen Disziplinen als dem Laufen sind alle Sinne beteiligt, es fehlt nur die Bewußtheit ihres Funktionierens. Das Hören des Anlaufrhythmus bei den Sprüngen, das Fühlen der Geräte bei den Würfen, die Gefährdung und das Wiederfinden des Gleichgewichts beim Hürdenlauf, den Sprüngen und den Würfen, das Spüren der Spannung beim Absprung und Abwurf, das Fühlen des Gegners im Rücken bei den

Leichtathletik

Laufen: hier sind sinnliche Möglichkeiten gegeben, die selten bewußt (gemacht) werden. In natürlicher Umgebung sind auch Wärme- und Kälteempfindungen möglich; Wind, Sonne und Regen regen den Hautsinn und die Wärmeregulation des Körpers an, beim Barfußlaufen (aber auch beim Laufen mit Schuhen) werden die Fußreflexzonen angesprochen.

- Spannung und Spannungslösung: Bei fast allen Disziplinen folgt auf eine Phase zunehmender Spannung - sei es eines Teils des Körpers, sei es des ganzen Körpers - (z.B. Kugelstoß 1-7 (*6), Diskuswurf 1-8, Hammerwurf 9-16, Weitsprung 1-4) ein Augenblick höchster Spannung (Kugelstoß 7-9, Diskuswurf 7-10, Speerwurf 8-9, Hammerwurf 17-19, Sprint 3-11, Weitsprung 4-8, Hochsprung 2-4), teils gefolgt von geänderter höchster Spannung (z.B. Weitsprung 9-16, Hochsprung 5-9) teils gefolgt von einer Phase der Suche nach einem sicheren Gleichgewicht (Kugelstoß 10 ff., Diskuswurf 11 ff., Speerwurf 10 ff., Hammerwurf 20 ff.) und der anschließenden Phase der Spannungslösung.

- Häufiger Wechsel von Spannung und Spannungslösung: Ein solcher häufiger Wechsel ist teils ausgeprägt, teils weniger ausgeprägt in allen zyklischen Bewegungsabläufen vorhanden, z.B. beim Sprint, bei den Mittel- und Langstrecken, beim Hürdenlauf und bei den Anläufen zu den Sprüngen. Dabei werden jeweils die Teile des Körpers in größere bis maximale Spannung gebracht, die gerade Arbeit verrichten. Die Kunst besteht darin, in den Zwischenphasen eine Spannungslösung zu erreichen.

- Deutlicher Wechsel von Spannung und Spannungslösung: Ein deutlicher Wechsel ist gegeben einmal bei den Würfen (Höchstspannung beim Kugelstoß 7,8 und vor allem 9, beim Diskuswurf 9/10, beim Speerwurf 8/9 und beim Hammerwurf 17/18/19, anschließend an die Sicherung des Gleichgewichts völlige Spannungslösung), bei den Sprüngen (Höchstspannung beim Weitsprung 4-8, beim Hochsprung 2-4, beim Stabhochsprung vor allem 2-5, aber auch 7-9, Spannungslösung beim Weitsprung nach 16, beim Hochsprung nach 9, beim Stabhochsprung nach 12), aber auch bei den Läufen. Hier erfolgt der deutliche Wechsel zur Spannungslösung meist mit der Beendigung des Laufes.

Leichtathletik

- Spannung, Streckung und Öffnung des Körpers:
  Eine extreme Spannung und Öffnung des Körpers ist in allen Sprüngen und Würfen enthalten: Weitsprung 7/8 und 10/11, Hochsprung 4-7, Stabhochsprung 3 und 9, Kugelstoß 8/9, Diskuswurf 9/10, Speerwurf 8/9, Hammerwurf 17-19. Auch beim Start ist eine ähnliche Bewegung festzustellen (Start 4).
- Unterschiedliche Spannung in einzelnen Körperteilen (Spannungsdifferenz)
  Spannungsdifferenz kann vor allem beim Diskuswerfen und Schleuderballwerfen wahrgenommen werden, in Ansätzen auch in anderen Disziplinen. (Diskuswurf: 3-8 bleibt der Wurfarm locker und wird passiv geschleppt, die Spannung im Oberkörper ist insgesamt gegenüber der hohen Spannung in den aktiven Beinen reduziert. Kugelstoß: 2-5 sind die Beine sehr aktiv, der Oberkörper und auch der Wurfarm/die Wurfhand weisen demgegenüber geringere Spannung auf. Die Spannungsdifferenz wird erst ab 5/6 aufgelöst. Beim Hammerwurf ist die Aufgabe besonders schwierig: Zunächst müssen die Arme beim Anschwingen besonders aktiv werden; bei Beginn der Drehungen werden die Beine sehr belastet, während die Arme ehe wieder locker werden müssen, damit sie lang bleiben und der Hammer gegenüber der Beckenachse eher etwas geschleppt werden kann.)
- Verschmelzung von Körper und Gerät: Diese ist bei allen Würfen und beim Stabhochsprung gegeben, sowie auch beim Staffellauf.
- Rotationen: Deutlich spürbare Rotationen sind in erster Linie im Diskus- und Hammerwerfen enthalten. Pendeln und Schleudern sind beim Stabhochsprung zu verspüren.
- Fliegen und Fallen: Beide machen den Reiz vor allem beim Weit- und Hochsprung aus (Weitsprung 9-15, Hochsprung 5-9) und natürlich vor allem beim geräteunterstützten Fliegen und Fallen beim Stabhochsprung (4-12 ff.), wo beide länger dauern.
- Steuerfunktion des Kopfes: Bei allen Sprüngen und Würfen spielt die Kopfbewegung bei der Steuerung der Bewegungsausführung eine wesentliche Rolle. Das nach oben-hinten-Führen des Kopfs (Hochsprung 4-7 - auf den ausgewählten Bildern allerdings in weniger guter Ausführung -, Weitsprung 7-11, Stabhochsprung 2-4, Kugel-

Leichtathletik

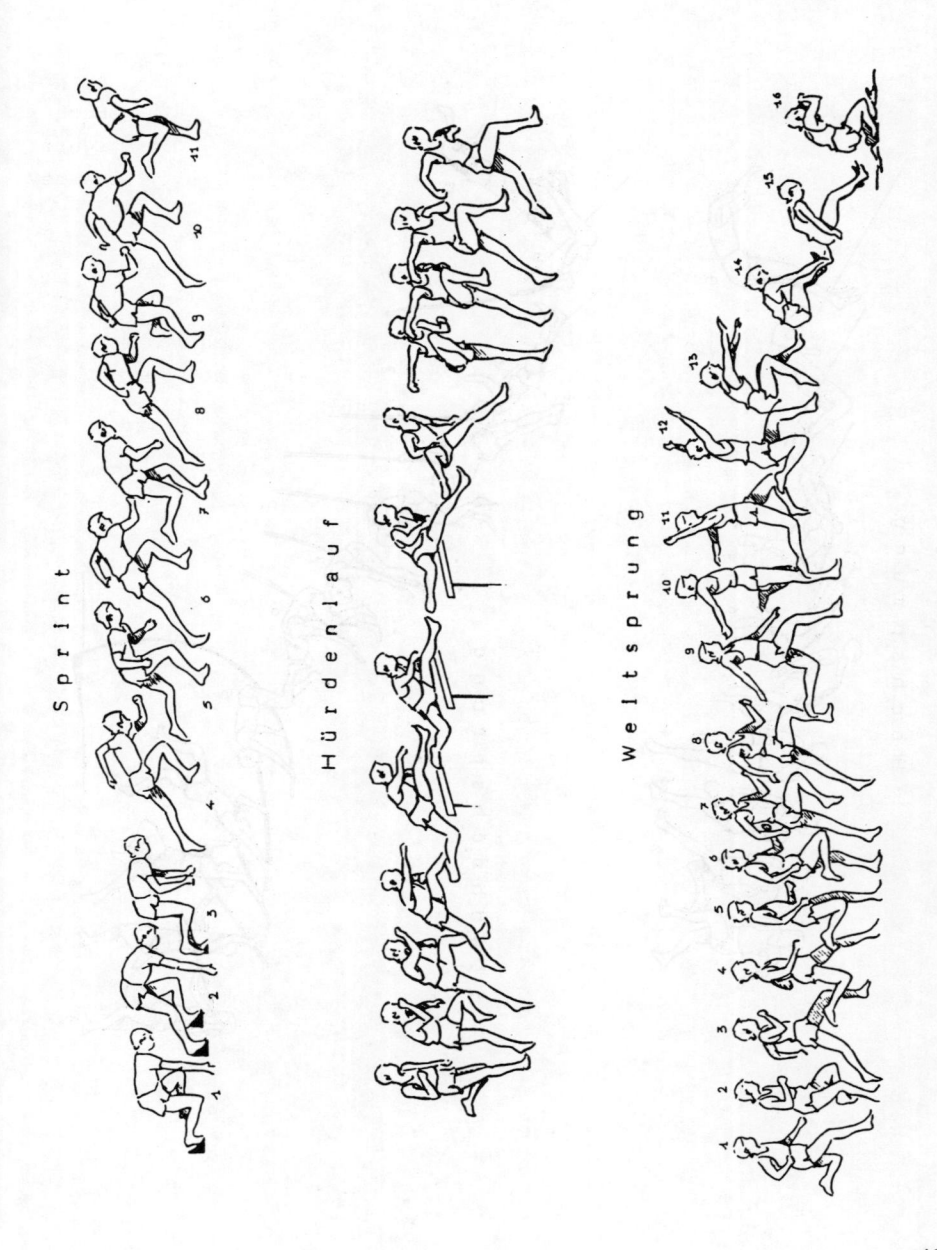

Sprint

Hürdenlauf

Weitsprung

Leichtathletik

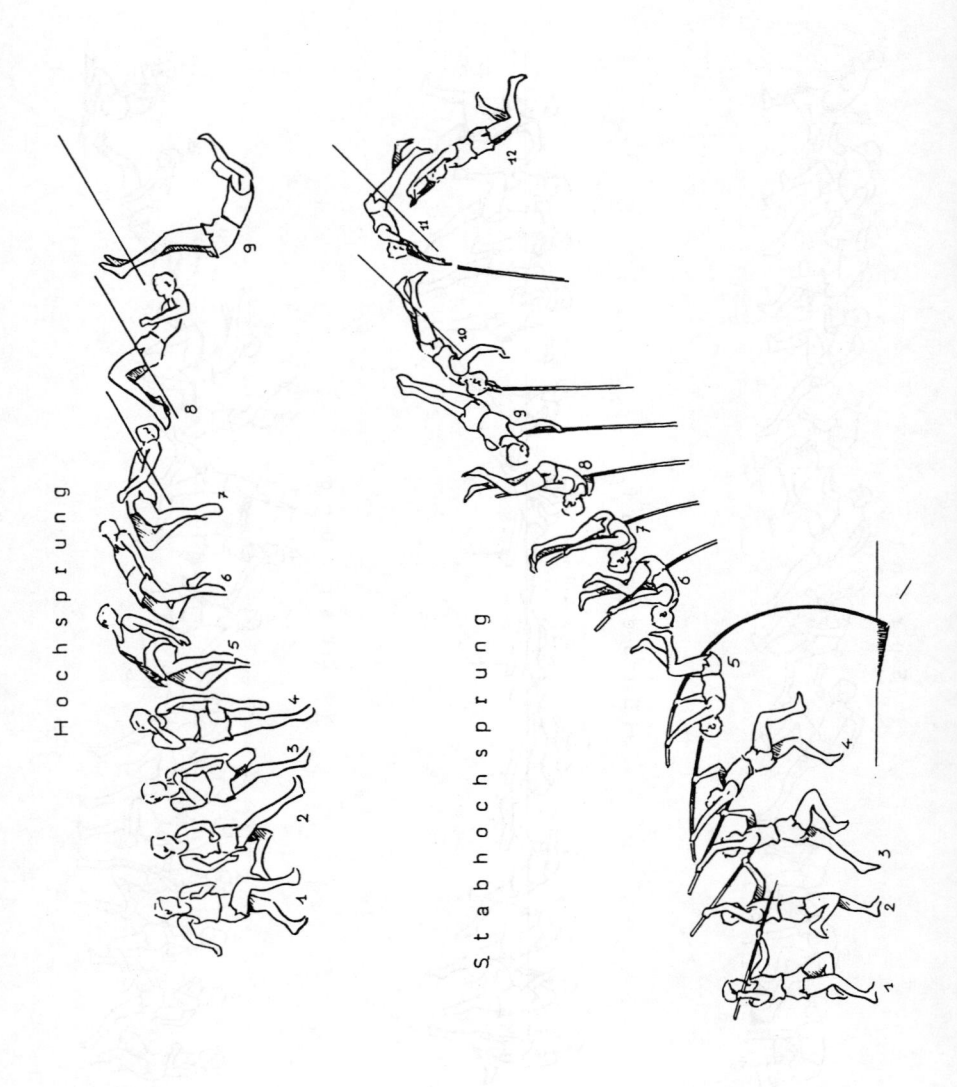

Hochsprung

Stabhochsprung

46

Leichtathletik

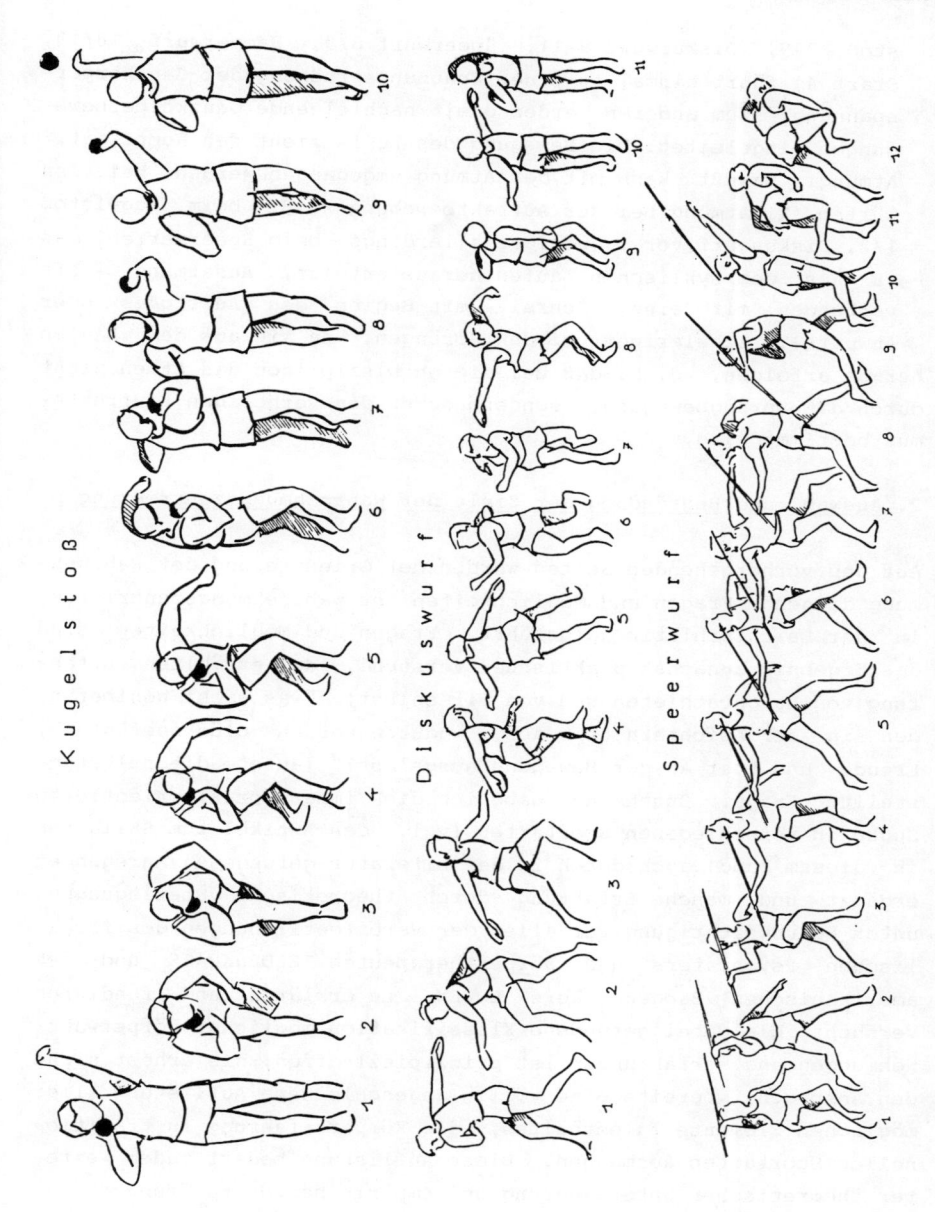

Kugelstoß

Diskuswurf

Speerwurf

Leichtathletik

stoß 7-9, Diskuswurf 9-11, Speerwurf 8/9, Hammerwurf 18/19, Start 4) führt einmal zu einer Spannungserhöhung der Ganzkörperspannung, zum anderen werden damit nachfolgende Ganzkörperbewegungen eingeleitet: Die Bewegung des Kopfs zieht den Rumpf mit.
- Atmung: Bewußt kann mit der Atmung umgegangen werden bei den Würfen (Einatmung bei der Auftaktbewegung z. B. beim Kugelstoß 1/2, Diskuswurf vor 1, weniger allerdings beim Speerwerfen, das ja aus dem zyklischen Laufen heraus erfolgt, Ausatmung - oft verbunden mit einem Schrei - mit Beginn des Ausstoßes oder Abwurfs), schwieriger bei den Sprüngen, da sie aus dem Laufen heraus erfolgen, d. h. daß bei diesen Disziplinen das Atmen nicht durch die Sprungbewegung, sondern durch den vorherigen Laufrhythmus bestimmt wird.

2. Auswahl und Begründung der Ziele der Wahrnehmungszentrierung

Auf den vorhergehenden Seiten werden der Orientierung der Wahrnehmung dienende Fragen und Möglichkeiten der Wahrnehmungszentrierung in der Leichtathletik aufgeführt. Fragen und Möglichkeiten sind das Ergebnis zunächst praktischer Versuche, der erzählten Erfahrung von Leichtathleten und von mir selbst; "was macht Wohlbefinden in der Leichtathletik aus, wodurch werden Glücksgefühle, Freude und Lust an der Bewegung ausgelöst?" lautete die selbstgestellte Frage. Zunehmend habe ich die immer praxisorientierte Suche in verschiedenen Sportarten (vgl. den Artikel zum Skilaufen in diesem Band) auch durch in der Literatur gefundene Anregungen ergänzt und manche Erfahrung durch theoretische Überlegungen, unter Berücksichtigung vor allem der Veröffentlichungen des israelischen Psychiaters und Körpertherapeuten FELDENKRAIS und des amerikanischen Biogenetikers LOWEN, zu erklären und fundieren versucht. Die dabei gefundene Klassifikation möglicher Körperwahrnehmungen und -erfahrungen ist prinzipiell offen; sie erhebt nicht den Anspruch, bereits eine völlig abgeschlossene Auflistung aller möglichen Elemente zu enthalten, die Körpererfahrung in traditionellen Sportarten ausmachen. Diese Auflistung bedarf zudem weiterer theoretischer Untermauerung und empirischer Überprüfung.

Leichtathletik

Im folgenden sollen mein derzeitiger Stand dieser Überlegungen und daraus abgeleitete praktische Konsequenzen und Übungsbeispiele dargelegt werden.

2.1 <u>Vielfältige Ansprache der Sinne</u>

Innensicht und Wahrnehmung des Ist-Werts setzen funktionsfähige Sinne voraus. Funktionsfähig können diese nur werden, wenn sie Gelegenheit zum Funktionieren erhalten, d. h. wenn sie vielfältig angesprochen werden. Deshalb müssen Lern-, Übungs- und Trainingsumwelten sowie die Gestaltung von Lernsituationen daraufhin überprüft werden, ob sie für die Funktion der Sinne anregend sind und sich positiv oder negativ auf die Wahrnehmung des Sporttreibens, auf die Befindlichkeit und ihre Bewertung auswirken. KÜKELHAUS hat am Beispiel des Laufens verdeutlicht, welchen Einfluß ein vielfältiges Ansprechen der Sinne für erfrischendes Sporttreiben und Wohlbefinden haben kann:

"Stellen wir uns vor ...: Wir bewegen uns mehrere Kilometer über die glatte ebene Fahrbahn einer Autostraße. Nichts liegt im Wege. Das Licht ist hell und ungetrübt. Haben wir die Strecke hinter uns gebracht, fühlen wir uns ermattet und "wie gerädert". Die risikolose Gleichförmigkeit hat uns "angeödet". Wandern wir die gleiche Strecke nebenan durch den Wald: der Pfad ist schmal, holprig, gewunden. Man muß aufpassen, um nicht über Wurzeln zu stolpern; Zweige können einem ins Gesicht peitschen. Mal hat der Pfad einen steinigen, mal einen schlüpfrigen Grund; sumpfige Stellen sind zu überqueren. Es duftet, man atmet tief. Insekten sind abzuwehren. Plätschern kündet einen Bach an. Auf einer schmalen Bohle ist er zu überqueren. Die Äste hängen tief; man muß sich bücken. Das Licht ist dämmrig. Man muß sich vorsichtig überall umherschauen. Es knackt, man muß horchen, ob nicht ein Ast herunterfällt. Kurz: Der Weg steckt voller kleiner zu bestehender Abenteuer und Wagnisse, die mich voll mit allen Gliedern und Sinnen in Anspruch nehmen. Am Ende des Weges ist man rundherum erholt und erfrischt und dankbar, ihn gegangen zu sein.

Der Waldweg nahm uns allseitig in Anspruch. Die glatte Fahrbahn forderte uns nichts anderes ab, als gegen die verödende Wirkung der Nicht-Inanspruchnahme durch Hindernisse anzukämpfen... Was uns

Leichtathletik

erschöpft, ist die Nichtinanspruchnahme der Möglichkeiten unserer Organe, ist ihre Ausschaltung, Unterdrückung." (KüKELHAUS 1978, 12 ff).
Wie stark die aus der Nichtinanspruchnahme resultierende Wirkung sein kann, zeigt ein Experiment zur Vorbereitung von Weltraumflügen, bei dem die totale Nichtinanspuchnahme der Sinne innerhalb kurzer Zeit Lebensgefahr bewirkte. (KüKELHAUS 1978, 15)
Der moderne, verregelte Sport erfordert zunehmend Sportstätten, die eine reiz-lose und anspruchsarme Lernumwelt darstellen, dies aus dem Bestreben, alles regelgerecht und funktional für die Leistungsproduktion zu gestalten, alles "unnötige, sinn-lose(!)" Beiwerk beiseite zu lassen. Vergessen wird dabei, daß Menschen keine Körper-Maschinen sind. Wenn keine zusätzlichen Reize hinzukommen z. B. über Sporttreiben in einer Gruppe, ist z.B. Laufen in einer modernen Halle eine völlig frustrierende - weil sinnenlose - Angelegenheit. Auch das Laufen in modernen Stadien mit Kunststoffbahn, umgeben von Zuschauerrängen aus Beton, spricht die Sinne kaum mehr an.
Beim Laufen würde es leichter als bei den meisten anderen Sportarten fallen, daraus eine sinn-volle (nämlich Mit-In-Anspruchnahme aller Sinne) Tätigkeit zu machen. Wenn ich in einer reiz-vollen Umgebung laufe, zwischen Wiesen und durch Wälder, auf schmalen und gewundenen Wegen und dabei tief und gleichmäßig atme, werden alle meine Sinne angesprochen: Ich rieche Bäume, Gras, Blumen und Kräuter, ich höre Vögel, den Wind, den Wald und auch meine Schritte, ich schmecke möglicherweise Blütenstaub, über Kurven und Höhenunterschiede wird mein Gleichgewichtssinn angesprochen, mein kinästhetischer Sinn informiert mich über die Spannungsregulation in meinen Muskeln, meine Augen sehen ein wechselndes Farbenspiel mit vielen unterschiedlichen Konturen (und ohne die in der Sportarchitektur üblichen rechten Winkel). Meine Sinne beschäftigen mich, ich spüre, wie sich verkrampfende Gedanken lösen, Sorgen und Probleme verfliegen, ich erlebe eine unwillkürliche Zentrierung auf meine Sinneswahrnehmungen - solange ich nicht zu schnell laufe - und die körperliche Anstrengung wird kaum bewußt. Bei einem solchen Laufen werden alle Gliedmaßen locker, ein angemessener

Leichtathletik

Energieeinsatz beansprucht Muskulatur, Herz, Kreislauf und Lungen nicht mehr als für gelöstes Laufen nötig. Längeres langsames Laufen in reiz-voller Umgebung ermüdet das Alltagsbewußtsein, führt nicht selten zu Hochstimmung ("Runner's High"), schwächt die Arbeit der logischen, analytischen linken Seite des Gehirns, stärkt dafür die der intuitiven und kreativen rechten Seite (vgl. dazu HAMPDEN/TURNER 1982, 86 ff.).

Ein solches Laufen in reiz-voller Umgebung kann zu meditativem Laufen werden, wenn gewisse Grundregeln beachtet werden:
1. Suche eine reiz-volle Laufstrecke!
2. Vermeide Konkurrenzverhalten und lasse Dich nicht von Mitläufern oder der Uhr unter Druck setzen!
3. Laufe locker und gelöst!
4. Sei wach nach innen und außen!

Damit ist nun nicht gesagt, daß jeder diese Regeln auf Anhieb einhalten kann, weder beim Laufen noch bei anderen sportlichen Tätigkeiten; ihre Umsetzung muß gelernt werden, sie ist aber eine wesentliche Voraussetzung für freudvolles Sporttreiben. Wenn PETZOLD zurecht den Verlust der Fähigkeit zu freudvollem Laufen bemängelt, so gilt dieser Verlust zugleich auch für andere Disziplinen und Sportarten: "Der leicht ausdauernde Lauf, der ohne Anstrengung und vorschnelle Ermüdungserscheinungen zum Ausdruck wirklicher Freude an der Bewegung wird, ist in unserer Zivilisation den meisten Menschen verlorengegangen"(PETZOLD 1979, 351). Der spielerische Umgang mit Bewegung, den Kinder beherrschen, ist den meisten Erwachsenen nie nahegelegt worden. Wir müssen uns deshalb darauf einstellen, ihn zu lernen.

Statt auf die Wahrnehmung ihrer Sinne sind die meisten Sportler zu sehr auf den Prozess des Anspannens, des Krafteinsatzes sowie auf das Ergebnis sportlicher Tätigkeit konzentriert. Am Beispiel des Laufens können Ursache, Wirkung und Änderungsmöglichkeiten gezeigt werden: Wer anfängt zu laufen, muß zunächst meist gegen unangenehme Gefühle ankämpfen wie müde Beine und Knie, träger Körper und schwere Arme. Solche Gefühle stören den Laufrhythmus und erschweren die Wahrnehmung einer möglichen positiven Inanspruchnahme der Sinne. Diese Gefühle sind oft Folge einer negativen Vororientie-

Leichtathletik

rung gegenüber dem Laufen, zudem einer Wahrnehmungszentrierung auf Muskeln, Herz und Kreislauf, des weiteren aber auch einer unzureichenden Fähigkeit, die mit den Muskelkontraktionen während des Laufens eingegangene Spannung mit einer rhythmisch folgenden Spannungslösung zu verbinden. Durch eine günstige Wahl der (Lauf-)Umwelt, durch ein Erlernen der Spannungsregulierung und durch eine Zentrierung der Wahrnehmung auf die Sinne kann eine Abschwächung (bis hin zur Ausblendung) solcher unangenehmer Gefühle erreicht werden. Ich nehme mir dann vor, auf das zu achten, was ich höre, rieche, sehe, fühle und finde dadurch zu lockerem, gelöstem, freudvollem Laufen. Die Zentrierung der Sinne fällt zunächst leichter, wenn wir nicht versuchen, alle Sinne gleichzeitig bewußt wahrzunehmen, sondern wenn wir uns nacheinander jeweils auf einen Sinn konzentrieren und erst danach einen ganzheitlichen Eindruck suchen.

Konsequenzen

Wenn die Nichtinanspruchnahme der Sinne zu Streß und im Extremfall zu Lebensgefahr führt und andererseits die Inanspruchnahme positive Gefühle ermöglicht, sollten Sportmöglichkeiten daraufhin überprüft werden, inwieweit sie die Sinne ansprechen.

Ein Arbeitsblatt zum Laufen soll zeigen, wie eine Überprüfung aussehen kann:

Arbeitsblatt (s. S. 96)

Findet reiz- und sinn-volle Laufgelegenheiten! Lauft, sucht und überprüft verschiedene Laufmöglichkeiten daraufhin, ob und wie sie Eure Sinne ansprechen. Achtet darauf, wie Ihr Euch jeweils dabei fühlt!

Verwendet folgende Zeichen:

- unangenehm empfundene Inanspruchnahme eines Sinns

x keine Inanspruchnahme eines Sinns

+ positiv empfundene Inanspruchnahme eines Sinns

Bei Versuchen mit diesem Arbeitsblatt fanden die Gruppen deutliche Unterschiede heraus: Am wenigsten wurden die Sinne in der Halle ("keinerlei Motivation zum Laufen"), auf geraden asphaltierten breiten Wegen, auf Hartplätzen und Aschenbahn ("hart, eintönig, öde, schnelle Ermüdungserscheinungen") angesprochen; eine umfang-

reiche und positiv bewertete Inanspruchnahme der Sinne erfolgte dagegen auf von Bäumen umgebenen Rasenplätzen, im Wald und auf einem schmalen kurvenreichen und von Bäumen und Sträuchern umsäumten Uferweg.
Der Körper ist ein energetisches System, er steht in dauernder energetischer Wechselbeziehung zu seiner Umgebung. Eine reiz-volle Umgebung stimuliert und wirkt energieaufbauend (vgl. dazu LOWEN 1975, 45). Dieses Problem wird im Sport bisher kaum gesehen. Deshalb ist eine Sensibilisierung dafür notwendig, was unseren Energiespiegel auf- oder abbaut. Reiz-volle Sportgelegenheiten leisten einen wesentlichen Beitrag zum Energieaufbau.
Als Konsequenz aus den Überlegungen in diesem Kapitel ergibt sich die Forderung, die Leichtathletik wieder stärker als Sportart zu betrachten, die in natürlicher Umgebung betrieben werden muß und sie beispielsweise nicht zur Hallenleichtathletik mit entsprechender veränderter Inanspruchnahme der Sinne verkommen zu lassen. Zur Leichtathletik gehören Wetter, Wind, Licht, Luft und Sonne. Wenn Leistungssportler nicht zu Trainigsweltmeistern werden wollen, müssen sie reiz-volle Trainingsumwelten suchen. Psychische Frische und Energiegeladenheit für den Wettkampf können nur schwer entstehen, wenn der größte Teil des Trainings in einer reiz-losen Umgebung (z. B. Folterkammer, Kunststoffbahn, Halle) absolviert wird. Vor allem Läufer tun gut daran, die sich ihnen bietenden Möglichkeiten zur Verlagerung des Trainings in natürliche Laufumwelten zu nutzen; ihre Wettkampfergebnisse werden ihnen den Beweis für die Richtigkeit dieses Ratschlags liefern. Zum Laufen gehört eine weitgehend naturbelassene Lernumwelt; wer Schüler im Sportunterricht stets auf einer Kunststoff- oder Aschenbahn und womöglich nur in Form von 1000-m-Wettkämpfen laufen läßt, braucht sich nicht zu wundern, wenn höchstens die leistungsstärksten oder abgestumpftesten Schüler Spaß daran finden.

2.1.1 Zur Rolle des Hautsinns

Angst vor Verletzungen und Krankheiten, Scham, Mode und Regeln haben dazu geführt, daß beim Sporttreiben mehr Kleidung getragen wird als unbedingt notwendig. Wenn die Haut unbehindert atmen und mit der Luft unmittelbar in Kontakt sein soll, ist es sinnvoll,

Leichtathletik

die Kleidung beim Sporttreiben auf das absolut notwendige (temperaturabhängige) Minimum zu beschränken; der taktile Sinn kann bei weniger Kleidung deutlicher angesprochen werden (*7). Es macht einen deutlichen Unterschied, ob ich dick eingepackt mit Wind, Wetter und Sonne konfrontiert bin oder z. B. die Geschwindigkeit meiner Bewegung auch über meinen Hautsinn wahrnehmen und erleben kann.
Ein besonderes Kapitel stellt in diesem Zusammenhang das Barfußlaufen dar, dessen gesundheitlicher Wert unbestritten ist: "Man kann spüren, wie sich die Füße aufladen und mit Leben füllen, wenn man barfuß durch nasses Gras und warmen Sand geht (LOWEN 1975, 81 f.) Barfußlaufen bringt eine Belebung der Füße - nicht nur der Haut - und fördert Gesundheit und Wohlbefinden, es beeinflußt den ganzen Organismus. Auf solche größere Zusammenhänge verweist insbesondere die Lehre von den Fußreflexzonen: "Nervenbahnen verbinden die Fußsohlen mit allen Organen des Körpers und leiten die belebenden Wirkungen zu ihnen weiter. Massage auf diesem Wege wirkt auf feinste Weise in die Tiefe des Organismus." (KÜCKELHAUS/ZUR LIPPE 1982, 111) (*8). Die Ausrichtung des Sporttreibens auf Leistung, die Werbung der Schuhindustrie, die Warnungen der Versicherungsfirmen und Ängste von Sportlern vor Verletzungen haben dazu geführt, daß fast nirgends mehr Sport barfuß getrieben wird. Man muß sich dabei immer wieder vor Augen halten, daß kleine Kinder ihren natürlichen Bedürfnissen nachgehen, wenn sie Schuhe und Strümpfe ausziehen (was sie oft tun!), weil sie diese als einengend verspüren; sie fühlen sich ohne Schuhe und Strümpfe wohler. Als Erwachsene zwängen wir unsere Füße in Schuhe, verlieren dadurch den direkten Kontakt zur Erde. Barfußlaufen stellt den Kontakt wieder her und belebt über die Füße hinaus vor allem die untere Körperhälfte, die in unserer kopflastigen Welt leblos zu werden droht.

2.1.2. Vielfältige Ansprache der Sinne und Ich-Bild

In der westlichen Welt haben die Augen als wesentliches Sinnesorgan einen unangemessen hohen Stellenwert erhalten (vgl. dazu HERZOG 1979). Die Augen können zwar die Bewegung führen und organisieren (vgl. FELDENKRAIS 1978, 200 ff.). Bei Bewegungen und beim

Sporttreiben werden aber mehr Sinne angesprochen, die Bevorzugung der Augen führt zu einer reduzierten Wahrnehmung. Diese hat ein unvollständiges Ich-Bild zur Folge (eine unvollständige Vorstellung von sich selbst), dieses ist aber eine wesentliche Voraussetzung für eine präzise Bewegung, für das Erreichen hoher Spannung, ausgeprägter Kontraktion und Spannungslösung. Das Ich-Bild bleibt unvollständig, wenn nicht die anderen Sinne ebenfalls entwickelt und angesprochen werden. Die Unterschätzung der Bedeutung der Ansprache aller Sinne führt dazu, daß Sporttreibende das Potential, das in ihnen und in der entsprechenden Sportart liegt, nicht ausschöpfen können.

Auf die Bedeutung z. B. des Riechens weisen KOPPENHÖFER und LUTZ hin: "Riechen ist für die Depressions-Therapie eine besonders wichtige Sinnesfunktion: Während schwer depressive Patienten durch kaum einen externen Reiz aus ihrer Apathie geholt werden können, haben olfaktorische Reize in der Regel ihren Aufforderungswert behalten." (KOPPENHÖFER/LUTZ 1983, 129). Nun sollen Sportler nicht mit Depressiven gleichgesetzt werden; es wäre aber verwunderlich, wenn die Vernachlässigung einzelner Sinne keine Auswirkungen hätte. Am Beispiel des Riechens läßt sich das Problem erkennen: Die ständig stärkere Verlagerung von Sportarten in künstliche Umwelten verringert die Ansprache einzelner Sinne. In einer Halle aus Beton und Kunststoff ist z. B. etwas anderes zu riechen als in einer solchen aus Holz, in beiden wieder weniger als in einer natürlichen Umgebung im Freien.

Das Ich-Bild kann dann am besten ausgeprägt und vollständig sein, wenn alle Sinne eingesetzt und entwickelt werden, wobei natürlich in Anbetracht der motorischen Aufgaben die Entwicklung der die Innensicht bedingenden Sinne einen besonderen Stellenwert hat, nämlich des kinästhetischen und des Gleichgewichtssinns. Oft ist bei der Suche nach Wohlbefinden und bei der Fehlerkorrektur der Weg über die Verbesserung des Ich-Bilds einfacher als über die Korrektur einzelner Bewegungshandlungen: "Was wir bisher über das Ich-Bild gesagt haben, zeigt, daß der Weg über die systematische Korrektur des Bilds kürzer und gründlicher sein wird als der über die Korrektur einzelner Handlungen und einzelner Fehler in Verhal-

Leichtathletik

tensweisen. Zudem gilt: je kleiner der Fehler, desto größer ihre Zahl. Stellt man sich zunächst ein mehr oder weniger vollständiges Ausgangsbild vor, so wird man die Dynamik der Handlungen allgemein verbessern können; denn es gilt zu beobachten, wie die Teile in ihrem Verhältnis zum Ganzen funktionieren und nicht jedes Teil für sich. Die Korrektur einzelner Handlungen gleicht dem Spiel auf einem verstimmten Instrument" (FELDENKRAIS 1978, 48).
Die Bedeutung des Ich-Bilds und der Innensicht läßt sich am Beispiel der zu erreichenden hohen Vorspannung bei den Würfen und Sprüngen zeigen, die oft Probleme bereitet. Vielfältige Korrekturmöglichkeiten sind hier gegeben, wenn Abweichungen vom Idealbild der Technik festgestellt werden, mit Ansatzpunkten an den Beinen, dem Becken, den Armen und dem Kopf. Wesentlicher ist aber zunächst die Verbesserung des Bewußtseins für den Spannungsgrad, die Lage der verschiedenen Körperpartien und der bedingenden Faktoren. Dabei kann die Entwicklung der Bewußtheit für die Kopfhaltung und deren nachfolgende Veränderung z. B. beim Absprung beim Fosbury-Flop (mit Kopf und Augen bei den letzten beiden Schritten weg von der Latte) oder beim Flug (Kopf weg von der Brust, weit nach hinten) und die damit erreichte Veränderung des Körperbilds bereits ausreichend sein, um die gewünschte Spannung auch in Bewegung umsetzen zu können.

Konsequenzen

Wenn das Ich-Bild nicht ausreichend entwickelt ist, können verbale Hinweise (Informationen, Erklärungen, Anweisungen, korrekturen) oft nicht ausreichend in dieses integriert werden. Nicht nur Anfänger, auch Sportler auf hohem Leistungsniveau können hier Schwierigkeiten haben: so konnte z. B. eine Tennisspielerin der Spitzenklasse den Trainerhinweis, sie solle den Arm bzw. Ellenbogen beim Aufschlag höher nehmen, nicht umsetzen. Die Ursache lag in ihrem unvollständigen Ich-Bild, das z. B. die Beweglichkeit und Belastung ihrer Beine oder Spannungszustände im Körper nur unvollständig beinhaltete.
Die Entwicklung des Ichbilds bzw. von Sensibilität für körpereigene Wahrnehmungen ist als Beitrag zur Mündigkeitsentwicklung der Sportler zu fordern: Je ausgeprägter das Ich-Bild, desto

einfacher wird die Entscheidung der Sportler darüber, ob Informationen von außen (z. B. von Trainern und Sportlehrern) für angestrebte Ziele etwas bringen und verwertbar sind.
Die Verbesserung des Ich-Bilds erfolgt über ein deutliches Ansprechen der Sinne. Es ist anzunehmen, daß eine entwickelte Bewußtheit mit dem im Sport bekannten traditionellen Übungsgut nicht ausreichend gefördert werden kann. Ich gehe davon aus, daß hier Anleihen (bis hin zur vollständigen Durchführung) bei Körpertherapieübungen wie Feldenkrais-Übungen, Alexander-Übungen, Bioenergetik-Übungen oder auch Yoga notwendig sind (vgl. dazu KNÖRZER in diesem Band). Stretching stellt einen Anfang dar, Elemente aus solchen Bewegungssystemen, die dem Sport bisher fremd waren, in das Sporttreiben in traditionellen Sportarten zu integrieren und zur Entwicklung des Ich-Bilds beizutragen.

2.2. Ausgewogenes Verhältnis von Spannung und Spannungslösung (Spannungsregulierung)

Viele Sporttreibende sind völlig auf den Prozeß des Anspannens, des Krafteinsatzes konzentriert; sie sehen - bewußt oder unbewußt - darin die beste Möglichkeit, ein gestecktes Ziel zu verwirklichen. Vor allem Sportler mit großer Willenskraft neigen in Verbindung mit einer ausgeprägten Zielorientierung dazu, zuviel innere Spannung aufzubauen und Kraft einzusetzen. Schwerfallende Bewegungen können möglicherweise durch die Suche nach dem zielangemessenen Spannungsgrad und durch die Berücksichtigung der ergänzenden Spannungslösung so verändert werden, daß sie leichter fallen. Die Konzentration auf den Prozeß des Anspannens bewirkt, daß keine ausreichende Spannungsregulierung erreicht wird, d. h. die Bedeutung der Spannungslösung für ein energiesparendes und motivierendes Sporttreiben nicht ausreichend erkannt wird.

Spannungslösung spielt nicht nur für den Rhythmus einer Bewegung eine Rolle, sondern ist vor allem vorbeugend gegen Ermüdung wichtig. Ein wacher, nicht müder Körper ist wahrnehmungs- und empfindungsfähiger als ein ständig angespannter und rasch ermüdender. Wenn die am Bewegungsablauf beteiligten Muskeln nicht angemessen während und /oder nach der Bewegung entspannt werden, entsteht ein Defizit an Sauerstoff und Nährstoffen. Die Dauerkontraktion der

Leichtathletik

Muskeln schränkt deren Zufuhr ein und frühere Ermüdung ist die Folge. Erst bei einem rhythmischen Wechsel zwischen Spannung und Spannungslösung kann frisches Blut in die Muskeln strömen, die benötigten Substanzen liefern und Abfallstoffe abtransportieren. Bei Ausdauersportarten wie dem Dauerlauf hat deshalb die Spannungslösung während der Bewegung einen hohen Stellenwert für die Sicherung von Wohlbefinden und Ausdauer. Bei Disziplinen mit kurz anhaltender hoher oder etwas länger anhaltender mittlerer Belastung wie den Sprintstrecken, Sprüngen und Würfen sowie den Mittelstrecken kommt der Spannungslösung zwischen und nach den Belastungen eine hohe Bedeutung zu. Die ausreichende Berücksichtigung der Spannungslösung während und vor wie nach dem Training und Wettämpfen erhöht die Möglichkeit positiver Körpererfahrungen und beugt zudem Verletzungen und Abnutzungserscheinungen vor.
Vor den Folgen einer zu starken Konzentration auf ein Ziel (und dem damit verbundenen Zieldrangsyndrom) schützt die stärkere Berücksichtigung der Inanspruchnahme der Sinne, der Innensicht und des Istwerts sowie eine größere Bewußtheit des Wegs zum Ziel; diese sind wirksame ergänzende Möglichkeiten zusätzlich zur Beachtung des Problems der Spannungslösung (*9).

Konsequenzen

Entsprechend den vorhergehenden Ausführungen muß Sportlern das Problem der Spannungsregulierung einsichtig gemacht werden. Hilfreich dabei kann sein, wenn die Bewußtheit für beide Spannungspole und den Prozeß des Spannungswechsels entwickelt wird. Um zu einer deutlichen Wahrnehmung beider Pole kommen zu können, müssen sie ausgeprägt vorhanden sein, d. h. es darf nicht nur am Pol "Spannung" gearbeitet werden, dies muß auch am Pol "Spannungslösung" intentional geschehen.
Voraussetzung für die Fähigkeit der Spannungslösung bei einzelnen Phasen einer Bewegung (z. B. beim Landen beim Hoch- und Stabhochsprung) oder von Körperteilen oder einzelnen Muskeln während einer Bewegung (z. B. der geschleppte Arm bei der Diskus- oder Schleuderballdrehung) ist eine allgemeine Fähigkeit zum Wechsel zwischen Spannung und Spannungslösung. Diese muß als Voraussetzung für einen entsprechenden sportartspezifischen Wechsel geschult werden.

Um Unterschiede zwischen beiden Polen zu fühlen, muß nicht immer mehr Kraft eingesetzt werden, auch das Gegenteil kann sinnvoll sein: "Um Bewegung besser, genauer kontrollieren zu können, braucht einer erhöhte Empfindlichkeit, d. h. ein größeres Vermögen, Unterschiede zu empfinden ... um feinere Unterschiede in der Anstrengung bemerken zu können, muß die Anstrengung selbst zuerst verringert werden." (FELDENKRAIS 1978, 90). Diese Forderungen können beispielsweise durch die Verringerung des Krafteinsatzes und des Tempos etwa in der Form einer Zeitlupendurchführung einer Bewegung erfüllt werden; damit wird die Unterscheidungsfähigkeit für die Wahrnehmung des Wechsels zwischen beiden Polen erhöht, etwa bei der Simulierung des Absprungs beim Weit- oder Hochsprung oder des Abwurfs des Speers in Zeitlupe.

2.2.1 Deutlicher Wechsel zwischen Spannung und Spannungslösung

Zum Empfinden von Lust an einer Bewegung gehören sowohl Spannung als auch Entspannung, beide ergänzen sich; ein Pol allein kann keine Lust verschaffen. Je deutlicher der Wechsel von Spannung und Spannungslösung ausfällt, desto größer ist die Chance eines lustvollen Erlebens von Bewegungen: "Höchste Lust erlebt der Körper, wenn er mit "Hochspannung" aufgeladen wird und dann diese Energie freisetzt" (KEEN 1985, 118). Werden beide Pole beim Sporttreiben in ausgeprägter Form berücksichtigt, bilden sie ein wesentliches Element des Wohlbefindens in dieser Sportart: z. B. bei den leichtathletischen Sprüngen und Würfen, beim Wechsel zwischen embryonaler und überstreckter Haltung beim Bodenturnen oder der rhythmischen Sportgymnastik, beim Vollspannschlag verbunden mit nachfolgender Spannungslösung (und Nachspüren der Bewegung) beim Fußball. Da in den meisten leichtathletischen Disziplinen die Möglichkeiten zu einem häufigen Wechsel zwischen Spannung und Spannungslösung gering sind, kann ein Schwerpunkt der Suche von Freude und Wohlbefinden beim Herausarbeiten von deutlichen Wechseln zwischen Spannung und Spannungslösung liegen. Dies kann geschehen durch das Arbeiten an der Spannung, aber auch durch systematisches Erlernen der komplementären Spannungslösung.
Nach LOWEN (1981, 72) entsteht Lust durch Spannungsverminderung: "Wir können jetzt zwei Aspekte des Mechanismus unterscheiden,

Leichtathletik

durch die Spannung verringert wird. Bei dem einen ruft die Bewegung von Energie zur Peripherie eine Weitung der Oberflächenmembran hervor, beim anderen werden Substanz und Energie in die Außenwelt entladen. Beide Vorgänge sind lustvoll, der Grad der Lust hängt von Menge und Gefälle der Spannungsverminderung ab. Von den beiden ist das letztere bei weitem wichtiger." Spannungsverminderung im Sport ist einmal feststellbar bei Freudegesten (z. B. Erheben der Arme im Ziel und anschließende Spannungslösung) und zum anderen vor allem bei Energieentladungen z. B. bei den Sprüngen und Würfen. Das lustbringende Spannungsgefälle kann durch Erhöhung der Spannung erreicht werden, aber auch durch Intensivierung der Spannungslösung. Arbeiten an einem deutlichen Wechsel zwischen Spannung und Spannungslösung ist jedenfalls eine wichtige Aufgabe, wenn Lust und Freude an den meisten Leichtathletikdisziplinen vermittelt werden soll.
Ein deutlicher Wechsel zwischen Spannung und Spannungslösung ist für Anfänger vor allem in verschiedenen Sprungformen zugänglich. Gesunde und vitale Kinder springen viel, die Erhaltung der Freude am Springen bedeutet zugleich ein Beitrag zur Erhaltung der Lebensfreude: "Der Sprung ist ein Ausdruck von Elastizität, Mut, Vitalität, Zielgerichtetheit, Jugendlichkeit. Der Mensch beginnt alt zu werden, wenn er nicht mehr springt; er ist in seinem emotionalen Erleben eingegrenzt, wenn er nicht mehr "vor Freude springen" kann" (PETZOLD 1979, 352).

Konsequenzen

Wesentliches Mittel für die Erhöhung der Spannung und die Verbesserung der Spannungslösung ist eine Wahrnehmungszentrierung auf diese Punkte. Einen deutlichen Beitrag kann der Unterrichtende dann leisten, wenn ihm selbst klar ist, welche Muskulatur z. B. beim Fosbury-Flop wie eingesetzt wird. Er ist dann nicht genötigt, einen vagen Hinweis darauf zu geben, die Spannung zu erhöhen, sondern kann gezielte Selbstbeobachtungsaufträge geben, z. B. auf die Anspannung der Nacken-, Schulter- und Rückenmuskulatur zu achten und zu versuchen, den dort verspürten Spannungsgrad zu erhöhen. Da eine solche Selbstbeobachtung bei schnellen Bewegungen oft schwer fällt, kann der Zugang zum Empfinden und Fühlen er-

leichtert werden, z. B. durch Standübungen (etwa der Absprunghaltung beim Fosbury-Flop in Überstreckung nach hinten mit Partnerunterstützung oder Abwurfbewegung beim Speerwerfen mit Partnerwiderstand). Das Nachspüren einer Bewegung wird durch Spannungslösung erleichtert, umgekehrt fördert die Aufgabe des Nachspürens auch die Spannungslösung. Deutlich ist ein Wechsel zwischen Spannung und Spannungslösung vor allem dann, wenn die individuellen Möglichkeiten ausgeschöpft werden. Sollten diese gering sein, etwa durch fehlende Beweglichkeit, nicht ausreichende Kraft, dann muß an den jeweiligen Voraussetzungen gearbeitet oder - soweit möglich - müssen die situativen Bedingungen so geändert werden, daß auch der Konditionsschwächere einen Zugang zum gewünschten deutlichen Wechsel findet. Normierte Geräte, beim Wurf z. B., können dabei ein Hindernis darstellen. Geht es um das Erlebnis von Spannung und Spannungslösung, um positive Körper- und Bewegungserfahrung, dann kann beim Stoßen einer 7.25 kg Kugel ein Zwei-Meter-Mann mit über 100 kg Körpergewicht leichter positive Erlebnisse und Gefühle erreichen als der 1,70 m-Mann mit vielleicht 60 kg. Wenn der Leichtere und Kleinere die gleichen positiven Möglichkeiten erfahren soll wie der Größere und Kräftigere, dann bleibt als Alternative
- entweder die Verwendung leichterer Geräte
- oder das Nachvollziehen historischer Formen und Entwicklungen, z. B. beim Kugelstoß, wo sich der weniger Kräftige einen historischen Vorläufer der Rückenstoßtechnik aussuchen kann, etwa das frontale Angehen oder das seitliche Angleiten, der seinen körperlichen Möglichkeiten besser entspricht.
Die Wahrnehmung wird bei der Suche nach individuell optimalen Formen (*10) auf die Ausprägung des Prinzips von Spannung und Spannungslösung zentriert und nicht auf die Form der als "richtig" behaupteten Technik. Jeder Körper hat seine individuellen Besonderheiten, Geschichte und Umweltbezug; positive Körpererfahrungsmöglichkeiten werden dann eröffnet, wenn über Individualisierung die subjektiven Voraussetzungen ein größeres und Techniken/Normen ein geringeres Gewicht erhalten. Am Beispiel des Kugelstoßens heißt dies: Wenn der Lernende seinen individuell günstigsten Weg

Leichtathletik

zum Erleben einer ausgeprägten Streckung-Spannung, maximalen Kontraktion und Spannungslösung suchen kann. Freude entsteht durch ein positives Erleben der Bewegung, nicht nur durch Leistung. Die Suche kann unterstützt werden durch systematisches Variieren von Spannungszuständen in den verschiedenen Körperpartien, z. B. beim Durcharbeiten des Körpers beim Speerwurfabwurf: Spannung der Beine, des Rumpfes, der Arme bis hin zum Nacken. Dabei können Lernende den Unterschied im Sich-Fühlen zwischen einem Wurf erleben, bei dem primär durch die Armkraft eine Beschleunigung des Speeres erreicht wird und einem solchen, bei dem mit einem Ganzkörpereinsatz die Bedeutung des Arms geringer, dafür des Körpers wesentlich höher wird. Zum Speerwerfen können z. B. folgende Aufgaben gestellt werden:
- Werft den Speer aus dem Stand (der Speer wird über dem Kopf gehalten) etwa 5 - 10 m vor Euch so in den Boden, daß er stecken bleibt (oder Zielwürfe).
- Werft einmal mit dem rechten Arm, einmal mit dem linken Arm! Nehmt dazu jeweils einmal den rechten, einmal den linken Fuß beim Abwurf nach vorne. Spürt Ihr Spannungsunterschiede? (Beim Standwurf sind kaum Spannungsunterschiede zu spüren, deshalb ist auch ein Hinweis darauf, welcher Fuß vorne sein soll, hier wenig sinnvoll.)
- Atmet beim Abwurf einmal aus und einmal ein! Spürt Ihr Spannungsunterschiede? (Bei einem von der Ausatmung begleiteten Abwurf wird deutlich mehr Spannung verspürt.)
- Experimentiert mit der Speerhaltung, haltet ihn einmal hoch, in mittlerer Höhe und nahe der Schulter. Wann verspürt Ihr die größte Wucht beim Abwurf? (Bei leicht gebeugtem Arm.)
- Schließt die Augen beim Abwerfen, konzentriert Euch auf das, was in Eurem Körper vor sich geht. Trefft Ihr noch das Ziel? Was registriert Ihr an Bewegungen in Eurem Körper?
- Versucht einen Zeitlupenabwurf. Welche Muskeln sind am Abwurf beteiligt? (Wenn die Antworten auf einen eingeschränkten Einsatz einzelner Körperteile hinweisen, kann als Vermittlungshilfe der Hinweis auf Körperteile/Muskeln erfolgen, die auch beim Wurf eingesetzt werden können).

Leichtathletik

- Experimentiert mit dem vorderen Bein beim Abwurf, beugt es, streckt es etc. Wann verspürt Ihr am meisten Spannung in Eurem Körper?
- Experimentiert mit Eurer Kopfhaltung beim Abwurf! Nehmt den Kopf nach vorne, zur Seite, nach oben etc., wann verspürt Ihr die meiste Spannung in Eurem Körper?

Der rote Faden des Vorgehens sieht folgendermaßen aus:
- Erhöhung der Bewußtheit für den eigenen Körper beim Bewegungsablauf des Standwurfs
- Experimentieren mit unterschiedlichen Möglichkeiten zur Verbesserung der Fähigkeit des Unterscheidens (auch mit sog. fehlerhaften Bewegungen)
- Bewußtheit für den Zusammenhang Atmung - Spannung
- Bewußtheit für den Speerwurf als Disziplin, die den Einsatz des ganzen Körpers verlangt, wenn ein befriedigendes Bewegungserlebnis beabsichtigt wird
- Arbeit an der Spannung, Spannungserhöhung und Spannungslösung
- Bewußtheit für die Bedeutung der Kopfhaltung für die Spannung

Von diesem roten Faden her können entsprechende Übungen für alle Disziplinen abgeleitet werden, in denen hohe Spannung/Kontraktion und Spannungslösung angestrebt wird, in der Leichtathletik z. B. für alle Sprünge und Würfe.

Vermieden werden muß auf jeden Fall nur mechanisches Wiederholen einer Technik: "Mechanisches Wiederholen bewirkt nichts als den Blutkreislauf anzuregen und die Muskeln zu gebrauchen." (FELDENKRAIS 1978, 198). Mechanisches Wiederholen erschwert oder verbaut den Weg zu einem deutlichen Wechsel zwischen Spannung und Spannungslösung bzw. den Zugang zu höchster Spannung. "Wer seine Muskeln gebraucht ohne zu beobachten, zu unterscheiden und zu verstehen, handelt wie eine Maschine." (FELDENKRAIS 1978, 181)

2.2.2 Häufiger Wechsel von Spannung und Spannungslösung
Wenn schon ein einmaliger Wechsel zwischen Spannung und Spannungslösung Lust verschaffen kann (z. B. beim Speerwurfabwurf), ist die Wahrscheinlichkeit positiven Erlebens beim häufigen Wechsel noch größer. Dies erklärt einen Teil der Attraktivität der Sportspiele

Leichtathletik

mit quasi "eingebautem" Wechsel zwischen Phasen der Spannung und der Spannungslösung. Am angenehmsten ist das Erlebnis des Wechsels, wenn dieser rhythmisch erfolgt. Leben ist Rhythmus, am einfachsten erkennbar am Pulsieren des Herzens und des Blutes. Rhythmus-Erleben beim Sport ist zugleich auch Erleben des Lebens. Das Sich-einer-Bewegung-Hingeben wird durch Rhythmus unterstützt. Das Erleben von Rhythmus ist bei zyklischen Disziplinen wie dem Hürdenlaufen oder allen Disziplinen mit Laufanteilen möglich, in vielen anderen Sportarten aber leichter und ausgeprägter als in der Leichtathletik.

Konsequenzen

Der häufige rhythmische Wechsel zwischen Spannung und Spannungslösung sollte in Anbetracht seiner positiven Wirkungen gezielt ermöglicht und durchgeführt werden, am besten zeitweise von (geeigneter) Musik begleitet oder auch
als gemeinsames Üben in der Gruppe. In der Leichtathletik kann der häufige Wechsel zwischen Spannung und Spannungslösung, z. B. beim Laufen in Formen des Fahrtspiels, gefunden werden oder beim Laufen in wechselndem Gelände, bei Tempowechselläufen über kürzere Strecken, Windsprints etc.. Bei den Sprüngen eignen sich Sprungserien mit deutlicher Beachtung der Entspannungsphasen oder bei den Würfen kurz aufeinander folgende Wurfserien.

2.2.3 <u>Spannung,</u> <u>Streckung</u> <u>und</u> <u>Öffnung</u> <u>des</u> <u>Körpers</u>
Wohlbefinden hat oft etwas mit einem Sich-Strecken zu tun, einer ausgeprägten Öffnung der Körpervorderseite, z. B. beim Sich-Strecken nach dem Aufwachen, dem Gähnen. Dabei wird jeweils der Kopf zurückgenommen und die Wirbelsäule verlängert. Nach FELDENKRAIS (1978, 134) begleitet das Gefühl, daß die Wirbelsäule länger wird, die meisten körperlichen Handlungen, wenn diese richtig ausgeführt werden. Unnütze Anstrengungen machen den Körper dagegen kürzer.

Leichtathletik

Bei als schwierig oder gefährlich eingeschätzten Bewegungen (z. B. beim Hochsprung und Weitsprung wegen der ungewissen Landung, beim Kugelstoßen wegen der nur schwer zu beschleunigenden Kugel) entwickelt der Lernende eher eine Tendenz zum Zusammenziehen, z. T. zum Schutz vor allem des Bauchraums. Krampfhafte, unharmonische, unökonomische und auch unangenehme Bewegungen sind die Folge einer solchen Angsthaltung.
Kinder suchen in ihrem freien Bewegungsleben Situationen, die eine starke Streckung und Öffnung des Körpers beinhalten, z. T. verbunden mit der Reizung ihres Gleichgewichtssinns.
Spannung durch Abenteuer und Risiko bzw. Experimentieren mit der Öffnung des Körpers, Balancieren auf Eisenbahnschienen oder Geländer, auf Baumstämmen, Hängen an der Sprossenwand, an Teppichstangen, am Tau, Schaukeln auf der Kinderschaukel, auf der Schiffschaukel, Gefährdung des Gleichgewichts bei Hüpfspielen, bei Niedersprüngen, Streckungen beim Werfen auf Ziele und in die Weite. Kinder beweisen ein natürliches Empfinden für das, was ihnen gut tut. Wohlbefinden und Energiegeladenheit sind der Lohn für solches Spielen mit Bewegung und Öffnung des Körpers.
Wie läßt sich diese Suche nach Streckung (verbunden mit dem Zurückführen des Kopfes), die vor allem auch in den leichtathletischen Sprüngen und Würfen - darüber hinaus aber auch in fast allen anderen Sportarten - enthalten ist, erklären? Ich sehe hierfür zwei Möglichkeiten, die wohl miteinander zusammenhängen:

1. Bestimmte Elemente von Bewegungen und bestimmte Haltungen deuten auf Relikte aus der Vorgeburtszeit und Kindheit hin, sie sind im Freud'schen Sinne regressiv und spielen eine wichtige Rolle im Erwachsenenleben bis hin zum Tod. Eine solche Reliktgeste ist die embryonale - zusammengekauerte - Haltung bei Trauer, Angst und Schutzbedürfnis, die sich im Sport - soweit sie nicht bewußt als Gegensatz für vorhergehende oder nachfolgende starke Streckung gesucht wird - z. B. beim Hocksprung im Weitsprung, bei der Sitzhaltung beim Erlernen des Fosbury-Flops im Hochsprung, beim schnellen Aufsetzen der Hände beim Kasten- oder Pferdsprung etc. findet. Angst verhindert die lustbringen-

Leichtathletik

de Streckung. Warum ist diese lustbringend: Im Mutterleib muß sich das Kind mit einer platzsparenden Beugehaltung begnügen; beim Geburtsvorgang wird diese Beugehaltung erstmals vollständig aufgegeben - zumindest vorübergehend. Der vorher völlig gebeugte Kopf muß von dem Kind dabei maximal nach hinten gestreckt werden (vgl. PRESSEL 1984, 11). Die Streckung beim Geburtsvorgang erfolgt nach der Überwindung des dunklen Geburtskanals, hoher Spannung und befreiender Begegnung mit dem Licht und der Spannungslösung. Im ersten Lebensmonat erfolgt dann des öfteren ein erstes kurzes Anheben des Kopfes (verbunden mit einer Überstreckung nach hinten oben durch die Kontraktion der Nacken-, Schulter- und oberen Rückenmuskulatur) in der Bauchlage, was zu einer wohl als interessant und aufregend empfundenen erweiterten Kontaktaufnahme mit der Welt führt.Eine ähnliche Bewegung ist beim MORO-Reflex sichtbar: Wenn das Neugeborene hingesetzt wird (d. h. in eine ungewohnte Lage gebracht wird), hebt es den Kopf, breitet beide Arme aus und der Kopf fällt nach hinten (vgl. LE BOULCH 1971, 233). LE BOULCH führt das Heben des Kopfes auf einen Extensions-Reflex zurück; eher als an einen Reflex ist aber wegen der unbekannten unsicheren Lage an eine erste Form von Regression zu denken, an ein Handeln in Erinnerung an den Geburtsvorgang, wo die Extension Befreiung und ein Ende des enormen Kampfes "um Überleben unter einem oft fast erstickenden Druck" (CAPRA 1984, 419) gebracht hat, d. h. wo die Extension die plötzliche Befreiung und Entspannung nach sich zog (*11).
Das Leben besteht vor der Geburt nur aus Zusammengekauertsein, nach der Geburt aus einem Wechselspiel zwischen Zusammengekauertsein und Streckung. Streckung bedeutet: sich zur Welt öffnen. Eine Streckung und Überstreckung des Körpers mit dem Kopf nach hinten oben erfolgt vor allem in Situationen, in denen sich der Mensch wohl und sicher fühlt, Freude ausdrückt oder in friedlicher Absicht oder meditativ Kontakt mit der Umwelt aufnimmt, z. B. beim Triumphgebaren, wo durch Luftsprünge und Emporheben der Arme die Körpergröße erhöht wird, beim Durchlaufen eines Ziels oder nach einer erfolgreichen Aktion. Die

Gebärde der höchsten Begeisterung ist der denkbar größte Gegensatz zur vorgeburtlichen Fülle und Ballung: "Zwischen beiden entfächert sich das breite Band der Aktivitäten in Leib, Seele und Geist. Jede Beugung knüpft an die Ursprungskraft an, jede Streckung nimmt das Ende voraus" (PRESSEL 1984, 14).
Körperstreckungen beim Sporttreiben und in der Leichtathletik lassen sich als regressive Formen interpretieren, die für Wohlbefinden sorgen; man braucht dabei nur an das Sich-Strecken nach dem Aufwachen denken oder daran, daß beim Lachen der Kopf gewöhnlich hoch ist, beim Weinen dagegen gesenkt und der Körper in sich zusammengesunken.

2. Sich-Strecken bis hin zur Überstreckung mit dem Kopf nach hinten oben bringt Erinnerungen, Empfindungen und Gefühle mit sich, die wir als Kinder gern hatten: beim Schaukeln (hier vor allem die mit einer besonders intensiven Empfindung verbundene Streckung nach hinten oben), vor allem auf der Schiffschaukel, bei Niedersprüngen, beim Hochgeworfenwerden durch den Vater, bei Sprüngen vom Sprungbrett oder sonstigen Absprungmöglichkeiten ins Wasser u. a. m..Die dabei zumindest zeitweise eingenommene Streckung und Überstreckungshaltung findet sich in vielen sportlichen Techniken wieder und stellt meist den Teil der Bewegung dar, der besonders intensiv empfunden wird und Spaß macht. Aus bioenergetischer Sicht ist dies eine Haltung - der Körper als gespannter und aktionsbereiter Bogen - mit völliger energetischer Aufladung des Körpers vom Kopf bis zu den Füßen. Es ist dies die Haltung, nach der nach dem Aufwachen oder bei Müdigkeit (z. B. beim Gähnen) gesucht wird, ein Aufladen des Körpers mit eutonischer (angemessener, richtiger = guter) Spannung nach vorheriger niedriger Spannung oder nach Verspannung. Eine solche Haltung bringt ein Gefühl der Integration des Körpers, des Energieflusses sowie der äußeren und inneren Harmonie. Wer diese Bogenhaltung richtig erreicht, steht in Harmonie zum Universum (vgl. LOWEN 1975, 64). Nach LOWEN liegt die Erklärung für die damit verbundenen intensiven Empfindungen und Gefühle in der Entspannung des Zwerchfells, "die einen starken

Leichtathletik

Erregungsfluß in den unteren Teil des Körpers erlaubt" (LOWEN 1975, 196).
Überstreckung öffnet und weitet die Brust und den Bauch für die Begegnung mit der Welt, macht zugleich aber auch verletzbarer. Bei einer solchen expansiven und lustverschaffenden Bewegung fließt Ladung vom Kern zu allen Punkten, die den Kontakt zur Außenwelt herstellen: Gesicht, Hände, Füße und Geschlechtsorgane. Das Gefühl wird intensiver, wenn eine Verlängerung oder Ausdehnung möglich ist, z. B. über Strecken des Halses, der Arme und /oder der Beine. Wenn bei einer solchen Bewegung der Atem angehalten wird, treten die entsprechenden Empfindungen und Gefühle weniger auf; wird aber beim Höhepunkt der Streckung/Expansion und der nachfolgenden Kontraktion und Spannungslösung (dem Aufgeben der Expansion) bewußt ausgeatmet - bis hin zum Schrei bei den Würfen und Stößen - dann wird der Energiefluß und das Lustgefühl besonders intensiv erlebt, vor allem wenn man sich einen Moment auf das Nachspüren der Bewegung konzentriert.
Das geschilderte Phänomen der Streckung und Expansion ist bei vielen sportlichen Bewegungen gegeben, in der Leichtathletik vor allem bei den Sprüngen und Würfen. Starke Expansion bis hin zur Überstreckung beweist Können; sie eröffnet zugleich den Zugang zu einem wesentlichen Punkt der Faszination in der jeweiligen Disziplin (*12). Bei Anfängern ist statt der gewünschten Überstreckung oft eher das Gegenteil zu sehen. Öffnung und Streckung stellen ein Risiko dar. Wenn ich mich bedroht und verletzlich fühle, ziehe ich mich zusammen in die schutzverheißende embryonale Haltung. Voraussetzung für die Öffnung ist deshalb, neben einer entsprechenden Beweglichkeit, das Fehlen von Angst. Nicht wenige fühlen sich, z. B. durch Flug und Landung beim Weit- und Hochsprung unsicher oder auch bedroht und flüchten sich instinktiv in die embryonale Schutzhaltung (Hockhaltung). Auch wenn dem Lehrenden klar ist, daß die Landefläche für den Springer keine Gefahr bringt, fehlen dem Lernenden möglicherweise entsprechende Erfahrungen; technische Hinweise und Korrekturen sind in solchen Fällen nutzlos, zuerst muß die eine Körperstreckung verhindernde Angst abgebaut werden. Selbst weltbesten Fosbury-Flop-Springern gelingt es nicht immer,

Leichtathletik

den Kopf bei der Lattenüberquerung von der Brust weg nach hinten zu nehmen, was erst ein optimales Hochführen des Beckens und damit eine optimale Bogenhaltung ermöglicht. Angst führt zu einer heftigen Kontraktion sämtlicher Beuger, vor allem im Unterleib und einem Anhalten des Atems (vgl. FELDENKRAIS 1978, 92) und behindert die lustbringende intensive Streckung.
Man hat eigentlich für selbstverständlich hingenommen, daß im Hochsprung die Fosbury-Flop-Technik den Straddle verdrängt hat, obwohl ihre biomechanische Überlegenheit nicht eindeutig nachgewiesen ist. Zu erinnern bleibt daran, daß der Fosbury-Flop zwar von einem Mann erfunden wurde, seinen Siegeszug aber zunächst im Frauenhochsprung antrat. Der Fosbury-Flop enthält bezüglich Streckung/Expansion deutlicher faszinierende Bewegungselemente als der Straddle, bei dem sofort nach dem Absprung ein Zusammenziehen eingeleitet wird, während beim Fosbury-Flop die Überstreckung beim Absprung und während eines großen Teils der Flugphase anhält. Insofern ist es verständlich, daß sich Kinder und auch Frauen mit ihrem weniger leistungs- und stärker natürlichkeitsgeprägten Bewegungsverständnis eher als Männer für den Flop interessiert haben, für die natürlichere und reizvollere Bewegung. Vielleicht bringt diese Technik positive Gefühle, weil die in ihr eingenommene Spannung in Verbindung mit einem befreiten Energiefluß innere Gesundheit und Vitalität wiederspiegelt. Sie ist Ausdruck eines hohen Energiespiegels, von Spannkraft, Elastizität und Flexibilität und enthält Spannung, Öffnung und Streckung des Körpers in idealer Form.
Konsequenzen
Wenn Streckung, Überstreckung und Expansion lustvolle Bewegungselemente darstellen (*13), gehört es zu den Aufgaben von Unterricht und Training, die Angst vor der Köperöffnung bzw. das vom Sportler empfundene Risiko einer solchen Öffnung zu berücksichtigen und mit dieser Körperhaltung in gefahrlosen Situationen zu experimentieren; z. B.
- Sprünge vom Sprungbrett ins Wasser in verschiedenen Körperhaltungen und Beobachtung damit verbundener Gefühle
- Niedersprünge mit starker und geringer Körperöffnung, Beobach-

Leichtathletik

tung der dabei eingegangenen Körperspannung und bewirkten Gefühle
- Abfaller und Sprünge rückwärts auf Sprungmatten und ins Wasser, Beobachtung der Fähigkeit der Köperöffnung und der Aktionen oder Reaktionen des Kopfes (bei Angst wird der Kopf zur Brust geführt)
- Sprünge auf dem Trampolin zum Experimentieren mit Möglichkeiten der Streckung und damit verbundenen Körperreaktionen bzw. begleitenden Emotionen
- Sprünge vom Minitrampolin auf Mattenberge oder über einen Mattenberg hinweg (ca. 2 - 2,50 m hoch) auf eine schräg abschüssige Weichbodenmatte, Beobachtung der Vorgänge in der Magengegend.

Wenn Körperaktionen und -reaktionen bewußt geworden sind, d. h. wenn Bewegungsmechanismen aufgebrochen und damit einer Veränderung zugänglich sind, dann kann die Arbeit an einer starken Spannung/ Expansion versucht und der Zugang zu den mit der Bogenspannung verbundenen Gefühlen gesucht werden. Diese Arbeit hat folgende Schwerpunkte:
- Eine starke Verlängerung oder Ausdehnung der Wirbelsäule und des ganzen Körpers, d. h. ein Arbeiten an der Ausdehnung, Überstreckung und Spannung des Körpers.
- Eine Wahrnehmungszentrierung auf den Prozeß der Ausdehnung, verbunden mit Vorbereitung dieser Aufgabe durch systematisches Strecken und Dehnen beim Aufwärmen.

Als Beispiel einige Aufgaben:
- Überschlag rückwärts mit Landung auf dem Bauch auf einer Weichbodenmatte (als Übung zur Flugphase beim Fosbury-Flop); das gleiche kann auch in Zeitlupe durchgeführt werden, wobei zwei Helfer an den Hosen halten und die Überschlagsbewegung zusätzlich durch einen dritten Helfer unterstützt wird. Diese Übung eröffnet einen deutlichen Zugang zur Überstreckung und läßt durch langsamen Ablauf die Bewegung und das mit der Bewegung verbundene Gefühl leichter erspüren.
- Kugelstoßen über ein etwa 2 m hohes Seil, einmal mit gesenktem Ellenbogen beim Ausstoß, einmal mit angehobenem Ellenbogen. Bei angehobenem Ellenbogen wird hohe Spannung leichter möglich.

Leichtathletik

- Stehen im Handstand, Experimentieren mit der Kopfhaltung: Wann verspüre ich starke Körperspannung bzw. wann kann ich den Körper stark anspannen, wann fühle ich mich wohler? (Wenn der Kopf zurückgenommen wird bzw. ich den Boden zwischen den Händen anschaue).
- Abwurf des Speers oder des Diskus (Standwürfe), einmal mit Wegdrehen des Kopfes nach der Seite und/oder unten, einmal mit Hochführen der Nase. (Beim Hochführen der Nase wird eine starke Körperspannung und Streckung erreicht).
- Eine weitere Möglichkeit besteht darin, dem Lernenden/Übenden das Prinzip am Beispiel des Aufwachens klar zu machen und ihn an diesem Problem in einer bestimmten Disziplin arbeiten lassen: "Was macht Ihr, wenn Ihr aufwacht? Ihr streckt Euch, dieses Strecken macht Spaß. Das ist auch bei vielen Sportarten Spaß. Experimentiert einmal, um Möglichkeiten herauszufinden, wie Ihr Eure Streckung bei einem selbstgewählten Sprung oder Wurf erhöhen könnt!"

Entsprechende Aufgaben werden nach einem ersten Experimentieren durch Aufgaben zur Selbstbeobachtung ergänzt, die vor allem auf Körperteile gerichtet sein sollten, die durch die Streckung/Expansion betroffen sind, sei es durch Spannung der Beuger, sei es durch Dehnung, beim Fosbury-Flop z. B. auf die Kontraktion von Nacken-, Schulter- und oberer Rückenmuskulatur und auf die Dehnung der Körpervorderseite. Die Konzentration der Wahrnehmung auf die zu expandierenden Körperteile steigert die energetische Ladung in ihnen (z. B. ist dann Wärme in ihnen zu fühlen) und intensiviert automatisch das Bewußtsein für sie: "Die gesteigerte Ladung versetzt den Körperteil in einen Spannungszustand, der mit geistiger Spannung einhergeht. Es handelt sich nicht um die chronische Spannung eines kontrahierten oder verspannten Muskels, sondern um ein vitales, positives Stadium, das zu einer natürlichen Reaktion und zur Befreiung und Entladung führen kann. Wenn dieses Phänomen in der Muskulatur auftritt, nennt man es Aktionsbereitschaft." (LOWEN 1975, 227).

Über die Wahrnehmungszentrierung können wir den Energiefluß in unserem Körper bis zu einem gewissen Grad steuern. Wir können

Leichtathletik

damit dafür sorgen, daß bestimmte Teile des Körpers relativ stark geladen und reaktionsbereit sind. D. h. auch im Sinne von Leistungssteigerung ist z. B. nicht das Denken an die Lattenüberquerung oder an den Kugelausstoß und die zu erzielende Weite günstig, sondern an die jeweilige Vorspannung und die davon betroffenen Körperteile, also an den Weg und nicht das Ziel.

2.3 Bedeutung der Atmung
Zur Bedeutung der Atmung finden sich in der Leichtathletikliteratur kaum Hinweise. Früher wurde Läufern ein bestimmter Atemrhythmus empfohlen, dessen Beachtung aber meist zu einer Erschwerung des Laufens führte. Bei rhythmischem lockerem und gelöstem Laufen scheint eine bewußte Steuerung des Atmens nicht nötig zu sein, der Körper reguliert diese von selbst. Treten allerdings Angst- oder Streßzustände beim Lernenden oder in Wettkämpfen auf, dann kann durch bewußtes Atmen der Körper beeinflußt werden. Sinnvoller als die Entwicklung der Bewußtheit für die Atmung beim Laufen erscheint sie für andere Disziplinen; zudem kann eine Ergänzung durch Atemübungen (z. B. aus einem Yogasystem oder nach FELDENKRAIS) versucht werden. Wesentlich sind in diesem Zusammenhang Dehnungsübungen: "Die physiologische Gesetzmäßigkeit läßt bei der Dehnung eine Einatmung erfolgen. Die Dehnungen eröffnen die Fähigkeit zu empfinden."(MIDDENDORF 1982, 442). Dehnung/Streckung, verbunden mit der Einatmung, bringen eine Energieaufladung des Körpers mit sich, Kontraktion, verbunden mit der Ausatmung, eine Energieentladung. Das Nachspüren einer Bewegung wird erleichtert, wenn die Kontraktion und Energieentladung von einem deutlichen Ausatmen begleitet werden.
Im Gegensatz zur stockenden oder unterbrochenen Atmung bei angstbesetzten Bewegungshandlungen oder auch bei solchen mit hoher Konzentration und Intensität (z.B. beim Kurzschwingen beim Skilaufen) sind Bewegungen, die ein gutes Gefühl bringen, vor allem in ihrer Durchführung leicht fallen bzw. den Sportler kaum ermüden, immer solche, die von dem regelmäßigen Fluß der Atmung begleitet werden. Der Zusammenhang zwischen Atmungs- und Bewegungsfluß ist deutlich. Zur Erhöhung des Wohlbefindens beim Sporttreiben sollte

deshalb die Atmung zeitweise bewußt gemacht und das Zusammenspiel von Atmung und Bewegung verbessert werden.

Konsequenzen
Vor oder neben der Entwicklung einer Bewußtheit für die Atmung in der Leichtathletik ist das Erlernen einer bewußten und tiefen Vollatmung außerhalb sportlicher Situationen notwendig, um einmal zu erfahren, wie sich richtige Atmung im Körper bemerkbar macht, wie der Körper beteiligt ist und reagiert. Über eine solche Sensibilisierung für den Atem fällt die Aufmerksamkeitszentrierung auf die Atmung bei den verschiedenen leichtathletischen Disziplinen leichter. Welche schnelle Wirkung eine solche Wahrnehmungszentrierung haben kann, zeigt das Beispiel eines jugendlichen Tennisspielers: Dieser hatte einen Bruch im Bewegungsablauf seines Aufschlags. Er erhielt die Aufgabe, seine Atmung zu beobachten. Dabei konnte er feststellen, daß er während des Aufschlags seinen Atem anhielt. Die daraufhin gestellte Aufgabe, beim Aufschlag ruhig weiter zu atmen, führte zur Korrektur des ungünstigen Bewegungsablaufs und zu einem flüssigen Aufschlag. Das Anhalten des Atems ist in der Leichtathletik oft beim Start, bei den Sprüngen und Würfen festzustellen; in diesen Disziplinen muß über eine Wahrnehmungszentrierung die Atmung bewußt gemacht werden. In einem zweiten Schritt sollte dann eine Koordination von Einatmung/Ausatmung mit der Bewegungshandlung erfolgen, z. B. Einatmung bei der Auftaktbewegung beim Kugelstoßen und Ausatmung zum Ausstoß der Kugel, möglicherweise verbunden mit einem Schrei.

2.4 <u>Zur Steuerung des Kopfes und ihrer Bedeutung für die Erhöhung der Körperspannung</u>
Die Bedeutung der Steuerung des Kopfes für die Präzision von Bewegungen bzw. für das Erreichen einer hohen Körperspannung wird in der Sportmethodik bisher nicht ausreichend berücksichtigt. Zwar wies schon MEINEL auf die Rolle des Kopfes für die Steuerung des Rumpfes und die Ausführung einer Bewegung hin; diese Problematik wurde jedoch in der Sportwissenschaft (vgl. NICKEL 1983, 81) ebensowenig wie in der Sportpraxis genügend bearbeitet, nicht

Leichtathletik

einmal zum Beispiel bei manchen Weltklassehochspringern, obwohl gerade beim Fosbury-Flop der Kopfsteuerung eine enorme Rolle zur Erhöhung der Spannung und Optimierung der Bogenhaltung über der Latte zukommt.
Oft wird die Beweglichkeit (und damit auch die Steuerfähigkeit des Kopfes) durch Bewegungseinschränkungen der Halswirbel und Verspannungen der Nacken- und Schultermuskulatur beeinträchtigt. Auf die Bedeutung der Beweglichkeit des Kopfes weist FELDENKRAIS hin: "Je freier und leichter Ihre Kopfbewegungen werden und je weiter Ihr Kopf sich drehen kann, desto leichter wird sich Ihr ganzer Körper so weit drehen können, wie dies anatomisch möglich ist." (FELDENKRAIS 1978, 168). Nicht nur die Beweglichkeit ist oft eingeschränkt, meist sind auch die Bewegungen des Kopfes im Ich-Bild wenig repräsentiert, d. h. sie sind meist automatisiert und unbewußt. Selten gelingt das Aufbrechen solcher Automatismen durch Korrekturhinweise, sondern eher über Bewußtmachen der Bewegungen, z. B. auch durch Übertreibung einer solchen automatisierten Kopfbewegung.
Ungünstige Kopfbewegungen behindern den Zugang zu höchster Spannung bei vielen Anfängern und selbst noch bei manchen Spitzenathleten in allen Sprüngen und Würfen. Flop-Springer nehmen oft den Kopf Richtung Brust; Werfer drehen den Kopf frühzeitig zur Seite und weichen der Spannung aus; Stabhochspringer beginnen zu früh mit dem Lösen vom Boden und dem Einrollen, da der nicht nach hinten oben geführte Kopf die optimale Streckung beim Absprung behindert; Weitspringer nehmen entweder den Kopf in den Nacken, was zur Hohlkreuzhaltung und schlechten Landevoraussetzungen führt, oder lassen den Kopf vorn, was eine günstige Flugkurve verhindert. All dies führt nicht nur zu Leistungseinschränkungen, sondern vor allem dazu, daß die an und für sich bei diesen Disziplinen möglichen Erlebnisse und Erfahrungen im Umgang mit dem eigenen Körper entweder nicht oder nur unzureichend zugänglich werden.
Konsequenzen
Sinnvoll ist es, die Bewußtheit für die Art der Kopfsteuerung durch Wahrnehmungszentrierung auf den Kopf und Übertreibung von

Bewegungen und Haltungen zu erhöhen. Diese Bewußtheit kann hergestellt werden etwa durch folgende Vorgehensweise: Wenn z. B. einem Hochspringer über die Aufgabe, nach jedem Sprung seine Kopfhaltung zu bezeichnen (1 für brustnahe Haltung, 2 für eine Kopfhaltung in Verlängerung der Wirbelsäule, 3 Kopf in Überstreckung nach hinten), seine Kopfhaltung bewußt gemacht wurde, erhält er - falls bei ihm häufig die 1 - Kopf zur Brust - gegeben war - die Aufgabe, diese Haltung noch stärker auszuprägen. Danach soll er auf mögliche Veränderungen seiner Bogenspannung usw. achten. Der Zusammenhang zwischen Kopfhaltung und Bogenspannung wird schnell deutlich; von der Grundlage dieser Bewußtheit aus ist es dann eher möglich, den Kopf so zu steuern, daß eine hohe Spannung erreicht werden kann. In schwierigen Fällen - wenn Automatismen nicht aufgebrochen werden können - empfiehlt sich die Durchführung der die Kopfhaltung betreffenden Feldenkraisübungen (*14). Die dadurch erreichbare Befähigung zur Bewegungsvielfalt fordert auch NICKEL (1983, 82), da sie für die Bewältigung neuer und ungewohnter Situationen wichtig ist; ungünstige Kopfbewegungen stören dagegen die Gesamtkörperkoordination.

2.5 Verlagerung der Wahrnehmungszentrierung durch hohe Belastung
Beim Fehlen gezielter Selbstbeobachtungsaufgaben wird die Wahrnehmung häufig trotzdem zentriert; gewisse Gesetzmäßigkeiten lassen sich dabei feststellen. Trainieren in einer Gruppe z. B. lenkt meist die Aufmerksamkeit auf die Gruppenmitglieder und auf ablaufende Interaktionen, während die Wahrnehmung anderer Sinne dagegen zurücktritt bzw. schwächer wird. Ein ähnlicher Effekt läßt sich beim Sporttreiben mit hoher Intensität feststellen. Beim Unterrichten einer Gruppe wurde folgender Versuch durchgeführt: Zunächst wurde die Gruppe beauftragt, beim Laufen nacheinander zu beobachten, was sie riechen, schmecken, hören, sehen und fühlen konnten. Nach dem Austausch der recht vielfältigen Wahrnehmungen erhielt die Gruppe die Aufgabe, auf der Aschenbahn eine Runde möglichst schnell zu laufen und zu registrieren, welche Wahrnehmungen überwiegen würden. Eindeutig stand dabei die Wahrnehmung von Herz, Kreislauf und Atmung im Vordergrund, was durch die

Leichtathletik

Bewußtheit der Beobachtung auch als interessant empfunden wurde. Erhält eine solche Wahrnehmungszentrierung aber Ausschließlichkeitscharakter, treten negative Wirkungen auf, nämlich Einseitigkeit, Monotonie und letztlich Energieverlust sowie psychische und physische Belastung.
Auf die negative Wirkung hoher Belastung für die Unterscheidungsfähigkeit der Sinne weist auch FELDENKRAIS hin: "Wenn ich einen schweren Koffer trage, so werde ich es nicht merken, wenn sich eine Fliege auf ihn setzt. Halte ich dagegen eine Feder oder einen Strohhalm in der Hand, so wird es einen spürbaren Unterschied machen, wenn sich eine Fliege darauf setzt (oder davon wegfliegt). Das gleiche gilt für alle Sinne: Gehör, Geruch, Gesicht, Geschmack und den Tastsinn (heiß und kalt)." (FELDENKRAIS 1978, 89). In der Konsequenz bedeutet dies für Unterricht und Training, daß Sporttreiben unter vorwiegend hoher Belastung kaum einen Zugang zu vielfältigen Sinneswahrnehmungen eröffnet. Bei vielen Unterrichtsbesuchen im Verlauf von 10 Jahren war immer wieder zu beobachten, daß die Vermittlung der Leichtathletik in der Schule sich vorwiegend auf die Vorbereitung auf Bundesjugendspiele und die Durchführung dieses Wettkampfs beschränkt, wobei die Vorbereitung oft auch in Wettkampfform erfolgte, vor allem für den 1000 m Lauf. So gesehen darf man sich nicht wundern, daß vielen Schülern der Zugang zur Faszination der Leichtathletik verstellt wird. Untrainiert z. B. 1000 m auf Zeit laufen zu müssen, provoziert die Wahrnehmungszentrierung auf die ungenügend vorbereiteten Herz und Kreislauf, auf die damit verbundenen Anstrengungen und Schmerzen; die vielfältigen Möglichkeiten, wie Leichtathletik angeboten werden kann und welche Erlebnis- und Erfahrungsmöglichkeiten in ihr stecken, kommen dabei überhaupt nicht in den Blick.

Konsequenzen
Wenn Intensivierung und Differenzierung der Wahrnehmung und damit eine erhöhte Bewußtheit von Istwerten und Innensicht, d. h. letztlich Bewußtheit des Sporttreibens als wesentliche Ziele auch des Leichtathletikunterrichts und -trainings akzeptiert werden, darf Sporttreiben in dieser Sportart nicht nur aus einer Aneinanderrei-

hung von hohen Belastungen (noch dazu in öder Umgebung) bestehen. Bewegen mit geringer und mittlerer Belastung (bis hin zum Zeitlupentempo) erhöhen die Chancen, über entsprechende Aufgaben die Wahrnehmung zu entwickeln. Ständiges "Knüppeln" oder "Powern" in Unterricht und Training läßt die Wahrnehmung unterentwickelt und baut letztlich Energien ab statt auf. Dies läßt sich sehr deutlich z.B. im Mittel- und Langstreckenbereich erkennen, wenn sehr häufig die anaerobe Schwelle überschritten wird. Umfangreiches Trainieren im anaeroben Bereich (mit hoher Belastung) führt zur Entwicklung von Trainingsweltmeistern. Weniger Belastung ist oft mehr, nämlich mehr an Energieaufbau und psychischer Frische. Deshalb müssen Intensität und Quantität von Belastungen sorgfältig geplant werden. Der Körper selbst gibt die wesentliche Rückmeldung dazu, ob die richtige Belastungshöhe und der richtige Belastungsumfang gewählt wurde. Am Ende eines Unterrichts oder Trainings darf sich der Sportler nur wohlig müde, nicht aber ausgelaugt fühlen. Ist dies nicht der Fall und schläft er möglicherweise schlecht, dann hat er seinem Körper zuviel abverlangt und sollte in Zukunft stärker auf seinen Körper hören lernen.

2.6 Der Reiz der Leichtathletik für Zuschauer

Bei Berücksichtigung der vorgenannten Prinzipien werden wesentliche Elemente leichtathletischer Bewegungen angesprochen, verstärkt und bewußt gemacht, die einen nicht zu vernachlässigenden Teil der Faszination des Laufens, Springens und Werfens ausmachen. Daß dies wesentliche Faszination ausmachende Punkte sind, läßt sich auch an Reaktionen und "Mit-Bewegungen" von Zuschauern bei Leichtathletikveranstaltungen (und auch anderen Sportveranstaltungen) feststellen. Die Beobachtung leichtathletischer Bewegungen sorgt offensichtlich für innere Mitbewegung, bis hin zum unbewußten realen Mitvollziehen z. B. des Schwungbeineinsatzes beim Hochspringen. Informierte Zuschauer sind demnach mit Leib und Seele bei der Sache, sofern es sich um "spannende" Bewegungen handelt. Miterlebt wird zum Beispiel die Überstreckung beim Hochsprungabsprung, die gewaltige Vorspannung und Kontraktion beim Kugelstoßen oder die Energie-Explosion beim Start beim Sprint. Mitbewegung gibt es auch

Leichtathletik

bei der Beobachtung lockeren, gelösten, flüssigen Laufens auf den Mittel- und Langstrecken, was oft regelrecht zum Nachvollziehen anregt.

3. Praxisbeispiele

Von den im vorhergehenden Kapitel dargelegten theoretischen Überlegungen lassen sich zahlreiche Aufgaben zur Intensivierung der Wahrnehmung von Ist-Werten, des Empfindens, Fühlens, Erlebens und Erfahrens ableiten. Unter "Konsequenzen" wurden bei den jeweiligen Unterpunkten bereits Beispiele einer Umsetzung in die leichtathletische Praxis dargestellt. Neben den theoretischen Überlegungen können auch Erinnerungen an körperliche Aktivitäten der eigenen Kindheit, manche Trainingsformen von Spitzensportlern(*15), Anleihen aus anderen Sportarten und vor allem aber auch bei außersportlichen Bewegungssystemen sowie bei körpertherapeutischen Richtungen Anstöße für Lern- und Übungsaufgaben mit den Zielen der Körperwahrnehmung und -erfahrung geben.

Bei der Durchführung der Aufgaben liegt es beim Sportlehrer, Übungsleiter oder Trainer, ob er im Sinne einer funktionalen Vorgehensweise nur das Problem der Wahrnehmung bearbeitet und darauf hofft und vertraut, daß sich weitergehende Wirkungen auch ohne sein Zutun einstellen; oder aber er bereitet die gemachten Wahrnehmungen, Empfindungen, Gefühle und Erlebnisse im Sinne einer intentionalen Vorgehensweise zusammen mit den Lernenden auf und leitet mit ihnen zusammen intersubjektive oder auch nur subjektive Erfahrungen ab.

Sicher würde es den Reiz des Sports und auch der Leichtathletik zerstören, wenn in jeder Situation über eine intentionale Vorgehensweise jede bewußte Wahrnehmung mit einer gezielten Auswertung verbunden würde. Es entspricht aber auch nicht dem Anspruch, Wohlbefinden und Faszination einer Sportart zu vermitteln, wenn selten oder nie etwas für die Bewußtheit der Wahrnehmung unternommen wird, Wahrnehmungen nicht ausgewertet und Lernende nur mit fertigen Erfahrungen konfrontiert werden. Faszination und Wohlbefinden entstehen eben unter anderem auch durch die eigenen Erlebnisse und Erfahrungen durch das bewußte Wahrnehmen des Wegs. (*16)

3.1 Intensivierung und Differenzierung von Wahrnehmung und Bewußtheit

Wenn die Entwicklung der Bewußtheit des Istwerts eine wesentliche Voraussetzung für das Entstehen von Faszination und Wohlbefinden ist, dann sollte Lernen zuallererst einmal aus einem Entdeckungsprozess dessen bestehen, was ist. Wir können nicht gezielt Techniken lernen lassen und sportliche Handlungen verändern, wenn der Lernende noch nicht einmal genau über seinen Ist-Wert Bescheid weiß. Deshalb ist es zunächst wichtiger fühlen zu lernen, was der Körper tut, wie er reagiert, in welcher Lage Körperteile sind und wie der Körper sich bewegt, als zu wissen, wie eine Bewegung aussehen sollte (vgl. dazu GALLWAY/KRIEGEL 1978).

Am Beispiel des Starts möchte ich eine mögliche Vorgehensweise zeigen:

1. "Geht partnerweise zusammen. Ein Partner setzt sich in den Startblock, der andere steht vor ihm, hält ihn unter seinen Schultern (damit der Startende die Gewißheit hat, nicht nach vorne zu stürzen). Der Startende versucht, in Zeitlupe wegzulaufen. Welche Muskeln sind am Startvorgang beteiligt?"
2. "Geht jetzt systematisch Euren Körper durch. Bei jedem Start achtet Ihr auf einen Punkt: Was macht Ihr mit dem Kopf, mit den Armen, mit dem Rumpf, mit dem Becken, mit den Beinen?"
3. "Gibt es einen Zusammenhang zwischen dem Abdruck von den Blöcken, dem Arm- und Beineinsatz? Was könnt Ihr verändern, um eine möglichst hohe Spannung und Spannungslösung beim Start zu erzielen?"
4. "Der Partner gibt nun maximalen Widerstand. Achtet darauf, welche Muskeln Ihr als Startende besonders einsetzt um den Widerstand zu überwinden!"
5. "Versucht Euch nun im Startblock völlig zu entspannen. Vergeßt den Partner und konzentriert Euch voll auf Euren Körper. Wenn Ihr entspannt seid, lauft einfach los!"

Bei dieser Vorgehensweise kann über Wahrnehmungszentrierung der Ablauf des Starts und Zusammenhänge zwischen dem Aufsetzen der Füße, Abdruck und Art des Einsatzes der Bein- und Armmuskulatur bewußt werden. Über gegenseitiges Beobachten und Korrigieren kann

Leichtathletik

die Bewußtheit der Bewegung noch erhöht werden. Der Vorteil dieser Vorgehensweise liegt in einem wachsenden Vermögen zu Selbstkorrektur und Verringerung von Fremdsteuerung, denn es nimmt nicht nur die Sensibilität für den eigenen Körper zu; über den Austausch der Wahrnehmungen können auch Einsichten in sinnvolle und flüssige Bewegungsabläufe vermittelt werden.
Zeitlupenartiges Simulieren von Bewegungsabläufen trägt zu einer Verbesserung der Innensicht bei; beim Hochsprung z. B. kann so die Bewußtheit der Stemmbewegung und der eingeleiteten Rotationen erhöht werden. Zeitlupen-Kugelstoß oder auch Durchführen eines Standstoßes gegen Widerstand ermöglicht eher die Entwicklung von Bewußtheit als ein Stoß mit voller Kraft und Schnelligkeit.
YESUDIAN und HAICH (1972, 248 f.)schildern die Vorzüge von Zeitlupenbewegungen, die sie unter Berücksichtigung des Prinzips des deutlichen Wechsels von Spannung und Spannungslösung durchführen: "Vor dem Spiegel nehmen wir die Grundstellung des Speerwerfens ein und vollziehen unter absoluter Anspannung aller in Bewegung befindlichen Muskeln jede Phase des Speerwerfens so langsam, als ob wir uns in einer Zeitlupenaufnahme sehen würden. Die Bewegungen müssen so langsam sein, daß die Übung, die normalerweise 2 bis 3 Sekunden in Anspruch nähme, eine halbe bis eine ganze Minute dauert. Unterdessen beobachten wir mit etwas zur Seite geneigtem Kopf uns selbst, ferner das immer vollkommener werdende Spiel der dem Willen gehorchenden, schwellenden Muskeln und senden mit unserer Einbildungskraft Prana in sie. Nach Vollendung der Übung verharren wir eine Minute lang in der letzten Phase und kehren danach ebenso langsam zur Grundstellung zurück. Die Übung wiederholen wir zwei- bis dreimal. Zum Schluß lockern wir mit raschen schüttelnden Bewegungen die benützten Muskeln und lassen sie erschlaffen. Beendet wird die Übung durch einige Serien von Tiefatmung."
Eine andere Möglichkeit der Erweiterung der Wahrnehmung besteht in einem Vergleich von innerer und äußerer Rückmeldung. Z.B. kann beim Start der Startende nach dem Start sagen, wie hoch sein Gesäß bei der Fertigstellung war: 1 = Gesäß niedriger als der Schultergürtel, 2 = Gesäß gleichhoch wie der Schultergürtel, 3 = Gesäß

etwas höher als die Schultern, 4 = Gesäß wesentlich höher als die Schultern. Der Partner bestätigt oder korrigiert dann jeweils die Aussage des Startenden. Zusätzlich kann anschließend gezielt mit den vier verschiedenen Haltungen experimentiert werden, in Verbindung mit einer Wahrnehmungszentrierung auf die mit ihnen erreichte Spannung und Streckung beim Abdruck aus dem Startblock. Ähnlich die Vorgehensweise beim Hochsprung oder Weitsprung, wo mit der Kopfhaltung gearbeitet werden kann: 1 = Kopf zur Brust, 2 = Kopf in Verlängerung der Wirbelsäule, 3 = leichte Überstreckung nach hinten, 4 = starke Überstreckung nach hinten. Dieses Beispiel ist auch übertragbar auf die Haltung bei Abwurf und Ausstoß bei den Würfen und Stößen.

Frei von einer Selbstbeurteilung in Vergleich zu einem Soll-Wert kann so das Körperbewußtsein wachsen und die Voraussetzungen für das Suchen nach der individuell günstigsten Bewegung können so entwickelt werden.Hier gibt es kein richtig oder falsch und es hat sich sogar als günstig erwiesen, "falsche" Haltungen und Bewegungen übertreiben zu lassen, um die Bewußtheit für Brüche in der Bewegung oder nicht ausreichend fließende Bewegungen zu wecken (*17).

Eine weitere Methode besteht darin, über Bewegungsausdruck Bewußtheit zu schaffen, z.B. mit der Aufgabe: "Versucht beim Laufen folgende Begriffe darzustellen: Traurig, fit, entspannt, locker, gelöst, Null Bock, kämpferisch, aggressiv. Welche Begriffe haben etwas miteinander zu tun, welche Spannungszustände der Muskulatur werden durch ihre Darstellung provoziert?" Dabei können die Lernenden erfahren, daß Gefühle etwas mit Spannungszuständen im Körper zu tun haben. Sie können zusätzlich erkennen, daß sie ihre Befindlichkeit im Sport über ihre Einstellung zur entsprechenden Sportart beeinflussen können. Über die gewählten Gegensätze, z.B. traurig und fit, fröhlich, munter, und ihre Expression, wird Ganz- und Teilkörperbewußtheit in hohem Umfang geschaffen.

Im Prinzip läßt sich die Wahrnehmung erweitern durch jegliche Wahrnehmungszentrierung und über Aufbrechen von Bewegungsautomatismen. Z. B. mit der Aufgabe: Achtet einmal auf das Zusammenspiel zwischen Armen und Beinen beim Gehen und beim Laufen! Erfüllt

Leichtathletik

diese Aufgabe beim Vorwärts- und beim Rückwärtsgehen und -laufen!" Aufbrechen von Automatismen kann erfolgen über Lernen und Üben mit der anderen Körperseite (z. B. wirft ein Rechtshänder links, der Linksspringer springt rechts ab), über Störung der Koordination (z. B. Laufen ohne Armeinsatz, mit Parallelkoordination), über Veränderung der gewohnten Situation (z. B. Laufen auf unebenem Boden statt auf der Kunststoffbahn).

Wahrnehmen ist wichtiger als denken! Wer zuviel denkt, wie eine Bewegung aussehen müßte oder was Trainer und Zuschauer an Bewegung und Leistung sehen möchten, fühlt und spürt nicht genug. Wer z. B. daran gewöhnt ist, daß beim Laufen der Kopf - der Verstand - für alles verantwortlich ist, dem fällt es schwer, sich ganzheitlich der Bewegung hinzugeben. Und wenn wir viel an den Sollwert denken, gelingt es nicht, voll da zu sein, mit wachen Sinnen den Moment zu genießen und die möglichen Wahrnehmungen voll in sich aufzunehmen. Deshalb kann der Rat nur lauten: Übe Dich im Nichtdenken, lasse Wahrnehmungen zu und spüre, wie sie auf Dich einwirken.

Wahrnehmungszentrierungen sollten - zumindest ab und zu - vor allem auch auf Körperbereiche erfolgen, die im Selbstbild wenig repräsentiert sind, z. B. auf den Rücken, die Beine, die Füße.

3.2 Förderung von Bewußtheit, Wahrnehmung und Körpererfahrung am Beispiel des Laufens (*18)

In der Folge soll ein ausführliches Praxisbeispiel dargestellt werden. Bei dem Inhalt "Laufen" können manche Erkenntnisse gut in die Praxis umgesetzt werden, andere dagegen weniger oder kaum wie z. B. die Überstreckung oder der deutliche Wechsel zwischen Spannung und Spannungslösung (zumindest nicht beim längeren Laufen). Ähnliches gilt für andere Disziplinen und Sportarten: Sie alle haben unterschiedliche Wahrnehmungs- und Erfahrungsmöglichkeiten, nicht alle Punkte des zweiten Kapitels sind in jeder Bewegung enthalten.

Die nachfolgenden Übungen und Aufgaben sind nicht im Sinne einer methodischen Übungsreihe zu verstehen; nicht bei jeder Lerngruppe sind alle Aufgaben angebracht. Erhöht wird die Wirkung der Aufgaben und Übungen, wenn barfuß gelaufen wird. Meine Erfahrung mit

Leichtathletik

verschiedenen Gruppen - auch Schülern - geht dahin, daß die Konzentration auf solche Körpererfahrungsaufgaben die Lernenden Belastung und Zeit vergessen läßt. Die Konzentration auf verschiedene mögliche Wahrnehmungen beim Laufen kann vorhandene Abneigung gegen das Laufen aufbrechen, zu große Anstrengung und Verspannungen verhindern und so zu einem lockeren und gelösten Laufen führen, das Freude und Wohlbefinden bereitet.

1. "Wie setzt Ihr Eure Füße beim Laufen auf?"

Die Wahrnehmung der Füße ist meist gering entwickelt, zumal meist in noch dazu recht steifen Schuhen gelaufen wird. Zur Erleichterung der Aufgabenerfüllung erfolgt die Aufforderung, Schuhe und Strümpfe auszuziehen. (Zu den Voraussetzungen und Problemen des Barfußlaufens vgl. KNÖRZER/TREUTLEIN 1984.)

2. "Gibt es einen Unterschied beim Aufsetzen der Füße, je nachdem ob ihr langsam oder schnell lauft?"

Für Teilnehmer überraschend ist ihre Feststellung, daß auch beim langsamen Laufen nicht die Ferse zuerst aufgesetzt wird; sowohl beim langsamen als auch beim schnellen Laufen erfolgt der erste Bodenkontakt mit den Zehen und Ballen, die eine Rückmeldung geben über die Beschaffenheit des Bodens als Voraussetzung für die Art des Aufsetzens des ganzen Fußes. Verstärkt wird die Bewußtheit durch eine nachfolgende Aufforderung, einmal bewußt auf den Fersen/auf den Ballen aufzukommen. Wenn der erste Bodenkontakt mit den Fersen erfolgt, führt dies zu Verkrampfung und unangenehmen Gefühlen, während die Landung auf den Zehen und Ballen ein angenehmes Gefühl mit sich bringt, nämlich der energiegeladenen Spannung, des Federns und der Leichtigkeit.

3. "Wie sind die Beine daran beteiligt, wenn Ihr unterschiedlich aufkommt beim langsamen/schnellen Laufen?"

Obwohl der Bewegungsablauf beim langsamen und schnellen Laufen ähnlich ist, gibt es Unterschiede, sowohl beim Aufsetzen der Füße als auch im Spannungsgrad der beteiligten Muskulatur. Als Vermittlungshilfe kann man deshalb den zusätzlichen Beobachtungsauftrag stellen: "Achtet auf Spannungsgrad, Spannung und Spannungslösung in den Waden und Oberschenkeln!"

Wahrnehmbar werden dabei Zusammenhänge zwischen der Art des Auf-

Leichtathletik

setzens der Füße, Geschwindigkeit und Spannungszuständen in der Muskulatur. Höhere Geschwindigkeit führt zu kürzerem, energischerem Aufsetzen, langsamere Geschwindigkeit zu weicherem, längerem Aufsetzen. Die Kontraktion der beteiligten Muskulatur ist beim schnellen Laufen deutlich intensiver. Entsprechende Erfahrungen können aus den Wahrnehmungen abgeleitet werden.

4. "Wie fühlt Ihr Euch bei den verschiedenen Arten des Laufens? Bei welcher Art fühlt Ihr Euch am wohlsten?"

Die Antworten auf diese Fragen fallen individuell verschieden aus. Während der eine mehr Spaß findet am kraftvollen, federnden Laufen, fühlt sich der andere wohler beim ruhigen, rhythmischen Laufen mit weniger Krafteinsatz. Als wichtig hat es sich jedenfalls erwiesen, solche Gefühle in Verbindung mit Bewegung bewußt zu machen, um zum einen Wohlbefinden versprechende Situationen bewußt aufsuchen zu können, zum anderen aber weniger angenehme Bewegungen und Situationen möglicherweise durch Berücksichtigung der oben angeführten (und mit Lernenden erarbeiteten) Prinzipien so zu verändern, daß sie zu höherem Wohlbefinden führen.

5. "Lauft in der Art, wie Ihr das Laufen gerade als angenehm bezeichnet habt! Lauft so lange, wie Ihr das Laufen als angenehm empfindet."

Die meisten Schüler und Studenten bevorzugen zunächst das schnelle, federnde Laufen, merken dabei aber sehr bald, daß diese freudvolle Art des Laufens in kurzer Zeit unangenehm wird. Wenn sie nicht selbst Ursachen und Zusammenhänge erkennen, kann als Vermittlungshilfe folgende Aufgabe angeboten werden:

"Legt Euch einmal auf den Boden. Versucht Euch im Liegen vorzustellen, Ihr schlaft ... Ihr wacht auf, was macht Ihr dabei? (Sich strecken, Spannung suchen, sich räkeln, gähnen). Wenn Ihr dabei eine Körperhaltung gefunden habt, die Euch besonders angenehm ist (das ist die Überstreckung mit dem Kopf nach hinten und Anspannung der Schulter- und Nackenmuskulatur), versucht diese möglichst lange aufrechtzuerhalten!"

Als Ergebnis dieser Aufgabe wird die Erfahrung gemacht, daß hohe Spannung angenehm ist, vor allem aber zusammengenommen mit der Spannungslösung. Ein längeres Anhalten der als angenehm empfunde-

Leichtathletik

nen Körperspannung/-haltung wird als unangenehm beschrieben, ein zu langes Anhalten der Spannung als Ursache von Verspannung erkannt.

6. "Versucht die Erkenntnisse und Erfahrungen, die Ihr bei der vorhergehenden Aufgabe gemacht habt, auf dem Umgang mit dem Laufen zu übertragen!"

Bei der Übertragung dieser Erfahrungen auf das Laufen werden folgende Prinzipien erkennbar:

- Langsames Laufen bringt weniger Spannung und zunächst keine so intensiven Gefühle wie schnelles Laufen.
- Die Suche nach hoher Spannung (Sprint) ist vor allem dann angenehm, wenn sie durch eine bewußte Spannungslösung ergänzt wird.
- Wenn man bewußt auf den Wechsel von Spannung und Spannungslösung beim Laufen achtet, entsteht dadurch ein gelösteres und mehr Wohlbefinden erzeugendes Laufen.
- Auch beim langsamen Laufen können intensive Gefühle und Wohlbefinden entstehen, einmal durch den häufigen rhythmischen Wechsel zwischen Spannung und Spannungslösung, zum anderen aber auch durch die mit der Dauer des Laufs zunehmende Spannung und nach Laufende nachfolgende deutliche Spannungslösung.
- Wenn man nach langen Läufen (besonders auch nach Wettkämpfen) die Wahrnehmung auf das nach Belastungsende ungehindert durch den Körper strömende Blut zentriert, führt dies zu einem intensiven Gefühl: "Am herrlichsten fand ich immer das Gefühl von zurückströmendem Blut nach einem Rennen. Darin kann man sich stundenlang verlieren, es sind die schönsten Wachträume, die intensivsten." (R. HARTMANN in einem Brief vom 1.4.1985).
- Dieses Empfinden des durchströmenden Bluts und der Spannungslösung durch das Duschen im Anschluß an den Lauf (oder auch an jegliches leichtathletische Training) kann intensiviert werden.
- Das Sich-Verlieren im meditativen Formen des Laufens (und der damit verbundenen Ausschüttung von Endorphinen) und die sich an die langanhaltende Spannung anschließende intensive Spannungslösung bringen Motivation zum Dauerlauf, sind aber für Anfänger und Jugendliche wegen des Hinausschiebens der sofortigen Be-

Leichtathletik

    dürfnisbefriedigung nur schwer zugänglich.
- Gerade bei längeren Läufen kann es auch zu Phasen kommen, die schwer fallen, die Unlustgefühle mit sich bringen. Doch LOWEN weist zurecht daraufhin, daß solche Phasen leicht überwunden werden können. "Die Lusterwartung ermöglicht das Aushalten von Spannungszuständen, die sonst deutlich unangenehm wären." (LOWEN 1981, 63)

Nicht jeder längere Lauf baut ein zunehnmend hohes Spannungsniveau auf. SCHULKE wies bei einem ADH-Seminar zum Thema "Laufbewegung und Naturaneignung" (27.-29.6.1985) darauf hin, daß bei erfahrenen Läufern während des Laufens eine psychische und damit verbunden wohl auch eine physische Entspannung erfolgt, vor allem bei solchen Läufern, die nicht zeit- und schnelligkeitsorientiert laufen. In einem solchen Fall dient das Laufen gerade auch dem Spannungsausgleich für vorherige hohe psychische Spannung im beruflichen Bereich, die meist entsprechende physische Verspannungen mit sich bringt. Wer einmal die entspannende Wirkung eines längeren ruhigen Laufs erlebt hat, ist leicht zu weiteren Läufen zu motivieren.

7. Der Zusammenhang zwischen Spannung-Spannungslösung und der Befindlichkeit kann zusätzlich durch folgende Aufgabe bewußt gemacht werden:
"Versucht in Kleingruppen einige folgender Eigenschaftswörter und Begriffe beim Laufen darzustellen: traurig, fit, entspannt, locker, mies, Null Bock, kämpferisch, gelöst, freudig u. a. m. Ihr könnt auch zusätzlich eigene Begriffe wählen. Welche Spannungszustände im Körper und in der Muskulatur werden durch ihre Darstellung hervorgerufen, welche Wörter haben - von den hervorgerufenen Spannungszuständen her - etwas miteinander zu tun?"

Bei dieser Aufgabe können die Teilnehmer erkennen, daß die Befindlichkeit und Gefühle etwas mit Spannungszuständen im Körper zu tun haben. Negative und unangenehme Gefühlslagen werden dabei entweder durch zuviel (Verspannung) oder zu wenig (schlaff) Spannung dargestellt, während positive Befindlichkeit sich in einer eutonischen Spannung und im Wechsel zwischen mehr und weniger Spannung ausdrückt. Am wohlsten fühlt man sich vor allem bei - nach Möglichkeit rhythmischem - Wechsel zwischen niedriger und höherer Span-

Leichtathletik

nung.
Nach Bearbeitung dieser Aufgabe kann als Information hinzukommen, daß negative Stimmungs- und Gefühlslagen (z. B. depressive Zustände bei Trauer, Liebeskummer, Überarbeitung) durch körperliche Belastung, vor allem Dauerbelastung, beeinflußt werden können, da sie je nach gegebener Spannungslage entweder für einen Auf- oder Abbau von Spannung, d. h. für eher eutonische Spannung sorgen.

8. Erhöhung der Körperbewußtheit durch Durchspielen von Alternativen

Beim Durchspielen von Alternativen kann erfahren werden, daß diese Formen unterschiedliche Spannungsgrade und damit auch unterschiedliche Befindlichkeit mit sich bringen. Jene Formen, die in der Methodikliteratur als Fehler bezeichnet werden, werden somit zu wertvollen Körpererfahrungsaufgaben, da sie dazu beitragen können, die Körperbewußtheit zu erhöhen und den bewußten Zugang zu günstigen Formen zu ermöglichen. Die Einsicht in den Sinn z. B. der Körperstreckung beim Sprint wird über solche Aufgaben leichter vermittelbar, als wenn ich als Lehrer z. B. mit der evtl. möglichen Verbesserung der Laufzeit argumentiere (die dann vielleicht gar nicht eintrifft).

Z. B. kann versucht werden:
- Füße beim Laufen nach innen gedreht aufsetzen, nach außen, in der Laufrichtung
- Arme gestreckt/angewinkelt, Hände zu Fäusten geballt/locker geöffnet
- Kopf nach vorne gebeugt, aufrecht, ins Genick zurückgenommen
- Armarbeit parallel, Querarbeit
- große - kleine Schritte
  u. a. m.

Daran können folgende beiden Aufgaben angeschlossen werden:
"1. Sucht die Körperhaltung beim Laufen, die für Euch beim langsamen Laufen am angenehmsten ist und Euch am wenigsten anstrengt!
2. Sucht die effektivste Haltung für schnelles Laufen!"
Die vorher gemachten Körpererfahrungen und die erarbeitete Körperbewußtheit erlaubt so ein Techniklernen durch eigene Einsicht. Am Ende kann dann das mentale Durchspielen des Bewegungsablaufes

Leichtathletik

stehen, unterstützt durch den Einsatz einer Tafel mit Phasenbildern. Vermieden wird so jedenfalls die Informationsüberlastung der Lernenden und erreicht wird eine ganzheitliche problemorientierte Vorgehensweise, wobei das Produkt durch eigene Einsicht - und individuell angepaßt - entsteht.

9. Bewußtheit der Armarbeit

Die Koordination der Arm- und Beinarbeit stellt für viele Lernende ein Problem dar. Dies führt dazu, daß bei Start und Sprint die Arme kaum so eingesetzt werden können, wie es für eine optimale Spannung des Körpers nötig wäre.
Hierzu folgende Aufgabe:
"Achtet einmal auf das Zusammenspiel zwischen Armen und Beinen beim Gehen, beim Laufen, beim Hopserlauf!"
Als Vermittlungshilfe kann folgende Zusatzaufgabe gestellt werden:
"Versucht diese Aufgabe einmal mit Parallelkoordination und einmal mit Überkreuzkoordination zu erfüllen, einmal in der Vorwärts- und einmal in der Rückwärtsbewegung!"
Dabei kann erfahren werden, daß eine fehlende bewußte Armarbeit zu einer Störung des Bewegungsablaufs und einer nicht optimalen Spannung bzw. nicht optimalem Wechsel von Spannung und Spannungslösung führen kann. Die Wirkung kann vor allem beim Rückwärtsgehen und -laufen erfahren werden, da hier die gelernte Überkreuzkoordination nicht so automatisiert ist wie bei der Vorwärtsbewegung. Bei langsamem Bewegen kann die Parallelkoordination als überaus angenehm erlebt werden (im Sinne von Schlendern, Sich- der Bewegung-Hingeben), bei zunehmender Geschwindigkeit wird sie als störend empfunden. Der bewußte Einsatz der Überkreuzkoordination und vor allem der Armarbeit intensiviert das Gefühl der Spannung und Körperstreckung. Die wachsende Bewußtheit erlaubt dann vor allem beim Start und Sprint einen intensiveren Armeinsatz.

10. Der ideale Läufer

Längere Läufe werden von dem ungeübten Läufer oft mit einem zu hohen Krafteinsatz und einer zu hohen Körperspannung absolviert. Hier kann folgende Aufgabe weiterhelfen:
"Legt Euch auf den Boden und schließt die Augen. Versucht Euch zu entspannen. Kontrolliert Eure Muskeln, ob sie alle entspannt sind.

Leichtathletik

Wenn Ihr entspannt seid, versucht Euch einen idealen Läufer vorzustellen. Wie läuft er, wie bewegt er sich, wie sieht sein Laufrhythmus aus? Wenn Ihr diesen idealen Läufer vor Augen habt, versucht euch in ihn hineinzuversetzen, in seine Bewegungen und Gefühle. Wenn ihr in ihm seid, steht auf und lauft 10 Minuten. Jeweils wenn Ihr Euch nicht mehr in ihm fühlt, bleibt stehen und konzentriert Euch wieder auf den idealen Läufer, dann lauft wieder los!"
Normalerweise kommt es bei dieser Aufgabe zu einem völlig gelösten Laufen, bei dem die meisten selbst bei höherem Tempo kaum ins Schwitzen und zu heftigem Atmen kommen. Dabei kann erfahren werden, daß auch bei höherem Tempo ein längeres gelöstes und angenehmes Laufen möglich ist.

11. Zum Sprinten

Gesundheitlichen Wert haben nicht nur aerobische Aktivitäten wie der Dauerlauf. Anaerobische Aktivitäten können ebenfalls wertvolle Effekte mit sich bringen wie Flexibilität, Kraft, Koordination, Gleichgewicht, Schnelligkeit, Stärke, Anmut der Bewegung, Sensitivität, bessere Durchblutung, Selbstbewußtheit etc., sie sind für ein gesundes Leben und für das Wohlbefinden genauso wichtig wie aerobische: "So hat ein Sprintrennen mit voller Geschwindigkeit viele Vorteile gegenüber dem Langstreckenlauf. Es stärkt die Hüft- Bein- und Gesäßmuskulatur in einer Weise, wie es die kürzere, langsamere Gangart des leichten Langstreckenlaufs nicht vermag. Beim Springen wird Dein Herzschlag auf eine Rate von über 150 Schlägen pro Minute angehoben, was sehr gut für die Kondition der Blutgefäße und des Kreislaufs ist - vorausgesetzt, daß Dein Herz genügend trainiert ist, um die Anstrengung zu verkraften und das über eine längere Zeitspanne. Außerdem verlangt und verursacht das Sprinten eine größere Flexibilität der unteren Rückenpartie, der Fesseln und Hüftgelenke, die sonst bei den meisten Leuten steif und unbeweglich bleiben. Schließlich vermittelt Dir das Rennen bei höchster Geschwindigkeit das Gefühl von Anmut und Kraft, das natürliche Hochgefühl, deine Energien aufs vollste auszuschöpfen, was die meisten von uns in der "zivilisierten" Gesellschaft selten erleben. Es ist ein gutes Gefühl ... Fühle das Blut in Deinen

Leichtathletik

Adern pochen, fühle, wie deine natürlichen Energien wie seit langem nicht mehr freigesetzt werden" (D. A. MILLER: Bodymind, 1980 2, S. 30).
Laufen mit höchster Kraft bringt andere Erlebnisse und Erfahrungen als langsames Laufen oder Laufen in mittlerem Tempo; es gehört aber auf jeden Fall dazu, wenn ein vollständiges Körperbild entstehen soll.

3.3. Methodische Anregungen für einen körpererfahrungsorientierten Leichtathletikunterricht

Zusammengefaßt sollen hier noch einmal im Text aufgeführte und abgeleitete methodische Gesichtspunkte dargestellt werden, die dem Unterrichtenden bei der Planung von körpererfahrungsorientierten Leichtathletikstunden helfen können:

- <u>Bewußtheit einzelner Sinne:</u> Durch Ausschalten eines Sinnes Konzentration auf andere Sinne, z. B. Zielwurf beim Speerwerfen mit geschlossenen Augen; oder durch Wahrnehmungszentrierung auf einen Sinn Vermindern der Bewußtheit für die anderen Sinne, damit höchste Konzentration für diesen einen Sinn.
- <u>Spannung und Spannungslösung erleben:</u> Erleben der Gegensätze, z. B. beim Hochspringen durch Wahrnehmungszentrierung auf die Überstreckung beim Flug, beim Fosbury-Flop und auf den Moment der Spannungslösung oder beim Kugelstoßen auf den Moment völliger Energieballung beim Abstoß und Spannungslösung nach dem Loslassen der Kugel.
- <u>Kopf-, Hand-, Rumpf-, Beinexperimente zum Umgang mit Spannung:</u> Z. B. mit lockeren und mit geballten Händen über weichen und harten (z. B. Beton) Untergrund laufen lassen, den Kopf aufrecht/nach vorn/nach hinten halten, den Rumpf nach vorne oder nach hinten gebeugt. Wahrnehmungszentrierung dabei auf den dadurch erreichten oder beeinträchtigten Bewegungsfluß und Spannungsverhältnisse im Körper.
- <u>Bewußtheit des Bewegungsablaufs:</u> Mit einer Zeitlupenbewegung den Bewegungsablauf erfühlen; z. B. zeitlupenartiges Sprinten, Abspringen, Stoßen und Werfen.

Leichtathletik

- <u>Bewußtheit</u> <u>für</u> <u>die</u> <u>beteiligten</u> <u>Muskeln:</u> Wahrnehmungszentrierung auf einzelne Körperteile und Muskelpartien. Welche Muskeln werden für eine bestimmte Bewegung benötigt? Kann der ganze Körper an der Bewegung beteiligt werden?
- <u>Bewußtheit</u> <u>des</u> <u>Krafteinsatzes:</u> Den Krafteinsatz dosieren, z. B. über Zielwürfe, Zielsprünge.
- <u>Bewußtheit</u> <u>des</u> <u>Ganzkörpereinsatzes:</u> Bewegungsausführung gegen Widerstand, z. B. hält ein Partner den Speer fest, den Wurfarm beim Diskuswurf oder drückt gegen die Stoßhand beim Kugelstoß, gegen die Schultern beim Start.
- <u>Aufbrechen</u> <u>von</u> <u>Bewegungsautomatismen:</u> Z. B. Rechtshänder links stoßen und werfen lassen, rückwärts und seitwärts laufen, Zeitlupe. Oder auch Bewegungen beidbeinig oder beidhändig durchführen lassen, z. B. Speerwerfen mit jeweils einem Speer in jeder Hand, beidhändiges Kugelstoßen (dabei kann schön der Unterschied zwischen tiefen und hochgeführten Ellenbogen erlebt werden).
- <u>Bewußtheit</u> <u>der</u> <u>Atmung:</u> Durch Wahrnehmungszentrierung den Zusammenhang zwischen Bewegung, Spannung und Spannungslösung erleben, z. B. beim Kugelausstoß einmal ein- und einmal ausatmen lassen.
- <u>Intensivieren</u> <u>des</u> <u>Bewegungserlebnisses</u> <u>durch</u> <u>Nachspüren:</u> Mit der Kontraktion und Spannungslösung ausatmen, nach dem Sprung-, Wurf- oder Stoßende sofort die Bewegung noch einmal mental nachvollziehen und die gerade gemachten Körperwahrnehmungen, Empfindungen, Gefühle und Erlebnisse nachschwingen lassen.
- <u>Gerätegewicht</u> <u>und</u> <u>-eigenschaften</u> <u>erleben:</u> Z. B. mit unterschiedlich schweren Disken werfen und Kugeln stoßen, mit dem Ball/Nockenball/Stab/Speer werfen. Bei welchem Gerät und Gewicht kann ich am besten Spannung/Kontraktion und Spannungslösung erreichen?

4. <u>Schlußbemerkungen</u>

Trotz der großen Beachtung, die die Leichtathletik immer wieder aus Anlaß internationaler Großveranstaltungen findet, verliert sie an Attraktivität. Das Interesse von Sportlehrern und Schülern an der Leichtathletik nimmt ab; an Hochschulen und Universitäten - in

Leichtathletik

früheren Jahren ein Talentreservoir des Leichtathletikverbands (vgl. PFETSCH et al. 1975) - geht die Beteiligung am Leistungs- und Breitensport Leichtathletik zurück; das Interesse der Leichtathletiklehrer an diesen Institutionen am Leistungssport ist nicht mehr so groß wie in früheren Jahren. Teile der Leichtathletik, die durch Bewegungen außerhalb des Leichtathletikverbands an Attraktivität gewonnen haben, werden aus der institutionalisierten Leichtathletik ausgegliedert wie z. B. Jogging, Triathlon oder Orientierungslauf.

Von Schülern und Studenten wird die Leichtathletik eindeutig mit der Wettkampfleichtathletik identifiziert. Die Teilnahme an Wettkämpfen wie den Bundesjugendspielen ohne oder mit einer wenig angemessenen Vorbereitung lenkt Lernende von faszinierenden Aspekten der Leichtathletik ab, vor allem die große Zahl der nicht so Leistungsstarken. Es ist Aufgabe der Sportpädagogen, solche Aspekte beim Lernen, Üben und Trainieren entdecken zu lassen und den Vergleich zwischen einseitig betriebener Leichtathletik und einer solchen, die um Körpererfahrungsaspekte ergänzt wurde, erfahrbar zu machen.

Ein an Körpererfahrungen orientierter Leichtathletikunterricht und ein solchermaßen ausgerichtetes Leichtathletiktraining können dazu beitragen, diese Sportart wieder attraktiver (d. h. anziehender, bezaubernder) zu machen. Voraussetzung sind aber eigene Körpererfahrungen der Unterrichtenden und eine Offenheit und Sensibilisierung der Lernenden. Körperwahrnehmung und Körpererlebnisse sind ohne Wahrnehmungszentrierung meist implizit, vorbewußt und diffus. Sie können jedoch ins Bewußtsein treten, sobald eine Zentrierung erfolgt. Im Verlauf der Zentrierung entfaltet sich das Implizite zu einer klar wahrnehmbaren Gestalt; dies stellt eine wesentliche Voraussetzung für das Vergleichen und Verarbeiten dar. Wesentlich dafür ist, daß wir uns die Zeit nehmen, unsere Aufmerksamkeit auf etwas zu richten, was uns noch unklar ist und eine solche Tätigkeit nicht als Zeitverlust im Lern- und Trainingsprozeß ansehen.

Wenn eine Bewegung günstig ist, spürt man das und kann über Focussieren der Wahrnehmung die Glück und Wohlbefinden erzeugenden Elemente herausfinden und möglicherweise verstärken. Wenn eine

Bewegung ungünstig, unangenehm und schmerzhaft ist, muß man focussieren, um Gründe dafür herauszufinden und sie zu beseitigen. Glück und Wohlbefinden in der Leichtathletik dürfen nicht als selbstverständlich angenommen werden, sondern Lernende müssen Impulse erhalten, ihr individuelles Glück und Wohlbefinden zu suchen. Diese Vorgehensweise erhöht die Attraktivität der Leichtathletik.

Körpererfahrungen zulassen und bewußt machen heißt: Lernenden zuhören können, sie ihre Ängste, Wünsche, Freuden und Erwartungen ausdrücken lassen, sie wiedergeben lassen, was sich in ihrem Körper tut. Jeder wird Unterschiedliches berichten, da jeder mit verschiedenen Voraussetzungen, Einstellungen und Motivation an sportliche Bewegungen herangeht.

Vielfältige Versuche vor allem im Sportunterricht, aber auch im Verein und Verband (ADH) mit Leistungssportlern haben gezeigt, daß das Einbringen von körpererfahrungsorientierten Aufgaben das Nachdenken anregt und die Motivation erhöht. Wenn Schüler und Athleten im Sinne von KÜKELHAUS (vgl. Kap.3.1) wach und mit allen Sinnen bei ihrem Sporttreiben dabei sind, wächst die Betroffenheit, das Nachdenken und Suchen. Insgesamt ist dabei eine größere psychische Frische festzustellen als beim mechanischen Wiederholen einer vorgegebenen Bewegung auf normierte Anlagen. Körpererfahrungsorientiertes Sporttreiben in der Leichtathletik ermöglicht, etwas zu suchen, was in ihr auch enthalten ist: nämlich Körpererfahrung, Körperbewußtheit und Identität, Kontakt aufzunehmen mit seiner inneren Natur und auf sie hören zu lernen. Faszination in und durch Leichtathletik sind auch heute möglich, wenn Einseitigkeit zugunsten von Mehrperspektivität aufgegeben und Körpererfahrung als eine mögliche Perspektive des Leichtathletikunterrichts und -trainings akzeptiert wird.

Die Berücksichtigung der Perspektive "Körpererfahrung" kann auch im Hochleistungssport einen wesentlichen Gewinn bringen, nämlich die Fähigkeit zu einer zunehmenden Selbststeuerung anstatt der überall zu beobachtenden sich verstärkenden Tendenz zu Fremdsteuerung. Sensibilisierung für sich selbst über Wahrnehmung und Bewußtheit des eigenen Körpers macht einen Teil dieser Hilfsdienste

Leichtathletik

überflüssig, ermöglicht dem Athleten eine zunehmende Selbststeuerung seines Trainings, seiner Wettkämpfe, vor allem aber seiner Lebensführung. Die Offenheit für seinen eigenen Körper stellt eine wesentliche Voraussetzung dafür dar, eine größere psychische Stabilität zu entwickeln und die Anforderungen des Hochleistungssports mit geringer Inanspruchnahme von professionellen Helfern zu meistern. Körpererfahrungen im Spitzensport zulassen heißt: die Subjektivität der Athleten akzeptieren, ihr individuelles Wachstum fördern und an der Person und ihrer Entwicklung mehr interessiert sein als an erzielten Höchstleistungen. Sich auf Körpererfahrungen konzentrieren vermeidet Verkrampfungen im Sinne des Zieldrangssyndroms, ermöglicht ein intensiveres Erleben des Wegs und sorgt dafür, daß Leistungen quasi wie von allein kommen, auf der Basis eines gelassenen, entspannten Umgangs mit dem eigenen Sporttreiben. Gelassenheit im Umgang mit dem eigenen Sporttreiben und zu erzielenden Leistungen muß gelernt werden, Körpererfahrungen und ein sinnvoller Umgang mit dem eigenen Körper stellen dazu wesentliche Voraussetzungen dar. Körpererfahrungen und Gelassenheit lassen sich nicht verordnen und vorschreiben, sie müssen zugelassen und angeregt werden. Wohlbefinden und Glück sind Ziele, die nicht nur für Anfänger und im Breitensport Bedeutung haben, sondern auch im Spitzensport eine bedeutsame Rolle spielen sollten. Dies erfordert von Trainern, Funktionären wie auch von den Sportlern eine veränderte Einstellung zum Leistungs- und Spitzensport; bisher herrscht ein verkrampftes Streben nach Spitzenleistung, Rekord und Erfolg vor.

Anmerkungen

* 1 Zitiert nach LERMER 1982, 65.
* 2 Schneller, höher, weiter, d. h. mit Bandmaß und Stoppuhr meßbare Leistungen im Sinne des olympischen Mottos.
* 3 Diese Prinzipien sind formuliert in Anlehnung an B. FITTKAU: Gestaltorientierte Selbsterfahrung, 1983, 217.
* 4 Wahrnehmung ohne Orientierung bringt für den Anfänger nur diffuse Eindrücke. Deshalb ist beim Lernen eine Wahrnehmungs-

Leichtathletik

zentrierung auf einzelne Punkte notwendig. Auch beim Könner erweist es sich als Vorteil, wenn zeitweise die Wahrnehmung bewußt auf bestimmte Punkte gelenkt und damit für eine Wahrnehmungsschulung bzw. für eine Differenzierung der Wahrnehmung und letztlich Schärfung der Sinne gesorgt wird.

* 5 Diese Fragen haben sich aus der praktischen Arbeit beim Unterrichten in der Leichtathletik, im Skilauf und in anderen Sportarten ergeben, sowie durch das Studium verschiedener theoretischer Ansätze. Die theoretischen Grundlagen dieser Fragen werden im folgenden Kapitel dargelegt.

* 6 Die Zahlen verweisen auf die entsprechenden Bewegungssequenzen bei den auf S. 45 - 47 abgebildeten Reihenbildern der verschiedenen Disziplinen.

* 7 Das oft befürchtete Frieren kann durch Abhärtungsmaßnahmen reduziert werden.

* 8 Eine Sensibilisierung für die Füße und Kenntnisse der Fußreflexzonen ermöglichen dem Sportler, Signale seiner Füße besser zu verstehen. Oft geben diese Kenntnisse bessere Erklärungsmöglichkeiten für Probleme im Bereich der Füße, als sie Orthopäden zur Verfügung haben.

* 9 Konsequenzen und praktische Übungen sind an dieser Stelle nicht aufgeführt. Sie können jedem Stretching- und Yogabuch entnommen werden.

*10 "Optimal" heißt in diesem Falle, eine solche Form zu finden, die den individuellen Möglichkeiten entsprechend einen ausgeprägten Wechsel zwischen Spannung und Spannungslösung zuläßt, bzw. auch nach dem individuell optimalen Beschleunigungsweg.

*11 Interessant waren für mich unter diesem Aspekt Videoaufnahmen von einem autistischen Kind, die uns während eines Aufenthaltes in Montpellier gezeigt wurden. In für dieses Kind ungewohnten oder nicht lösbaren Situationen stellte es sich des öfteren mit weit zurückgelegtem Kopf hin, mit Blick zur Decke und trippelte in dieser überstreckten Haltung wie suchend um die eigene Achse, jedenfalls in einer ähnlichen Haltung, wie sie beim Moro-Reflex eingenommen wird.

Leichtathletik

*12 Techniken - und auch die mit natürlichen Mitteln erzielte Höchstleistung - dürfen keinesfalls verteufelt werden, stellen sie doch Produkte einer intensiven Suche nach guten Bewegungsabläufen dar, die oft auch eine optimale Streckung beinhalten, Produkte der individuellen Suche nach Spannung. Lehrende, die Erlebnisse, Gefühle und Faszination - die mit Spannung verbunden sind - vermitteln wollen, dürfen nicht sofort das Produkt Technik anbieten, sondern müssen Raum für die individuelle Spannungssuche lassen.

*13 Diese Körperhaltung findet sich in ähnlicher Form als Grundhaltung oder wesentliche Übung in der Bioenergetik wie auch der chinesischen T`ai-chi-chuan-Gymnastik wieder (vgl. LOWEN 1975, 59 ff.), ebenso wie in anderen Sportarten, etwa beim Sprungwurf, beim Korbleger, bei der Tennisangabe, beim Schmetterschlag beim Volleyball, beim Startsprung beim Schwimmen, beim Brustarmzug, bei vielen Bewegungen beim Turnen u. v. a. m..

*14 FELDENKRAIS 1978, 168, 7. Lektion: Die Kopfhaltung wirkt auf die gesamte Muskulatur.

*15 Ohne körpererfahrungsorientierte Trainingselemente würde das Höchstleistungstraining von Leichtathleten viel zu monoton. Es gibt nicht wenige Spitzensportler, die solche Elemente bereits in ihrem Training haben. Ihre Beobachtung und Befragung erlaubt eine Erweiterung der eigenen Übungssammlung.

*16 Vgl. zur Frage einer funktionalen oder intentionalen Vorgehensweise meine Bemerkungen in SPRENGER/TREUTLEIN/JANALIK 1984.

*17 Fehlerbilder in Methodikbüchern könen wertvolle Anregungen für Körpererfahrungsaufgaben geben.

*18 Ein ausführlicher Beitrag zum Thema "Körperwahrnehmung und Körpererfahrung beim Laufen" erschien in der Zeitschrift "Hochschulsport" 1985, 11.

Leichtathletik

Sinne	Augen	Ohr	Haut	Nase	Kinästh. Sinn	Gleichge-wichtssinn	andere ?	Be-merkungen
Laufmöglichkeiten								
Aschenbahn								
Kunststoffbahn								
Hartplatz								
Rasenplatz								
Straße								
Wald								
Halle								
....								
....								
....								

<u>Arbeitsauftrag:</u> Findet reiz- und sinn-volle Laufgelegenheiten! Lauft, sucht und überprüft verschiedene Laufmöglichkeiten daraufhin, ob und wie sie Eure Sinne ansprechen! Achtet darauf, wie Ihr Euch jeweils dabei fühlt! Verwendet folgende Zeichen zum Ausfüllen des Arbeitsblatts:

- unangenehm empfundenes Ansprechen eines Sinns
x kein Ansprechen des entsprechenden Sinns
+ positiv empfundenes Ansprechen eines Sinns

Judo

Heinz Janalik

Lebenslange Körpererfahrungen durch Judo

Obgleich Judo zu den Sportarten gehört, die nach der neuesten Bestandserhebung des Deutschen Sportbundes verstärkt das Interesse auf sich ziehen, ist der Kreis derjenigen, die sich bei uns mit dieser fernöstlichen Bewegungskunst eingehend und längerfristig auseinandersetzen, bis heute ein relativ begrenzter geblieben. Kinder und Jugendliche beiderlei Geschlechts bestimmen zusammen mit den aktiven Wettkämpferinnen und Wettkämpfern der Seniorenklasse - sie gehören überwiegend dem besten Leistungsalter zwischen 18 und 30 an - das Bild auf den Judomatten in den Dojos (Übungsräume für Judo). Auffallend selten anzutreffen sind dagegen Frauen und Männer der mittleren Jahrgänge, ältere Menschen und - altersunabhängig - die "Gegenbilder" zu dem dominierenden Leitbild Wettkampfathlet: die Ängstlichen, die Gehemmten, die Ungeschickten, physisch Schwachen, Langsamen, Unsportlichen, die ihren Körper nicht "im Griff" haben. Ein Teil von ihnen versucht sich zwar in den stets gut besuchten Anfängerkursen der Vereine, Hochschulen und privaten Judoschulen, aber mit zunehmender Kursdauer ist die Zahl der Aussteiger und Abbrecher in ihren Reihen auffallend hoch. Aus den genannten Beobachtungen könnte man hinsichtlich der Ausübung von Judo folgende Schlüsse ziehen:
1. Die wesentlichen Erlebnisse und Erfahrungen dieser "Zweikampfsportart" werden offensichtlich im Wettkampf gemacht.
2. Judo wird von den Menschen betrieben, die sich von der Wettkampfperspektive besonders angesprochen fühlen und diese aufgrund ihrer physischen und psychischen Ausstattung besonders gut und erfolgreich verwirklichen können.
3. Die Dominanz der Wettkampfperspektive in der Praxis führt dazu, daß Judo ein vorübergehendes, episodenhaftes, zeitlich eng begrenztes Sensationsfeld im Lebensganzen eines Menschen bleibt. Spätestens der Beginn nachlassender sportlicher Leistungsfähigkeit legt die Beendigung von Judoaktivitäten nahe. Die Tatsache, daß nicht wenige Judoka nach ihrer Wettkampfzeit

Judo

das sportliche Handlungsfeld wechseln - Tennis, Schwimmen, Jogging, Radfahren und Bergsteigen sind beliebte Alternativen - oder sich innerhalb des Clubs einer Breitensportgruppe anschließen, die sich im Regelfall kaum mehr judospezifisch betätigt, scheint die Richtigkeit dieser Annahme zu belegen.

Wie ist es aber zu erklären, daß sich in Japan, China und anderen asiatischen Ländern zahlreiche ältere Menschen und Nicht-Athleten regelmäßig in den sog. Budo-Künsten üben ? Für sie ist die Auseinandersetzung mit Ju-Do, Ken-Do (Schwert-Fechtkunst), Kyu-Do (Bogenschießen), Aiki-Do usw. oder mit diesen nahestehenden, oft meditativ zentrierten Bewegungspraktiken (z. B. Tai-Chi) und Heilgymnastikformen (z. B. Wu Su) zu einer lebenslangen Aufgabe geworden.

Dieses Phänomen wird oft mit einem Verweis auf die besondere Mentalität oder die Andersartigkeit der Menschen und ihres Kulturkreises erklärt. Mit dieser üblichen Art, die hierzulande vorherrschende Judopraxis zu legitimieren, wird lediglich zu deren Verfestigung und zu einer Begrenzung des Adressatenkreises beigetragen. Sinnvoller ist es, Perspektiven zu suchen, die Judo möglicherweise zu einem lebenslangen Erlebnis- und Erfahrungsfeld für jedermann werden lassen. Wertvolle Anregungen ergeben sich aus einer Rückbesinnung auf die ursprüngliche Form des modernen Judo.

Ju-Do in der Gründerzeit

Im Jahre 1882 gründete Jigoro Kano in Tokio eine "Schule zum Studium des Wegs" (Kodokan). Er hatte sich intensiv mit den historischen Selbstverteidigungskünsten (Jiu-Jitsu) seines Landes beschäftigt und ein eigenes System von Angriffs- und Abwehrtechniken entwickelt, das er Ju-do nannte (Ju = Sanftheit, Nachgeben; Do = Weg, Grundsatz, Lehre).

Zum Wesentlichen seiner Konzeption gehörte die unauflösliche Bindung der Technikausbildung an zwei alles durchdringende Prinzipien:

1. an den "Grundsatz des bestmöglichen Gebrauchs von Geist und Körper" (Die Verwirklichung dieses Prinzips findet ihren Beweis u. a. im Siegen durch Nachgeben) und

Judo

2. an den "Grundsatz des gegenseitigen Helfens zum beiderseitigen Wohlergehen".

In der Tradition östlicher Philosophie, Ethik und Religion denkend und handelnd, gab es für Kano keine zergliedernde, dualistische Auffassung vom Menschen, sondern eine ganzheitliche. Die Überzeugung vom engen Zusammenhang zwischen Geist, Seele und Körper, in Verbindung zum jeweils individuellen lebensweltlichen Rahmen, gehört zu den Grundlagen des Zen (*1).
Auch im westlichen Kulturkreis wird diese Auffassung geteilt, doch suggeriert hier der oft benutzte Begriff der "Einheit" ein naives Harmonieverständnis. Das Verhältnis des Menschen zu seinem Leib (Körper) resultiert ebenso aus gegebenen somatischen Voraussetzungen und ich-haften Faktoren, wie aus begegnenden Situationen und sozialen Normen (vgl. GRUPE 1970, S. 32). Ganzheitlichkeit ist ein dynamischer, prozeßhafter Zustand geglückter Beziehung von Leib und Welt.
So bedeutet Pflege des Körpers und Beschäftigung mit seinem So-Sein zugleich Sorge für den Geist und aktive Zuwendung zur Welt. Judolernen ist Begreifen und Erfahren von Ich und Welt mit dem Körper. Für Kano war das Erlernen, Üben und Anwenden der zahlreichen Wurf- und Kontertechniken, der Hebel- und Festhaltegriffe, des Fallens usw. nicht vorwiegend sportives Programm, körperliches Fitnesstraining (wie es heute oft fälschlicherweise angenommen wird). Körperliche Kraft und technisches Geschick sind nichts ohne die "Wachsamkeit des Geistes" (vgl. DESHIMARU 1978 S. 62). Letztlich war der Technikbereich nur ein Mittel, um diese Wachsamkeit zu erreichen. Damit steht das übergeordnete Ziel einer ganzheitlichen, fundamentalen Formung der Persönlichkeit des Übenden im Vordergrund. Der Weg- oder Do-Gedanke weist jedem einzelnen die <u>lebenslange</u> Aufgabe zu, in der tätigen Auseinandersetzung mit der Umwelt seine Persönlichkeit zu entwickeln und in Einklang mit dieser Umwelt zu kommen. (Hier zeigen sich <u>pädagogische</u> <u>Dimension</u> und <u>Prozeßorientierung</u> des Judo.) Dadurch gewinnt er die Natürlichkeit seiner ursprünglichen Natur (Buddha-Natur) zurück, die als vollkommen angesehen wird. Wodurch hat er diese verloren? Nach zen-buddhistischer Auffassung ist es das Ich-Bewußtsein, der

Egoismus, der sich störend zwischen Subjekt und Welt schiebt. Auf den westlichen Menschen übertragen scheint es dessen spezifische Art des Denkens und Lebens zu sein, die ihn von dem Zustand entfernt hat, der das tiefe Er-Schauen und Er-Leben von Wirklichkeit erschwert oder verhindert.

Zum einen versuchen wir, mit der Rationalität unserer Denkweise die Vielfalt unserer Umwelt analytisch zu erfassen und zu quantifizieren. Der Intellekt mißt, teilt, unterscheidet, vergleicht, kategorisiert, klassifiziert und schafft eine abstrakte, symbolische Welt von Gegensätzen. Wir denken primär in Begriffen und verkürzen damit - notwendigerweise - die Komplexität der Phänomene (vgl. CAPRA 1984, S. 24 f.). Zum anderen führen uns beispielsweise kulturelle Einbindungen, vielfältige Abhängigkeiten, unsere Wunschbilder, unsere inneren Verspannungen und Blockierungen von der notwendigen und angestrebten Ausgeglichenheit, Selbstlosigkeit, inneren Ungebundenheit, Ruhe und von unserem Körper weg.

Diesen Zustand wiederzuerreichen bedeutet im Zen Erleuchtung (*2) ("satori"), mit der eine unmittelbare Erfahrung, eine nicht-begriffliche, intuitive Bewußtheit der Wirklichkeit einhergeht. Dieser rational nicht erfahrbare Bewußtseinszustand führt zu einer direkten Einsicht in das Wesen der Wirklichkeit - auch der alltäglichen - und läßt den einzelnen in eine harmonische Beziehung zur Welt treten. Darin besteht letzlich der Prozeß des gesamten menschlichen Reifwerdens. Es ist die Entwicklung vom Ich zum Selbst, das bereit und fähig ist, sensibel mit der Ordnung der Welt umzugehen und intuitiv das Angemessene zu tun. (vgl. HÖLKER/KLAUS 1980, S. 44).

Es gibt viele Möglichkeiten, dieses Ziel der Selbstverwirklichung durch die zusätzliche Entwicklung der intuitiven Seite des Bewußtseins zu erreichen. Man kann Wege der Ruhe wählen, z.B. die Meditation im Sitzen (Za-Zen) oder Wege der Bewegung. Zu ihnen gehören die Kampfkünste wie Ken-Do ("Weg des Schwertes"), Kyu-Do (Bogenschießen) und Ju-Do. Aber auch künstlerisch betonte Wege wie Ikebana (Blumenstecken - "Weg der Blüten") oder Shodo (Kalligraphie, Schreibkunst) sind Übungen, mit deren Hilfe man sein wahres, sein ursprüngliches Wesen freilegen kann und seinen Egoismus auf-

geben lernt. (vgl. DESHIMARU 1978, S. 82)
Alle diese Do (Wege) beinhalten meditative Formen. Ziel dieser Techniken ist es, den denkenden Verstand mit seiner rationalen Ausrichtung zum vorübergehenden Schweigen zu bringen und dem intuitiven Bewußtsein Raum zu geben (vgl. CAPRA 1984, S. 36). Im Ju-Do soll dies dadurch erreicht werden, daß die Aufmerksamkeit auf Bewegungen des Körpers konzentriert wird (die aber ohne Einmischung und Störung durch irgendwelche Gedanken ausgeführt werden sollen). Der Ju-Do-Übende muß so lange trainieren, bis der Vollzug seiner Tätigkeiten keiner bewußten Einwirkung mehr bedarf, weil er souverän über die handwerkliche, technische Seite verfügt. Dadurch wird er frei von den Anspannungen seines gewohnten bewußten Denkens. Denken und Handeln werden eins. Jetzt leitet das Unterbewußtsein mit unfehlbarer Sicherheit die der Situation angemessenen Handlungen an. Das gelernte Technikrepertoire steht dem Übenden, Kämpfenden oder Gestaltenden absolut "spontan" zur Verfügung. Das oft in diesem Zusammenhang zitierte "Es" hat die Führung des Handelns übernommen. Gelassen, ohne Angst und innere Verspannung kann der Judoka seine jeweilige Aufgabe erfüllen. Auf höchstem Niveau, d.h. in seiner vollkommenen Form ist Ju-Do selbstvergessener Tanz, absichtsloses Spiel und intuitive Bewegungskunst zugleich. Eine solche Haltung führt sowohl zu einer intensiven Erlebnisfähigkeit, als auch zu einer Entbindung schöpferischer Kräfte.
Gelingt die Ausschaltung störender Gedanken und die Ablenkung von technischen Abläufen, also Ich-Leere und Absichtslosigkeit im Tun, so erzeugt die intuitive Art ein außergewöhnliches Bewußtsein. Befreit von inneren und äußeren Antrieben, von bewußtem Wollen und vielfältigen Verstrickungen in die Umwelt, stellt sich ein Gefühl der Unbeschwertheit und der heiteren Gelassenheit ein. Indem ich die Umwelt loslasse, wird sie mir einsichtig. Der Geist ist völlig wach. Es herrscht eine absolute Geistes-Gegenwart. Die Wahrnehmung übersteigt den sinnlichen Rahmen - der Körper wird sozusagen zur totalen Wahrnehmungsdimension. Das ermöglicht dem Judoka die Beherrschung des eigenen Körpers und die des anderen. Die volle geistige Wachsamkeit, in der die Umgebung direkt, ohne das Filter

begrifflichen Denkens erfahren wird und keiner Ablenkung mehr unterliegt, war in den frühen Kampfkünsten der Samurai notwendige Voraussetzung für das Bestehen tödlicher Gefahren.

Durch eine intensive Beschäftigung mit dem eigenen Körper und dem des Partners beim gemeinsamen Üben, Gestalten und Kämpfen kommt es zu einem Selbstgewahrsein als einem Zustand des Fühlens, daß man ist und wie man ist. Zusätzlich entwickelt sich ein hohes Maß an Sensibilität im körperlichen Umgang untereinander und die Bereitschaft zur gegenseitigen Hilfe (zweites Prinzip von Kano).

Besonders erwähnenswert erscheint in diesem Zusammenhang der Hinweis, daß die zen-orientierten Bewegungsmeditationen die Aufmerksamkeit des Übenden auf körperliche Vollzüge und Vorgänge lenken, denen beim Sporttreiben und im Alltag zumeist keinerlei Aufmerksamkeit geschenkt wird, weil sie auch ohne diese gelingen. Hierzu zählen Atemrhythmus, Schwerpunktsverlagerung, muskuläre Spannungszustände usw. - ureigene Körpererfahrungsbereiche im Ju-Do. Durch entsprechende Konzentrations- und Zentrierungsübungen kann auch in diesen Punkten ein qualitativ höherwertiger Bewältigungsgrad erreicht werden.

Das ursprüngliche Ju-Do ist (war!) also eine körperlich-geistige Übung zur Formung der Persönlichkeit. Die _richtige_ Ausübung in Form von Kata, Randori und Shiai (*3) zwingt zur restlosen, radikalen Auseinandersetzung mit sich selbst und bleibt auf Dauer nicht ohne Wirkung auf die Art der Lebensgestaltung. Die erzielte Bewußtseins- und Willensentkrampfung, die Fähigkeit zur Entspannung und ein neues Verhältnis zum eigenen und anderen Körper sowie zur Umwelt fördern das Wohlbefinden und die Zufriedenheit. Sämtliche Lebensvorgänge gewinnen an Intensität, wenn das ichbezogene Bewußtsein wenigstens phasenweise durch die intuitive Seite des Bewußtseins ergänzt wird, z.B. über meditatives Üben, wie es im Ju-Do, aber auch in anderen Sportarten möglich ist.

Es kann in diesem Zusammenhang nicht oft genug betont werden, daß es sich weder bei Bewegungsmeditation noch bei Ju-Do um Mystisches, Irrationales, Unerklärliches, Transzendentales handelt. Es werden hier vielmehr Situationsfelder akzentuiert verwirklicht, die im üblichen Sportbetrieb stark vernachlässigt werden. Bewegun-

gen sind dann meditativ, wenn sie in einem Zustand der "Geistesgegenwart" und "Bewußtheit" ausgeführt werden. Das bedeutet nichts anderes, als daß der jeweilige Bewegungsvollzug weder durch einengendes Vordenken (Antizipieren) noch durch grüblerisches Nachdenken behindert wird und daß die sensible Wahrnehmung des Körpers, des Partners und des Bewegungsraumes nicht als eine "vom Kopf" kontrollierte Tätigkeit angesehen werden darf. MOEGLING formuliert zurecht wenig dramatisch: "Meditation heißt: Einfach da sein - im Hier und Jetzt" (MOEGLING 1984, S.26) und er versteht darunter, sich die Zeit und Ruhe zu nehmen, etwas wirklich und ausschließlich zu tun. Do-Übung und Bewegungsmeditation bedeuten nicht Weltflucht, sondern durch die damit verbundene Öffnung aktive Weltzuwendung. Die Vollendung des Do zeigt sich gerade in der Fähigkeit, das tägliche Leben natürlich und spontan zu leben.
Für Kano war das Hingabe, Problemlösen und Verstehen fordernde Feld der Judoaktivitäten letzlich stellvertretend für die Aufgabe: Leben in dieser Welt (*4). Der westliche Mensch dagegen tut sich schwer, einen solchen "Weg" zu gehen, vor allem im Sport. So entbehrt es nicht einer gewissen Logik, wenn die Praxis in deutschen Dojos nur noch selten einen erkennbaren Bezug zur ursprünglichen Do-Ausrichtung aufweist.

Judopraxis heute

Was heute als Judo gelehrt und gelernt wird, bezieht sich zumeist nur noch auf die handwerklich-technische Ebene einer ursprünglich mehrdimensionalen, ganzheitlichen (Judo-)Leibeserziehung. Zwar schlägt sich diese Verarmung noch nicht in einer begrifflichen Kürzung nieder wie beispielsweise beim Karate (wo kaum mehr jemand von Karate-Do spricht). Trotz der Beibehaltung der Silbe "do" werden aber Kanos Prinzipien kaum mehr umgesetzt. Vielleicht hat die Schlichtheit seiner Formulierungen dazu geführt, daß sich eine sehr verkürzte und vereinfachte Vorstellung von der Verwirklichung dieser Bewegungskunst etabliert hat. So glaubt man nicht selten, die im ersten Prinzip enthaltenen philosophischen und pädagogischen Ideen als fernöstliche Eigenheiten vernachlässigen oder unterschlagen zu können. Für eine gezielte, selbstverantwortliche

Persönlichkeitsformung, für ein Studium des Weges - wie Kano es nannte - ist in der meist fremdgesteuerten, erfolgsorientierten und hektischen Sportpraxis von heute kaum mehr Platz und Zeit. Auch eine intentionale Beschäftigung mit dem moralischen Anspruch des zweiten Judoprinzips ist selten zu registrieren. Leistungsoptimierung und Konkurrenzdruck, Merkmale des modernen Hochleistungssports, entfremden nicht nur vom eigenen Körper, sondern lassen auch die partnerschaftliche Interaktion auf der Matte in den Hintergrund treten.

Vor allem der Prozeß der Versportung hat zu einer negativen Entwicklung des Judo beigetragen. Spätestens nachdem seine Medaillenträchtigkeit erkannt worden war, etablierte sich ein dem Do-Gedanken zuwiderlaufender Zielfetischismus in den Ausbildungsstrukturen. Allein der in Aussicht stehende Sieg im Wettkampf oder eine angestrebte Gürtelgraduierung dienen als Motivations- und Legitimationsfaktoren für Lernen, Üben und Trainieren. Das Wettkampf- und Leistungsprinzip haben die ursprünglichen Leitideen des Ju-Do verdrängt und bestimmen heute im Regelfall Inhaltsauswahl, Zielperspektiven, Methodeneinsatz und die Kommunikationsstrukturen im Unterricht. Der Kämpfer dominiert gegenüber dem Spielenden, Tanzenden, Gestaltenden, zweckfrei Übenden und Meditierenden.

Nicht von ungefähr haben die Wissenschaften Trainigswissenschaft, Biomechanik, Sportpsychologie und Sportmedizin verstärkt von der mittlerweile anerkannten "Sportart" Besitz ergriffen. Der Athlet wird im Dienste der Leistungsoptimierung "betreut", was nicht selten eine Instrumentalisierung und Ausbeutung seines Körpers bedeutet. Ju-do hat sich den Gesetzen des Hochleistungsportes unterworfen und deshalb gehört Gewalt gegenüber dem Körper zum Athletenalltag. Die Palette der Aktionen, die den Körper mißachten und vergewaltigen, reicht von der Bagatellisierung erlittener Verletzungen über selbst- und fremdinitiierte Manipulationen mittels pharmazeutischer Produkte bis hin zu psychoregulativem Körperterror (vgl. PILZ 1982, S. 10 - 20). Der durch einen mechanistisch routinisierten Umgang mit dem Körper eintretende Verlust der Körperlichkeit und Körperrepräsentanz korreliert häufig mit einem Verlust der Identität. Wettkampfnormen und Erwartungen

Judo

(Kampfrichter, Funktionäre, Öffentlichkeit) verwandeln den Schein zum Sein (vgl. ABRAHAM 1984, S. 76 - 88).
Auch der Judoka unterwirft sich den üblichen Trainigsmodalitäten: Spezialisierung und Reduzierung auf wenige erfolgversprechende Techniken. Automatisierung der sollwertorientierten Bewegungsabläufe - isoliert von den ständig wechselnden Situationen des Kampfgeschehens - in Ausrichtung auf ein eng begrenztes "Reizverhalten" des Gegners. Parallel dazu werden überdurchschnittliche konditionelle Fähigkeiten eintrainiert. Diese werden dann nicht selten dazu benutzt, technische Defizite zu kompensieren und vor allem Passungen zu erzwingen, d.h. Kampfsituationen "herbeizuführen", in denen die vorbereiteten und automatisierten Techniken "greifen". Die im ursprünglichen Ju-Do geforderte Fähigkeit, aus einem Zustand optimaler Wachheit und Aufmerksamkeit situationsangemessen und passend zu reagieren und dabei dem Prinzip: Siegen durch Nachgeben gerecht zu werden, besitzen nur wenige Ausnahmekämpfer. Damit verarmt die Wettkampfszene und verliert an Attraktivität für den Zuschauer.
Die überragende Bedeutung, die Kano dem Kämpfen zugewiesen hat, läßt sich aus der Tatsache ableiten, daß diese Form der Auseinandersetzung dem Judoka eine _radikale Möglichkeit zur Überprüfung seines aktuellen körperlich-geistigen Entwicklungsstandes_ bietet. Unter den erschwerten Bedingungen des Wettkampfes (in früheren Zeiten entschied der Kampf über Leben und Tod) hat sich das "Erreichte" zu bewähren. Jede kleinste Schwäche im geistig-körperlichen Zustand, jede emotionale Irritation, jede Halbherzigkeit im Handeln wird schonungslos rückgemeldet, und zwar nicht nur in Form einer äußerlich beobachtbaren Niederlage. Viel schmerzhafter ist für den verstehenden und begreifenden Judoka das Erkennen seiner Rückschritte "auf dem (Entwicklungs-) Weg" (z.B. der Verlust seiner Gelassenheit, die Ablenkung durch Gedanken, die Unfähigkeit, sich dem Zwang des Zieles zu entziehen ...). Doch er kann die Niederlage in einen Sieg wenden, wenn es ihm gelingt, aus einer ehrlichen Ist- (Ich-) Analyse Konsequenzen für seinen weiteren Entwicklungsweg zu ziehen.
Im Ju-Do ist Kampf also weder Selbstzweck, noch erschöpft sich

sein Sinn im äußerlichen Siegen. Nicht zufällig ist Shiai (Wettkampf) für Kano eine Methode - genau wie Randori und Kata - und nicht etwa eine menschliche Verhaltensform.

Eine solche Definition von Kampf und Wettkampf macht offenkundig, wie oberflächlich die Realisierungsebene dieser Perspektive oft geworden ist. Nicht ihr Prozeßcharakter und ihre Bedeutung für die Persönlichkeitsentwicklung wird gesehen, sondern nur die sich eröffnende Chance auf äußere Gratifikationen.

Der Versportungsvorgang hat überdies die Breite möglicher Sinngebungen im Ju-Do zugunsten einer einseitigen Definition - Judo ist Wettkampf - verengt. Dies führt zu einer drastischen Verkürzung individueller Erlebnis- und Erfahrungsqualitäten, was sich insbesondere im Anfängerunterricht demotivierend auswirkt. Auch die Anziehungskraft auf diejenigen, die noch auf der Suche nach einer sportlichen Betätigung sind, ist dadurch gering. Der Reiz des heutigen Judo erschöpft sich zumeist in der Aussicht auf physische Überlegenheit, in der Chance, sich mit dem Fluidum fernöstlicher Kampfkünste umgeben zu können und in der Hoffnung, ein erfolgreicher Wettkämpfer zu werden. Die Art und Weise, wie Ju-Do in der Öffentlichkeit präsentiert wird, z.B. in den Medien oder in Werbeveranstaltungen der Vereine, entspricht vollkommen diesem schmalen Motivspektrum.

Wird die einseitige einperspektivische Ausrichtung des modernen Judo beibehalten, wird es kein neues Betätigungsfeld für diejenigen sein, die dem heute gültigen Wettkampf- und Leistungsgedanken reserviert gegenüberstehen, etwa aus Altersgründen oder, weil sie - physisch schwächer ausgestattet - die Konkurrenzorientierung fürchten. Auch jene, die Sport in erster Linie als eine Möglichkeit zur Gesundheitsvorsorge oder Psychohygiene ansehen und deshalb auch die "innere Aktivität", die ganzheitliche Bewegung suchen, werden sich kaum für Judo entscheiden. Für sie Ju-Do attraktiv zu machen, ist eine reizvolle und dankbare Aufgabe. Sie aus meiner Sicht zu lösen, versuche ich seit 1978 im Rahmen meiner Lehrarbeit an der Pädagogischen Hochschule Heidelberg. Allmählich ist dabei ein Konzept entstanden, das in seiner Grobstruktur im folgenden vorgestellt wird.

Judo

Das Konzept eines mehrperspektivischen Ju-Do-Unterrichts

Das Ju-Do der Gründerzeit und das gängige Judo von heute haben sich weit voneinander entfernt. Es wurden Gründe genannt, die es legitim erscheinen lassen, diese Entwicklung als eine negative anzusehen. Jedoch ist nach meinem Dafürhalten eine Wiedereingliederung ursprünglicher Qualitäten des Ju-Do in die gegenwärtige Judopraxis möglich und sinnvoll.

Die wichtigsten Helfer auf der Suche nach dem "Wie" sind nun nicht die funktionierenden Judoka der Wettkampfszene. Diese Funktion erfüllen in besonderer Weise die noch unverbildeten Anfängerinnen und Anfänger unterschiedlichen Alters. Ihre mehr oder weniger offen signalisierten Wünsche, Bedürfnisse, Ängste, Defizite und Fähigkeiten, ihr Unbehagen oder Wohlbefinden, ihre Zustimmung und ihr Protest waren die entscheidenden Impulse und Korrektive bei der Erarbeitung meines Konzeptes.

Es beinhaltet nichts grundlegend Neues. Es wird damit auch keine Kehrtwende eingeleitet, sondern vielmehr die mehrperspektivische Erweiterung bisheriger Praxis propagiert. Zum Teil habe ich auf die Ursprünge des Ju-Do zurückgegriffen (Do-Orientierung), manches erhielt eine ungewohnte Gewichtung (der Kata kommt entscheidende Bedeutung im Anfängerunterricht zu) und Vorhandenes wurde durch neue Perspektiven ergänzt (z.B. Körpererfahrung). Das Konzept erhebt den Anspruch auf Praktikabilität und stützt sich auf folgende Elemente:

1. Ju-Do konstituiert sich im Bewegungsdialog

Ju-Do wird im Modus des Erlebens und Handelns Wirklichkeit. Diese Dimensionen konkretisieren sich schwerpunktmäßig in einem Körper- und Bewegungsdialog zweier Partner. Je entstörter und verständnisvoller dieser Kommunikationsprozeß abläuft, desto kompetenter kann Ju-Do verwirklicht werden und desto wirksamer sind Lehr-Lernprozesse. Aus diesem Grund kommt den Entstörungsmaßnahmen gerade im Anfängerunterricht, in dem oft völlig fremde Menschen zusammentreffen, große Bedeutung zu.

2. **Die Entstörung des Bewegungsdialogs ist immer mit einer Ich-Analyse verbunden**
Widerstände und Probleme im Lernprozeß werden meistens voreilig und vereinfachend technischen Defiziten der Übenden zugeschrieben. Entsprechend oft werden Lösungen ausschließlich in der Verbesserung motorischer Fertigkeiten und Eigenschaften gesucht und in zergliedernden Lernsequenzen angegangen. Dabei wird übersehen, daß Störungen im Rahmen judospezifischen Bewegenlernens häufig auf psychischen Barrieren der Lernenden (z.B. Angst- und Minderwertigkeitsgefühle, Hemmungen, Abneigungen, Unlustgefühle) oder körperlichen Unzulänglichkeiten (z. B. mangelnde Beweglichkeit und Dehnfähigkeit, schlechte Kondition) beruhen. Deshalb muß sich der Anfänger - wie jeder andere Judoka auch - intensiv mit seinem "Ich" beschäftigen können. Über eine sensible Wahrnehmung und Akzeptanz des eigenen Ist-Zustandes können Stärken und Schwächen diagnostiziert und zur Basis einer persönlichen Entwicklung gemacht werden.
Selbst-Erfahrung, d.h. bewußtes Sich-immer-besser-Kennenlernen motiviert zur Fortsetzung des Übens und führt zu Energie und Zufriedenheit. Alle Zen-Übungen z. B. sind letzlich Formen, um das "Ich" zu treffen. Aber auch die mehr "westlich verankerten" Körpererfahrungsübungen können dem einzelnen Individuum helfen, neue Kenntnisse über sich zu gewinnen.
3. **Ju-Do setzt Körpererfahrung voraus und bringt diese mit sich**
Der alltägliche Umgang mit dem Körper geschieht im Regelfall zufällig und unbewußt. Unsere Lebensumstände verdrängen unseren Körper und verfälschen unsere Individualität ("Urnatur").
Da Ju-Do auf hohem Niveau die vollkommene Wahrnehmung ("Kontrolle") der eigenen und fremden seelischen und körperlichen Bewegungen, aber auch das mühelose, präzise Einfühlen in die physikalischen Gesetzmäßigkeiten der Bewegungsmuster fordert (z.B. beim gemeinsamen Gestalten einer Kata), muß von Anfang an mangelnde Kompetenz im Umgang mit dem Phänomen Körper abgebaut werden. Ju-Do ist hervorragend geeignet, den eigenen Körper und den des Partners zu entdecken, besser kennen und damit verstehen zu lernen.
Aus dem Verständnis können humanere Kommunikationsstrukturen und

ein verbessertes Lebensgefühl erwachsen. Wird im Ju-do-Unterricht auf dieses Erfahrungsfeld verzichtet, kann dies zu einer inhumanen Praxis führen, die sich beispielsweise in einer Brutalisierung des Kampfstils niederschlägt oder in Trainigsformen, die den Menschen zu Bewegungsapparaten degradiert. Judo ohne Körpererfahrungen degeneriert zu entseeltem Kampf. Die von Kano aufgestellten Forderungen nach Verstehen und Helfen zum beiderseitigen Wohlergehen machen Körpererfahrungen zu einer der wesentlichen Perspektiven. Voraussetzung für Körpererlebnisse und Körpererfahrungen ist eine überragende Wahrnehmungsleistung. Ju-Do ist Handeln in ständig wechselnden Situationen. Blitzschnell müssen Aktionen wahrgenommen, denkend verarbeitet und handelnd beantwortet werden, ohne Energie zu vergeuden.

Angestrebt wird eine möglichst große Annäherung von Denken und Handeln in der Form, daß zwischen Tun und Nachdenken kein Platz mehr ist (vgl. TIWALD 1981, S. 58 - 68). Das kann nur erreicht werden, wenn die Wahrnehmungsleistung optimal ist und das Denken nicht stört. Dann kommt es zu der erstrebten Einheit von Wahrnehmen, Denken und Handeln. Auf dem Weg dorthin lernt der Anfänger, sensibel für Kleinigkeiten zu werden und gleichzeitig einen kühlen Kopf zu bewahren, d. h. ablenkende Gedanken und Emotionen zu bewältigen (Gelassenheit). Wahrnehmen ist also ein aktives Geschehen. Über einfache Entspannugs- und Meditationsübungen, die auch eine wichtige psychohygienische Funktion haben, wird er befähigt, seinen Körper als ganzheitliches Wahrnehmungsorgan zu entwickeln und beherrscht zu gebrauchen.

Probleme im Ju-Do - z. B. in den klassischen Methoden des Studiums: Kata (Form), Randori (spielerischer Übungskampf) und Shiai (Wettkampf) - sind nicht im voraus berechenbar. Aus diesem Grund muß sich der Judoka die Kompetenz erwerben, als autonomer, flexibler Problemlöser zu fungieren. In erheblichem Maße kann der Trainer dazu beitragen, indem er einsichtiges, experimentierendes und selbstverantwortliches Lernen zuläßt.

4. Ju-Do-Unterricht ist mehrperspektivisch

Die Auseinandersetzung mit Ju-Do muß über viele Sinngebungen erfolgen, auch über die Perspektive des Wettkampfes, aber eben nicht allein. Nur derjenige, der eine breite Palette von Sinnperspektiven im Ju-Do-Unterricht erfahren hat, kann sich einer Alternative <u>innerhalb</u> des bisherigen Handlungsfeldes zuwenden. Deshalb muß Ju-Do-Unterricht von Anfang an mehrperspektivisch ausgelegt sein, d. h. es sollen möglichst viele Sinngebungen thematisiert werden. Für jeden Lebensabschnitt müssen realisierbare Sinnzuweisungen möglich sein, da sonst Ju-Do nie zu einer lebenslangen Aufgabe werden kann.

<u>Vorbemerkungen</u> <u>zur</u> <u>Praxis</u>
Eine der durchgängig relevanten und realisierbaren Perspektiven im Ju-do ist die der Körpererfahrung. Ihre Konkretisierung im Bewegungsvollzug - bei strenger Beachtung der Prinzipien Kanos - vermittelt dem Judoka wertvolle Erkentnisse über den jeweiligen Ist-Zustand seiner dynamischen ganzheitlichen Entwicklung. Im folgenden werde ich mit Hilfe einiger <u>ausgewählter</u> Aufgaben zeigen, wie diese Perspektive in der Praxis mit Leben gefüllt werden kann, auch im Bereich der Körpererlebnisse, die eine Vorstufe zu den Körpererfahrungen darstellen (*5).
Jeder Trainer oder Übungsleiter sollte die jeweils spezifische Ausgangssituation seiner Übungsgruppe genau kennen. Das befähigt ihn, entscheiden zu können, welche der Aufgaben für seine Gruppenmitglieder angemessen sind und an welchem didaktischen Ort er sie einsetzt. Was auf den ersten Blick nur für den sog. Anfänger Relevanz zu haben scheint, kann sich oft auch oder gerade für den Fortgeschrittenen als notwendiges und bedeutsames Übungselement erweisen (z. B. Atemschulung, Rhythmusarbeit, Bewegungsverbesserung durch Gleichgewichts- und Schwerpunktsübungen), wenn auch in einem anderen Zusammenhang (z. B. im Rahmen einer Wettkampfvorbereitung) bzw. auf einer anderen Könnensstufe. In diesem Fall müssen die Aufgaben zusätzlich zielgruppenspezifisch abgewandelt werden.

<u>Do-Übung</u> <u>und</u> <u>Musik</u>
Eine weitere Vorbemerkung bezieht sich auf den von mir häufig praktizierten Einsatz von Musik und Rhythmus während des Lehrens und Lernens von Ju-Do. Es geht dabei nicht um die übliche musika-

lische Untermalung sportlichen Tuns, um dieses "attraktiver" zu machen.
Der Grund, der mich bewogen hat, Ju-Do in Verbindung mit Musik und Rhythmus zu lehren und üben zu lassen, ist deren Wirkung auf den Menschen und seinen Leib. Dank der elementaren Kraft der Musik wird der Körper von der Lenkung durch Vernunft und Wille befreit und die anerzogene Haltung zugunsten des Ursprünglichen und Triebhaften, des Intuitiven aufgelöst. Hier tritt eine deutliche Parallele zur Meditation zutage. Beide, Musik und Bewegungsmeditation, können durch ihre entspannende und entkrampfende Wirkung alles Schwere, Gehemmte, Unbeholfene von der Bewegung abfallen lassen. Ju-Do wird dadurch zum Tanz und zur Bewegungskunst (auch Musik ist in ihrem Ursprung Bewegungserlebnis und Bewegungskunst). Musik kann also in hervorragender Weise das Studium des Do unterstützen bzw. die Zentrierung auf Do erleichtern.
Musik hilft aber nicht nur, Ordnungen aufzulösen. Sie trägt auch dazu bei, Bewegung zu ordnen, zu einigen, zu formen und zu harmonisieren. Sie macht den menschlichen Leib sozusagen zum Resonanzboden für ihre Schwingungen, zum Instrument. Sie verursacht Empfindungen, die zum körperlichen Ausdruck drängen, zum freien wie zum gebundenen.
Die elementare Macht der Musik ergreift und verwandelt den Menschen. Diese Macht erklärt sich aus der Tatsache, daß sie sich nicht nur an die Vernunft wendet, sondern über den Leib auch die Seele vom Druck und den Hemmungen des Alltags befreit und damit formt (vgl. FEUDEL 1965, S. 98 - 102).
Obgleich also Musik quasi auf den Menschen hin ausgelegt ist, läßt sie sich nicht bei jeder Gruppe problemlos einsetzen. Die Ursache ist selten in der fehlenden Musikalität oder im mangelnden rhythmischen Gefühl der Teilnehmer zu suchen. Zumeist sind es Konsumgewohnheiten, die - besonders bei jüngeren Judoka - zu einer Abstumpfung musikalischer Empfängnisbereitschaft und zu einer einseitigen Geschmacksausrichtung führen. Schön ist, was "laut, fetzig und aggressiv tönt". Getragene klassische Musik ist "langweilig, altmodisch und tötend" (vgl. JANALIK/KNÖRZER 1986, S. 22f.).
Über eine behutsame, geduldige und einfühlsame Hinführung zu unge-

wohnten Klangerlebnissen und deren Umsetzung in Bewegung kann der Trainer oder Übungsleiter einen wichtigen Beitrag zur Ausbildung der Erlebnisfähigkeit besonders junger Menschen leisten. Es empfiehlt sich manchmal, im Rahmen des Ju-Do-Unterrichts zuerst die Musik einzusetzen, die die Teilnehmer gewohnt sind. Sehr bald zeigt sich die Unbrauchbarkeit der hektischen Rhythmen für das Üben und Gestalten von Ju-Do-Elementen. Aus der Einsicht kann sich die Bereitschaft entwickeln, andere Musikformen zu akzeptieren. Oft sind es gerade die einfachen Rhythmen oder Tonfolgen (mit Stäben, Klanghölzern, Glocken usw.), die sich neben den klassischen Stücken als besonders geeignet erweisen, Bewegung als Ausdruck seelischer Regungen zu unterstützen und damit zur Verbindung zwischen Unbewußtem und Bewußtem beizutragen (z.B. Tony SCOTT: Zen. Ask the Wind. Musik zur Ruhe).

Im Rahmen meiner Ju-Do-Praxis als Lernender und Lehrender habe ich selbst die Erfahrung gemacht, wie wirkungsvoll und motivierend eine Verbindung zwischen Ju-Do, Musik und Rhythmus sein kann. Eine solche Vernetzung ist überdies kein künstliches Arrangement. Nicht zufällig haben viele bekannte japanische Meister während ihrer Lehrgangsarbeit in Europa immer wieder darauf hingewiesen, daß Ju-Do eigentlich getanzt werden müsse. Es ist erstaunlich, wie selten aus dieser Aussage die Konsequenz gezogen wird, Ju-Do-Training wenigstens phasenweise rhythmisch-musikalisch zu gestalten. Offensichtlich gibt es dafür zwei Hauptgründe. Zum einen fehlt diese Perspektive in der ursprünglichen Form des modernen Ju-Do (paradoxerweise hält man sich in dieser Beziehung streng an die Originalform. Bedauerlicherweise fehlt die gleiche Konsequenz im Hinblick auf die Umsetzung der Prinzipien Kanos!). Zum anderen scheint sie zu wenig "nutzbringend" innerhalb eines Wettkampftrainings, das ausschließlich auf Leistungsoptimierung ausgerichtet ist. Diese kurzsichtige Auffassung zu durchbrechen, indem vor allem das Üben und Gestalten im Ju-Do phasenweise mit Rhythmus und Musik verbunden wird, wäre aus der Sicht all derer wünschenswert, die eine mehrperspektivische Begegnung mit dieser Bewegungskunst wünschen.

Judo

Mein Körper "auf dem Weg": Körpererlebnisse und -erfahrungen im Ju-Do

Im Handlungsfeld Ju-Do wird vom Übenden verlangt, daß er sich intensiv und immer wieder mit seinem Ich auseinandersetzt. In diesem Prozeß aktiven Wahrnehmens kommt dem bewußten Umgang mit dem eigenen und fremden Körper eine große Bedeutung zu. Solange der Körper vernachlässigt oder negiert wird, sein Gebrauch nur ein unbewußter und routinisierter ist, solange kann eine Selbstanalyse nur teilweise gelingen.

Körperbewußtsein eröffnet dem Individuum die Chance, sich nicht mehr nur partiell, sondern als Ganzheit erleben zu können. Körpererfahrungen werden hier zur Grundlage einer seelisch-geistigen Selbsterfahrung (vgl. LEIBOLD 1986, S. 35).

An dieser Stelle erscheint es mir notwendig zu präzisieren, was im Ju-Do unter Erfahrung zu verstehen ist. Es gehört zum Spezifikum dieser Bewegungskunst, daß Erfahrungen (auch Körpererfahrungen) nicht erst durch die begriffliche Fixierung des Wahrgenommenen entstehen, sondern im wiederholten geglückten Vollzug. Dem buddhistischen Denken verbunden zählt im Do-Studium nicht das Reden über etwas, sondern die handelnde Auseinandersetzung mit der Sache. Aus dem mühevollen Üben - geistesgegenwärtig und damit situationsgerecht (nicht mechanistisch automatisierend) - resultiert die Erkenntnis, d.h. die Erfahrung, die wiederum end-gültig ist.

Aus dem eben Gesagten erklärt sich, daß viele der folgenden Aufgaben vermeintlich nur bis zur Wahrnehmungszentrierung und zum Körpererlebnis führen. Sie erwecken den Eindruck einer funktionalen Lehrweise. Doch im Inneren des Individuums wird die Erfahrung gewonnen, die es möglich macht, sich wiederholende Situationen besser zu bewältigen.

Aufgaben, Kommentare, Impulse

- Gleichgewicht, Spannung, Hara

Schon der Anfänger muß lernen, sich psychisch zu entspannen, richtig zu atmen, die Muskulatur mit minimalem Kraftaufwand zu betätigen und das Gleichgewicht in Ruhe und in der Bewegung zu beherrschen. Es ist für ihn wichtig, die enge Wechselwirkung dieser Faktoren untereinander zu erleben und zu erfahren, aber auch die massiven Folgen ihrer "Gegenpole" für die Qualität seiner Wahrnehmungsleistungen und seines Problemlösens - die der psychischen Verspannung, der muskulären Verkrampfung, des übermäßigen Krafteinsatzes, des falschen Atmens und der mangelnden Beherrschung des Körpers im Schwerefeld der Erde. Im Vollzug überprüft er die Angemessenheit seiner Handlungen, die seinem aktuellen Könnensstand entsprechen und entwickelt auf diese Weise seine Kompetenz. Es wird ihm z.B. einsichtig, daß ein energiebringender Atem eine optimale Körperstatik voraussetzt, die wiederum eine ökonomische Muskelarbeit ermöglicht. Er macht die Erfahrung, daß sein Körper in mittlerer Spannung (weder verspannt noch lasch - im folgenden als entspannt bezeichnet) besser und schneller auf Gleichgewichtsschwierigkeiten reagieren kann als im Zustand der Verkrampfung oder totalen Entspannung. Er macht die Entdeckung, welche Folgen ein regelmäßiger, ruhiger Atem auf psychische Disposition wie Wut, Aggression, Angst usw. hat und wie umgekehrt diese das Atemverhalten negativ beeinflussen. Er lernt mit seinem Körperschwerpunkt und seinem Gleichgewicht kompetent umzugehen und schließlich sich immer "leichter" und befreiter zu bewegen.

- "Stellt Euch aufrecht auf die Matte; die Füße sollen etwa schulterbreit voneinander entfernt sein. Versucht, Euren Körper in eine Senkrechte einzupendeln."

"Verharrt in der Position, bei der Ihr glaubt, Euren Körper mit der geringsten Muskelkraft im Gleichgewicht halten zu können. Entspannt Euch jetzt."

- "Konzentriert Euch auf den Schwerpunkt im Bauch (Hara) (*6). Laßt den Atem in dieses Zentrum hineinströmen und beim Ausatmen wieder herausfließen. Dabei senkt sich Euer Schwerpunkt ab und Ihr erdet Euren Körper."

- "Entspannt nacheinander: Schultern Arme - Finger - Beine - Zehen. Wenn Ihr glaubt, entspannt zu sein, dann neigt Euren Körper etwas aus der Senkrechten zur Seite und führt ihn anschließend wieder zurück. Wie weit könnt Ihr Euren Körper aus der Senkrechten herausführen ohne umzufallen?"

- "Konzentriert Euch auf Euren Kopf. Nehmt ihn ebenfalls in die senkrechte Position hinein. Die Knie sollt Ihr ein bißchen nach

vorne drücken, um die Beinmuskulatur zu entspannen."
Es zeigt sich, daß die meisten beim Neigen des Körpers die Arme am Rumpf und Oberschenkel festhalten. Darauf aufmerksam gemacht, erkennen sie, daß ihre vermeintliche Entspannung nur eine partielle war.
- "Geht über die Matte, bleibt wenn möglich in der eben erreichten Körperhaltung und versucht, einen Rhythmus für Eure Schritte zu finden."
- "Versucht, etwas schneller zu gehen. Nach mehreren Schritten sollt Ihr stehenbleiben und wieder Eure senkrechte, entspannte Position einnehmen."

Bei dieser Übung läßt sich auch Musik einsetzen, obgleich dadurch der Schrittrhythmus uniformiert wird.
- "Macht jetzt den gleichen Wechsel zwischen Ruhe und Bewegung, nur mit dem Unterschied, daß die Gehschritte durch Laufschritte ersetzt werden.
- "Pendelt Euch in die Senkrechte und entspannt Euch. Konzentriert Euch auf Euren Atem und zwar so, daß Ihr ihn nicht willentlich beeinflußt, sondern ihm aufmerksam folgt. Wenn er von alleine wieder regelmäßig und ruhig fließt, könnt Ihr Euch wieder in Bewegung setzen. Versucht, mit Euren Gehschritten Richtungsänderungen und Drehungen zu verbinden. Vergeßt aber nicht, entspannt und "senkrecht" zu bleiben."
- "Habt Ihr bei den Richtungsänderungen das Gleichgewicht verloren? Warum?"

An dieser Stelle wird die Steuerfunktion des Kopfes deutlich. Zumeist konzenriert sich der Übende bei Drehungen und Richtungsänderungen nur auf seinen Rumpf und auf die Beine. Entsprechende Vermittlungshilfen zur Kopfführung müssen gegeben werden.

- <u>Beherrschung der Mitte</u>

Ein wichtiger Erfahrungsbereich ist für den Judoka das Spiel mit dem Schwerpunkt und der Erdanziehung. Für die Qualität der Bewegung ist entscheidend, ob und wie weit der Sichbewegende in der Lage ist, seinen körperlichen Schwerpunkt zu steuern, und zwar nicht nur in der Fall- und Schwungebene, sondern - und das ist im Regelfall weitaus schwieriger - in der geführten, ruhigen und sich

an Zeit und Raum anpassenden Bewegung (vgl. FEUDEL 1965, S. 49). Der Judoka muß lernen, Bewegungen aus der Mitte des eigenen Körpers zu lenken. Durch die Beherrschung der Mitte wird der Körper von allen falschen und überflüssigen Druck- und Zugspannungen befreit. Er bewegt sich sparsam, d.h. ohne Kraftverschwendung. Der Judoka macht die Erfahrung einer neuen Bewegungsqualität. Im Gefolge des wachsenden Gleichgewichtssinns wird die Bewegung außerdem immer mehr zu einem Ausdrucksmittel.
- "Legt Euch beim Gehen, Drehen ... ein Taschentuch auf den Kopf und versucht, es nicht zu verlieren." "Versucht, den Schwerpunkt in einer Ebene zu halten." "Führt Euren Körper aus einer bestimmten Ausgangsposition in eine andere über, ohne daß es zu Bewegungsunterbrechungen kommt." "Auf welche Weise bekommt Ihr Euer Gleichgewicht unter Kontrolle?" "Führt die Bewegung als Bewegung Eures Schwerpunktes aus. Versucht, den Bewegungsablauf in Zeitlupe, aber dennoch flüssig auszuführen."
Aufgaben dieser Art machen am Anfang den Teilnehmern viel Schwierigkeiten, weil sie ihre Bewegungen nicht vom Schwerpunkt aus, sondern z.B. von den Extremitäten aus führen. Auch für Judoka hohen Niveaus empfiehlt es sich, entsprechende Bewegungsausführungen zu üben, beispielsweise in Form einer selbst zusammengestellen Einzelkata, wie sie im Karatedo üblich ist.
- "Überprüft Euch während der Drehungen und Richtungsänderungen, ob Ihr im gleichen Spannungszustand verbleibt, oder zusätzliche Verspannungen auftreten." "Fließt Euer Atem ruhig weiter, oder kommt es zu Unterbrechungen und Stockungen?"
Die Wahrnehmungszentrierungen auf den Atem und auf bestimmte muskuläre Spannungszustände können auch in anderen Körperstellungen erfolgen, z.B. im Liegen, im Sitzen, im Knien. Oft wird den Übungsteilnehmern dabei zum ersten Mal bewußt, wie flach und unregelmäßig ihre Atmung und wie verspannt ihre Muskulatur gewöhnlich ist. (*7) (vgl. FÖRSTER, KNÖRZER und TREUTLEIN/PREIBSCH in diesem Band)
- <u>Emotion und Bewegung</u>
- "Versucht einmal, Stimmungen und emotionale Befindlichkeiten durch Bewegung darzustellen: Wie bewegt Ihr Euch, wenn Ihr

zufrieden - aufgeregt - gereizt - gelassen - melancholisch ... seid?" "Welche Folgen hat Eure Stimmung für die Atmung?" "Welche Folgen ergeben sich für die Schwerpunktsführung und das Gleichgewicht?"

- <u>Der</u> <u>Körper</u> <u>als</u> <u>totales</u> <u>Wahrnehmungsorgan</u>

Da sowohl judospezifische Körpererfahrungen als auch die Lösung von Bewegungsproblemen im Wettkampf, beim Üben und im Gestaltungsprozeß der Kata eine ausgeprägte Wahrnehmungfähigkeit voraussetzen, muß deren Entwicklung im Ju-Do-Unterricht von Anfang an betrieben werden. Vielfältige Aufgaben- und Situationsarrangements dienen dazu, den ganzen Körper als Wahrnehmungsorgan auszubilden, weil der Judoka nicht nur visuelle, sondern auch taktile, kinästhetische und statodynamische Wahrnehmungsleistungen zu vollbringen hat (vgl. TIWALD 1979, S9 und 12).

- "Geht barfuß über die Matte und versucht dabei, den Kontakt der Fußsohlen mit der Matte nicht zu verlieren. Wie fühlt Ihr Euch dabei? Wer kann mit den Füßen und den Fußsohlen "sehen"? Wo sind Unebenheiten, Falten, wo ist es glatt, wo rauh?"

Mit diesen Übungen wird begonnen, den ganzen Körper als Wahrnehmungsorgan zu entwickeln. Ein Teil der Teilnehmer muß sich überwinden, Strümpfe und Socken auszuziehen und barfuß zu gehen "weil sie es nicht gewohnt sind". Andere empfinden die Massagewirkung der Matte auf die Fußsohlen als ausgesprochen angenehm. Bald wird das "Sehen" mit den Füßen zu einer beliebten und reizvollen Aufgabe, vor allem auch in Verbindung zu Geräten, Materialien und zum Körper des Übungspartners. Dieser kann auch als Helfer fungieren, wenn die Aufgaben mit geschlossenen Augen und in der Bewegung erfüllt werden müssen.

- "Geht mit den "Schleifschritten" vorwärts, rückwärts, seitwärts, macht Drehungen, wechselt die Geschwindigkeiten der Schrittfolgen und hört ganz bewußt auf das Geräusch Eurer Füße."
- "Jeweils ein Partner stellt sich an den Rand der Matte, schließt die Augen und konzentriert sich auf das Geräusch der Schritte seines Partners. Dieser geht - mit Schleifschritten in wechselnden Abständen vorbei. Derjenige, der die Augen geschlossen hält, soll die Entfernung nach Gehör und Empfindung schätzen.

Ihr könnt auch versuchen herauszuhören, ob der Partner nur vorbeigeht, oder ob er auch Richtungsänderungen macht."

Judo als Bewegungsdialog

Sehr bald wird Ju-Do zum Bewegungsdialog zweier Partner. Die folgenden Aufgaben und Übungsformen sind Beispiele, wie man diesen Bewegungsdialog entstören und humanisieren kann.
- "Ich werde gleich einen Wiener Walzer einspielen. Geht partnerweise zusammen und tanzt." "Wechselt Euren Tanzpartner immer dann, wenn die Musik abbricht." "Tanzt so miteinander, daß keiner der beiden Partner Führungsarbeit verrichtet!" "Wechselt Euch in der "Führungsarbeit" ab." "Mit welchem Partner ist die Synchronität beim Tanzen am größten?"

Der Tanz ist ein probates Mittel, Kontakt mit dem Körper des Partners aufzunehmen. In Judokursen mit Kindern oder tanzunwilligen Erwachsenen, die den Körperkontakt verstärkt thematisieren.
- "Geht partnerweise zusammen. Einer der beiden schließt die Augen und läßt sich vom Partner führen. Der Führende ist für die Sicherheit und das Wohlbefinden des Geführten verantwortlich. Deshalb ist es am Anfang empfehlenswert, über einen ausgeprägten Körperkontakt zu führen." (Weitere Variationen vgl. KNÖRZER, in diesem Band)

Ich persönlich setze gern Musik ein, um die Wirkung gleichzeitiger mehrfacher Sinnesreize zu überprüfen. Im Regelfall bewegt sich der Geführte anfänglich sehr zögernd und gehemmt. Die meisten berichten, daß es ihnen zuerst schwer fällt, sich auf die Führungsarbeit des Partners einzulassen und entspannt zu bleiben. Wenn es ihnen aber später gelingt, ruhig zu atmen und einen entspannten Zustand zu erreichen, nehmen sie über den eigenen Körper Hindernisse in Form anderer Köper wahr.
- "Tragt Euren Partner von der einen Seite der Matte auf die andere und legt ihn dort so ab, daß es ihm nicht weh tut."
- "Geht zu zweit zusammen. Einer von beiden erdet seinen Körper, pendelt ihn senkrecht ein und entspannt sich über eine ruhige, regelmäßige Atmung. Dann führt er seinen Körper so weit aus der Senkrechten, bis er sich nicht mehr halten kann (weil das von

seinem Schwerpunkt aus gefällte Lot nicht mehr die Unterstützungsfläche trifft). An diesem Punkt wird sein Körper vom Partner angenommen, ein Stück weiter begleitet und dann wieder zu dem Punkt zurückgebracht, von dem aus er sich wieder allein in die Senkrechte zurückbringen kann. Das gleiche geschieht dann in eine andere Richtung."

Gleichgewicht und Gleichgewichtbrechen

An dieser Stelle wird ein entscheidendes Element kommunikativer Ju-Do-Praxis vorbereitet. Der Normalfall ist, daß bei späteren Wurftechniken Tori (d.h. der Angreifer, der Handelnde, der Nehmende, der Werfende) die Wurfvorbereitung durch ein sogenanntes Gleichgewichtbrechen bei Uke (übersetzt: Gebender, Leidender, Erduldender) erzwingt. In unserem Fall bringt sich Uke selbst freiwillig aus dem Gleichgewicht und macht damit erzwingende Maßnahmen durch Tori überflüssig. Uke ist nicht mehr bloß erduldendes, zu handhabendes Objekt, sondern er wird zum aktiven Mitgestalter einer gemeinsamen Bewegungaktion.

Beim Erlernen von Wurftechniken erweist sich diese Vorgehensweise in mehrfacher Hinsicht als wirksam. In der Anfängerphase entfällt ein unökonomischer, unangemessener Kraftaufwand von Tori. Dessen Wahrnehmung wird zusätzlich geschult, weil er die Impulse von Uke erkennen und funktional weiterführen muß. Und schließlich werden etwaige Hemmungen bei Uke nicht zugeschüttet, sondern durch die Offenlegung - Uke wagt es z.B. nicht, sich aus der Senkrechten herauszubegeben oder er tut dies nur zögernd - einer sensiblen Lösung zugeführt. Das Siegen durch Nachgeben setzt das Kennen des anderen voraus. Der andere darf nicht in erster Linie über eine kämpferische Auseinandersetzung erfahren werden, sondern über gemeinsames Spielen, Üben, Tanzen und Gestalten.

- "Wieder sollt Ihr in Partnerform arbeiten. Einer von beiden führt Bewegungen mit den Armen oder mit dem Rumpf aus. Der andere soll die Richtung des Bewegungsimpulses erkennen und die Bewegung weiterführen."
- "Derjenige, der die Bewegung des Partners weiterführt, soll dabei bewußt ausatmen."

Atmung im Bewegungsdialog

Auch im Fortgeschrittenentraining werden alle Bewegungsausführungen mit der Atmung koordiniert, so beispielsweise das Fallen (immer mit einem Ausatmen verbunden) und das Werfen. Wenn Uke einatmet, atmet Tori aus und dreht in den Wurf ein, denn Einatmen hebt den Schwerpunkt, während Ausatmen diesen senkt:
- "Beobachte Deinen Partner und stelle Dich auf seinen Atemrhythmus ein. Dein Angriff erfolgt im Moment seines Einatmens, ohne, daß Du dieses im Kopf registrierst."
- "Konzentriere Dich bei der Wurfausführung auf Deinen Atem und kontrolliere, ob er phasenweise blockiert wird oder im Fluß bleibt."
- "Versuche, über die Atemführung Deines Partners zu erspüren, in welchem Zustand er sich befindet. Ist er aufgeregt, ängstlich, gelassen, sicher usw. ?"
- "Wenn Du selbst aufgeregt, verspannt und nervös bist, versuche Dich auf Deinen Atem zu konzentrieren und ihn regelmäßig und ruhig fließen zu lassen. Konzentriere Dich dabei besonders auf eine tiefe Ausatmung."

Spannung und Spannungslösung im Bewegungsdialog

Neben der bewußten Auseinandersetzung mit den Phänomen Atem wird im Techniktraining der Fortgeschrittenen die Beschäftigung mit muskulären - in Verbindung mit emotionalen - Spannungszuständen ebenfalls fortgesetzt und intensiviert. Der Judoka soll sich bei allen seinen Aktionen ökonomisch, kraftsparend, ohne übertriebenen Krafteinsatz bewegen. Deshalb muß er die Fähigkeit erlangen, je nach Situation einen wirksamen Wechsel von Spannung und Entspannung zu vollziehen. Dadurch kann er einer zu frühen Muskelermüdung vorbeugen und die Reaktionszeiten verkürzen.
- "Fühlt, ob Ihr während der Wurfausführung (des Haltegriffes, des Fallens, des Gehens bei der Kata ...) die Beinmuskulatur (die Arme, die Schultern ...) dauernd angespannt habt. Versucht, Euch von dem Wurfansatz und am Ende der Wurfausführung zu entspannen." (Bei anderen Techniken werden ebenfalls zum Einüben die Phasen bewußt vorzunehmender Entspannung genannt.)

Judo

- "Wenn Ihr Euren Partner beim Üben (Kämpfen) führt, versucht selbst entspannt zu bleiben, besonders in den Armen. Ihr könnt dann besser etwaige Verspannungen als Signale seines inneren Zustandes erfühlen."
- "Versuche, Deinen Partner so entspannt - bei gleichzeitiger höchster Aufmerksamkeit - zu führen, daß Du über seine Muskelkontraktionen Angriffsaktionen von ihm vorausfühlen kannst."
- "Bemühe Dich, Deinen Partner beim Üben, Gestalten und im Kampf immer mit allen Deinen Sinnen wahrzunehmen, d.h. letztlich mit Deinem ganzen Körper. Das gelingt Dir nur dann, wenn Du ihn durch regelmäßige Entspannung von der Muskelarbeit entlastest."

Werden im Verlauf des Trainierens bei bestimmten Übenden anhaltende physische und psychische Verspannungszustände diagnostiziert, müssen den Betreffenden Hilfen zu deren Auflösung angeboten werden. Eine Schlüsselfunktion kommt dabei der Trainingsatmosphäre zu, die möglichst kommunikativ, entkrampfend und sozial-integrativ gestaltet sein sollte. Außerordentlich wertvoll und erfolgreich bei der Bewältigung von Spannungszuständen kann auch der Einsatz von Massagen in Form von Partner- und Eigenmassage sein (früher gehörte Shiatsu - eine der Akupunktur nahestehende Massagetechnik- zum Repertoire der überdurchschnittlichen Ju-Do-Lehrer). Voraussetzung ist, daß eine Fachkraft die behutsame und verantwortungsvolle Hin- und Einführung vornimmt. Dilettantismus schadet hier nachhaltig.

Beugen und Strecken im Bewegungsdialog
Ein interessantes Element für Körpererlebnisse und -erfahrungen ist m.E. der Vorgang des Beugens und Streckens bei vielen Judo-Würfen und bei manchen Fallaktionen. Im Regelfall ist nämlich das Strecken oder Überstrecken des Körpers mit Gefühlen des Wohlbefindens, der Energiegeladenheit und einer Art wohligen Spannung verbunden. Auf dieser Grundlage bauen Aufgaben auf, die nicht in erster Linie auf die Verbesserung technischer Einzelheiten abzielen, sondern dies über die Konzentration auf körperliche Vorgänge eher indirekt ansteuern.

- "Versuche, Dich im Moment der Wurfausführung (als Techniken eignen sich besonders: Okuri-ashi-barai, Harai-tsurikomi-ashi, Utsuri-goshi, Ushiro-goshi, Ura-nage ...) optimal nach oben zu strecken und dabei die Hüfte nach vorne zu bringen. Wie fühlst Du Dich dabei?"
"Verbinde mit der Streckung ein Ausatmen."
"Auch derjenige, der geworfen wird, soll sich einmal im Fallen strecken, also öffnen und seine Gefühle dabei registrieren."
Besonders mit zunehmender Sicherheit beim Fallen wird die Streckaktion als "tolles Flugerlebnis" empfunden. Mit Hilfe einer Weichbodenmatte können auch die Ängstlichen oder Gehemmten dieses Fluggefühl auskosten.

Kata

Abschließend möchte ich ein Übungsfeld zur Sprache bringen, das für Körpererlebnisse und -erfahrungen fast unerschöpflich ist - den Bereich der Kata. Auf meisterlichem Niveau ist Kata eine künstlerisch gestaltete Darstellung einer festen Folge von Bewegungsabläufen. Das oft in der Bedeutungsschicht Wettkampf dominierende Verlangen, möglichst Sieger zu sein, entfällt zugunsten des Bemühens, der harmonischen Gestaltung Ausdruck zu verleihen. Tori (der "Nehmende") und Uke (der "Erduldende") streben jeder in seiner Rolle nach koordinierter Körperführung mit dem anderen, bei höchster gegenseitiger Verantwortung und Kontrolle. Die geglückte (vollendete) Bewegung - frei von ziel- und zweckgerichteter Leistung - vermittelt ein Gefühl des Wohlbefindens.
Üblicherweise ist die Kata dem fortgeschrittenen Judoka vorbehalten. Aber die Pflicht, Katas bei Prüfungen zur Erlangung von Meistergraden vorführen zu müssen, läßt in der Praxis nicht selten das Studium dieser Perspektive zu einem rein mechanischen Einüben technisch-handwerklicher Bewegungsmuster verkümmern. Die geistige Durchdringung, die für eine künstlerische Interpretation notwendig ist, glaubt man vernachlässigen zu können.
Meiner Auffassung nach kann nur ein früher Beginn des Katastudiums einen späteren meisterlichen Standard gewährleisten. Deshalb sollte die Kata schon ein Thema des Anfängerunterrichts sein (vgl.

Judo

BONFRANCHI 1980, S. 30). Außerdem sollen Freude, innere Gelöstheit, sowie die Förderung des Ausdrucksempfindens und der kreativen Kräfte als "Gewinne" aus dem gestaltenden Umgang mit Bewegung, auch dem Anfänger zugute kommen. Unabhängig vom Leistungsniveau können nämlich die intensiven Übungs- und Be-sinnungsvorgänge im Rahmen eines Katastudiums zu meditativen Erfahrungen führen, aus denen wiederum neue Bewegungsqualitäten, ein verändertes Körperbewußtsein und eine ungewohnte Erlebnistiefe hervorgehen können.
Aus Platzgründen muß an dieser Stelle auf eine ausführliche Darstellung möglicher Praxisarrangements verzichtet werden. Ich beschränke mich darauf, im folgenden einige wichtige Gesichtspunkte zu nennen, die bei der Auseinandersetzung mit Kataformen m. E. Beachtung finden sollten. (Im übrigen verweise ich auf den Artikel JANALIK/KNÖRZER in der "Sportpädagogik" (1986) 1, wo auf den Seiten 18 bis 23 von einem Versuch berichtet wird, mit Kindern und Jugendlichen eine Kata zu erarbeiten.)

1. Sobald im individuellen Bewegungsrepertoire eine gewisse Zahl von gefestigten Fertigkeiten vorhanden ist - z. B. judospezifisches Gehen, einfache Wurfansätze oder Würfe, Führen des Partners u. ä. - können die ersten, auf die Zielgruppe zugeschnittenen Katagestaltungen begonnen werden. Ein bestimmter Sicherheitsgrad im Bewegungshandeln ist notwendig, damit nicht ständiges gedankliches Kontrollieren (Vor- und Nachdenken) die Aktionen stört.

2. Am Anfang des Katastudiums empfiehlt es sich, Wahrnehmungs- und Erlebniszentrierungen nur auf einzelne Elemente zu lenken, um die Übenden nicht zu überfordern. Mit fortschreitendem Können lassen sich die folgenden Teile immer mehr zu einer Ganzheit verbinden:
   - Beachtung der Prinzipien Kanos (Siegen durch Nachgeben und gegenseitige Verantwortung und Hilfe).
   - Koordination von Sich-Bewegen und Atmen.
   - Bewegungsökonomie durch Beherrschung des Gleichgewichts und des Hara (fließende, ruhige Bewegungen).
   - Natürliche, ungekünstelte Bewegungsgestaltung.

- Innere und äußere Bewegungssynchronität der Partner und der Gruppe.
- Koordination von Musik, Rhythmus und Bewegung.
- Meditatives Bewegungshandeln durch geistes-gegenwärtiges Tun (Konzentration und Kontemplation).
- Selbständiges Variieren der Formen.
- Inneres Bewerten des Gestaltungsprozesses durch Analyse der eigenen Befindlichkeit und der des Partners.

Abschlußbemerkungen

Ju-Do - das wollte ich mit meinen Ausführungen verdeutlichen - ist mehr als eine Wettkampfsportart. Angesichts der Erlebnisvielfalt und Erfahrungsbreite, die diese Bewegungskunst dem einzelnen bieten kann, sollte eine Erweiterung gängiger Übungspraxis ein allgemeines Anliegen sein. Wesentliches und Wertvolles am Ju-Do ist seit den Zeiten Kanos verlorengegangen, nicht zuletzt durch einen unaufhaltbaren Versportungsvorgang und durch eine weit verbreitete Einseitigkeit und Oberflächlichkeit in der Trainingsarbeit. Die Rückbesinnung auf die Form der Gründerzeit, d. h. letztlich auf die Weg-Orientierung wäre ein pädagogischer und didaktischer Gewinn. Die Wiederentdeckung der ursprünglichen Mehrperspektivität, die das Ju-Do einst bestimmte und die sich in einer Gleichwertigkeit der drei Methoden Randori, Shiai und Kata konkretisierte, kann ebenso zu einer neuen Attraktivität dieser Bewegungskunst beitragen, wie die Ausrichtung des gesamten Bewegungshandelns an den Prinzipien Kanos.

Anmerkungen

*1) Es kann an dieser Stelle nicht ausführlich auf die Zen-buddhisti-Grundlagen der Bewegungs- und Kampfkunst Judo eingegangen werden. Außerordentlich informative Abhandlungen sind die von CAPRA 1984, HÖLKER/KLAUS 1980, DESHIMARU-ROSHI 1978, FERGUSON 1982, TIWALD 1981.
*2) DESHIMARU-ROSHI erkennt die Problematik dieser Begrifflichkeit für den im Westen lebenden Menschen und präzisiert: "... viele denken, es handle sich hier darum, eine 'Erleuchtung', einen

besonderen Zustand des Geistes zu finden. Es handelt sich darum, voll und ganz zum normalen, reinen Zustand des Menschen zurückzukehren. Dieser Zustand ist nicht das Privileg der großen Meister und der Heiligen, es ist ohne Geheimnis und jedem zugänglich" (DESHIMARU-ROSHI 1978, S. 152).

*3) Kata: Die (künstlerisch) gestaltete und damit geistig durchdrungene Demonstration einer festgelegten Bewegungsfolge. Die beiden Darsteller (es gibt auch die Einzelkata, z. B. im Karate-Do) handeln verabredungsgemäß und versuchen, in größtmöglicher Harmonie der inneren und äußeren Bewegungen, die Prinzipien des Ju-Do zu interpretieren.

Randori: Das freie Üben aller Angriff- und Abwehrtechniken ohne Rücksicht auf Sieg oder Niederlage. Es ist eine Mischung zwischen Kampf und Bewegungsspiel, das von den beiden Partnern eine hohe gegenseitige Verantwortung und Sensibilität verlangt.

Shiai: Der offizielle Wettkampf unter Beachtung der gültigen Wettkampfregeln.

*4) OMMO GRUPE schlägt die verbindende Brücke zur pädagogischen Anthropologie, wenn er just die gleiche Aufgabe in der Leibeserziehung sieht: "Sie hat Techniken, Fähigkeiten und Verhaltensweisen für diese Welt zu entwickeln; sie hat - wenn man so will - leben zu lehren" (GRUPE 1970, S. 41).

*5) Um Mißverständnissen vorzubeugen, weise ich darauf hin, daß die angeführten Aufgaben nicht als methodische Übungsreihe oder als ein feststehendes Programm für eine bestimmte Leistungs- oder Altersstufe zu verstehen sind. Es sind eher einzelne, die herkömmliche Trainingspraxis ergänzende Bestandsstücke eines umfangreichen und vielfältigen Aufgabenfeldes, mit dem sich ein Judoka lebenslang auseinandersetzen muß.

*6) Hara ist nach japanischer Vorstellung das Zentrum der physischen und psychischen Kraft eines Menschen. Im Hara befindet sich nicht nur der physikalische Schwerpunkt, sondern Hara ist auch der Punkt, aus dem heraus alles geschieht. Er sitzt etwa 3 Finger breit unter dem Nabel.

*7) Erwähnenswert erscheint mir noch, daß zahlreiche Teilnehmer an meinen Ju-Do-Kursen, aufgrund der hier praktizierten Wahrnehmungszentrierungen, ihr routinisiertes Alltagshandeln (z. B. Autofahren, Bewegungen im Haushalt) auf die entsprechenden Vorgänge und Zustände hin überprüften und gerade im Bereich des Atmens erschreckend oft energieblockierende Unterbrechungen festgestellt haben.

Schwimmen

Bodo Ungerechts

Körpererfahrung im Sportschwimmen

Einleitung

Die Körpererfahrung ist Bestandteil der Auseinandersetzung des Menschen mit der Umwelt. Zur Umwelt gehört neben den Mitmenschen die materielle Umwelt, u. a. das Wasser. Obwohl Wasser weit häufiger vorkommt als das uns tragende Land, ist die Behauptung nicht übertrieben, daß es ein fremdes Medium, zumindest ein "anderes Medium" ist. "Es erreicht alles", schreibt L. EISELY, "es berührt die Vergangenheit, bereitet die Zukunft vor, bewegt sich unter den Polen und erreicht dampfförmig die luftigen Höhen".
In den folgenden Kapiteln wird es also nötig sein, die Besonderheiten des Mediums "Wasser" aufzuzeigen, um dann einige Erfahrungsberichte von Schwimmern wiederzugeben. Außerdem werden Gedanken über "Bedeutung der Körpererfahrung" sowie Beispiele zur Einbeziehung der Körpererfahrung in den Leistungssport "Schwimmen" hinzugefügt.

Das Medium Wasser

Die Einführung des Elementes "Wasser" hat etwas Triviales an sich, gehört es doch zu unserem Alltag. Wir kennen seine Wirkungen, wenn wir es als Nahrung zu uns nehmen oder es zum Reinigen benutzen. Wir schätzen seine Bedeutung hoch ein und sorgen uns um die Resourcen. Wir kennen das Wasser als ein den Körper erfrischendes Element, insbesondere in der Sommerzeit. Die belebende Wirkung erfahren wir, wenn es morgens - auf Gesicht und Hände geträufelt - den Schlaf vertreiben hilft. Nach geistigen Anspannungen oder körperlichen Anstrengungen bewirken ein feuchtes Tuch, eine Dusche oder ein temperiertes Bad Wunder. Dieses kennt jeder und nimmt es als selbstverständlich hin.
Eine nähere Beschäftigung mit dem Element soll sich hier auf den Aspekt konzentrieren, daß Wasser in großen Mengen vorkommt wie in Bädern oder Seen. Die Freuden, die man besonders in seiner Kindheitserinnerung mit einem Aufenthalt im Wasser verbindet, sind

sicherlich vielfältiger Natur. Da wären zu nennen: die Dichte, die über die ganze nackte Oberfläche verteilt gespürt wird; die Nässe; der Druck; die Härte beim Hineinspringen; die Temperatureinflüsse. Später kommt das Schweben hinzu, die Möglichkeit der Bewegungen im dreidimensionalen Raum.

Erfahrungsberichte
Leider werden diese Wahrnehmungen mit zunehmender Gewöhnungsdauer verschüttet bzw. werden nicht mehr bewußt wahrgenommen. Ein Grund für den Verlust mag in der Tatsache liegen, daß man das Wasser letztlich nur benutzt, um schwimmen zu lernen, mit dem Hauptziel, sich gefahrenlos und schnell im Wasser fortzubewegen. Mit diesem können immer Änderungen der Erlebniswelt eintreten. Es fragt sich jedoch, ob die Wahrnehmung für die typischen Eigenschaften des Wassers verlorengehen muß. Entsprechend der Erfahrung geht mit zunehmender Entwicklung des Fertigkeitsniveaus eine Umorganisation der Wahrnehmungsinhalte einher. Dieses drückt sich in den Erlebnisberichten von Schwimmern aus, wie sie von H. S. WIENER (1980) gesammelt sind. Wenn man diese Äußerungen liest, mögen sie gewisse Ähnlichkeiten mit den euphorischen Beschreibungen aus anderen Sportarten assoziieren, jedoch mindert es die Bedeutung für die persönliche Einstellung zum Sport nicht. Außerdem sind in den folgenden Sätzen Erlebnisse wiedergegeben, die nur im Wasser gemacht werden können.

Vornehmlich wird von einem psychologischen Hoch berichtet, hervorgerufen durch gänzliches Eintauchen, die Abkühlung, das rhytmische Atmen und Bewegen. "Die Gedanken fließen, fließen leicht". "Man mag sich selber viel besser leiden". "Die Kombination aus Wasser und rhythmischer Bewegung bewirkt eine Beruhigung". "Die Senkung der Körpertemperatur hält dich cool". "Neben allem bringt es Gelegenheit der Einsamkeit und Freiheit, denn durch das Eingetauchtsein richten sich die Gedanken einwärts". "Ausdauerschwimmen befreit die Gedanken von erdrückend vielen Reizen sowie sozialen Konventionen". "Man denkt nicht nur - man denkt schärfer und klarer, Entscheidungen reifen". "Schwimmen ist die einzige Tätigkeit, wo der physische Kontakt mit der Umgebung bewußtseinsfähig

Schwimmen

ist". "You don t analyse, you move. No abstacles disturbs you". Einige Beobachtunger gehen sogar so weit, von "sensorischer Deprivation" zu sprechen. Geeignete Versuche haben gezeigt, daß Aufenthalt im Wasser und periodische Bewegungen zu Tagträumen führen. Demnach ist die Behauptung "Schwimmen fördert die Wahrnehmung der Innenwelt" nicht überraschend. Wasser und Schwimmen erfüllen glänzend alle Anforderungen, die von Psychotherapeuten für Entspannung gewünscht werden. Ob es jedoch so weitreichend ist, daß man sich wie im "intrauterinen Swimmingpool" früherer Tage fühlen kann, bleibt spekulativ.

Man könnte nun die Frage stellen, ob bestehende Theorien zur Wahrnehmung und Bewegung, wie die Theorien der Sensu-Motorik, Sensomotorik oder der Gestaltpsychologie zu den eben geschilderten Körpererfahrungen im Schwimmen Bezug nehmen. Schließlich wäre eine Beziehung denkbar. Momentan kann man jedoch nur feststellen, daß es solche Verbindungen offensichtlich in publizierter Form nicht gibt. Vielleicht liegt es daran, daß die Verknüpfung von Wahrnehmung und Bewegung einen relativ jungen, interdisziplinären Forschungszweig darstellt. Es nimmt daher nicht wunder, daß sich die Experten noch über Betrachtungsweisen streiten. Zum einen handelt es sich um Vorgänge, die an neurologisches Gewebe gebunden sind und in der Medizin erforscht werden. Zum anderen um die physiopsychische Einheit menschlichen Verhaltens, die in den Forschungsbereich der Psychologie gehört.

Wenn man außerdem überlegt, daß die Bewegungen a) in einem fremden Medium ausgeführt wird und b) vom Schwimmer nicht optisch wahrgenommen werden kann, liegt es nahe, nach Lerntheorien zu schauen, die solche Bedingungen berücksichtigen, wie z. B. die eigenmotorische Bewegungsanalyse (K. WIEMANN) oder das "Inner Training" von GALLWAY.

Mit der Umorganisation der Wahrnehmungsinhalte konzentriert sich der Schwimmer zunehmend auf den Zusammenhang von Bewegung und körperlicher Wahrnehmung. Damit wird die Basis geschaffen, die für den Vortrieb nötigen Bewegungen auf die Umgebungsbedingungen abzustimmen und somit der Gefahr entgegenzutreten, die Schwimmbewegungen in einer unvertretbaren mechanischen Weise auszuführen. Ein erfolgreiches Bewegungslernen basiert besonders im Wasser auf einer großen Menge vielfältiger Informationen über den eigenen Körper im Wasser und über den eigenen Körper in verschiedenen Situationen. Es sollte daher Ziel von Ausbildungsstunden sein, diese Erfahrungen sammeln zu können. Die Übungen sollen stets das individuelle Fertigkeits- und Leistungsniveau berücksichtigen, also graduell ablaufen.

Bedeutung der Körpererfahrung im Sportschwimmen
Im Schwimmsport heutiger Prägung spielt der Zusammenhang zwischen Bewegung und Wahrnehmung als Trainingsinhalt noch eine nebengeordnete Rolle. Für die Wettkampfleistung werden zunächst physiologische Größen als dominierend angesehen. Dieses spiegelt sich in den Trainingsplänen wider, in denen hauptsächlich Überlegungen zu Umfang und Intensität Eingang finden. Die Erfahrungsformel "Schwimmen wird durch Schwimmen geübt", wird daher häufig auf das Training der konditionellen Fähigkeiten bezogen.
Andererseits besteht schon ein Bewußtsein für die Bedeutung des Körpergefühls, wie in dem Kapitel "Aus der Schule geplaudert" zu entnehmen ist. Nur, im Vergleich zu der Bedeutung des Trainings der konditionellen Fähigkeiten, ist die Schulung des Körpergefühls noch zweitrangig. Es sind zumeist ältere, erfahrene Schwimmer und Schwimmerinnen, die sich auf den Zusammenhang zwischen schnellem Schwimmen und entsprechender Körperwahrnehmungen konzentrieren, indem sie ihre Bewegungen auf die Umgebungsbedingungen abstellen. Ihnen kommt die große Menge vielfältiger Informationen zugute, die sie bzgl. ihres Körpers im Wasser und in verschiedenen Situationen sammeln konnten. Was sich bei ihnen ohne direkte Unterrichtung herausgebildet hat, sollte in Zukunft Trainingsinhalt werden.
Ein Argument für diese Forderung sehe ich in den Aussagen von GULLSTRAND und HOLMER (1983), zwei schwedischen Physiologen. Sie haben über einen Zeitraum von 5 Jahren physiologische Daten von denselben Schwimmern gesammelt. Die Zusammenschau zeigt, daß sich die Daten nur unwesentlich verändert haben, obgleich die Leistungen im Wettkampf gestiegen sind. Sie folgern: "Apparently improved performance of swimmers has relatively little to do with maximal

rates of energy exchange. Instead this development is largely accounted for by improved technical ability, stroke mechanics, and other technical factors".

KLAUCK und andere Biomechaniker haben darauf hingewiesen, daß ohne Berücksichtigung der stofflichen Eigenschaften des Wassers keine wirkungsvolle Fortbewegung des eigenen Körpers im Wasser möglich ist. Schwimmtechniken müssen daher darauf abzielen, diese stofflichen Eigenschaften entsprechend auszunutzen. Dieses, so wird gesagt, gelingt denjenigen Personen, die ein besonderes Gefühl dafür haben, das sogenannte "Wassergefühl". Bezüglich einer näheren Definition verhält es sich ähnlich wie mit dem "Ballgefühl" von Spielern, es ist nur aspekthaft zu fassen und nicht erschöpfend zu klassifizieren. Für die weitere Verwendung des Begriffs "Wassergefühl" schlage ich daher folgende vorläufige Definition vor: Der Begriff "Wassergefühl" charakterisiert die Fähigkeit, Wahrnehmung der Bewegung und Wahrnehmung des strömenden Wassers eng miteinander zu koppeln und darauf zu reagieren.

Schaut man in die Fachliteratur zum Schwimmen oder fragt man Experten, insbesondere Trainer zu dem Thema "Körpererfahrung" als Bedingung für gute Leistungen, so konzentriert sich bald alles auf den Begriff "Wassergefühl". Seine wenig exakten Definitionen verwundern, angesichts seiner Popularität. Die Ursache dafür läßt sich nur vermuten. Vielleicht braucht die Praxis keine Definitionen, da nur diejenigen Personen Sportschwimmer werden, die per Intuitionen dieses Gefühl haben.

Das Wassergefühl wird auch als der 6. Sinn des Schwimmers bezeichnet. Es wird u. a. durch die abwechselnde Beteiligung aller Sinne, mit besonderer Betonung der kinaesthetischen und taktilen Sinne entwickelt. Der richtige Einsatz aller Sinne führt zu der Entwicklung des 6. Sinnes. Eine Trainerin deutet den Begriff "als spezielle Art, über kinaesthetisches Muskelempfinden den Wasserdruck zu empfinden". Nach ihrer Ansicht kann man dieses Empfinden schulen.

Diese Auffassung wird auch in den Fachbüchern vertreten. Jedoch werden erst in jüngster Zeit diesem Problem Zeilen gewidmet. Dieses ist besonders in Büchern mit mehreren Auflagen zu beobachten, deren letzte Überarbeitung noch nicht allzulange zurückliegt. Ein Beispiel ist der "Schwimmsport", herausgegeben von LEWIN. In der 1977 überarbeiteten Auflage werden erstmals die Komponenten aufgezählt, die nach Auffassung der Autoren in ihrer Gesamtheit das Wassergefühl ausmachen: Regulationsfähigkeit, Rhythmusfähigkeit, Differenzierungsfähigkeit sowie die Orientierungsfähigkeit. Diese Art der Analyse hat den Vorteil, daß man zur Schulung der Komponenten gezielt entsprechende Übungen suchen kann. Diese Übungen sollten in individueller Zusammenarbeit mit dem Aktiven entwickelt werden; eine Tätigkeit, die viel Phantasie erfordert und dadurch reizvoll ist, denn die Suche scheint nie beendet, da die Erfahrung mit den eigenen Erlebnisqualitäten Prozesse durchmacht.

Ein weiteres Beispiel für die im o. G. Sinne erweiterten Bücher ist "Das Schwimmen in der Schule" (VOLCK (Hrsg.), 1982). Dieser Neuauflage ist das Kapitel "Aufbau und Erweiterung der Erlebnisfähigkeit im Wasser " beigefügt. In ihm beschreiben VOLCK und WILKE den Zusammenhang zwischen "Vertiefung körperlicher Gefühle, Empfindungen und Aktivitäten" sowie der "Wahrnehmung als ganzheitliches, sinnliches Abbild der räumlichen Eigenschaften und Beziehungen der Gegenstände, Kontur, Konfiguration, Größe, Entfernung". Der Begriff "Erlebnisfähigkeit" ist sicherlich nicht deckungsgleich mit dem des Wassergefühls, ist diesem aber im Kontext dieses Buches sehr verwandt.

Neben der Neugierde, was dieses Gespür ausmacht, interessiert natürlich auch, ob es erlernbar ist und wie lange der Lernprozeß dauert. Die beiden Autoren machen deutlich, daß es eine interaktionäre Verquickung zwischen Fertigkeitsniveau und dem Grad des "Wassergespürs" gibt, denn es heißt: "Zweifelsfrei spielen hier Trainingshäufigkeit und "Wassergespür" eine zentrale Rolle." Die von ihnen eingeführten ersten Übungsbeispiele sind inhaltlich natürlich nicht völlig neue Dinge. Sie bekommen in dem Kontext mit der Wahrnehmung aber eine andere Dimension und es wäre unzutreffend, wenn man es mit dem "Wassergewöhnen" der Anfängerschulung gleichsetzen würde. Heute bedeutet das "Wassergewöhnen" eine nicht endende persönliche Erfahrung, gerade im Sinne sich vertiefender Interaktion. Dieses wird deutlich, wenn man verfolgt, wie in der

Schwimmen

"Vermittlung von Schwimmbewegungen und Schwimmtechniken" mit diesen Erfahrungen gearbeitet wird. Nähere Erläuterungen folgen im Praxisteil.
Es ist sicherlich nicht uninteressant zu fragen, wann Experten (Trainer) auf dieses Konstrukt "Wassergefühl" zurückgreifen? Allgemeine Aussagen sind wegen fehlender empirischer Erhebungen leider nicht möglich. In den Büchern gibt es hin und wieder Hinweise. COUNSILMAN (1971) meint, daß die Fingerstellung und die Handhaltung, ob gestreckt oder gewölbt vom Wassergefühl bestimmt sein sollte. Aufgrund der vielen Unterwasseraufnahmen kann man aber sagen, daß leistungsstarke Schwimmer nie die Hände wölben. Die Körperlage soll bewußt eingehalten oder korrigiert werden. Hinweise wie dieses Gefühl zu schulen ist,gibt es nicht. Laut COUNSILMAN werden "specific sport skills" durch Versuch und Irrtum (aber sicherlich nicht planlos) gelernt und es wird dabei gelernt, eine Assoziation zwischen dem Bewegungsprogramm (z. B. gebeugter Ellenbogen) und den Wahrnehmungen herzustellen. Schaut man im Trainingskapitel nach, wie diese Assoziationen geübt werden können, so findet man keinen Bezug mehr zur Körpererfahrung. Andere Fachbücher wie HETZ (1974), GILDENHARDT (1977), POPESCU (1978) nehmen kaum Bezug zu diesem Thema.
MAGLISCHO, Verfasser eines Schwimmbuches aus dem Jahre 1982 meint, daß eben jenes "superior feeling for propulsion" den Schwimmer offensichtlich dazu bringt, Bestimmtes zu tun oder zu lassen. Hinweise, wie man evtl. etwas über die Entscheidungen solch begabter Schwimmer erfährt oder wie sie es schulen, gibt es in den Büchern nicht. Ein weiteres Buch zum Thema "How to develop olympic level swimmers" (CRAMER 1984) enthält keine vertiefenden Hinweise zum Körpergefühl als Voraussetzung für den olympischen Erfolg. Man ist versucht zu sagen, daß die Beschreibung "easy and smooth swimming " (ABSALIAMOV 1984,S.17) das höchste der Gefühle darstellt. Allerdings ernüchtert die Begründung, es werde nur eingeplant, wenn bei diesem Tun kein Lactat produziert werden soll. Daß die Komponente Körpergefühl dennoch Bedeutung besitzt, kann man nur indirekt folgern, wenn BERGEN (1984,S.33) z. B. meint, "Krafttraining vermindere das notwendige Körpergefühl". PAULSSON (1984,

S.155) mißt dem "sense of feeling for the water" ebenfalls eine hohe Bedeutung zu. Er läßt deswegen seine Schwimmer vom Beginn einer Saison gleich Sprints schwimmen, weil er der Auffassung ist, daß so das Gefühl für die Leistung geschult wird.
PFEIFFER (1984 S.167), die über die Verbesserung des Rückenschwimmens schreibt, hält folgende Komponenten für die Erhöhung des Antriebs für bedeutend: a) Optimisierung der Widerstände; b) Herstellung eines dynamischen Gleichgewichts und c) richtiger Krafteinsatz (S.178), Ziele, die jedem einsichtig sind. Bei näherem Hinsehen wird man als Gemeinsamkeit das Wassergefühl entdecken, werden doch Komponenten wie Regulationsfähigkeit, Rhythmusfähigkeit, Differentierungsfähigkeit sowie die Orientierungsfähigkeit angesprochen. Alle drei Komponenten, so beschreibt sie, werden hauptsächlich durch Frequenzschulung trainiert. Das Arbeiten mit der Frequenz ist weit verbreitet und soll später ausführlicher dargestellt werden.

Aus der Schule geplaudert

Das Sportschwimmen ist ein gutes Beispiel für die enge Beziehung von Körpergefühl und Bewegung. So fragt sich der Laie immer wieder, warum die Schwimmer sich vor wichtigen Wettkämpfen am ganzen Körper rasieren. Nachdem Untersuchungen immer wieder gezeigt haben, daß es keinen Effekt auf die Strömungskräfte, wie den Widerstand, hat, kann man den Aktiven Glauben schenken, die meinen, daß sie eine höhere Sensibilität erhalten. Aber auch diese Gefühlslage verändert sich, so daß es nichts nutzt, sich beliebig häufig zu rasieren. Deshalb ziehen sich die rasierten Schwimmer bei einem mehrere Tage dauernden Wettkampf Strumpfhosen über, wenn sie zum Einschwimmen ins Wasser müssen, um der Gewöhnung entgegenzuwirken. Beim Erlernen von Schwimmtechniken spielen solche Überlegungen noch keine Rolle, dafür aber andere, wie folgendes Beispiel zeigen soll. Alle Sportlehrer und Trainer haben ihre diversen Erlebnisse zum Erlernen des Delphinschwimmens. Die alleinige Anwendung der methodischen Übungsreihen bringt in vielen Fällen nicht den versprochenen Erfolg. Einige Schwimmer lernen die Technik, viele aber haben große Defizite. Wenn nun über einen weiteren Lehrweg zum

Schwimmen

Delphinschwimmen gesprochen werden soll, bedeutet es auch einen Beitrag zur Vielfältigkeit der Lehr- und Lernwege im Schwimmen. Die Schwimmer mit Bewegungsproblemen werden ihre Fehler am schnellsten mit Hilfe des Trainers korrigieren, wenn dieser den erkannten Fehler mit seiner Ursache verknüpfen kann. Die Ursachenforschung über den Zusammenhang von Körperteilbewegungen und Vortrieb ist Ziel der Biomechanik im Schwimmen, deren Ergebnisse auch in die Fehleranalyse eingehen.

Eine der grundsätzlichen Fragen lautet: "Wo kommen die Kräfte für den Antrieb her?" Beim Delphinschwimmen sind es offensichtlich die Arme und Hände, die die Kräfte erzeugen. Durch ihre Bewegung wird eine Strömung erzeugt. Diese führt zu hydrodynamischen Kräften, auf deren Reaktion hin sich der Körper fortbewegt. Diese Kräfte kann man weniger mathematisch abschätzen, dafür kann man sie wahrnehmen, an den Handflächen - aber auch über die kinaesthetischen Afferenzen der arbeitenden Muskulatur.

Am Beispiel der Hebung des Schultergürtels soll ein wahrnehmungsorientierter Lehrweg aufgezeigt werden. Dieses Schulterheben kommt im wettkampfmäßigen Brust- und Schmetterlingsschwimmen vor. Es wird durch ein schnelles Öffnen der gestreckten Arme erzeugt. Die raumzeitliche Bewegungsstruktur ist mit bestimmten Wahrnehmungen z. B. im Brustmuskelbereich verbunden. Der erste Lernschritt ist daher, diese Empfindung zu vermitteln. Der Lehrer steht hinter der auf dem Boden sitzenden Person, ergreift die hochgestreckten Arme bei den Händen (Abb. 1). Der Sitzende hat nun die Aufgabe, die gestreckten Arme seitlich schnell zu öffnen. Folgende Wahrnehmungen sollen beim Übenden hervorgerufen werden: der Druck an den Handflächen, die entsprechende Spannung in der Flexorengruppe des Unterarmes und in der Brustmuskulatur.

Der zweite Schritt findet schon im Wasser mit Partner statt (Abb. 2a,b). Ein Partner liegt bäuchlings im Wasser, Pullboys zwischen den Füßen, der andere ergreift die ausgestreckten Arme an den Händen. Der Schwimmende hat die Aufgabe, die gestreckten Arme schnell zu öffnen und sich während der Öffnungsbewegung hochzudrücken, so daß die Schultern aus dem Wasser kommen (Abb. 2b). Dieses ist ihm möglich, da er sich von den Händen des Partners

abdrücken kann. Der Übende soll die gleichen Wahrnehmungen wie bei der Vorübung an Land haben und besonders auf die Streckung des Ellenbogengelenks achten.
Nach diesem Schritt folgt die Anweisung, durch geengte Hand- und Armbewegungen dieselbe Aktion, nämlich das Schulterheben, zu erzeugen (Abb. 3a,b). Hierbei soll das Gefühl für die Bewegungsgeschwindigkeit und die notwendige Raumbahn erworben werden, sowie die entsprechende Handhaltung. In der Regel ist es auch so einfach, wie es klingt. Durch ständiges, rhythmisches Wiederholen der Armaktionen gerät der Körper in eine Schaukelbewegung, denn immer, wenn Hubkräfte aufhören zu wirken, (durch Abstoppen der Bewegung), taucht der Körper unter.(Abb.4) Diese Übung wird einige Übungszeit in Anspruch nehmen, bis es zum nächsten Schritt kommen kann.
Diejenigen, welche das "Schaukeln" beherrschen, können dazu übergehen, die Arme, statt unter Wasser, über Wasser in die Ausgangsstellung, d. h. nach vorne zu bringen. Das ist möglich, weil die mit der Arm- und Handbewegung erzeugten Kräfte den Schultergürtel lange genug heben, so daß die Arme über Wasser nach vorne gebracht werden können. Natürlich entspricht diese Bewegung noch nicht dem schulmäßigen Armzug im Schmetterlingschwimmen, erfordert dafür aber keine Kraft größeren Ausmaßes, sondern lediglich ein Rhythmusgefühl.
Die Wahrnehmungen sind gerichtet auf den gestreckten Ellenbogen, die notwendige Geschwindigkeit der Arm-Öffnungs-Bewegung, die Handstellung und das Heben des Schultergürtelbereiches. Bemerkenswert an diesem Lehr- und Lernverfahren ist, daß die Beteiligten über ihre Wahrnehmungen zu geeigneten (Re)aktionen kommen müssen. Daneben ist aber auch gewährleistet, daß die übrigen Bewegungselemente des Delphinschwimmens, wie die Körperwelle, der Delphinknick, organisch mit dem so erzeugten Schulterheben verbunden sind. Die Öffnungsbewegung mit gestreckten Armen hat demnach eine zentrale Bedeutung, es stellt eine Hauptfunktionsphase dar, im Sinne wie es GÖHNER (1982) definiert.
Auch im späteren Techniktraining werden die Schwimmbewegungen zur Verbesserung des Vortriebs über die Schulung der kinaesthetischen Wahrnehmung initiiert. Biomechanische Untersuchungen von guten

Schwimmen

Schwimmern haben gezeigt, daß während der Endphase eines Kraul- oder Delphinarmzuges der größte Vortrieb erzeugt wird. Als Ursache liegt dem eine bestimmte Kraftentwicklung an der umströmten Hand zugrunde, die ihrerseits durch entsprechende Handstellung und Bewegungsgeschwindigkeit hervorgerufen wird. Die Bewegungsgeschwindigkeit kann über den von ihr abhängigen (Stau)Druck wahrgenommen werden. In diesem Falle sollte der Druck auf dem Kleinfingerballen registriert werden (Abb. 5).
Die Lernschritte können wie folgt aussehen. Man erklärt die hydrodynamische Situation. Man zeigt den Bereich der Hände, wo der Druck vornehmlich wahrgenommen werden kann und übt dann im Wasser. Eine direkte Überprüfung der Wahrnehmung ist z. Zt. noch nicht möglich. Die geschwommene Zeit und die Frequenz wären Indikatoren, denn wegen des größeren Antriebs müßte die relative Frequenz merklich gesenkt werden. Die Prüfung dieser Indikatoren kann aber erst nach einer gewissen Vertrautheit mit dem neuen Bewegungsmuster durchgeführt werden.
Es mag sein, daß es notwendig ist, die Hände zu sensibilisieren. Allerdings kennt die Trainings- bzw. Wettkampfpraxis wenig "Tätigkeiten", die dirket der Sensibilisierung dienen. Die Hände werden z. B. sensibilisiert, indem auf das Wasser oder den Startblock geschlagen wird. Rückenschwimmer streichen vor dem Start mit ihren Handflächen über die Rippen der straff gespannten Schwimmleine. Unabhängig von der Außentemperatur werden vor dem Start dicke Wollhandschuhe getragen. Ob nun die vermehrte Durchblutung oder die "beanspruchten" Rezeptoren für Schmerz oder andere Rezeptoren präpariert werden, kann nicht entschieden werden.
Das Schwimmen mit verschiedenen "paddels" schult ebenfalls die Bewegungswahrnehmung, auch wenn es der landläufigen Auffassung widerspricht. Das Paddle-Schwimmen über längere Strecken führt nämlich zu einer Anpassung der Gesamtbewegung an die geänderten Größen und Kraftverhältnisse. Dieses ist einleuchtend, allerdings muß man den Zusammenhang erkannt haben, da ansonsten die Wahrnehmungen im allgemeinen nicht bewußtseinspflichtig sind.
Biomechanische Untersuchungen haben auch ergeben, daß bezogen auf die Beinbewegung, die Körperbeschleunigung dann groß ist, wenn die

Umlenkbewegung, also der Richtungswechsel der Füße besonders betont wird (Abb. 6). Es gilt also, das Gefühl für die Umlenkbewegung zu betonen, nachdem immer gelehrt worden ist, daß der Abschlag das A und O ist. Auch hier gibt es noch keine Lehrwege, in denen "operationalisierte" Anleitungen das Üben und Kontrollieren unterstützen. Da der Vorgang einem "Peitschenschlag" ähnelt, kann dieses Bild auch in der Schulung der Umkehrbewegung verwendet werden, um eine Vorstellung der raum-zeitlichen Struktur zu schaffen. Während der Bewegungsausführung wird die Umkehrbewegung so empfunden, als solle eine Menge Wasser über den Fußrücken und die Zehenspitzen "abgeschleudert" werden, indem die Füße schnell in die Aufwärtsbewegung gebracht werden. Vorbereitend wirkt eine gezielte Dehnung der Fußgelenke, die zur Tonusveränderung in dem entsprechenden Muskel-Band-Apparat führt.

Ein weiterer Bereich, der eine ausgeprägte Körperwahrnehmung erfordert, ist die Rhythmik der Körperteilbewegungen. Rhythmusschulung, so behaupten einige sehr renommierte Kollegen, ist der halbe Erfolg und gewinnt schon während der Wassergewöhnung Bedeutung. Schwimmen, so heißt es auch, ist die richtige Abwechslung von Anspannung und Entspannung und bezieht sich auf Arme und Beine. Hauptsächlich geht es aber um die Schulung der zeitlichen Abstimmung der Extremitäten. Zur Vorbereitung der Flexibilität des Nervensystems werden Kombinationsübungen ins Training eingeflochten. Dazu gehört z. B. Arm- und Beinbewegung aus verschiedenen Techniken zusammenzusetzen:

Delphinarmzug - Kraulbeinschlag
Brustarmzug - Kraulbeinschlag
Brustarmzug - Delphinbeine
Rückengleichzug - Kraulbeinschlag
Rückengleichzug - Delphinbeine
Rückenarmzug - Delphinbeine
Kraularmzug - Delphinbeine

Auf drei Beinschläge beim Brustschwimmen nur einen Armzug;
Wechsel von schnellen und langsamen Bewegungen;
Abschlagschwimmen, d. h. der linke Arm darf erst dann mit der Bewegung beginnen, wenn die rechte Hand die linke ausgestreckte

Schwimmen

Hand abschlägt und umgekehrt;
Veränderung in der Koordination, z. B. Wechsel der Atemseite;
bahnweise Änderung des Beinrhythmus in Kraul- und Brustschwimmen;
1 Brustarmzug - 3 Beinschläge;
beim Schmetterlingsschwimmen 1er-, 2er-, 3er-Rhythmus;
Die Arme bleiben für eine Zeit (zähle bis 3) vorne liegen, erst dann beginnt ein Armzug.
Oder erst ziehen, wenn der Körper fast stillsteht bzw. die Beine absinken. Andere Übungen können wie folgt beschrieben werden:
2 Kraularmzüge - rechter Arm,
Delphinbeine/ 2 Kraularmzüge - linker Arm, Delphinbeine/
Kraulschwimmen - asymmetrisch/
Brustschwimmen - nur linker Arm und rechtes Bein und umgekehrt/
Reißverschluß-Schwimmen in der Kraulbewegung/
Im Buch von WILKE/MADSEN "Das Training des jugendlichen Schwimmers" stehen weitere Beispiele.
Die komplizierten Aufgaben sind nicht direkt zur Korrekturhilfe gedacht. Langfristig dienen sie aber dazu, die Gewandtheit, die Konzentration und die Freude an der Wasserbeherrschung zu fördern. Das Kombinationsschwimmen verbessert das Wassergefühl, indem das kinaesthetische Empfinden sensibilisiert wird. Für alle Übungen gilt mehr oder weniger, die Wahrnehmung von Bewegungsaktionen (Geschwindigkeit, Impuls) für die Verbesserung des Antriebs einzusetzen, besonders in der Technikschulung.
Die Technikbeschreibung stellt definitionsgemäß eine personenunabhängige, biomechanisch begründbare Bewegungsnorm dar, die es individuell auf die jeweiligen anthropometrischen und konditionellen Verhältnisse abzustimmen gilt. In der Praxis wird zur Findung des individuell besten Bewegungsablaufes das sog. Frequenzschwimmen durchgeführt. Dabei werden die Schwimmgeschwindigkeit (v), die Frequenz (f) und die Zyklusdistanz (d) bestimmt. Diese Größen stehen mathematisch wie folgt in Beziehung : $v = f \times d$.
Wie schon angedeutet, ist das Frequenzschwimmen eine vielgeübte Form in der Trainingspraxis. Damit ist die Variation der Armzyklen in einer bestimmten Zeiteinheit gemeint. Mit diesem einfachen Begriff sind im Schwimmsport mehrere Vorstellungen bzgl. der Aus-

führung verbunden. Man kann die Frequenz stetig erhöhen und beobachten, wie sich die Schwimmgeschwindigkeit entwickelt. Untersuchungen ergaben, daß die Schwimmgeschwindigkeit mit der Erhöhung der Frequenz steigt, um dann abzufallen (UNGERECHTS, 1982). Dieses kann geschult werden, indem der Unterschied zwischen der optimalen und der weniger optimalen Bewegung über die geschwommene Zeit rückgemeldet wird.

Der Frequenzwert, bei dem die Schwimmgeschwindigkeit wieder sinkt, ist nicht konstant, sondern ist von der Trainingsphase abhängig, in welcher sich der Schwimmer befindet. Man kann auch versuchen, die Schwimmgeschwindigkeit konstant zu halten - eine Fähigkeit, die ebenfalls nur dem erfahrenen Schwimmer möglich ist und über sein Wassergefühl Aufschluß gibt - und die Aufgabe erteilen, jede Serie mit geringerer Frequenz zu schwimmen.

Entsprechend der Gleichung $v = f \times d$ kann man zeigen, daß der Schwimmer pro Zug eine größere Distanz (d) zurücklegt, was auf einen größeren Kraft- und/oder besseren Technikeinsatz schließen läßt. Ziel der Frequenzschulung ist das Finden des individuell besten Bewegungsablaufs als Voraussetzung für hohe Schwimmgeschwindigkeiten. Dieser muß stabilisiert werden, indem die zeitlich dynamische Struktur stabilisiert wird, was ebenfalls von der energetischen Komponente abhängt. Körperwahrnehmungen, wie sie hier beschrieben wurden, tragen dazu bei. Dafür sprechen die Erfahrungen der Praxis. Allerdings existieren noch keine konkreten Vorstellungen, welche Komponenten der Wahrnehmung zu diesem Prozeß beitragen. Um es mit K. KOHL zu formulieren: "Es muß alles eins werden".

Nachbetrachtung

Dieser Artikel hat zeigen wollen, daß im Schwimmsport der Bereich der Körpererfahrung, gemessen an seiner Bedeutung, bisher zu wenig Beachtung gefunden hat. Daher sind theoretische Begründungen kaum vorhanden, ebenso fehlen Beispiele aus der Praxis. Das bedeutet aber nicht, daß es sie nicht gäbe. Nur war es bisher nicht "Mode", hierüber zu berichten, denn die wenigen aufgeführten Beispiele lassen auf eine Tradition dieses Bereiches schließen.

Schwimmen

Warum dann dieses stiefmütterliche Dasein? Die Vermutungen dazu sind für die Trainer nicht unbedingt schmeichelhaft. Entweder ist man der Meinung, daß im Vergleich zu Krafttraining und KM-Schwimmen die Körpererfahrung kein Thema ist. Dann hat man nicht erkannt, was andere "sprachlose" Experten in ihrem Training machen - nämlich viele Übungen zur Verbesserung des Wassergefühls.
Wo liegt nun der mögliche Vorteil einer intensiveren Schulung der Körpererfahrung? Nun, es gibt viele Gründe. Der Aktive <u>soll</u> mitarbeiten können. Solange ein Trainingsplan für eine ganze Mannschaft aufgestellt wird, ist der Erfolg von dem Gefühl der einzelnen Schwimmer abhängig, denn der Plan kann gar nicht die Tagesform eines jeden berücksichtigen, obgleich er den Anspruch erheben sollte.
Der Aktive <u>muß</u> mitarbeiten können. Solange der Trainer mit Kenntnissen in der Trainingssteuerung spärlich Anweisungen zur Technik gibt, ist er auf die Erfahrung des Aktiven angewiesen. Erfolgreiche Coaches können meist genau die Schwimmer nennen, von denen sie am meisten gelernt haben, auch die Bewegung betreffend. Kenntnisse, die sie dann anderen Schwimmern weitergeben konnten. Sie werden daher auch die Bedeutung des gemeinsamen Gesprächs kennen.
Der Aktive <u>wird</u> mitarbeiten können. Die Erfahrung, für die Leistung selbst auch ein Stück verantwortlich zusein, hebt das Selbstkonzept. Der eigene Körper wird - allerdings erst nach mehreren Trainingsjahren - vertrauter, so daß nicht die unregelmäßigen sportmedizinischen Untersuchungen dem Athleten und Trainer sagen, wie es um den Trainingsstand bestellt ist, sondern der Körper selbst.
Nicht zuletzt kann der Aktive ein erfolgreicher Trainer werden, dank seiner Erfahrungen und seines Einfühlungsvermögens.

Schwimmen

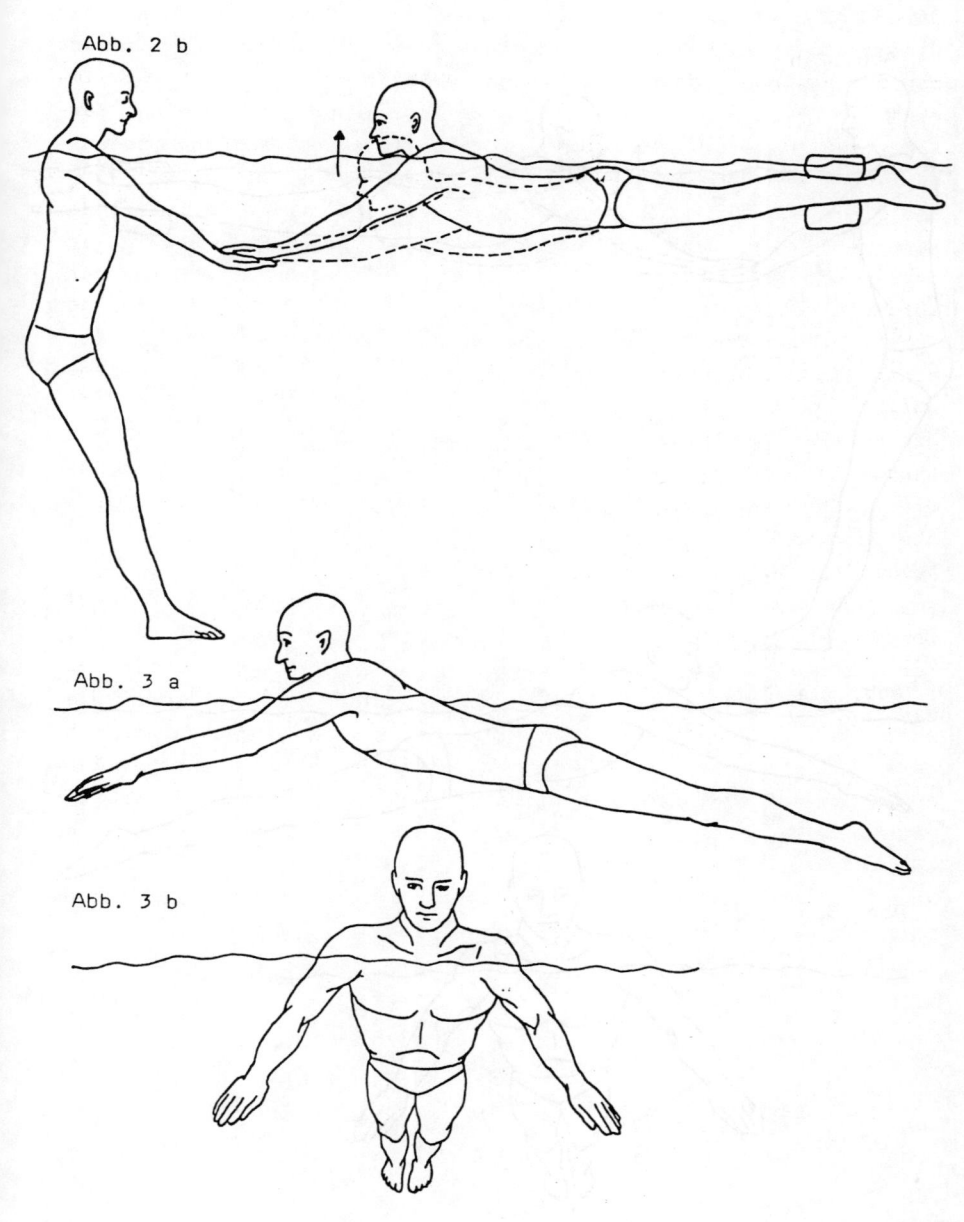

Abb. 2 b

Abb. 3 a

Abb. 3 b

143

Schwimmen

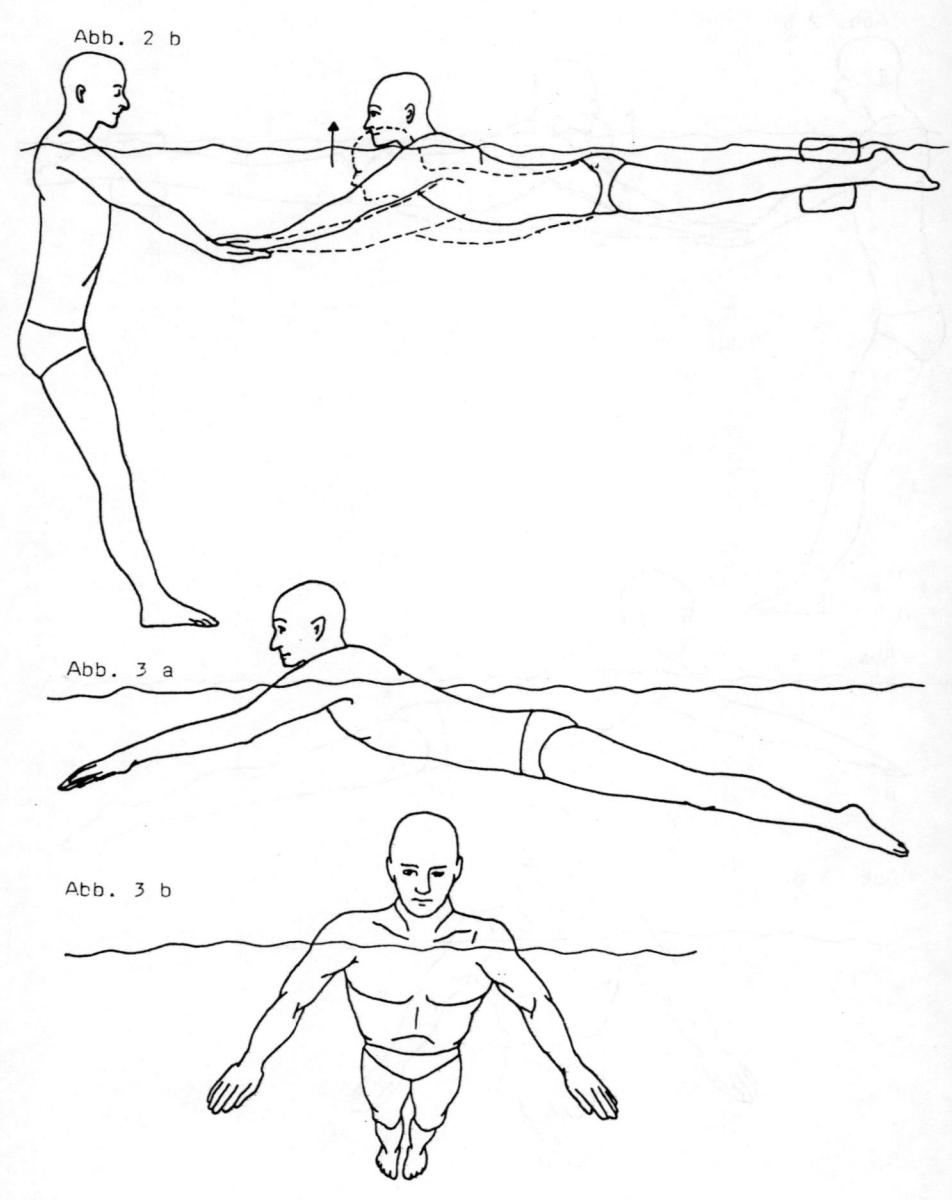

Abb. 2 b

Abb. 3 a

Abb. 3 b

Schwimmen

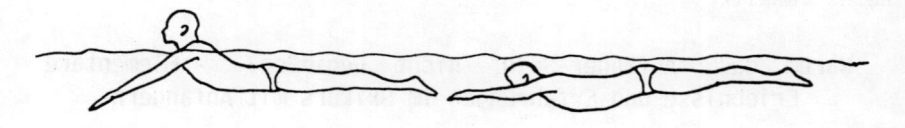

Abb. 4

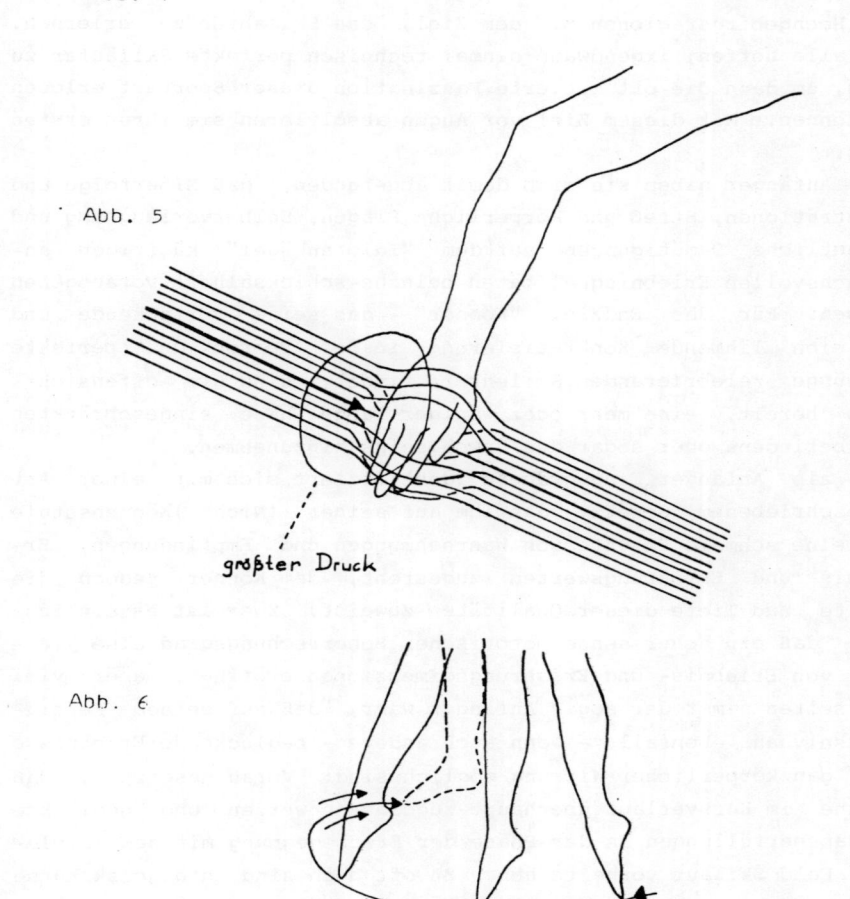

Abb. 5

größter Druck

Abb. 6

Ski(Anfänger)

Heinz Janalik

Warum das "Anfänger-Sein" nicht genießen? - Elementare Erlebnisse und Erfahrungen im Skikurs mit Anfängern

In jedem Skiwinter aufs neue begeben sich Menschen in die Mittel- und Hochgebirgsregionen mit dem Ziel, das Skifahren zu erlernen. Sie alle hoffen, irgendwann einmal technisch perfekte Skiläufer zu sein, um dann die oft zitierte Faszination dieser Sportart erleben zu können. Mit diesem Ziel vor Augen absolvieren sie ihren ersten Kurs.

Als Anfänger haben sie sich damit abgefunden, daß Mißerfolge und Frustrationen, Streß und körperliche Plagen, Selbstverleugnung und öffentliche Demütigungen auf dem "Idiotenhügel" künftigen anspruchsvollen Erlebnisqualitäten beinahe schicksalhaft vorausgehen müssen. Für das Endziel "Könner" - das seine verlockende und zugleich lähmende Konkretisierung in der Person des perfekte Schwünge zelebrierenden Skilehrers findet - sind sie offensichtlich bereit, eine mehr oder weniger lange Phase eingeschränkten Wohlbefindens oder sogar des Unwohlseins hinzunehmen.

Der als Anfänger Eingeordnete identifiziert sich mit einer Art ungeschriebenem Gesetz, das ihm auf seiner (Nicht-)Könnensstufe nur eine schmale Palette von Wahrnehmungen und Empfindungen, Erlebnis- und Erfahrungswerten zugesteht, dem Könner jedoch die Breite und Tiefe dieser Qualitäten zuweist. Zwar ist es einsichtig, daß ein hoher senso-motorischer Beherrschungsgrad eine Vielzahl von Erlebnis- und Erfahrungsdimensionen eröffnet, aber viel zu selten nimmt der sog. Anfänger wahr, daß auf seinem Fertigkeitsniveau ebenfalls - wenn auch andere - beglückende Erlebnisse mit ganzkörperlicher Wirkung möglich sind: Vorausgesetzt, daß solche im Kursverlauf überhaupt zugelassen werden und geglückte Aufgabenerfüllungen in der Phase der Erstbegegnung mit dem komplexen Feld Skilauf vorherrschen. Zu oft noch sind Anfängerskikurse innerhalb eines hierarchischen Kursgefüges "Unterorte", in denen Lernende in ihrem Wahrnehmen, Empfinden, Erleben und Erfahren stark eingeengt, nicht selten vergewaltigt werden: die möglichst

Ski(Anfänger)

perfekte Reproduktion derzeit gültiger Skilauftechniken bestimmt weitgehend die kursinternen Handlungen und Interaktionen. Zahlreiche Probleme der Lernenden resultieren daraus, daß sie sich permanent am Fertigkeitsniveau des perfekten Sikfahrers orientieren und messen müssen (diese Tatsache findet auch in Kursen höheren Leistungsniveaus ihre Fortsetzung). Logischerweise führt dies vorwiegend zur Feststellung erheblicher Diskrepanzen zwischen subjektivem Ist- und objektivem Soll-Wert. Das wiederum läßt den Lernenden noch mehr verkrampfen, sein Selbstwertgefühl wird angegriffen und sein Wohlbefinden ist massiv gestört.

Seit 1979 widmen wir im Rahmen unserer studentischen Ausbildungskurse gerade und besonders den Anfängern im Skilauf große Aufmerksamkeit. Das Handlungsfeld der Lernenden soll nicht länger ungeliebte, frustrierende Durchgangsstufe oder notwendiges Übel auf dem "Weg zum Gipfel" bleiben. Vielmehr soll sich hier ein aufgewertetes, für viele Sinngebungen offenes Erfahrungsfeld präsentieren, in dem Wohlbefinden stiftende und bewußtseinserweiternde Erlebnisse möglich werden, die eine positive und sensible Grundeinstellung zu Skilauf und winterlicher Natur schaffen.

Mehrere Veröffentlichungen haben eine solche Umwertung vorbereitet und eingeleitet (vgl. z. B. BUNCSAK u. a. 1981; DAUGS u. a. 1975; DIGEL 1977; EHNI 1977; FUNKE 1975; GIEBENHAIN 1975; WOPP 1981). Auch die Autoren der neuen DSV-Skilehrpläne erheben entsprechende Forderungen für die Kursgestaltung: "Skiunterricht muß vor allem im Anfängerbereich mehr sein als bloße Auseinandersetzung mit Techniken. Der Lehrer muß zum Erleben führen, muß die Schüler ihr Erleben artikulieren lassen, darf nicht durch eine übereifrige Informationsmethodik und Korrekturmanie die Sphäre des Erlebens stören oder gar unterbinden" (Skilehrplan 1, 32).

Solche programmatischen Absichtserklärungen müssen konkretisiert werden.

Im folgenden werde ich von meinem Versuch berichten, die Anfangsphase eines Skikurses mit Anfängern so zu gestalten, daß diese sich weniger ihrer Defizite bewußt werden, als vielmehr lernen, ihr aktuelles Können zu genießen und sich entspannt einem neuen Erlebnis- und Erfahrungsfeld zu öffnen.

Ski(Anfänger)

Da im Mittelpunkt allen Bemühens die Kursteilnehmer und deren Befindlichkeit stehen , muß pädagogisches und didaktisches Handeln bei ihnen ihren Anfang nehmen.
Mit Hilfe zahlreicher Gespräche und über intensive Beobachtungen während vorhergegangener Kurse wurde -trotz des Vorhandenseins individueller Eigenheiten -eine Art Basiswissen über die Lernenden gewonnen. Ins Zentrum meines Interesses rückte die Beantwortung der Frage:"Was bringt der Anfänger als "Ausstattung" mit, was kann er schon, was macht ihm Freude?"
Die diese Frage initiierende Grundposition, die dem aktuellen Könnensstand des Anfängers einen hohen Stellenwert beimißt, steht eigentlich im Gegensatz zu der fast stereotypen Selbsteinschätzung von erwachsenen Lernenden: "Das kann ich nicht". Dieser Ausspruch beweist aber weniger ein Könnensdefizit, als vielmehr ein Gefühl der Verunsicherung, des Zweifels, des mangelnden Selbstwertgefühls angesichts einer nur schwer erreichbaren Sollwertvorgabe. Die daraus resultierenden Verspannungen und Verkrampfungen erschweren das Genießen der Gegenwart. Ich habe die Erfahrung gemacht, daß die erwachsenen "Durchschnitts-Anfänger" ein reichhaltiges Spektrum an Vorkenntnissen und Vorerfahrungen, an Einstellungen und Anlagen in das Handlungsfeld Skikurs mitbringen:
- Sie beherrschen Alltagsbewegungen (Gehen, Laufen, Hüpfen).
- Sie können Gleichgewicht halten und verlorenes unter bestimmten Bedingungen wiedergewinnen.
- Sie spielen und bewegen sich gern.
- Sie haben ein Gefühl für Rhythmus, das sich beispielsweise im Tanz konkretisiert.
- Sie reagieren positiv auf Musik unterschiedlichster Gattung.
- Sie sind kommunikationsfähig.
- Sie können ihre Sinne gebrauchen, auch wenn der Alltag dies oft nur partiell zuläßt (bei Behinderten müssen andere Voraussetzungen angenommen werden).
- Sie haben alle eine spezifische, subjektive "Innerlichkeit", die ihnen nur selten bewußt wird und sich deshalb einer kompetenten "Handhabung" entzieht.
- Sie "fühlen sich zur winterlichen Natur hingezogen".

Ski(Anfänger)

- Sie sind ganzheitlich angelegt, ungeachtet ihrer Lebensumstände, die dieses Phänomen häufig vergessen lassen.
- Sie wollen etwas lernen und sind deshalb neugierig.

Nun bringt das Skifahren aber auch spezifische Umstände und Anforderungen mit sich, die durch kein noch so ausgeklügeltes Kursarrangement eliminiert werden können. Besonders die Anfänger werden dadurch mit speziellen Problemen konfrontiert. Schließlich
- sind Anfänger nicht gewöhnt, abschüssiges Gelände hinunterzugleiten oder -zurutschen;
- sind sie nicht gewöhnt, lange Geräte an den Füßen zu tragen und sich damit zu bewegen, d. h. sie haben noch keine Erfahrungen mit ihrem "Skikörper". Dazu kommen auch die Erfahrungslücken hinsichtlich der Einflußfaktoren Sonne, Wind, Schnee, Nebel, Höhe, Kälte innerhalb einer möglicherweise beängstigend wirkenden Hochgebirgslandschaft;
- sind sie nicht angstfrei, insbesondere in der hautnahen Begegnung mit Geschwindigkeit, die beispielsweise beim gewohnten Autofahren ihre Unmittelbarkeit verloren hat. Aber auch die Angst vor Blamage im Falle des Versagens ist tief in ihnen verankert;
- sind sie zu sehr "im Kopf" zentriert, d. h. viele durch den Verstand gespeicherte Fakten (z. B. "richtige Technik", Fehler...) behindern das lustbetonte Erleben ;
- können sie in einem ungewohnten Feld keine Mehrfachhandlungen erbringen.

Individueller "Besitz" und individuelle Not müssen gleichermaßen Ausgangspunkte gemeinsamer Kursarbeit werden. Wenn es gelingt, eine Brücke zwischen Vorhandenem und Neuem zu schlagen und dies in einer emotional entspannten, erlebnisorientierten, jeden einzelnen Teilnehmer in seiner Ganzheitlichkeit akzeptierenden Atmosphäre, kann als Ergebnis eine positive Grundeinstellung zum Skilaufen erwartet werden.

Im einzelnen gilt es, sich um die Realisierung folgender Zielperspektiven zu bemühen:
- Die Lernenden sollen ihren jeweils subjektiven Ist-Zustand kennen und als etwas Achtungswürdiges akzeptieren lernen. Im Bewe-

Ski(Anfänger)

gungserlebnis, im Gebrauch der Sinne, im kommunikativen Handeln soll der eigene Körper in seiner Ganzheit und der damit verbundenen Erlebnisvielfalt erfahren werden.
- Diese Erfahrung soll in einem mehrperspektivischen Rahmen, d. h. in der Begegnung mit vielen Sinngebungen im Skilauf geschehen - wenn irgend möglich ohne Angst und Streß (was nicht bedeutet, daß es nicht auch zu Mißerfolgserlebnissen kommen kann). In dieser Motivationsphase kommt der Perspektive Körpererfahrung eine überragende Bedeutung zu, wie überhaupt diese Sinnrichtung eine durchgängige didaktische Kategorie in unseren Skikursen darstellt (vgl. Skiartikel Treutlein).
- Der individuelle Skikörper soll sich in Form eines sanften Übergangs aus dem Alltagskörper entwickeln.
- Die Lernenden sollen die Erfahrung machen, daß Skilauf nicht nur Individualsport ist, sondern daß sich gerade in kommunikativen Formen (z. B. Gruppenfahren, Synchronarbeit) neue, wertvolle Erlebnisdimensionen erschließen lassen.
- Alle Kursteilnehmer sollen dazu beitragen, daß sich eine Atmosphäre der Entspannung (nicht der Laschheit), des freudvollen Lernens und des Wohlbefindens einstellen kann. Dazu ist es vor allem notwendig, die gängige Konkurrenzorientierung sowie das irritierende und zu Verkrampfungen führende Wunschbild "perfekter Skifahrer" aufzugeben. Statt sich von diesem weit entfernten Bewegungsvorbild im Fühlen, Wahrnehmen, Denken und Handeln einseitig festlegen zu lassen, sollen sich die Lernenden um eine spezifisch eigene (naheliegende) "gute Gestalt" bemühen und sich mit ihr identifizieren.
- Beglückendes Skifahren ist vorwiegend innenorientiert. Die Anfänger müssen lernen, bzw. ihnen muß die Chance gegeben werden, sich von zu starker Außenorientierung und Fremdbestimmung lösen zu können, um den Weg nach innen zu finden.
- Die Lernenden sollen erfahren, daß Bewegungsgestaltung auf Skiern Freude bereiten kann, besonders in Verbindung mit Musik. Und sie sollen die Erfahrung machen, daß Gestalten als kreativer Prozeß auf jedem Könnensniveau möglich ist, sofern die dazu notwendige innere Beruhigung und Entspannung gelingt.

Ski (Anfänger)

Die folgenden Tanz-, Spiel- und Übungsformen für einen Skiunterricht mit Anfängern sind aus der Praxisarbeit entstanden. Ihr Einsatz ist besonders wirkungsvoll am ersten Kurstag, in dessen Verlauf sich der Lernende an eine Vielzahl neuer Dinge gewöhnen muß (Gewöhnungsphase) und seine Einstellung zum Skilauf eine grundlegende Ausrichtung erfährt (Motivationsphase). Häufig werden durch unüberlegtes Lehren schon in diesen ersten Stunden die inneren Blockaden provoziert, die ein erfolgreiches und freudbetontes Skifahren erschweren oder gar verhindern.
Deshalb müssen die Sequenzen der Erstbegegnung so arrangiert werden, daß es nicht zu Lern- und Genußblockierungen kommt. Ich habe dies mit Hilfe folgender Maßnahmen zu erreichen versucht:

1. Lehren und Lernen verlaufen größtenteils funktional, d. h. den meisten Lerninhalten begegnen die Kursteilnehmer auf der emotional gefärbten, sinnenbetonten Erlebnisebene. Eine rationale, bewußte Auseinandersetzung, wie sie in späteren, intentional arrangierten Kursphasen gefordert wird, bleibt die Ausnahme.

2. Durch den Einsatz von Musik und rhythmischem Spiel wird versucht, die Lernenden zu einer inneren und äußeren Gelöstheit zu bringen. Je intensiver es ihnen gelingt, sich im musikalisch unterstützten Bewegungsgestalten zu verlieren, sich zu vergessen - und damit ihre zwanghaften Vorstellungen von richtigem und falschen Skilaufen aufzugeben - desto effektiver können die individuellen produktiven Kräfte dem Lernprozeß zugeführt werden. Das Optimum an Freude und Entspannung ist dann erreicht, wenn Geist, Leib, Seele, Musik und Rhythmus als eine Einheit empfunden wird - ein seltener Glücksfall im Rahmen eines Skikurses, aber kein unmöglicher.
Schwierigkeiten ergeben sich in Zusammenhang mit der Musikauswahl, die sowohl den Vorstellungen der Zielgruppe als auch den didaktischen Intentionen entsprechen soll und bei der Suche nach einem ausgewogenen Verhältnis von Situationen, die einmal vom Fremdrhythmus (Tonträger) bestimmt werden, zum anderen dem individuellen Eigenrhythmus Raum geben müssen.

3. In ausgedehnten, konkurrenzfreien, selbstbestimmten Experimentier- und Gestaltungssituationen kann und soll sich der Lernen-

Ski(Anfänger)

de mit sich selbst beschäftigen und dabei eine Analyse seiner Befindlichkeit im aktuellen Moment vornehmen können.
4. Wo es möglich ist, wird kommunikatives Lernen und Erleben bevorzugt, und zwar in der Gemeinschaft von Anfängern und Fortgeschrittenen.

Da sich jede Gruppe in ihren Voraussetzungen, Interessen und Interaktionsstrukturen von anderen unterscheidet, läßt sich das im folgenden Aufgeführte nicht ohne weiteres übertragen. Es muß jeweils zielgruppenspezifisch abgewandelt und verändert werden. Jedoch können die exemplarisch ausgewählten Beispiele als Impulse und Vorschläge zur Erweiterung und Ergänzung herkömmlicher Skikursarrangements dienen.

Erster Kurstag:
<u>Vorbemerkungen:</u>
An unseren Skikursen nehmen Studierende aus allen Fachrichtungen der Hochschule teil. Die Studenten und Studentinnen unterscheiden sich u. a. hinsichtlich ihrer Semesterzugehörigkeit und ihres skifahrerischen Könnens. Dessen ungeachtet absolvieren am ersten Kurstag alle das gleiche Programm. Während die eine Hälfte der Gesamtgruppe eine Wanderung mit Langlaufskiern auf einer einfachen Loipe macht, setzt sich die andere mit dem Arrangement auseinander, das im folgenden beschrieben wird. Nach etwa zwei Stunden wechseln die Gruppen.

Zu den didaktisch bedeutsamen Entscheidungen, die der Lehrende treffen muß, zählt die Wahl des Geländes. Infolge günstiger örtlicher Gegebenheiten standen mir für mein Programm folgende, nahe beieinander liegende Geländetypen zur Verfügung:

Typ A: Steil ansteigender, schneebedeckter, wenig frequentierter Gehweg.
Typ B: Ebene, teilweise gewalzte, teilweise getretene Schneefläche von etwa 50 mal 80 Meter. Dieses Gelände ging bruchlos über in den
Typ C: Sanft abfallender, etwa 30 Meter langer Hang mit ebenem Auslauf (ideal ist hier ein kleiner Gegenhang).

Ski(Anfänger)

An Geräten hatte ich vorbereitet: 20 Sprungseile, verschiedenfarbige Markierungsfähnchen, 5 Softbälle, einen Kassettenrecorder in einer Plastiktüte (für den Fall, daß es schneit) und eine bespielte Musikkassette.

Erste Praxisphase: Der Skikörper beginnt, ins Bewußtsein der Teilnehmer zu rücken (1*)

Gelände: Typ A.

Zielhorizont: Skikfahren als ganzheitliches, innen- und außenorientiertes Körpererlebnis ist gebunden an die Fähigkeit zur sensiblen Wahrnehmung des eigenen Körpers. Über leicht zu bewältigende Aufgaben - die nicht alltägliche Skikleidung und die ungewohnten Umweltbedingungen legen solche nahe - sollen die Teilnehmer lernen, ihre Aufmerksamkeit (wieder) auf ihren Körper und damit auf sich selbst zu lenken. Die dabei möglichen Erfahrungen können zueinander in Beziehung gesetzt und mit denen anderer verglichen werden.

Aufgaben, Fragestellungen, Impulse:
- "Für einen Großteil von uns ist die Skikleidung ungewohnt. Da sie uns aber in den nächsten Tagen dauernd begleiten wird, machen wie sie jetzt zum Gegenstand einiger kleiner Experimente. Wir schließen alle Schnallen unserer Skischuhe, ziehen unsere Handschuhe an, machen unseren Anorak zu und gehen ein Stück bergauf."
- "Jetzt versuchen wir, ein paar Meter bergauf zu rennen."
- "Bergab machen wir das gleiche - ein Stück gehen, ein Stück laufen. Wie reagiert Euer Körper? Wie fühlt Ihr Euch dabei?"
- "Versucht einmal, sowohl bergauf als auch bergab die Geschwindigkeit kontinuierlich zu steigern. Was machen dabei Oberkörper und Arme? Wo spürt Ihr etwas? Wie sind die Spannungszustände in Eurer Muskulatur? Wie bewegen sich die Füße im Schuh?"
- "Öffnet die oberen Skischuhschnallen und wiederholt die bisherigen Aufgaben."
- "Wenn Ihr bis jetzt Euren Körper befragt habt - wo lagen die intensivsten Auskunftszentren? Wo habt Ihr den Körper am meisten gespürt?"

Ski(Anfänger)

- "Bei welchen Bewegungserlebnissen habt Ihr Euch wohler, bei welchen weniger wohl gefühlt?" usw. (2*)
- "Wir machen jetzt ein paar Rutschübungen. (Zu diesem Zweck begeben sich alle zu einer etwa eineinhalb Meter langen Schneerinne.) Versucht, mit den Skischuhen die Rinne hinunterzugleiten. Nehmt dabei eine Körperstellung ein, in der Ihr euch sicher und wohl fühlt."
- "Wenn Ihr wollt, könnt Ihr euch zwei Helfer auswählen, die an beiden Händen führen, während Ihr rutscht." usw.
- "Zum Abschluß dieser Übungen tanzen wir in der Ebene einen Sirtaki, zuerst in Kreisform, dann in der Reihe."

Beobachtbares Teilnehmerverhalten und mitgeteilte individuelle Erfahrungen (beispielhaft)

Sehr schnell stellt sich eine Erhitzung des Körpers mit Schweißausbruch ein. Der Drang, sich der beengenden Skikleidung zu entledigen, ist groß. Puls- und Atemfrequenz erhöhen sich viel rascher als gewöhnlich ("Das Herz schlägt bis zum Hals."). Die Teilnehmer nennen als Gründe die Höhenlage und die "doppelte" Anstrengung aufgrund der "Ausrüstung". Als besonders bewegungshemmend werden die Skistiefel bezeichnet, obgleich bergab eine Erleichterung verspürt wird, da "das Laufen von alleine geht". Die meisten können dies aber nicht genießen, weil sie Angst haben, nicht mehr bremsen zu können oder ins Stolpern zu kommen. Auf die Frage, wie sich denn Angst in ihrem Körper konkretisiere, kommt die Antwort: "Als schlechtes Gefühl."

Nach entsprechenden Impulsen zur Wahrnehmungszentrierung erlebt die Mehrzahl der Teilnehmer zum ersten Mal bewußt Muskelverspannungen, Unterbrechungen im Atemrhythmus und bestimmte Körperstellungen als Angstsignale ihres Körpers, aber auch die Gegenpole als Zeichen für subjektives Wohlbefinden.

Bei den Rutschübungen in der Schneerinne treten - z. T. verstärkt - die gleichen inneren Phänomene auf. Fast alle aber versuchen jetzt schon, Gefühle des Unbehagens durch entsprechende innere (Entspannen, ruhiges Atmen, mentale Vorwegnahme des Bewegungsablaufes) und äußere (Inanspruchnahme von Helfern) Maßnahmen selbständig zu bewältigen.

Ski(Anfänger)

Beim abschließenden Sirtaki, den alle entspannt und mit Begeisterung tanzen, werden plötzlich die Skischuhe als "lustbringendes Schleudergewicht an den Füßen" empfunden.
Am Ende dieses Kursabschnittes herrschte jedes Mal eine lockere, freudbetonte und vertrauensgeleitete Atmosphäre. Die Teilnehmer hatten sich und andere bei gemeinsamen Erlebnissen und Erfahrungen näher kennengelernt. Die anfänglichen Hemmungen, sich in das Interaktionsgeschehen einzubringen, waren geringer geworden - augenscheinlich ab dem Zeitpunkt, als sie erkannten, daß ihre vermeintlichen Defizite unterschiedlichster Art nicht als solche behandelt wurden, sondern z. T. einen eigenen Stellenwert erhielten.

Zweite Praxisphase: Wir tanzen und gestalten auf Skiern
Gelände: Typ B.
Zielhorizont: Die Kursteilnehmer sollen sich entspannt und lustbetont an ihre Ski gewöhnen, spielerisch fundamentale Bewegungsformen lernen und eine positive Grundeinstellung zum Skifahren gewinnen. Das Tanzen, als eine spezielle Form rhythmischen Bewegens, soll dazu mit seinen emotionslösenden, kommunikativen, körperentdeckenden und kreativen Wirkungen Hilfe sein.
Aufgaben, Fragestellungen, Impulse:
- "Getanzt haben wir ja schon, aber noch nicht mit Skiern an den Füßen. Das probieren wir jetzt. Stöcke brauchen wir dazu keine. Wir stellen uns in einer Reihe (Doppelreihe) auf. Da wir zuerst einzeln und am Ort tanzen werden, sollt Ihr den Abstand zu den Partnern rechts und links von Euch so wählen, daß Ihr genügend Bewegungsfreiheit habt.
Ihr werdet gleich eine Schlagermelodie hören (Patrick Hernandez: Born to be alive (3*)). Nehmt den Rhythmus auf und beginnt einfach zu tanzen, als hättet Ihr keine Ski an."
Die Teilnehmer wählen unterschiedliche Tanzschritte, z. B. vorwärts/rückwärts, seitlich parallel und winklig versetzt, Drehungen.
- "Wir greifen im folgenden Eure Tanzschritte auf und beginnen mit dem Parallelversetzen der Skier zur Seite (Demonstration). Also: rechten oder linken Ski seitlich wegsetzen, den anderen beiholen

Ski(Anfänger)

und zurück."
Während der folgenden Tanzphase lassen sich individuelle Variationen beobachten. Tanzen mit intensivem Ganzkörpereinsatz, Oberkörper nimmt an der Bewegung kaum teil, Kopf in Richtung Boden gesenkt, Kopf aufrecht mit Blickkontakt zu anderen usw. Einige der Tanzenden belasten immer nur den jeweils ausgestemmten Ski, andere wiederum beide Skier nach dem Aufsetzen. Auch die Vertikalbewegung des Körpers differiert stark: während einige kaum Hoch-Tief-Aktionen zeigen, gehen andere beim Versetzen deutlich tief und richten sich beim Beiholen wieder auf oder umgekehrt. Auffällig ist auch, wie unterschiedlich breit bzw. schmal die Ski versetzt werden.
Nicht alle genannten Beobachtungen müssen thematisiert oder zum Anlaß weiterer Aufgaben gemacht werden. Ich habe dies nur dort getan, wo eine bestimmte Bewegungsausführung solche inneren Ursachen vermuten lassen, die beim späteren Skifahren den Genuß stark einschränken können, z. B. muskuläre Verspannungen aufgrund von Unbehagen, Angst, Unsicherheit und negativer Selbsteinschätzung (natürlich muß die Richtigkeit der eigenen Vermutungen nachgeprüft werden). Die entsprechenden Aufgaben können als Vermittlungshilfen das Problem direkt oder indirekt ansteuern:
- "Versetzt die Ski unterschiedlich breit und achtet darauf, bei welchen Abständen die Beinmuskulatur verkrampft und wann sie zur Spannungslösung gelangt."
- "Versucht, nicht nur rhythmisch zu tanzen, sondern auch rhythmisch zu entspannen. Vielleicht gelingt es Euch besser, wenn Ihr während des Bewegungsablaufes auch rhythmisch, d. h. regelmäßig atmet."
- "Tanzt mit dem ganzen Körper. Laßt Euch von der Musik leiten und vergeßt, daß Ihr auf Skiern steht."
- "Sucht Euch einen Partner, mit dem Ihr tanzen wollt."
- "Jetzt, wo Ihr Euren optimalen Abstand zum Versetzen der Ski gefunden habt, machen wir das Ganze als Gemeinschaftsübung. Dazu bleiben wir entweder in der Reihe, oder wir wählen die Gassenaufstellung oder ..."

Es empfiehlt sich, die detaillierte Gestaltung der Gruppe zu überlassen. Sie soll entscheiden, wie Rhythmus und Schrittfolgen

Ski(Anfänger)

miteinander in Beziehung gebracht werden können (z. B. 4 Schritte zur Seite auf 8 Rhythmusschläge und das gleiche zurück o. ä.), wie organisiert werden soll, welche Partnerhilfen eingesetzt werden können usw.
- "Wir können unsere Aufstellung beibehalten, wenn wir nun unser Repertoire durch eine Schrittfolge in Richtung vorwärts - rückwärts erweitern (noch wird das bisherige Musikstück eingesetzt)."

Aus den unterschiedlichen Ausführungsarten wird ein Gleitschritt übernommen, d. h. ein Schritt, bei dem der Ski dauernd Bodenkontakt hat.

Während die Teilnehmer die neue Schrittfolge üben, sind wieder interessante individuelle Ausführungsunterschiede zu erkennen, die z. T. als Impulse an die Gruppe weitergegeben werden können: Je nach Gewichtsverlagerung gelingt oder mißlingt der Gleitschritt. Der gleiche Grund ist auch für die unterschiedliche Länge der praktizierten Schritte verantwortlich. Einige Teilnehmer verschieben die Ski sehr zögernd und mit steifen Knien, während andere die Arme frei mitschwingen lassen und rhythmisch in den Knien mitfedern.

Als weiteres Element wird mit der Gruppe eine Drehung über die Skischaufeln entwickelt. Eine gemeinsam gestaltete Gruppenformation, die alle drei erlernten Tanzelemente aufweist, schließt sich an und leitet zu einem neuen Abschnitt über.
- "Hört Euch jetzt eine neue Musik mit einem anderen Rhythmus (Amazing Grace von Apollo 100) als bisher an. Versucht, ihn tanzend umzusetzen."

Fast alle Teilnehmer versetzen aufgrund des neuen Dreiviertel-Taktes ihre Ski winkelförmig über die Schaufeln, z. B. bei Beginn nach rechts: Ausstemmen rechts (1), Beiholen des linken Skis (2), noch einmal Anheben des rechten Skis und Absetzen (3) - das gleiche erfolgt sodann nach links usw. Individuelle Unterschiede lassen sich feststellen beim Ausstemmen und Beiholen, das einige Teilnehmer mehr hüpfend praktizieren - vielleicht der Beginn des späteren Umsteigens mit schnellendem Abstoß.

Ski(Anfänger)

- "Nachdem wir jetzt einen langsamen Walzer getanzt haben, spiele ich Euch eine Musik mit ganz anderem Charakter vor (Jazz Pizzicato von Apollo 100)."

Dieses Musikstück animiert zum Hüpfen und Springen. Alle Kursteilnehmer finden eine ihrem Gefühl, Temperament und Können angepaßte Ausführungsart. Abgesehen von der individuellen Umsetzung des Rhythmus` zeigt sich dies beispielsweise darin, daß einige ihre Ski vollständig vom Boden abheben, andere wiederum nur mit ihren Skienden hüpfen und mit den Schaufeln Bodenkontakt halten. Die letztgenannte Form wird zumeist mit parallel geschlossenen Skiern praktiziert oder auch als wechselseitiges Einbeinhüpfen.

Eine interessante Beobachtung ist, daß besonders die Teilnehmer, die zum ersten Mal auf Ski stehen, während des Hüpfens nie zu einer Ganzkörperstreckung gelangen. Sie ziehen vielmehr bei gebeugtem Oberkörper nur die Unterschenkel an. Diese Tatsache gibt Anlaß zu folgendem Impuls:

- "Versucht, gleichzeitig mit dem Anheben der Skienden Euren Körper zu strecken. Wie fühlt Ihr Euch dabei?"

Alle, denen die Bewältigung der Aufgabe gelingt, sprechen von einem Gefühl der Spannungslösung, der "wohligen Streckung", das sich dabei einstellt. Aufgegriffen wird die Aussage eines Teilnehmers, daß "alles leichter fällt, wenn man die Streckung mit einem kräftigen Einatmen verbindet und das Ausatmen dem Rhythmus der Musik anpaßt." (Diese Aussage erhält eine besondere Bedeutung beim späteren rhythmischen Schwingen).

Beim Ausprobieren wird den meisten bewußt, daß sie bis dahin die Bewegung mit angehaltenem Atem ausgeführt haben und dadurch eine innere Verspannung eingetreten ist.

- "Vielleicht können wir denjenigen helfen, die bisher Schwierigkeiten mit der Körperstreckung hatten. Wir fassen uns zum 'Endenspringen' alle an den Händen und hüpfen eine Zeitlang synchron, anschließend einzeln versetzt.
  Wie fühlt Ihr Euch jetzt?"

Es dauert nicht lange, bis aus dem Abheben der Skienden am Ort ein Winkelspringen mit parallelen Skiern erfolgt.

- "Versucht dabei, regelmäßig zu atmen."

Ski(Anfänger)

- "Wie schafft Ihr es, daß Ihr beim Landen und beim Abdruck zum neuen Sprung nicht wegrutscht?"
- "Ihr könnt auch einmal probieren, in der Pflugstellung zu landen und aus dieser Position wegzuspringen. " usw.

Zur Abwechslung und Erholung wird eine mehr statische Tanzform eingeschoben, der sog. "Handklatschhüftbeuger" - eine Dreierformation auf Skiern:

Dabei stehen zwei Partner im Abstand von ungefähr einem Meter nebeneinander und halten ihre Hände - Handflächen nach oben - in Kniehöhe vor ihrem Körper. Zwischen beiden - ein wenig parallel versetzt und ihnen zugewandt - federt der dritte in den Knien und schlägt im Rhythmus der Musik (People need love, von Abba) mit den Händen wechselseitig auf die seiner Partner.

Hier läßt sich in einfacher und spielerischer Weise der später notwendige Hüftknick als Gegenaktion zur Kniearbeit vorbereiten.

- "Stellt Euch so zueinander, daß der/die Tanzende in der Mitte den Oberkörper nach seitlich vorne beugen muß."
- "Nach einer unter Euch abgesprochenen Zeit wechselt Ihr die Positionen. Bemüht Euch, den Platzwechsel im Rhythmus der Musik zu vollziehen. Jeder sollte mindestens zweimal in der Mitte gewesen sein."

In einem weiteren Schritt begegnen die Kursteilnehmer jetzt dem Element "Gleiten":

- "Bis jetzt haben wir auf engstem Raum getanzt - wie in einer Disco. Nun nehmen wir uns das Eistanzen und Paarlaufen auf einer großen Fläche zum Vorbild. Um in diesem Rahmen Bewegung gestalten zu können, benötigen wir nicht nur Schrittelemente am Ort, sondern auch die Fähigkeit des raumgreifenden Gleitens. Am Anfang wird uns jeweils ein Partner dazu verhelfen, in der Ebene zum Gleiten zu kommen; geht also partnerweise zusammen. Derjenige, der in der Funktion des Helfers beginnt, zieht seine Ski aus und steckt sie an der Seite in den Schnee."
- "Die Aufgabe für die Helfer lautet: Bringt Euren Partner in sanfter, sensibler Weise zum Gleiten. Oberstes Gebot dabei ist: Der Partner auf Skiern darf keine Angst bekommen, er muß sich sicher und wohl fühlen. Auf diese Gefühlslage hin müßt Ihr Euer

Ski(Anfänger)

Helfen dauernd überprüfen."
Während sich die Paare mit der Lösung der Aufgabe beschäftigen, lasse ich schon leise die Musiken mitlaufen, die später die Tanzgestaltung beeinflussen sollen (Tristesse und Opus 5 von Apollo 100).
Nach einiger Zeit bitte ich zu einem kurzen Auswertungsgespräch, in dessen Verlauf die Beteiligten ihre ersten Erfahrungen mitteilen sollen, die sie in den Rollen des Helfers und Übenden bisher gesammelt haben.
Ausnahmslos alle sehen für diese Anfangsphase die Notwendigkeit und Bedeutung des durchgehenden Körperkontakts (taktile Sensibilisierungsphase). Er ermöglicht es, jederzeit helfend einzugreifen, z. B. wenn der Partner auf Skiern sein Gleichgewicht verliert. Zusätzlich bietet er den beiden Experimentierenden die Gelegenheit, einen stetigen nonverbalen Informationsaustausch über die Wirksamkeit der helfenden Maßnahmen und über den schon erreichten Sensibilisierungsgrad im Umgang mit dem Körper des anderen zu führen.
- "Konzentriert Euch als Helfer ganz auf Euren Partner. Erspürt, wie er sich fühlt, wenn seine Ski gleiten. Ist er dabei verkrampft oder bleibt er entspannt? Achtet auf seine Körperhaltung."
- "Dosiert den Antriebsimpuls so, daß die Geschwindigkeit gleichmäßig bleibt und dem Partner angepaßt ist."
- "Macht Eurem Helfer deutlich, wie Ihr seine Hilfe empfindet. Kann er sich auf Euch einstellen?"
- "Wenn Ihr auch einmal alleine ins Gleiten kommen wollt - z. B. mit Hilfe des Schlittschuhschritts - müßt Ihr das Eurem Partner mitteilen."
- "Wenn es Euch Spaß macht, kann Euch der Helfer nach dem Antriebsimpuls (Schieben oder Ziehen) auch alleine ausgleiten lassen."

In der folgenden Zeit wird den Teilnehmern immer bewußter, daß letztlich bei diesen Formen nicht nur einer als Helfer fungiert, sondern beide gleichermaßen voneinander profitieren.

Ski (Anfänger)

- "Versucht, während des Gleitens Eure Bewegungen im Rhythmus der Musik zu gestalten."
- "Ihr könnt auch ausprobieren, auf einem Ski zu gleiten und mit dem skifreien Fuß den Antriebsimpuls zu geben, ähnlich wie beim Rollerfahren."
- "Schafft Ihr es, zu zweit - jeweils auf einem Ski - eine bestimmte Wegstrecke zu gleiten? Probiert aus, welchen Ski jeder von Euch beiden dazu anbehält. Könnt Ihr während der gemeinsamen Gleitphase Eure Bewegungen im Rhythmus der Musik harmonisch gestalten?"

Die Teilnehmer zeigen, z. T. mit einfachsten Bewegungselementen, faszinierend abgestimmte Bewegungsgestaltungen zum Rhythmus der Musiken. Trotz der ausgelassenen Stimmung gehen die jeweiligen Partner außerordentlich verantwortungsvoll und sensibel miteinander um. Einige Paare suchen nach einem abfallenden Gelände, um das gemeinsame Gleiten und Gestalten zeitlich verlängern zu können.

Zum Abschluß der zweiten Praxisphase ist eine Art Polonaise vorgesehen. Da die eingespielte Musik (Flamingo von Herb Alpert) aber von allen bisherigen Kursabsolventen als "Elefantenmusik" empfunden wurde, hat sich die Bezeichnung "Tanz der Elefanten" eingebürgert. Diesem Titel entsprechend stampfen die Teilnehmer in einer langen Schlange eng hintereinander und in breiter Skistellung zum Rhythmus der Musik vorwärts.

Im Regelfall folgt an dieser Stelle noch eine dritte Praxisphase und zwar im Gelände des Typs C. Im Verlauf dieses Arrangements sollen die Kursmitglieder ihre bisherigen Körpererlebnisse und Erfahrungen unter neuen, ungewohnten Bedingungen - z. B. rutschen und gleiten die Ski hangabwärts von selbst - erweitern.

Gemäß dieser Zielperspektive richten sich die Aufgaben auf zwei Hauptfelder. In dem einen geht es darum, die individuelle Erlebnisfähigkeit weiterzuentwickeln. Im anderen wird der Versuch fortgesetzt, durch Wahrnehmungszentrierungen die subjektiven inneren Vorgänge beim skispezifischen Handeln bewußt und damit teilweise steuerbar zu machen. Dazu gehören auch Experimente, die aufzeigen, welche Folgen das bewußte Zu- oder Ausschalten von Sinnestätigkeiten für die Breite und Tiefe der Erlebnisqualitäten beim Skifahren

Ski(Anfänger)

haben kann.
- "Haltet Euch bei der nächsten Abfahrt die Ohren zu. Welche Gefühle stellen sich während des Fahrens ein?"
- "Wie Ihr einige Male erleben konntet, ist das kleine Abfahrtsstück absolut risikolos zu bewältigen. Von daher können wir es uns erlauben, einmal mit geschlossenen Augen zu fahren und die dabei auftretenden Gefühle in uns zu überprüfen. Stellt Euch in die Spur, fahrt los und versucht die Augen so lange geschlossen zu halten, bis Ihr von alleine stehen bleibt. Ich sorge dafür, daß jeder von Euch die Fahrt ungestört machen kann." usw.

Darüber hinaus wird so oft wie möglich das gegenseitige Helfen praktiziert, um die soziale Sensibilität der Teilnehmer zu erhöhen und ihre Unabhängigkeit von der Person des Skilehrers zu fördern.

Zusammenfassung:

Im Rückblick auf die Skikurse, deren erster Tag in der beschriebenen Weise gestaltet wurde, kann eine positive Bilanz gezogen werden. Der ungewöhnlich anmutende Einstiegsmodus sorgte stets dafür, daß eine entspannte Erlebnis- und Lernatmosphäre herrsche, zu der Leistungs- und Konkurrenzdruck nicht paßt. Von Anfang an erfuhren die Kursteilnehmer, daß Skilaufen etwas mit Freude, Lust, Kommunikation, Rhythmus und Tanz zu tun haben kann. Diese Phänomene wiederum können dazu beitragen, sich von zwanghaften inneren Soll-Wertvorstellungen zu lösen.

Skilauf sollte sich als ein Weg darstellen, individuelle Erlebnisfähigkeit zu entwickeln und zu steigern. Körpererlebnisse und Körpererfahrungen spielen dabei eine große Rolle.

Und schließlich wollte ich mit dem Arrangement den Grundstein legen zu einem mehrperspektivischen Skifahren. Derjenige, der vielfältige Sinngebungen im Skilauf erfährt, eröffnet sich und anderen die Chance, beglückende Erlebnisqualitäten dieser Natursportart relativ unabhängig von Alter und Leistungsstand genießen zu können.

Ski(Anfänger)

Anmerkungen

*1 Dieser Einleitungsteil kann auch anders gestaltet werden, etwa in Form eines kleinen Spaziergangs, in dessen Verlauf sich die Teilnehmer (in Skikleidung) mit der näheren Umgebung des Ortes vertraut machen.

*2 Eine Vertiefung des Aspekts "Wohlbefinden" erfolgt für die Teilnehmer jeweils im Kursarrangement von Gerhard TREUTLEIN (vgl. Skiartikel TREUTLEIN).

*3 Die angeführten Musikstücke sind nicht als inhaltliche Vorgaben zu verstehen. Sie sollen lediglich helfen, zeitgemäße und zielgruppenangepaßte Stücke mit dem gleichen Rhythmus zu finden.

Ski(Elemente)

Gerhard Treutlein

Elemente eines an Körpererfahrungen orientierten Skiunterrichts

Bei meiner Lehrwarteprüfung war der Stemmbogen als Prüfungsteil gefordert; gewünscht war ein klarer und deutlicher Kanteneinsatz und keine Beeinträchtigung der Bewegungsausführung durch ein frühe Rutschphase. Zwei Jahre später war in einem Einweisungslehrgang der Stemmbogen nicht mehr zeitgemäß, die Talstemme aktuell, zusammen mit der zuvor abgelehnten Rutschphase. Wieder später wurde die Talstemme abqualifiziert und dafür die Bergstemme propagiert. Bei diesen und ähnlichen weiteren Änderungen des Lehrplans wurde selten eine einleuchtende Begründung dafür gegeben, warum gerade eine bestimmte Technik besonders wichtig und eine andere abzulehnen war. So erlebter Skiunterricht beschäftigte sich primär mit dem Vermitteln von Techniken, weniger damit, welchen Sinn Techniken haben und wie Freude am Skilaufen erhöht werden kann. Freude wurde offensichtlich in erster Linie als Folge von schnellem und möglichst korrektem Fahren von Techniken gesehen. Außensteuerung und Soll-Gewissen (Orientierung am Soll-Wert) waren wichtiger als eine Zentrierung der Aufmerksamkeit auf die Innenorientierung. Nicht die "Mündigkeit" des Skiläufers war verlangt, nicht seine "Sinnessicherheit", "Selbsterfahrung" und "Selbststeuerung" wurden angestrebt, wichtiger war eine "Außensteuerung" über immer neue Modetechniken.
Eine regelrechte Entdeckung wurde für mich dann der Trickskilauf, mit dem ein Ausbruch aus den bisherigen starren Formen des Schule-Fahrens erfolgte. Trickskilauf brachte eine regelrechte Befreiung, hin zu freudvollen Formen des Skilaufens - ohne Zwang zum schnellen und "korrekten" Fahren; diese Befreiung ließ mich im Hinblick auf mein eigenes Skilaufen und meinen Skiunterricht verstärkt die Frage aufwerfen, was eigentlich Freude und Wohlbefinden beim Skilaufen bewirkt und wie Skischülern die selbständige Suche dieser Faktoren ermöglicht werden kann. Es war jedenfalls mehr und anderes als nur die lehrbuchmäßige Beherrschung von Techniken: Es war das Erlebnis der Natur der Geschwindigkeit, der unterschiedlichen

Ski(Elemente)

Bewegungen, der Vorgänge im Körper, der Koordination von Gelände und Bewegung, der unterschiedlichen Rhythmen bis hin zum faszinierenden Rhythmus des extremen Kurzschwingens, das Erlebnis von Gruppe, Wetter, Schnee und Gelände. Parallel zu ähnlichen Versuchen in der Leichtathletik(*1) fing ich in meinem Skiunterricht an zu experimentieren, zunächst unsicher, ob die Kursteilnehmer positiv oder negativ reagieren würden, dann aber zunehmend fasziniert in Anbetracht der positiven bis begeisterten Reaktionen der Teilnehmer auf diese Form von Skiunterricht. Obwohl ich zu Beginn relativ unsystematisch einige Aufgaben nach GALLWEY/KRIEGEL (1981) (*1) vermischt mit einigen selbstgefundenen Aufgaben stellte, reagierten die Teilnehmer schon erstaunlich positiv.

Meine Erfahrungen mit einem an Körpererfahrungen orientierten Skiunterricht seit 1982 enthalten vorwiegend folgende Rückmeldungen:
- Es wurde mehr und freudvoller gelernt als in vorhergehenden Skikursen (soweit es fortgeschrittene Skiläufer betraf)
- Die Bewußtheit für den eigenen Körper und die Sensibilität für die anderen Gruppenteilnehmer nahm durch die intensive Beschäftigung mit Körpererfahrungen im Verlauf eines vierzehntägigen Skikurses enorm zu.
- Die Kommunikation in der Gruppe war nicht mehr hierarchiegeprägt, sondern multidirektional und offener; es ging weniger um "richtig" oder "falsch", der Skilehrer wurde eher zum Anreger von Wahrnehmungen, Empfindungen, Erlebnissen und Erfahrungen, d.h. er war kaum derjenige, der mit großem Wissensvorsprung über "gut oder böse" entscheidet.
- Erfahrungen aus dem Skilaufen konnten anschließend auf andere Sportarten übertragen werden.

In einem an Körpererfahrungen orientierten Skiunterricht sind Techniken Ergebnis des eigenen Suchens nach Spannung und Spannungslösung, nach bewußtem Umgang mit den und bewußter Wahrnehmung des eigenen Körpers; sie sind entsprechend den gemachten Erfahrungen individuell geprägte Möglichkeiten, sicher und lustvoll, bei Bedarf aber auch schnell Gelände zu bewältigen. Sie stellen zugleich Bewegungsformen dar, die Wahrnehmungen ermöglichen, wenn

Ski(Elemente)

Wert auf die Innensicht und den Ist-Wert gelegt wird und die davon abhängig individuell unterschiedliche Empfindungen und Gefühle, Erlebnisse und Erfahrungen mit sich bringen.
Eine bedeutende Rolle spielen Angst und konditioneller Zustand des Skiläufers. Ein ängstlicher Läufer wird z.B. kaum zu der mit der Hochentlastung beim Parallelhochschwung einhergehenden Körperstreckung und -öffnung gelangen; der konditionsschwache Läufer wird selten den Freude bringenden Wechsel zwischen Spannung und Spannungslösung schaffen und Schwierigkeiten haben, über längere Strecken z. B. Tiefschwünge oder Ausgleichstechnik als freudvoll zu erfahren. Angstabbau ist deshalb eine erste Voraussetzung, um umfangreiche Körpererfahrungen vermitteln zu können, das Bewußtwerden von Angst und ihrem körperlichen Ausdruck ein erster Schritt zum Angstabbau. Die Verbesserung der Kondition und Beweglichkeit stellt eine zweite Voraussetzung dar. Meiner Erfahrung nach reicht es nicht aus, sich um Technikverbesserungen zu bemühen und darauf zu hoffen, daß sich Ziele wie Körpererfahrungen, Angstabbau und Freude quasi automatisch einstellen.
In der Folge werden Aufgaben für Anfänger und Fortgeschrittene dargestellt, die sich an die im Artikel zur Körpererfahrung in der Leichtathletik (*1) aufgeführten Prinzipien anlehnen. Die Aufgaben für Anfänger sollten auch mit Fortgeschrittenen durchgeführt werden, sofern sie ihnen noch nicht bekannt sind. Von den Prinzipien lassen sich weit mehr als die hier aufgeführten Aufgaben ableiten. Aus Platzgründen mußte die nachfolgende Auswahl von besonders bewährten Aufgaben getroffen werden.

<u>Körpererfahrungsaufgaben für Anfänger</u>
Wenn die Erstbegegnung mit dem neuen Gerät - sei es über Wandern mit Langlaufskiern oder spielerische Gewöhnung an Alpinskier in der Ebene (vgl. dazu JANALIK in diesem Band) - und dem Medium Schnee erfolgreich absolviert wurde, ist es sinnvoll, für die nachfolgenden Körpererfahrungsaufgaben für Anfänger ein leichtes Gelände (mit einem leicht zu befahrenden Lift) auszuwählen. Ziele dieser Anfängeraufgaben sind: Differenzierung der Wahrnehmung und Sensibilisierung für den eigenen Körper, Angstabbau und Erarbeitung von Prinzipien für Wohlbefinden erzeugendes Skilaufen. Diese

Ski(Elemente)

Ziele werden mit folgenden Aufgaben angegangen:
1. "Konzentriert Euch ganz darauf, was Ihr beim Fahren in Euren Fußsohlen spürt! Wo verspürt Ihr Druck?"
Vermittlungshilfe: "Jedesmal wenn Ihr Druck auf den Ballen spürt, sagt laut "Eins", bei Druck auf der ganzen Sohle "Zwei" und bei Druck auf den Fersen "Drei".
Die meisten Teilnehmer verspüren primär Druck auf den Fersen. Dies läßt sich daher erklären, daß Unsicherheit und Angst dazu führen, sich unbewußt gegen etwas zu stemmen, eine Abwehr- und zugleich Schutzhaltung gegen das Unbekannte, das einem beim Fahren erwartet: "Wenn ich meine Fersen in den Boden stemme, stelle ich fest, daß ich ebenfalls unbewußt meinen Kiefer zusammenpresse und meinen Bauch versteife. Dies scheint meine Atemzüge kürzer werden zu lassen. Wenn ich in dieser Stellung eine Weile verharre, fühle ich mich aufgeregt und leicht verängstigt. Als Folge seiner immerwährenden Wachsamkeit hat ein Mensch, der seine Fersen in den Boden stemmt, Schwierigkeiten, sich zu entspannen und in unerwarteten Situationen sich wohl zu fühlen" (DYCHTWALD 1981, 71). Auch bei guten Fahrern taucht dieses Phänomen häufig auf z.B. bei schlechter Sicht, vereister Piste, steiler Piste, Tiefschnee etc.; umso mehr ist es bei Anfängern eine natürliche Reaktion, mit der wir uns beschäftigen müssen. Dieses Wissen kann den Anfängern nach ersten Erfahrungen mit dieser Aufgabe als Information vermittelt werden.
In einem zweiten Schritt sollten die verschiedenen Möglichkeiten, Druck auf den Sohlen zu spüren, bewußt herbeigeführt werden, verbunden mit der Frage, wie sie sich bei den verschiedenen Möglichkeiten fühlen. Dabei wird selbständig herausgefunden, daß man sich in der Mittellage am wohlsten fühlt. Vorlage erzeugt Angst wegen des Gefühls, bei einem Frontalsturz nicht ausreichend Zeit zum Reagieren zu haben, und die Rücklage führt zu Verkrampfungen.
Eine Teilnehmeräußerung: "Die Wahrnehmung der Fußsohlen bzw. des Drucks auf Ballen, ganzen Fuß oder Fersen war für mich eine wichtige Erfahrung. Ich hatte vorher ständig Krämpfe in den Fußsohlen und dachte, meine Skischuhe seien die Ursache. Ich habe erkannt, daß ich ständig die Zehen verkrampfte, weil ich in Rücklage fuhr.

Ski(Elemente)

Durch die Wahrnehmung meiner Füße hatte ich ständig Rückmeldung, wenn ich zuviel Rücklage hatte. Indem ich bewußt darauf achtete, die "2-er-Stellung" beizubehalten, ließen meine Krämpfe nach, gingen später sogar ganz verloren. Ich habe so das Geld für neue Skischuhe gespart!"
Bei der Suche nach Verkrampfungen soll die nächste Aufgabe helfen:
2. "Konzentriert Euch auf Eure Oberschenkel: Was spürt Ihr und wie fühlt Ihr Euch dabei?"
Vermittlungshilfe: "Wir machen zunächst eine Standübung: Stellt Euch so auf die Skier, daß Ihr einmal Druck auf den Ballen spürt, dann auf der ganzen Sohle und den Fersen. Achtet dabei auf Eure Oberschenkelmuskulatur, was spürt Ihr und wie fühlt Ihr Euch dabei?"
Auch hier wird der Mittellage eindeutig der Vorzug gegeben, beim nachfolgenden Ausprobieren beim Fahren kann dann zusätzlich erkannt werden, daß vorübergehende Vor- oder Rücklage nicht unbedingt unangenehm sein müssen, sondern daß nur ein längeres Verweilen - vor allem in der Rücklage - durch die langanhaltende hohe Spannung Unwohlsein mit sich bringt.
3. Angst besteht vor allem vor dem Fallen und zu schnellem, unkontrolliertem Fahren; deshalb muß bewußt gemacht werden, wie sich Angst und Unsicherheit im Körper äußern:
"Wenn Ihr Angst habt, wo spürt Ihr sie in Eurem Körper, wie äußert sie sich?"
Die Angst ist vor allem in der Magengegend und in Verkrampfungen des ganzen Körpers oder von Körperteilen zu spüren. Mit drei Schwerpunkten (vgl. hierzu die Aufgaben 4 - 6) wird der für gelöstes Fahren notwendige Angstabbau versucht: Abbau der Angst vor dem Fallen durch Erlernen günstiger Reaktionen, Abbau der Angst vor dem Nicht-anhalten-können durch Erlernen des Pflugs und Abbau von Verspannungen durch Wahrnehmen des Ist-Wertes sowie durch bewußtes Atmen.
4. Abbau der Angst von dem Fallen wird versucht mit folgender Aufgabe: "Wie fällt man am günstigsten und wie kann man sicher und problemlos wieder aufstehen? Probiert verschiedene Möglichkeiten aus! Vermeidet aber gefährliche Formen!"

Ski(Elemente)

Als Vermittlungshilfe kann auf verschiedene Formen des Fallens hingewiesen werden, die im bisherigen Verlauf des Skikurses bereits vorkamen. Soweit sie nicht gefährlich waren, sollten sie wiederholt und nach günstigen und ungünstigen Formen unterschieden werden. Gefallen werden kann nach vorne, nach der Seite, nach hinten, aus aufrechter und gebeugter Haltung, im Stand und in Fahrt. Die günstigste Form des Fallens ist das aktive Fallen, verbunden mit dem Versuch, den Körper klein zu machen, damit die Extremitäten nicht unkontrolliert den auftretenden Kräften ausgesetzt sind.

5. Abbau der Angst vor dem Nicht-Anhalten-Können: Hier können entweder zunächst Formen gesucht werden, wie man anhalten kann: "Fahrt bis zu nächsten Slalomstange und versucht dort anzuhalten!" Oder aber der Skilehrer stellt sofort folgende Aufgabe, die in ebenem Gelände ausprobiert wird:
"Geht zu zweit zusammen, ein Partner zieht die Skier aus. Er zieht den Skiläufer. Dieser muß sich dagegen wehren, weggezogen zu werden."
Vermittlungshilfe: "Experimentiert mit dem Strecken und Beugen der Beine, wann könnt Ihr besser Widerstand leisten?"
Bei dieser Aufgabe kann erfahren werden, daß Kanteneinsatz zu Bremswirkung führt. Mit der Aufforderung, beim nachfolgenden Fahren ebenfalls mit der Winkelstellung der Skier und der Beugung der Beine zu experimentieren, kann die Wahrnehmung der Bremswirkung weiter differenziert werden.

6. Abbau von Verspannungen: Beim Fahren des Pflugs erfolgt eine Wahrnehmungszentrierung auf die Oberschenkel:
"Achtet beim Fahren auf Eure Oberschenkelmuskulatur! Was spürt Ihr dort und wie fühlt Ihr Euch dabei?" Nach Fahrversuchen schließt sich die Frage an: "Wie habt Ihr Euch gefühlt beim Fahren im Pflug und was habt Ihr in Euren Oberschenkeln empfunden?" Beim Fahren im Pflug fühlen sich Anfänger nun sicherer, zugleich aber oft unwohl, weil dabei Verspannungen bis hin zu Verkrampfungen auftreten, die als unangenehm empfunden werden. Nach diesbezüglichen Aussagen kann als Standübung die "Aufwachübung" eingeschoben werden (vgl. S.84f.), an der gezeigt werden kann: Spannung macht Spaß; wenn Span-

Ski(Elemente)

nung zu lange aufrecht erhalten und nicht durch Spannungslösung ergänzt wird, schlägt das mit der Spannung verbundene Wohlbefinden in Unwohlsein um. Aus dieser Erkenntnis ergibt sich die nachfolgende Aufgabe:
"Ihr habt erkannt, daß Spannung vor allem dann Spaß macht, wenn sie von einer Spannungslösung ergänzt wird. Versucht dieses Wissen beim Fahren anzuwenden! Welche Möglichkeiten habt Ihr, damit Ihr Euch beim Skilaufen nicht verspannt oder verkrampft, wie könt Ihr für einen häufigen Wechsel von Spannung und Spannungslösung sorgen, d.h. wie könnt Ihr zu angenehmeren Gefühlen beim Fahren kommen?"
Möglichkeiten, die einen Spannungswechsel mit sich bringen, sind: groß und klein werden, mit dem Gewicht von einem Ski auf den anderen wechseln, sich vor- und zurücklegen, eine größere oder kleinere Pflugstellung einnehmen (oder auch diese aufgeben).
Wenn im weiteren Verlauf des Lernens Verspannungen auftreten, kann stets wieder auf die mit diesen Aufgaben gemachten Erfahrungen hingewiesen und zur Suche nach einem Spannungswechsel aufgefordert werden. Solche Verspannungen treten oft z.B. bei schlechten Sichtverhältnissen, ungewohntem Schnee (z. B. Neuschnee) und Ermüdung auf.

7. Wahrnehmen von Verspannungen und Differenzierung der Körperwahrnehmung: Der Gebrauch von Skistöcken führt zu einer stärkeren Wahrnehmungszentrierung auf Vorgänge außerhalb des eigenen Körpers. Fahren ohne Skistöcke erleichtert nach meiner Erfahrung eine Wahrnehmungszentrierung auf den eigenen Körper:

"Stellt Eure Skistöcke an den Rand der Piste! Versucht einmal, ohne Stöcke zu fahren!"
Das Weglassen der Stöcke führt nach einer Phase vorübergehender Verunsicherung zu einer erhöhten Wahrnehmungsfähigkeit und zu einer stärkeren Konzentration auf dich selbst. Dies ist die Voraussetzung für die Aufgabe, Verspannungen und Verkrampfungen zu suchen:
"Überprüft Euch daraufhin, wo in Euch möglicherweise Verspannungen und Verkrampfungen auftreten. Versucht diese zu lösen!" Verspannungen können vorkommen als Folge z.B. ständig gestreckter Arme,

Ski(Elemente)

des Rausstreckens des Pos, des Hochziehens der Schultern. Das Fahren ohne Stöcke und Lösen von Verspannungen wird innerhalb von kurzer Zeit als sehr angenehm empfunden.

8. Wechsel von Spannung und Spannungslösung:
"Ihr habt erfahren, daß der Wechsel zwischen Spannung und Spannungslösung Freude bringt. Versucht bei Eurem Fahren, möglichst große Wechsel zwischen Spannung und Spannungslösung zu erreichen."
Vermittlungshilfe: "Denkt dabei vor allem an den Wechsel zwischen gebeugter Haltung und völliger Streckung Eures Körpers!"
In einem weiteren Schritt kann dazu aufgefordert werden, beim Fahren zu singen, pfeifen, summen oder mit Lauten das Fahren zu begleiten. Dadurch kann erreicht werden, daß der Wechsel zwischen Spannung und Spannungslösung rhythmischer und ausgeprägter erfolgt; vor allem der <u>rhythmische</u> Wechsel bringt angenehme Gefühle.

9. Starker Wechsel von Spannung und Spannungslösung: Als angenehm empfunden wird beim Umsteigeschwingen die teilweise extreme Spannung bei der Beugung des bogenäußeren Knies. Dieses Gefühl kann mit einer Standübung deutlich wahrgenommen und intensiviert werden: "Geht partnerweise zusammen und stellt euch quer zur Fallinie auf. Der Obere verlagert sein Gewicht voll auf den Talski, der unterhalb Stehende packt ihn an beiden Händen und versucht, ihn in Richtung Fallinie zu ziehen. Der obere Läufer muß sich dagegen wehren."

Vermittlungshilfe: "Experimentiert mit der Streckung und Beugung Eures Körpers. Wie ändert sich dabei die Muskelspannung?" Widerstand kann am besten geleistet werden durch extremes Beugen der Knie und einen Hüftknick, was eine starke Spannung vor allem der Oberschenkelmuskulatur mit sich bringt.

"Versucht dieses Gefühl beim Fahren wiederzufinden und zur Spannungslösung/Energieentladung eine explosive Streckung nachfolgen zu lassen!"

10. Wahrnehmungsdifferenzierung:
"Auf welchem Ski hast Du Dein Gewicht? Versuche, ob Du das Gewicht ab und zu nur auf einem Ski haben kannst!"

Vermittlungshilfe: "Experimentiere mit der Beugung des belasteten

Ski(Elemente)

Beins! Wann kannst Du das Gleichgewicht bei der Belastung nur eines Skis gut halten?"
Das Gewicht kann leichter auf einen Ski verlagert werden, wenn das belastete Bein gebeugt wird, denn so kann das Gleichgewicht leichter gehalten werden. Das Erlebnis dieser Aufgabe kann mit der Aufgabe 9 kombiniert werden, wobei die Kniebeugung durch Ausatmen unterstützt werden kann. Zur Unterstützung kann auch bei der Beugung mit beiden Händen zum entsprechenden Fuß gegriffen werden. Durch die damit bewirkten Bögen entsteht möglicherweise Rücklage und eine starke Rotation. Ein Hinweis auf den verspürten Druck auf die Fersen reicht meist bereits aus, um Rücklage und Rotation zu vermeiden. Sinnvoll - im Sinn einer Wahrnehmungsdifferenzierung - erscheint aber auch, bewußt rotieren zu lassen, zumal diese Rotation eine lustvolle Bewegung sein kann, vor allem wenn sie von lockeren Armbewegungen begleitet wird. Beim Fahren in steilerem Gelände erfolgt dann sehr schnell die Einsicht, daß Rotation Unsicherheit bringt, d.h. es resultiert daraus die Erfahrung, daß Rotation als lustbringende Technik auf leichteres Gelände beschränkt werden sollte. In einem weiteren Schritt kann die Wahrnehmung (und damit die Bewußtheit) auf die Knie gelenkt und über ein bewußtes mehrfaches Wegbürsten der Skienden bzw. anschließend des bogenäußeren Skiendes sowohl für Bewußtheit für die Beugung im Kniegelenk als auch Beweglichkeit erreicht werden.
"Wann verlagert Ihr Euer Gewicht von einem Ski auf den anderen, wenn Ihr Bögen fahrt?"
Vermittlungshilfe: "Stellt Euch eine Uhr vor (mit Uhrzeigern!). Stellt Euch vor, Ihr fahrt von 12 über 3 Uhr nach 6 Uhr. Sagt jeweils die Zeit, wann Ihr Euer Gewicht verlagert: Wenn Ihr es am Ende des Bogens verlagert, 6 Uhr. Wenn Ihr es in der Fallinie verlagert 3 Uhr und wenn Ihr es vor der Fallinie verlagert 2,1 oder 12 Uhr."
Wenn eine Bewußtheit für den Zeitpunkt des Verlagerns geschaffen ist und über die Bewußtheit auch ein deutlicheres Verlagern möglich wird, kann folgende Aufgabe gestellt werden:
"Wenn Ihr bisher Euer Gewicht um 6 Uhr verlagert habt, versucht es nun um vier oder drei Uhr zu verlagern. Wer das Gewicht um drei

Uhr verlagert hat, versucht es vor der Fallinie um 2 oder 1 Uhr."
11. Istwert und Sollwert bei der Skiführung:
"Fahrt - sei es im Pflug, sei es parallel - so, daß einmal die Ski weit auseinander und einmal möglichst eng geführt werden. Wie wirkt sich die Skiführung auf Eure Körperspannung aus?"
Sowohl ganz schmale wie auch weite Skistellung können zu Verspannungen und Verkrampfungen führen; bei beiden kann durch systematischen Spannungswechsel ein angenehmeres Gefühl erzeugt werden. Erarbeitet werden kann bei dieser Aufgabe, daß nicht immer im Sinn eines Imperativs (vgl. WAGNER 1985) ganz schmal gefahren werden muß, d.h. die natürliche und als angenehm empfundene Skiführung sollte Vorrang vor einem technischen Sollwert haben.
12. Sinnesbeanspruchung: Unter dem Aspekt der Erhöhung der sinnlichen Präsenz erscheint auch im Anfängerunterricht die Aufgabe sinnvoll, auf Geräusche beim Fahren zu achten:
"Was hört Ihr beim Fahren? Welche Geräusche erzeugen Eure Ski? Hört Ihr mehr von der vorderen oder der hinteren Hälfte der Ski?"
Längerfristig werden Unterschiede wahrgenommen zwischen unterschiedlichen Kanteneinsätzen, Schwungradien, Schwungtypen, Vor- und Rücklage; die gehörten Geräusche können durch Laute, Singen oder Pfeifen noch verstärkt werden.
Eine Teilnehmeräußerung:
"Macht sehr viel Spaß, sich einmal nur auf Geräusche zu konzentrieren. Mir fiel auf, daß sie die ganze Aufmerksamkeit in Anspruch nehmen können und normalerweise ziemlich unter den Tisch fallen. Die Sensibilisierung für Geräusche macht den Kanteneinsatz eindrucksvoller."
13. Atmung und Bewegung: Auf die Atmung wird beim Skilaufen selten geachtet, ihre zeitweilige Beachtung kann zu einem gelösteren, rhythmischeren und empfindungsreicheren Fahren führen.
"Achtet einmal auf Eure Atmung, wann und wie atmet Ihr?"
Bei dieser Aufgabe kann wahrgenommen werden, daß die Atmung oft unregelmäßig ist und vor allem beim schnelleren Fahren oder beim Auftauchen von Risiken der Atem angehalten wird.
"Versucht regelmäßig zu atmen und dabei die Ausatmung zu intensivieren!"

Ski(Elemente)

In einem weiteren Schritt kann die Aufgabe Nr. 8 (s. o. S. 168) verbunden werden mit der Aufforderung, bei der Beugung/(Zusammenkauern) aus- und bei der Streckung einzuatmen.
Hier eine Teilnehmeräußerung zu dieser Aufgabe: "Eine weitere Aufgabe war, den Körper zu strecken, die Arme hochzuheben und dabei einzuatmen; beim Ausatmen sollte man in die Knie gehen und dabei die Arme senken. Bei der Ausführung empfand ich totale Entspannung. Jetzt konzentrierte ich mich nicht mehr darauf, möglichst sicher auf den Brettern zu stehen und ohne Sturz unten am Lift anzukommen. Diese Spannung löste sich ganz. Auch später, wenn ich mich nach einer Schußfahrt oder einer anderen für mich anstrengenden Fahrt verkrampft und damit unwohl fühlte, empfand ich eine Streckung bzw. Oberstreckung meines Körpers in Verbindung mit der Einatmung als sehr angenehm und spannungslösend."

14. Zum Zusammenhang zwischen Kopf- und Körpersteuerung:
   "Achtet einmal darauf, welche Bewegungen Ihr mit Eurem Kopf macht!"

Da die Selbstbeobachtung hier meist keine ausreichenden Ergebnisse bringt, hat sich das gegenseitige Beobachten bewährt, wobei der Fahrende zunächst seine eigene Wahrnehmung verbalisiert, der Beobachtende dann diese Selbstwahrnehmung bestätigt oder korrigiert. Festzustellen ist bei Anfängern, oft aber auch bei fortgeschrittenen Läufern, daß <u>die Augen zunächst die neue Richtung suchen, der Kopf dadurch mitgezogen wird und dann der ganze Oberkörper nachfolgt</u>, was eine ausgeprägte Rotation mit sich bringt. Um den Effekt dieser Kausalkette zu verdeutlichen, erfolgt die Aufforderung:
"Wenn Ihr Bewegungen des Kopfes festgestellt habt, versucht diese Bewegungen zu verstärken und achtet darauf, wie Euer Körper und Eure Skier darauf reagieren!" Die verstärkte Rotation führt zur Belastung des bogeninneren Skis und zu Unsicherheit. Im nächsten Schritt kann dann daran gegangen werden, die feste Verknüpfung von Kopf- und Körperbewegung aufzulösen und den Kopf jeweils ab dem Beginn der Einleitung eines Bogens etwas gegen die neue Richtung drehen zu lassen. Als Vermittlungshilfe kann die Anweisung dienen:
"Schaut jeweils unterhalb des Endes Eures bogenäußeren Skis!"

Ski(Elemente)

Positive Effekte der an Körpererfahrungen orientierten Anfängeraufgaben wurden von Teilnehmern einmal in einer intensiveren Wahrnehmung des eigenen Körpers gesehen. Zum anderen führten die Aufgaben, verbunden mit aufgabenadäquater Lehrweise und Organisation, beispielsweise zu folgenden positiven Teilnehmeräußerungen:
- jeweils mindestens eine ganze Fahrt steht zur - relativ unbeobachteten - Bearbeitung einer Aufgabe zur Verfügung.
- das Alleinfahren ermöglicht es, sich auf sich selbst zu konzentrieren.
- dadurch, daß nicht vorgefahren wird, ist es möglich, einen eigenen Rhythmus zu finden.
- Äußerungen von Teilnehmern - vor allem zu Gefühlen - werden einfach akzeptiert und nicht gewertet.
- der Skilehrer ist Helfer und Anreger, nicht aber derjenige, der bei jedem Schritt über richtig oder falsch entscheidet.
- es gab kein Konkurrenzdenken in der Gruppe, keine "Hackordnung".

Körpererfahrungsaufgaben für Fortgeschrittene

Fortgeschrittene Läufer nehmen sich oft einen Teil der Freude am Skilaufen durch ihre starke Orientierung am Sollwert. Deshalb stellt sich hier als wesentliche Aufgabe, eine teilweise Umorientierung auf den Istwert zu versuchen: "Meistens sind wir mit einem Katalog von Anweisungen beschäftigt, die besagen, wie wir das tun und jenes lassen sollen - Selbstkritik, Selbstanalyse, Sorgen, Ängste und Zweifel. Oft geht das Geschwätz ununterbrochen und nicht gerade freundlich vonstatten" (GALLWEY/KRIEGEL 1981, 36) Das ständige Denken an mögliche Sollwerte führt zu psychischen Verspannungen und zu einer geringen Sensibilität für den Istwert. Die schönsten Fahrten im Skilaufen sind meist jene, wo wir uns voll der Bewegung hingeben, sensibel für den Istwert sind und jeglichen Sollwert vergessen. Deswegen beginne ich bei fortgeschrittenen Läufern - nach einem ersten freien Einfahren - stets mit der Aufforderung:

Ski(Elemente)

1. "Auf was habt Ihr beim Skilaufen geachtet?" Wenn die Antwort auf die Frage schwer fällt, stelle ich die Aufgabe: "Achtet einmal bei Eurer nächsten Fahrt bewußt darauf, auf was Ihr achtet." Selten kommen dabei andere Antworten als im Sinne des Sollwerts: "Ich hätte besser auf dem Talski stehen müssen, meine Knie waren nicht ausreichend gebeugt, ich muß meine Skier enger führen usw." Fast nie werden Gefühle, Stimmungen oder Körperwahrnehmungen geäußert. Hier lassen sich die Begriffe "Istwert" und "Sollwert" einführen mit einem Hinweis darauf, daß es im Kurs zunächst einmal primär darum gehen soll, sensibler für den Istwert zu werden. Bei Gruppen, die noch nicht mit dem Thema Körpererfahrung konfrontiert wurden, bieten sich alle Aufgaben an, die oben für Anfänger geschildert wurden, denn sie bringen den fortgeschrittenen Läufer zu einer größeren Bewußtheit und damit zur Möglichkeit, sein Skilaufen so zu gestalten, daß mehr Wohlbefinden gewährleistet ist. Bewußtheit, Sensibilität und der Umgang mit den angeführten Prinzipien kann darüber hinaus durch folgende Aufgaben intensiviert werden:

2. Zum Zusammenhang zwischen Gefühlen/Stimmungen und Spannungszuständen im Körper: Für das Aufdecken von Zusammenhängen eignen sich Darstellungsaufgaben: "Geht in Zweier- oder Dreiergruppen zusammen: Versucht folgende Begriffe beim Skilaufen darzustellen: Lasch, locker, beschwingt, heiter, traurig, deprimiert, fit, jauchzend, Null Bock, ängstlich, aggressiv. Welche Begriffe bringen Ähnlichkeiten in ihrer Darstellung? Welche Unterschiede bezüglich Spannung, Spannungslösung und Rhythmus lassen sich feststellen? Welche Körperhaltungen sind damit verbunden (Öffnung und Schließung)?"

Darstellungsaufgaben finden großen Anklang; sie machen sensibel für Zusammenhänge zwischen Gefühlen/Stimmungslagen und Spannungszuständen im Körper, für Voreinstellungen zum Skilaufen und ihre körperlichen Folgen. Ihre Auswertung ermöglicht, andere Skiläufer besser einschätzen zu können; darüber hinaus kann erarbeitet werden, daß eine durch Wetter, ungünstige Schneeverhältnisse, Probleme in einer Gruppe u.a.m. hervorgerufene negative Voreinstellung und damit verbundene geringere Spannung selbst verursacht ist und

Ski(Elemente)

beeinflußt werden kann, d.h. daß über die Suche höherer Spannung auch die psychische Verfassung sich zum positiven Pol hin ändert. Meist erfolgt auch ein unmittelbarer Transfer der gewonnenen Erkenntnisse auf andere Lebensbereiche. Oft entwickelt sich daraus ein Gespräch zur Polarität des Lebens und seinem Rhythmus. Immer nur Sonne, immer nur optimale Verhältnisse versperren den Weg zu einem vollen Genuß des Skilaufens, "bessere" und "schlechtere" Bedingungen gehören zusammen, um optimale Bedingungen wirklich genießen zu können. Auch "schlechte" Bedingungen haben ihren Reiz, man muß ihn nur erkennen können. Wind, Wetter, schlechte Sicht und schwierige Schneeverhältnisse können intensive Körpererfahrungen bringen , sofern nicht durch eine negative Orientierungsgrundlage ("So ein Mistwetter heute") schon von vornherein für geringe Körperspannung oder auch Verkrampfungen und damit für geringere Wahrnehmungsfähigkeit gesorgt wird. Es gibt keine schlechten Verhältnisse, sondern nur ungünstig eingestellte Skiläufer!
3. Zum Problem der Seitigkeit: Fast jeder Skiläufer hat eine starke und eine schwache Seite ("Schokoladenseite"). Ursachen dafür sind bei der einseitigen Beanspruchung im Alltag ("Rechtshänder"/"Linkshänder"), beim Sporttreiben (z.B. bei Rückschlagspielen) und in einer geringen Entwicklung der Körpersensibilität beim Skilaufen zu suchen. Beim Skilaufen hat die "Schokoladenseite" ihre Hauptursache meist in einer geringeren Beugung des (bogenäußeren) Knies z. B. der schwächeren/ungeschickteren Körperseite. Geringere Beugung führt zu schwächerem Kanteneinsatz mit all seinen Folgen. Das Problem der Seitigkeit kann im Skilaufen allein nicht gelöst werden; durch die Verbesserung der Wahrnehmung des Beugegrades läßt sich aber eine skispezifische Abmilderung der Problematik (und ein Bewußtsein für die Wichtigkeit des Problems) erreichen.
"Achtet darauf, in welchem Umfang Ihr bei Euren Schwüngen das bogenäußere Knie beugt! Gibt es Unterschiede zwischen der Beugung des rechten und linken Knies?"
Soweit Unterschiede festgestellt werden, bringen diese Wahrnehmungen meist ein Aha-Erlebnis hinsichtlich der Schokoladenseite.

Ski(Elemente)

4. Bewußtheit der Kniesteuerung: Die Bewußtheit für die Tätigkeit der Knie ist oft recht gering entwickelt. An dieser Bewußtheit kann mit einer zeitlupenartigen Durchführung des reinen Parallelhochschwungs gearbeitet werden. In leichterem Gelände (ohne Wellen) wird folgende Aufgabe gestellt:
"Fahrt einen langgezogenen Parallelschwung ohne Stockeinsatz, und zwar quasi in Zeitlupe. Achtet dabei auf die Bewegung Eurer Knie!" Die langsame Hochbewegung, die Wohlbefinden erzeugende Überstreckung des Körpers, und die Möglichkeit einer genauen Beobachtung der Beinarbeit, besonders der Kniebewegung, finden eine große Resonanz, eine Teilnehmerin: "Das war toll, da habe ich zum ersten Mal richtig gemerkt, was ich mit meinen Knien mache, das ist ein schönes Gefühl." Das bewußte Drehen der Knie in die neue Fahrtrichtung kann dann auch auf schnellere Schwünge übertragen werden.
5. Wahrnehmung mit den Füßen: Fest geschlossene (und vor allem zu enge) Schuhe wirken einengend und beeinträchtigen die Wahrnehmung sowohl der Füße <u>als</u> <u>auch</u> <u>mit</u> <u>den</u> <u>Füßen:</u>
"Öffnet die Schnallen Eurer Skischuhe. Versucht einmal mit offenen Skischuhen zu fahren. Ändert sich etwas an der Wahrnehmung Eurer Füße und der Wahrnehmung mit den Füßen?"
Zunächst wirken offene Schuhe verunsichernd, dann aber verbessert und differenziert sich die Wahrnehmung. Mit offenen Schuhen fährt man weicher, runder und kann ein Gefühl für diese Fahrweise entwickeln. Äußerung einer Teilnehmerin: "Super, phantastisch, Spitze, unfaßbar, wie etwas so Unkonventionelles so schön sein kann, besonders wenn man am Anfang mißtrauisch und ängstlich war und sich später sicher und wohl dabei gefühlt hat. Werde ich auf jeden Fall öfters machen."
6. Atmung und Rhythmus: Auf die Bedeutung der Atmung wurde bereits bei den Anfängerübungen hingewiesen (Aufgabe Nr. 13). Dieser Punkt sollte erneut aufgegriffen werden, vor allem im Zusammenhang mit dem Kurzschwingen, dessen Rhythmus dadurch deutlich unterstützt werden kann:
"Achtet einmal darauf, wie Ihr beim Skilaufen/Kurzschwingen atmet!" Normalerweise wird dabei festgestellt, daß die Atmung unregelmäßig erfolgt. Die dadurch verursachte stoßweise Atmung - bis

Ski(Elemente)

hin zum längeren Anhalten des Atmens - sorgt für Sauerstoffmangel, Ermüdung und geringere Sensibilität.
"Versucht Eure Atmung mit den Schwüngen zu koordinieren!"
Vermittlungshilfe: "Versucht die Koordination bei größeren und kleineren Schwungradien!"
Die Koordination gelingt vor allem dann, wenn etwas größere Radien gefahren und jeweils auf einen Schwung ein- und den nächsten ausgeatmet wird. Eine gelungene Koordination bringt eine deutliche Rhythmisierung der Schwünge und ein wesentlich intensiveres Wahrnehmen des Rhythmus mit sich, verbunden mit entsprechenden positiven Gefühlen.

7. Streckbewegungen und Wohlbefinden: Eine Extension des Körpers bis in die Überstreckung bringt angenehme Gefühle:
"Fahrt folgenden Schwung: Scherumsteigen bergwärts, setzt dabei die Arme bewußt (und ohne Beachtung der Skilehrplananforderungen) zur Unterstützung der Streckbewegung ein. Versucht einen maximalen Wechsel zwischen Streckbewegung und Beugebewegung zu erreichen!"
Intensiviert wird das damit verbundene Gefühl, wenn die Streckbewegung bewußt von einer Einatmung begleitet wird. Eine Teilnehmeräußerung: "Besonders wichtig für mich und ungeheuer schön war die Vor-Hoch-Bewegung mit völligem Öffnen des Körpers, das Reinspringen in die Streckung und anschließende Sich - Fallen - Lassen, das war richtig befreiend, ich habe es so empfunden, als ob ich schweben würde."

8. Kopfsteuerung und Rhythmus bei Kurzschwüngen: Der Rhythmus wird oft gestört durch Bewegungen von Kopf und Oberkörper. Nach einer Sensibilisierung für überflüssige und oft den Bewegungsfluß störende Kopfbewegungen (vgl. hierzu die Aufgabe 14. auf S. 174), und nach der Verstärkung solcher Bewegungen - (um sie und ihre Folgen bewußt zu machen) - gebe ich folgende Anregung:
"Versucht nun den Kopf bei Euren Kurzschwüngen ganz ruhig zu halten!"
Vermittlungshilfe: "Schaut während Euren Kurzschwüngen immer in Richtung Fallinie!" Bei Erfüllung dieser Aufgabe bleibt nicht nur der Kopf, sondern der ganze Oberkörper deutlich ruhiger. Teilnehmer berichteten über ein Gefühl, als sei der Körper beim Kurz-

Ski(Elemente)

schwingen am Kopf aufgehängt und pendle rhythmisch nach den Seiten. Ein Teilnehmer: "Kopf kontrollieren, fixieren und dadurch weichere, rundere Bewegungen des restlichen Körpers bewirken. Das war ein neues Gefühl, das ich bisher noch nicht bewußt empfunden hatte. Es kam mir so vor, als wäre der Kopf ein befestigter Punkt, an dem der Körper aufgehängt ist und sich locker bewegt. Die Bewegungen spielten sich hauptsächlich im Hüftbereich ab, es kam mir vor, als sei der Körper gespannt, gleichzeitig locker, die Bewegungen ruhig und rhythmisch." Ein anderer: "Wenn der Oberkörper richtig ruhig bleibt und nur die Beine sich bewegen, das finde ich toll." Falls das Ruhighalten von Kopf und Oberkörper nicht sofort gelingt, hilft vorübergehend auch die Verwendung des Doppelstockeinsatzes weiter.

9. Schwünge und Erlebnismöglichkeiten: Bei den verschiedenen Schwüngen gibt es unterschiedliche Wahrnehmungs-, Erlebnis- und Erfahrungsmöglichkeiten: Bei Schwüngen mit Hochentlastung fasziniert der _Wechsel_ _zwischen_ _Streckung_ _und_ _Beugung/Schließung_, bei Umsteigeschwüngen der _starke_ _Wechsel_ _zwischen_ _Spannung_ _und_ _Spannungslösung_. Alle Schwünge mit Hochentlastung bringen ein _ausgewogenes_ _Verhältnis_ _von_ _Spannung_ _und_ _Spannungslösung_. Kurzschwünge, sei es als Parallelhochschwünge, als Umsteigeschwünge oder in der Ausgleichstechnik fördern einen _häufigen,_ _rhythmischen_ _Wechsel_ _zwischen_ _Spannung_ _und_ _Spannungslösung_. Schnelles Fahren verlagert die Wahrnehmungszentrierung auf die Wahrnehmung des Fahrtwinds, der Atmung, der Ermüdung der Muskulatur oder läßt auch den eigenen Körper - im Sinne meditativen Versinkens - ganz vergessen. Insgesamt haben die verschiedenen Schwünge dann einen hohen Erlebniswert, wenn sie rhythmisch und rund gefahren werden. Hierzu leisten die hier aufgeführten an Körpererfahrung orientierten Aufgaben einen wesentlichen Beitrag.

Trickskischwünge bringen zum Teil Körpererfahrungsprinzipien noch deutlicher zur Anwendung als die zuvor erwähnten Techniken. Der Reuel-Schwung erfordert eine extreme Überstreckung; der Flamingo-Schwung spricht ganz deutlich den Gleichgewichtssinn an, der Charleston-Schwung das Rhythmusgefühl, der Walzer Rotationskräfteempfindungen. Nicht vergessen werden darf der Geländesprung: Nicht

Ski(Elemente)

ohne Grund will das Kind, das Skilaufen lernt, bald kleine Sprünge machen, Schanzenbauen: Sprünge bringen hohes Risiko/Spannung und einen deutlichen Wechsel zwischen Spannung und Spannungslösung.
Wer die Vielfalt der Schwungformen und der mit ihnen verbundenen Wahrnehmungs-, Empfindungs- und Erlebnismöglichkeiten auszunutzen weiß, bleibt von Monotonie verschont. Voraussetzungen dafür sind aber Erfahrungen, Wissen und Können.
Der Zugang zum Spaß an der Tiefentlastung und der Ausgleichstechnik bleibt nicht wenigen wegen mangelnder Freiheitsgrade in den Gelenken und nicht ausreichender Kondition verschlossen.
10. Wichtig erscheint im Rahmen eines an Körpererfahrungen orientierten Skiunterrichts eine Sensibilisierung für Skiumwelt (Pisten, Schneearten, Landschaft, Skiort etc., vgl. hierzu den Beitrag von SPERLE in diesem Band) und Gruppenmitglieder. Die Sensibilisierung für Mitglieder der eigenen Gruppe oder zwischen leistungsstärkeren und -schwächeren Gruppen kann z.B. erfolgen durch partnerweises Fahren (händchenhaltend), Kleingruppenfahren (mit Halten der Stöcke zwischen den Fahrern), Synchronfahren mit und ohne Musik, Kleingruppenarbeit und gegenseitiges Beobachten und Korrigieren. Das Hinterherfahren hinter einem guten Fahrer schafft Vertrauen und läßt den Nachfahrenden Sollwerte vergessen.

<u>Zum Schluß einige Bemerkungen von Teilnehmern an körpererfahrungsorientiertem Skiunterricht:</u>
"Skifahren findet jetzt für mich mehr in den Beinen statt als vorher. Der Kopf ist nicht mehr der ausschlaggebende Teil des Körpers, der die Bewegungen lenkt. Das bewußte Erleben von Spannung und Spannungslösung verhilft mir zu einem unverkrampfteren Skifahren."
"Ich habe meinen Körper zum Teil auf eine ganz neue Art kennengelernt. Viele Dinge, auf die ich zuvor keinen Gedanken verschwendet habe, sind oft in einem ganz anderen Licht erschienen, z.B. die positiven/negativen Rückmeldungen über den Körper bei bestimmten Arbeitsaufträgen. Ganz deutlich kam mir dies bei der Körperspannung/-entspannung zum Bewußtsein. Ich weiß nicht, ob ich das auch mit einordnen kann, daß mir z.B. dieses Mal zum ersten Mal

Ski(Elemente)

beim Skifahren mein Knie nicht weh getan hat. Ich denke mir, daß es daher kam, daß ich nicht mehr so extrem Rücklage gefahren bin, dies rührt wieder von dem bewußten unterschiedlichen Belastungen der Füße (Druck auf den Sohlen) her."
"Ich habe Skilaufen auf eine ganz neue Art kennengelernt (und das Lernen von Skilaufen), die mir viel Spaß gemacht und mir auch unheimlich viel gebracht hat. Mir wurde zum ersten Mal bewußt, <u>warum</u> beim Ausführen bestimmter Dinge/Techniken das Skilaufen erleichtert wird, z.B. bei Spannung/Entspannung in Bezug auf die Rücklage. Ich kann sagen, hauptsächlich bei den Dingen, die mir früher (oft auch jetzt noch) große Schwierigkeiten bereitet haben, ist mir durch die Körpererfahrungsarbeit einiges klar/bewußt geworden. Das hat dazu geführt, daß ich auf einmal einiges beim Skilaufen verbessern konnte."
"Ich konnte mich ins Skilaufen <u>hineinfühlen</u>, wie sich Bewegungen im Körper/mit dem Körper anfühlen - konnte sogar mir gut selbst Rückmeldung geben - auf Grund von: "Das hat sich anders angefühlt" und konnte orten, wo was anders war/falsch war/sich schlechter oder besser angefühlt hat und an den mir sich als angenehm anfühlenden Bewegungen orientieren - denn diese waren dann oftmals vom Technischen her auch richtig."
"Hinzu kam, daß ich meine eigene Körperbefindlichkeit besser einschätzen und wahrnehmen gelernt habe, damit verbunden auch das Erlebnis gespürt habe, was diese Befindlichkeit für mein Skifahren bedeutet."
"Ich habe meine Skipraxis erheblich verbessert, was ich auf den eingeschlagenen Lehrweg zurückführe. Durch das Erlebnis zu spüren, was Körperbewußtsein auf die Ausführung von Skifahren bedeutet, wurde mir das Lernen von Techniken erleichtert. Deutlich gesehen habe ich die Tatsache, wie einfach neue Schwünge eingeführt wurden und wie leicht es mir fiel, solche Aufgaben auszuführen."
"Mir wurde bewußt, daß Skifahren nicht mit Kraft alleine zu erreichen ist. Früher habe ich verkrampft versucht, eine Technik zu verwirklichen. Dieses Mal hörte ich auf meinen Körper und die Technik kam wie von allein! Zum ersten Mal bin ich richtig <u>gerne</u> Ski gelaufen, weil ich bewußter gelernt habe, bewußter die Land-

Ski(Elemente)

schaft und meine Glücksgefühle registriert habe."
"Ich habe mich im Bereich Körpererfahrung immer sehr wohl und nicht so verspannt gefühlt wie in den anderen Unterrichtsstunden. Dies liegt mit Sicherheit auch daran, daß ich nicht Vor- bzw. Nachfahren mußte und mich somit mehr mit mir selber beschäftigen konnte. Ich hatte keine Sollwertvorgabe durch den Skilehrer und fühlte mich deshalb von Zwängen freier als sonst. Die Körpererfahrung bewirkte bei mir ein unabhängigeres, selbstsicheres, bewußteres Fahren."
"Positiv waren für mich die Abfahrten nach Samnaun bei den schlechten Witterungsbedingungen. Ich habe dabei verstärkt ein Bewußtsein für Körper, Schnee und Ski entwickeln und das umsetzen können, was erarbeitet wurde. Ich habe bewußt auf die Reaktionen meines Körpers und der Ski geachtet und fühlte mich unwahrscheinlich wohl und sicher auf den Skiern. Hätte ich mich nicht auf meinen Körper konzentrieren können, wären mir die schlechten Verhältnisse nur als etwas Negatives bewußt geworden."
"Am Anfang habe ich gedacht: Schade, Körpererfahrung ist zwar schön, aber ich lerne nichts. Doch dann ging es plötzlich und schnell, ohne daß ich es merkte."
"Ich bin sensibel geworden für vieles, was mir vorher nicht bewußt war. Statt z.B. an die Kanten zu denken, versuche ich nun zu spüren, wie die Füße sich anfühlen oder was die Knie machen."
"Losfahren, erfühlen, erspüren, wenig denken, dann klappt's ,dann macht's Spaß."
"Zum ersten Mal habe ich beim Skilaufen erlebt, was es heißt, entspannt und kräftesparend zu fahren. Vorher war ich nach jeder Abfahrt kaputt."

Einige Bemerkungen zum Skilanglauf (*4)
Viele der oben genannten Körpererfahrungsaufgaben können auf den Skilanglaufunterricht übertragen werden. Für diesen erscheint mir bei Anfängern ein Beginn mit Skiwanderungen (Entdecken der Natur, der Umgebung, der gleitenden Bewegung etc.) wichtiger als ein umfangreicher Unterricht. Als Ziel sollte verfolgt werden, die Anfänger möglichst bald zum flüssigen und flotten Laufen zu

Ski(Elemente)

führen (was zu einem großen Teil vom konditionellen Zustand abhängig ist); dies ist am leichtesten erreichbar über häufiges und umfangreiches Laufen und über ein gelegentliches Arbeiten an Spannungswechselproblemen und dem Rhythmus.
Beim Skilanglauf sind Körpererfahrungen ohne Unterricht und ohne gezielte Aufgaben leichter zugänglich als beim Alpinen Skilauf. Ein gewisses technisches Niveau läßt sich allein durch häufiges Laufen erreichen; dieses technische Niveau erleichtert den Zugang zu umfangreichen positiven Körpererfahrungen. Durch ein Anwenden der Aufgaben, die oben für den alpinen Bereich geschildert wurden, können Wahrnehmungen, Erlebnisse und Erfahrungen beim Skilanglaufen intensiviert und differenziert werden. Skilanglauf ist - gute Loipe, günstige konditionelle Verfassung und Beherrschung der Technik des Diagonalschritts vorausgesetzt - die Sportart, die vielleicht die umfassendsten und positivsten Körpererfahrung vermitteln kann. Das Gleiten auf den Skiern, eingebettet in die winterliche Landschaft, durch wechselndes Gelände, die rhythmische gegengleiche Bewegung mit der Aufeinanderfolge von deutlicher Spannung und Spannungslösung, verbunden mit der Überstreckung des Körpers nach hinten oben, die gleichmäßigen und fließenden Gewichtsverlagerungen; all dies bringt eine enorme physische und vor allem auch psychische Wirkung mit sich (die durch den Siitonen-Schritt längst nicht im gleichen Maß erreicht werden kann). Die wechselnde Spur, Anstiege und Abfahrten, unterschiedliche Schneebeschaffenheit, dies alles erfordert eine ständige Bereitschaft des Wahrnehmungssystems, eine wache Hingabe an die Bewegung . Ein Skilanglaufaufenthalt bringt wegen der Körpererfahrungsqualitäten dieser Sportart und der damit verbundenen positiven psychischen Auswirkungen einen erheblich höheren Erholungseffekt als ein Alpinskiaufenthalt oder die Beschäftigung mit anderen Sportarten, zumal wegen der relativ geringen Belastung stundenlang gelaufen werden kann und damit auch eine deutliche Verbesserung von Ausdauer und Willensqualitäten erreicht wird. Nie habe ich mich psychisch so frisch, konzentriert und produktiv gefühlt wie während und nach einem Skilanglaufaufenthalt!

Ski(Elemente)

Als Beispiel für die Art und Weise, wie im Skilanglauf körpererfahrungsorientiert gearbeitet werden kann, einige Bemerkungen zum Lehren des Diagonalschritts. Wenn die Lernenden über Wandern und Laufen in einer einfachen Loipe erste Erfahrungen gemacht haben, können Aufgaben zur Erarbeitung des Diagonalschritts gestellt werden. Diese Aufgaben orientieren sich an der Erkenntnis, daß es beim Diagonalschritt vorwiegend um Gleichgewichthalten, Spannung und Spannungslösung sowie Rhythmus geht.

1. "Achtet einmal beim Stockeinsatz darauf, wo sich beim Abdruck vom Stock jeweils Eure Hand befindet. Ist sie vor der Hüfte, sagt Ihr eine "Eins", auf der Höhe der Hüfte eine "Zwei" und hinter der Hüfte eine "Drei".

    Gute Läufer unterscheiden sich von schwächeren Läufern und von Anfängern vor allem in der Weite der Hand- und Armführung. Eine weite Armführung ist Voraussetzung für einen intensiven Schub durch den Stockeinsatz und damit für eine ausgeprägte Gleitphase. Die gewünschte Armführung setzt eine gewisse Sicherheit und ein gutes Gleichgewichtsgefühl voraus. Schwache und unsichere Läufer berichten deshalb bzgl. der gestellten Aufgabe meist eine Eins, mittlere eine Zwei und gute Läufer eine Drei.

2. "Versucht bewußt, die verschiedenen Armeinsatzmöglichkeiten auszuprobieren! Welche Folgen haben Arm- und Stockeinsatz für Eure Körperstreckung und -spannung?"

    Je weiter die Arme durchpendeln, desto intensiver werden Stockeinsatz, Schub, Streckung und Spannung, desto länger haben wenig belastete Körperteile auch Zeit zur Spannungslösung.

3. "Lauft ohne Stöcke und konzentriert Euch ganz auf eine weite Armführung im Sinne einer Pendelbewegung. Versucht eine ausgeprägte Streckung und Spannung der jeweils beanspruchten Körperteile zu erreichen!"

    Da Wohlbefinden am besten erreicht wird, wenn es sich beim Diagonalschritt um eine rhythmische Bewegung handelt, kann als Vermittlungshilfe gesagt werden: "Versucht Brüche in der Bewegung zu vermeiden und lauf rhythmisch!" In Verbindung mit dem Armeinsatz kann dann zusätzlich auf ein gefühlvolles Suchen des

Ski(Elemente)

günstigsten Abdruckpunkts mit den Füßen bzw. des günstigsten Abdruckverhaltens geachtet werden. Dieses soll <u>erfühlt</u> werden und nicht durch Fremdsteuerung zustande kommen.

4. "Nehmt nun wieder Eure Stöcke! Versucht das, was Ihr Euch erarbeitet habt, auf das Laufen mit Stöcken zu übertragen! Experimentiert mit Eurer Körperspannung und Eurem Rhythmus! Wann fühlt Ihr euch wohl?"
Wohlbefinden wird vor allem erreicht bei ruhigem rhythmischen längerem Laufen mit kontinuierlichem Wechsel von Spannung und Spannungslösung, ohne Gefährdung des Gleichgewichts.

Anmerkungen

*1 Vgl. hierzu den Beitrag zur Leichtathletik in diesem Band. Der theoretische Teil zur Körpererfahrung im Leichtathletikartikel hat auch für den Beitrag zum Skilauf Gültigkeit.

*2 Bei GALLWEY/KRIEGEL geht es für mein Empfinden eher um die Verbesserung von Techniken und um Leistungsverbesserung. Der Schwerpunkt dieses Beitrags liegt auf der Wahrnehmungsdifferenzierung, auf Bewußtheit, Glück und Wohlbefinden beim Skilauf.

*3 Zum besseren Verständnis der nachfolgenden Aufgaben für Körpererfahrungen im Skilauf wird die Lektüre der Seiten 39 - 43 sowie 48 - 77 empfohlen.

*4 Aus Platzgründen können Körpererfahrungsaufgaben zum Skilanglauf nicht ausführlich aufgeführt werden. Eine Anpassung der zuvor geschilderten Aufgaben für den Langlaufunterricht sollte einem Skilangläufer nicht schwerfallen.

Ski("Technik")

Nico Sperle

KÖRPERERFAHRUNG IM ALPINEN SKIFAHREN.

"Die individuelle Bewegungsqualität ist in ihrer Ausprägung abhängig von der Konstitution des Schülers und kann sich daher nicht zu sehr an einem normierten Technikideal orientieren" (PETERSEN/HOTZ 1985).

Bewegungsqualität ist sicherlich ein wesentliches Merkmal von Bewegungshandlungen im alpinen Skifahren. Dabei ist die Bewegungsqualität nicht nur von der Konstitution der Lernenden abhängig, wie dies PETERSEN und HOTZ (1985 S. 33) feststellen, sondern im wesentlichen auch von der Art und Weise der internen und externen Informationsaufnahme (-möglichkeiten). Um die differenzierte und vielfältige innere Informationsgewinnung durch Körpererfahrungsaufgaben und deren Verknüpfung mit externen Informationen sowie mit bereits vorhandenen Handlungsschemata soll es hier nun gehen.

1. Einige Anknüpfungspunkte

Die hier vorliegenden Aufgaben zur Vermittlung von Bewegungsgefühl, Bewegungsbewußtheit und Körpererfahrung im Skifahren wurden in zahlreichen Skikursen mit Anfängern, Fortgeschrittenen und sehr guten Skiläufern sowie bei Aus- und Weiterbildungslehrgängen in den letzten Jahren erprobt und immer auch kritisch mit den jeweiligen "Anwendern" besprochen, die damit auch ganz wesentlich zur Weiterentwicklung der Aufgaben beigetragen haben. Bestärkt, in dieser Richtung weiterzuarbeiten, wurde ich nicht nur durch die positiven Rückmeldungen vieler Teilnehmer(-innen), sondern auch durch die Tatsache, daß über die vermehrte Anwendung von Aufgaben zur Körpererfahrung und zum Bewegungsgefühl innensichtgeleitete Hilfen zur Realisierung vermittelt sowie körpereigene Kriterien zur Kontrolle von Bewegungshandlungen entwickelt werden konnten. Die Lernenden standen mit ihren Erfahrungen, Eindrücken, Körperwahrnehmungen unmittelbar im Mittelpunkt des unterrichtlichen Geschehens, fühlten sich in ihrer eigenen Befindlichkeit und in ihren Möglichkeiten ernstgenommen, erlebten Ausdrucksmöglichkeiten

Ski("Technik")

und konnten sich auf Wesentliches in ihrer Bewegungsrealisation konzentrieren. Nicht nur die Vermittlung von normierten Techniken und außensichtgeleiteten Anweisungen sondern das Sammeln und Bewerten vielfältiger Erfahrungen mit den konstituierenden Strukturelementen der einzelnen Techniken stehen im Mittelpunkt des Skiunterrichts.

Es handelt sich hierbei um die Strukturelemente Gleichgewicht, Kanten, Druckkontrolle, Drehen, Körperlage und Körperstellung, wie sie in unserem 1984 erschienen Aufsatz "Fehlerkorrektur und Mängelreduktion im alpinen Skilauf aus handlungstheoretischer Sicht" beschrieben sind (vgl. BREMER u. a. 1984).

Bei der Vorgehensweise mit Aufgaben zur Körpererfahrung werden neben den körpereigenen Wahrnehmungen auch Situationen, also externe Bedingungen, erfaßt und mit den Körperwahrnehmungen in Beziehung gesetzt. Die internen Abbildungen von Bewegungshandlungen werden um wesentliche Eindrücke über die Zustände und Befindlichkeiten des eigenen Körpers ergänzt. Individuelle Situationsinterpretationen und individuelle Handlungsmöglichkeiten verlangen weniger nach normierten Situationsbewältigungen (normierten Techniken) sondern mehr nach individuellen Lösungen, in die die jeweils unterschiedlichen äußeren Bedingungen gleichermaßen wie die Kenntnisse über und das Erfassen von internen Wahrnehmungen miteingehen.

Die vielfältigen Erfahrungen mit Körpererfahrungsaufgaben und deren Verbindung mit äußeren Bedingungen haben eindrucksvoll gezeigt, daß damit auch günstige Voraussetzungen erzeugt werden können, Skifahren als eine Natursportart zu erfahren und zu begreifen. Die charakteristische Faszination des Skifahrens, die von der spielerischen, "schwerelosen" und gekonnten Bewältigung vorgegebener, sich ständig ändernder äußerer Bedingungen der alpinen Umwelt ausgeht, öffnet dann auch die Sinne und den Verstand für die Grenzen der Sportart, wenn beim Lernen von Bewegungshandlungen die Umweltbedingungen einfühlsam erfaßt und als Handlungsrahmen erkannt werden. In all den Kursen, in denen ich bislang Körpererfahrungsaufgaben angewandt habe, war eine beachtliche Bereitschaft der Teilnehmer(-innen) vorhanden, sich mit den umweltbelastenden

Ski("Technik")

Auswirkungen der Sportart und des damit verbundenen Tourismus auseinanderzusetzen. Diese Bereitschaft endete nicht bei einer ersten Betroffenheit, sondern verlangte nach Handlungsalternativen, sowohl auf der sportpolitischen wie auf der sportpraktischen Ebene. Einige Anregungen für die Praxis wurden von uns als erste Denkanstöße für den Bereich des Skilaufens, in der Zeitschrift NATUR veröffentlicht (vgl. KREITER/SPERLE 1985 S. 9).

2. Aspekte zur pädagogischen Bedeutung von Körpererfahrung im alpinen Skiunterricht

Die hier vorgestellten Aufgaben behandeln die oben angeführten Strukturelemente des Skifahrens, sind nach diesen geordnet und stellen kein vollständiges und in sich geschlossenes Lernkonzept zum Skifahren dar. Sie bieten inhaltliche Teilaspekte für den Skiunterricht jeder Könnensstufe und tragen dazu bei, daß neben den "traditionell" vorrangig verbalen und visuellen Informationen auch solche über taktile, vestibulare und kinästhetische Zustände und Befindlichkeiten bei der Ausführung skitechnischer Handlungen verarbeitet werden.

Die Nutzung möglichst vollständiger Informationen zur individuellen Bewegungsregulation und damit auch zur Bewegunskontrolle können zu einer zunehmenden Selbständigkeit des Lernenden im Skifahren führen. Informationsgewinnung und -beurteilung in unterschiedlichsten Situationen machen die Lernenden mit fortschreitendem Lernprozeß unabhängiger. WOPP charakterisiert Selbständigkeit mit Hilfe von drei Kategorien, die der hier vorgestellten Vorgehensweise ebenfalls zugrunde gelegt werden: Selbstregulation, Situations- und Problemorientiertheit (WOPP 1985). Selbstregulation, die Fähigkeit Bewegungshandlungen relativ autonom regeln, steuern und auswerten zu können, ist eine wesentliche Lernvoraussetzung des Menschen. Situationsorientierung bedeutet, daß individuelle Situationsauffassungen unterschiedlicher Menschen bei z. B. gleichen Situationen auch unterschiedliche "Bewegungsantworten" hervorbringen. Individuelle Erfahrungen/Wahrnehmungen und ihre bewußte Verarbeitung spielen dabei eine entscheidende Rolle. Insbesondere "die für das Skilaufen typische ständige Variation der Umweltbedingungen und die vor allem bei der Abfahrt anzutreffende

Ski("Technik")

Erhöhung der Eigengeschwindigkeit stellen nicht nur an die Bewegungsleistungen des Individuums sondern gleichzeitig auch an Wahrnehumgs- und Denkprozesse hohe Anforderungen" (WILKEN 1985, S. 103). Problemorientiertheit bedeutet, daß für äußere Bedingungen/Situationen keine entsprechenden oder nur unzureichende Bewegungsantworten verfügbar sind. So kann z. B. ein Skifahrer das temporegulierende Bogenfahren in einer Passage nicht mehr aufrecht erhalten, weil er kurze, enge Bögen noch nicht beherrscht. Er wird in dieser Situation auf den Bremspflug zurückgreifen müssen, der andererseits enorm anstrengend ist und zu Verkrampfungen führt. Im problemorientierten Unterricht werden nun Lernschritte so arrangiert, daß das Problem (Widerspruch zwischen aktueller individueller Handlungsmöglichkeit und äußerer Handlungsanforderungen) deutlich gemacht wird und Aufgaben angeboten werden, die Problemlösungsmöglichkeiten aufweisen. In unserem Beispiel könnte nun in vertrautem Gelände ein "Trichter" mit Hilfe von Stangen gestreckt werden. Die Aufgabe lautet: Fahre innerhalb des "Trichters" bis zum Ende. Der Lernende kann seine eigenen Radien wählen, kann, wenn ihm am "Trichter"ende die Sache zu eng wird, beliebig ausweichen, erkennt selbst Lösungsmöglichkeiten usw. Damit sind zumeist die kurzen Radien noch nicht sofort gelernt. Weitere Aufgaben, deren Aufführung hier den Rahmen sprengen würde, werden notwendig. Hier soll nun aufgezeigt werden, wie mit Hilfe von Aufgaben zur Körpererfahrung Lernende vollständigere Voraussetzungen aufbauen können, die zu einer adäquaten Situationsbewältigung beitragen. Es sollen vorhandene Erfahrungen mit neuen Erfahrungen verbunden werden und somit zu neuen Lösungen von Handlungsaufgaben führen. Bewußtseinsfähige Körperwahrnehmungen sollen über möglichst viele Vorgänge des Körpers bei der Ausführung der Bewegungshandlungen Informationen bereitstellen. Mit der Lösung von Aufgaben zur Körpererfahrung werden auf diese Weise außer der Selbstständigkeit die Handlungskompetenz erweitert und das Bewegungsverständnis vervollständigt.

Ski("Technik")

3. Einige methodisch-didaktische Aspekte

Beim Unterricht mit den nachfolgend aufgeführten Aufgaben ist auf einige methodisch-didaktische Aspekte zu achten. So beansprucht dieses Vorgehen relativ stark die Konzentrationsfähigkeit der Lernenden und sollte durch "schöpferische Pausen" unterbrochen werden Selbstverständlich wirken die Wahrnehmungen, die zuvor erschlossen werden konnten, weiter und sind nicht mehr aus dem Bewegungshandeln wegzudenken.

Die Aufgabenfolge, in ihrem Lern- und Erfahrungsgegenstand für viele Lernende neu, sollte in möglichst kleinen, leicht überschaubaren Schritten aufgebaut werden; mehrmalige Wiederholungen gleicher oder ähnlicher Aufgaben sind notwendig, um Wahrnehmungsbarrieren abzubauen und um die Wahrnehmungssensibilität differenziert auszubilden. Wechselnde äußere Situationen und Bedingungen können zur Wahrnehmungsdifferenzierung und -stabilisierung beitragen.

Das nachfolgend aufgeführte Ablaufschema für die Anwendung von Aufgabenstellungen im Skiunterricht wurde in Anlehnung an eine von mir u.a. entwickelte Vorgehensweise ausgearbeitet (vgl.BREMER u.a. 1984, S. 120 ff.):

- Orientierung über die spezielle Arbeitsweise mit Aufgaben
- Orientierung über die Zielsetzungen des unterrichtlichen Geschehens
- Aufgabenstellung und Akzentsetzung entsprechend der jeweiligen Situationen
- Relativ lange Erprobungs- und Wahrnehmungsphasen
- Ausführung und Erprobung unterschiedlicher Wahrnehmungsmöglichkeiten
- Besprechung der Wahrnehmungen und Beobachtungen partnerweise oder in kleinen Gruppen
- Modifizierte Aufgabenstellung, Situationswechsel und Wiederholung derselben Aufgabenstellung zur Vertiefung der Wahrnehmungen
- Besprechung der Wahrnehmungen und Herausarbeitung möglicher funktionaler Zusammenhänge (Verbindung von Wahrnehmungen und Kenntnissen)
- Stabilisierung der Wahrnehmungs und Körpererfahrungsprozesse durch die Anwendung der entsprechenden Aufgaben unter ständig

Ski("Technik")

wechselnden äußeren Bedingungen
Gleichzeitig sollten bei der Orientierung der Lernenden im Hinblick auf diese Arbeitsweise folgende Hinweise beachtet werden:
- Handlungszielsetzungen sollten in der Aufgabenstellung erkennbar eingelagert sein. Damit ist nicht gemeint, daß Wahrnehmungsprozesse und Körpererfahrung sozusagen vorweggenommen und erläutert werden.
- Erlebnisse und Körpererfahrungen sind bei unserem Vorgehen immer an Bewußtheit und damit auch an Wahrnehmungshilfen und Beobachtungsaufgaben gebunden. Hierzu sind Orientierungen notwendig, da sonst vielfältige Informationsmöglickeiten und Eindrücke oft teilweise nur zufällig oder überhaupt nicht erfasst werden.
- Unvollständige Orientierungsgrundlagen können eine sinnvolle didaktische Reduktion bedeuten und sollten im Laufe des Lernprozesses ergänzt und erweitert werden, da die Aufnahmefähigkeit und das Problembewußtsein mit dem Fortgang der Lernhandlung selbst ansteigen.

4. Aufgaben zur Körpererfahrung im alpinen Skifahren

Auf die Beschreibung einer dem täglichen Skiunterricht vorausgehenden Aufwärmphase mit Dehnungs-, Anspannungs- und Entspannungsübungen, die besonders geeignet erscheinen, Körpererfahrungsprozesse vorzubereiten, wird an dieser Stelle verzichtet und auf die allgemeinen Beiträge von FÖRSTER, KNÖRZER und TREUTLEIN/PREIBSCH in diesem Band verwiesen.
Die Unterteilung der Aufgaben zur Körpererfahrung nach den skitechnischen Strukturelementen bedeutet nicht, daß mit der jeweiligen Aufgabe nur dieses eine Strukturelement bearbeitet wird. Selbstverständlich besteht hier über alle Strukturelemente eine gegenseitige Beeinflussung , und die Aufgaben haben zum Teil je nach Akzentuierung übergreifende Funktionen.
Ebenfalls muß an dieser Stelle noch einmal betont werden, daß die nachfolgenden Aufgaben sowohl für Anfänger, für Fortgeschrittene als auch für Skiläufer mit hohem Fertigkeitsniveau gedacht sind. So lassen sich viele der Übungen bereits mit Anfängern beim Fahren in der Fallinie, beim Bogentreten, beim Bogenlaufen und beim Lernen in Geländehilfen anwenden.

Ski("Technik")

4.1. Kanten/Gleiten (Skiführung)

Im Mittelpunkt der Aufgaben zum Kanten und Gleiten stehen Wahrnehmungen über die Fußsohle und über die Innenseite des Fußes und des Sprunggelenkes. Die Fußsohle stellt die direkteste Verbindung zwischen dem Handelnden und dem System Ski, Bindung Skischuhe dar. In Gesprächen mit Skischülern habe ich oftmals feststellen können, daß die bewußten Wahrnehmungen oberhalb des Skischuhschafts aufhören (Druck an der Schaftvorderseite) und daß - wenn überhaupt - die Empfindungen im Skischuh und an der Fußsohle ungenau und äußerst diffus sind.

Wichtig erscheint mir deshalb auch noch der Hinweis darauf, daß eine erhöhte Sensibilisierung im Bereich des Fußes und der Fußsohle durch das Lockern (nicht öffnen) der Skischuhschnallen zu erreichen ist. So sind das Erstaunen über die "neugewonnene" Bewegungsfreiheit bei nur geringer Destabilisierung und umfassenere "Empfindlichkeit" im Bereich der Füße häufige Rückmeldungen.

1. Aufgabe: Ertaste Stück für Stück bei beliebigen Bogen- bzw. Schwungfolgen die Fußsohle und den gesamten Fuß.
Anmerkungen: Diese Aufgabe ist als Einstieg gedacht; Fahrgeschwindigkeit so wählen, daß eine Wahrnehmungszentrierung auf den Fuß und die Fußsohle möglich wird; mehrere Wiederholungen sind hier notwendig; Schwungradien, falls nicht durch das Gelände vorgegeben, variieren.
Nach mehreren Versuchen Erfahrungen mit Partner/n austauschen; Erfahrungen in der Gesamtgruppe austauschen.
Zielsetzung: Den Fuß und die Fußsohle in ihrer Gesamtheit ertasten, um danach diffenrziert Druck, Spannung und Entspannung wahrnehmen zu können.
2. Aufgabe: Benenne besonders starke Druckpunkte an der Sohle.
Anmerkung: Hierbei sollte der Schwerpunkt der Wahrnehmungen auf den Talfuß/Talski gelegt werden.
Zielsetzung: Differenzierung der Wahrnehmungen
3. Aufgabe:
a) Wann verstärkt und wann verringert sich der Druck u. die Spannung in der Fußsohle bezogen auf eine Schwungfolge?

Ski("Technik")

b) Wann - bezogen auf die einzelnen Bögen/Schwünge - verstärkt sich jeweils und wann verringert sich der Druck an der Sohle?
Anmerkung: Mehrere Wiederholungen bei unterschiedlichen Bogen- und Schwungradien
Zielsetzung: Die zeitliche Komponente bezüglich der Bewegungsabfolge soll differenziert wahrgenommen werden. Damit können Druckunterschiede und ihre funktionalen Bezüge zum Bogen- und Schwungablauf bewußt gemacht werden.
4. Aufgabe: Verlängere und verkürze bewußt Druck- und Spannungsphasen in der Fußsohle und beobachte die Wirkungen der Schwungfolgen.
Anmerkungen: Diese Aufgabe sollte im planen und flachen Gelände durchgeführt werden, damit möglichst umfassend die Wirkungen wahrgenommen werden können. Die wahrgenommenen Wirkungen mit den Partnern und in der Gruppe besprechen.
Zielsetzung: Die wahrgenommenen Druck- und Spannungs- sowie Entspannungsphasen bestimmen die Bewegungsgeschwindigkeit und den Bewegungsrhythmus.
Mit diesen Aufgabenstellungen können innere Bedingungen für Bogen- und Schwungfolgen erfaßt werden.
5. Aufgabe: Verlängere bewußt ohne Druck- und Entspannungsphasen
Anmerkung: Bogen- und Schwungradien werden nun größer, damit ist ein entsprechend flaches und weites Gelände notwendig.
Zielsetzung: Wie bei Aufgabe 4
6. Aufgabe: Laß den Druckpunkt vom Fußballen über die ganze Fußsohle zur Ferse wandern.
Anmerkungen:
a) Diese Aufgabe auf mehrere Bögen bzw. Schwünge beziehen.
b) ... auf einen Schwung beziehen und dabei versuchen, ohne "ausladende" Oberkörperbewegungen auszukommen.
Zielsetzung: Gezielt Druck aufbauen und diesen mit Lagetendenzen verbinden (Körperlage: Vor-, Mittel- und Rücklage).
7. Aufgabe: Kontrastaufgaben
   a) Führe mehrere Bögen und Schwünge mit Druck auf dem Fußballen,
   b) auf der ganzen Fußsohle,
   c) auf der Ferse aus.

Ski("Technik")

Anmerkungen: Der Lernende kann mit Hilfe dieser Aufgaben selbständig Kriterien für die o.a. Körperlagen entwickeln; mit Hilfe solcher Aufgaben können Lageveränderungen in der Regel subtiler wahrgenommen werden, was eine wesentliche Voraussetzung für eine konstante Mittellage bei gleichzeitig sich ständig veränderndem Neigungswinkel der Ski ist (z.B. in der Buckelpiste oder auch innerhalb eines einzelnen Schwungs).
Zielsetzung: Erfahrungen sammeln mit körpereigenen Vorgängen, die dazu beitragen, daß unterschiedliche Druckverteilungen rechtzeitig wahrgenommen, verfügbar und korrigiert werden können. Diese Verfügbarkeit hat Auswirkungen auf die Körperlage, ohne daß ständig von Vorlage, Mittellage und Rücklage gesprochen werden muß.
8. Aufgabe: Versuche während _eines_ Schwungs die Druckverteilung und die Druckverteilungsänderung wahrzunehmen.
Anmerkungen: Hierbei sollen umfangreichere Bogen- und Schwungfolgen ausgeführt werden, um Druckverteilungsänderungen während eines Schwungs ertasten zu können.
Ergänzende Fragestellung: Im Stand spürst Du den Druck auf der gesamten Sohle. Beobachte, wie sich der Druck an der Fußsohle während einzelner Schwünge verlagert.Ausführliche Besprechungsphase der von den Lernenden gemachten und mitgeteilten Beobachtung.
Zielsetzung: Der Lernende soll wahrnehmen, daß jede Schwungphase sich auch taktil unterschiedlich an der Fußsohle abbildet (!).
9. Aufgabe: Versuche bei jedem Schwung ein gleichmäßiges "Rollen" der Fußsohle um die Längsachse auszuführen, so daß am Ende dieses "Rollens" der Druck an der Innenseite der Fußsohle (Talfuß) nur noch als ein ganz schmaler Streifen spürbar ist.
Anmerkungen: Die Geländewahl ist hier von mitentscheidender Bedeutung (flache und plane Piste).
Zielsetzung: Skiführung und Kanten wird mit Hilfe dieser und der vorangegangenen Aufgaben zu einer Bewegungsfolge und wird nicht mehr nur noch als Zustand zum Beispiel der Knieführung erlebt. Bewegungsgefühl und Bewegungskenntnis bilden damit die Grundlage für körpereigene Kriterien im Hinblick auf die Anforderungen beim Kanten.

Ski("Technik")

10. Aufgabe: Wie Aufgabe (9) mit Erhöhung bzw. Verringerung der Bewegungsgeschwindigkeit: "Rolle" möglichst schnell bzw. möglichst langsam um die Fußlängsachse!
Anmerkung: Nach ersten Versuchen sollen die Lernenden auch die Wirkungen des unterschiedlich schnellen "Rollens" beobachten. Hier wird sich eine Rhythmisierung der Fahrweise abzeichnen. Insbesondere werden zunehmend Kurzschwünge gefahren werden können, auch in steilerem Gelände.
Zielsetzung: Bewußtmachen der körpereigenen Möglichkeitsvielfalt durch die Variation der Bewegungsgeschwindigkeit.
11. Aufgabe: Versuche sofort nach der Schwungauslösung einen möglichst schmalen Druckstreifen an der Fußsohleninnenseite (Talfuß) zu erzeugen bzw. zu spüren.
Anmerkungen: Durch diese Aufgabenstellung wird eine Veränderung der Schwungradien hervorgerufen.

Der interessierte Leser, der die oben angeführten Aufgaben im Skiunterricht anwendet, wird sehr schnell erleben, daß der hier vorgezeichnete Weg auch einen erleichterten Zugang zu Techniken ermöglicht. Die Erfahrungen zeigen, daß Lernende, die mit den Aufgaben zur Körpererfahrung vielfältige Handlungsmöglichkeiten durch bewußtes in sich Hineinhören und Empfinden aufgebaut haben, skitechnische Elemente und ihre funktionalen Zusammenhänge relativ leicht realisieren, ebenso die notwendigen Skitechniken. Dabei werden die "Anwender" der oben angeführten Aufgaben vielfältige eigene Erfahrungen sammeln und neue und veränderte Aufgaben konstruieren. Diese "innensichtgeleiteten" Aufgaben zum Kanten und zur Skiführung bilden ein solides Fundament für die nachfolgenden Aufgaben.

4.2. Druckkontrolle und Drehen
Die Aufgaben zur Druckkontrolle und zum Drehen knüpfen unmittelbar an die oben aufgeführten Körpererfahrungsmöglichkeiten an. Dabei bleibt zunächst noch die Fußsohle als sog. "Wahrnehmungszone" im Mittelpunkt des besonderen Interesses, um nachfolgend durch Wahrnehmungszentrierungen auf den Bereich der Knie und der Oberschenkel ergänzt zu werden.

Ski("Technik")

1. Aufgabe: "Rolle" um die Fußlängsachse so, daß der Druck an der Innenseite der Fußsohle (Talfuß) stetig stärker wird.
Zielsetzung: Hierbei soll der Lernende ein Gefühl für die Druckverstärkung bekommen.
2. Aufgabe: Unterteile das "Rollen" in vier Phasen von "Druck auf der ganzen Sohle" (0) bis "Druck nur auf dem schmalen Streifen an der Innenseite der Fußsohle" (3). Benenne die Phase dazwischen mit (1) und (2).
a) Die Zahlen 0 bis 3 sollen bei entsprechender Ausführung laut gerufen werden (mehrere Wiederholungen).
b) Versuche die Phasen 0 bis 3 wie "Einzelbilder" zu fahren.
c) Fahrt paarweise hintereinander und ruft Euch die einzelnen Phasen (0 bis 3) zu, die in den jeweiligen Augenblicken realisiert werden.

Anmerkungen: Diese Aufgabe ist dem Buch "Besser Skifahren durch "Inner Training"" von GALLWEY/KRIEGEL (1981,S.66) entnommen. Eines der zentralen Probleme im alpinen Skiunterricht ist die Vermittlung von Kantengefühl, was immer mit Hinweisen wie "Führe die Knie vorwärts einwärts" usw. zu erreichen versucht wird. Über die hier vorgestellen Aufgaben wird der Lernende selbstbewußter, weil wir ihm zutrauen, aus der Palette der Möglichkeiten (0 bis 3) selbst auszuwählen. Der Lernende erhält nicht mehr außensichtgeleitete Anweisungen, die allzu oft unerfüllbar bleiben, sondern kann seinen eigenen Möglichkeiten entsprechend Kanten und entwickelt Kriterien der eigenen Bewegungsausführung. Jeder Skiläufer kann somit sein eigenes "3" entwickeln und versucht nicht, den Lehrer oder irgendwelche Idole aus dem Rennlauf zu imitieren, die beide im Vergleich mit dem Lernenden andere Voraussetzungen mitbringen, die für diesen zum momentanen Zeitpunkt nicht erreichbar sind.
Mit der Aufgabe 2c soll eine Kombination von Innen- und Außensicht erreicht werden, indem der Partner beobachtet wird.
Zielsetzung: Die Schüler sollen über ein Gefühl der graduellen Ausführung des Kantens verfügen. WAHRNEHMUNGSDIFFERENZIERUNG, ERKENNEN, BEWERTEN und DIFFERENZIEREN. Gleichzeitig soll das Gefühl für das Druckverstärken am Schwungende vermittelt werden.

Ski("Technik")

3. Aufgabe: "Rolle" bis "3" und löse im Moment des größten Drucks den neuen Schwung aus.
Anmerkung: Die Lernenden erfahren über Druck- und Spannungsempfindungen das "günstigste" Ende des Skidrehens und können dies für die Auslösung des nächsten Schwungs nutzen. Für viele Skischüler ist dies bei der herkömmlichen Vorgehensweise des Techniklernens ein schier unlösbares Problem. Nun können - mit Hilfe dieser Aufgaben - die Schüler allmählich eigene Kriterien für die Spannungsverstärkung, die durch das Drehen und Kanten erzeugt wird (Druckkontrolle), aufbauen.
Zielsetzung: Die Schüler sollen erfahren, wie sprichwörtlich sinnvoll Druckverstärkung zur Steuerung des Schwungs und zur Vorbereitung und Auslösung des nächsten Schwungs ist. FUNKTIONALE ZUSAMMENHäNGE

4. Aufgabe (Kontrastaufgabe):
Erinnere Dich an die Kantenphasen 0 bis 3 und versuche, im flachen und planen Gelände in der Phase 0 und maximal bis zur Phase 1 zu schwingen.
Beschreibe die Druck und Spannungszustände an der Sohle, in den Knien und in den Oberschenkeln und schildere, wie die Ski auf dem Schnee geführt wurden.
Zusatz: Achte auf die Geräusche, die durch die Skiführung im Schnee erzeugt werden. Achte auf den Geräuschwechsel.
Anmerkungen: Möglicher Hinweis: Drehe Deine Füße so, als würdest Du eine Zigarette austreten.
Zielsetzung: Starkes DREHEN der flachgestellten Ski soll erlebt werden.

5. Aufgabe: Aufgaben, um den durch die Skitaillierung vorgegebenen Radius spüren und kennenzulernen:
a) Fahre in der Fallinie an, kralle Dich mit der Innenkante Deines Außenskis in den Schnee (Phase 3) und hebe den Innenski an. Warte ab, was geschieht.
b) Wie a) nur über die Fallinie
c) Wie bei a) und b). Achte auf die Geräusche, die durch die Skiführung im Schnee erzeugt werden.

Ski("Technik")

Anmerkungen: Flache weite Piste. Durch die Taillierung der Ski fährt der Schüler bergwärts; mehrfache Wiederholung der Aufgabe, um ein Gefühl für die Skitaillierung und die durch den Skibau vorgegebene Kurvenführung zu gewinnen.
Zielsetzung: Die Lernenden können mit den Aufgaben (4) und (5) die beiden "Pole" realisieren, innerhalb derer sich das Drehen der Ski abspielt.
6. Aufgabe: Aufgabe (4) und (5) im Wechsel ausführen lassen.
Fragestellung an den Schüler: Wodurch ergeben sich welche Unterschiede? Wie unterscheiden sich die verschiedenen Ausführungen durch die verursachten Geräusche?
Anmerkungen: Ein alle Aspekte berücksichtigender Erfahrungsaustausch ist hier unbedingt notwendig.
Zielsetzung: BEWEGUNGS- und HANDLUNGSVIELFALT wahrnehmen und (sprichwörtlich) erfahren lernen. Funktionale Zusammenhänge zwischen Kanten/Skiführung und Rutschen, Drehen, Druckkontrolle sowie steuern, erfühlen, erleben und erkennen.
7. Aufgabe: Kombiniere das "Rollen" um die Fußlängsachse mit einer Vertikalbewegung. Beobachte dabei den möglichen Druck- und Spannunszuwachs bzw. deren Abnahme an der Fußsohle, im Knie und in den Oberschenkeln.
Zielsetzung: Funktionale Erfordernisse für die Erhöhung des Drucks. Schüler erlebt Vertikalbewegung zur Druckverstärkung bzw. zur Druckabnahme.
8. Aufgabe: Wiederhole die Aufgabe (3) und die Aufgabe (7) und achte auf folgende Ergänzung: Löse im Moment der größten Spannung den neuen Schwung aus und
a) versuche rasch die Phase "3" zu erreichen.
b) versuche langsam die Phase "3" zu erreichen.
Anmerkungen: Dies wird sicherlich einer besonderen Besprechung bedürfen, um bei der Aufgabe b) ein Zusammenhang zwischen der Drehgeschwindigkeit und dem Schwungradius herzustellen. Hinweise auf und Vergleiche mit den Aufgaben (4) und (5) sollten gegeben werden.

Ski("Technik")

9. Aufgabe (Kontrastaufgabe):
a) Fahre mehrere Schwünge in der Abfahrtshocke, und beobachte Deine Skiführung und das Drehen der Ski.
b) Fahre in möglichst aufrechter Körperstellung mehrere Schwünge und beobachte Deine Skiführung und das Drehen.
Anmerkungen: Was ist in der jeweiligen Position relativ einfach auszuführen (Kanten bzw. Drehen)?
Zielsetzung: Neben der raschen Ermüdung durch extreme Stellungen soll hier erlebt werden, daß die Körperstellung eine weitere bestimmende Größe beim Drehen und bei der Druckkontrolle darstellt. Weiter soll die KÖRPERSTELLUNG ALS BEWEGUNG erfahren werden.
An dieser Stelle werden die Aufgaben zur Druckkontrolle und zum Drehen abgebrochen. Im unterrichtlichen Ablauf wären nun Situationsarrangements und Aufgaben angesagt, die die durch Körpererfahrungsaufgaben erworbenen Erfahrungen mit wechselnden äußeren Bedingungen verbinden (vgl. hierzu BREMER u.a. 1984, S.136f.). Dadurch können weiter modifizierte Bewegungsantworten ausgebildet und stabilisiert werden.

4.3 Dynamisches Gleichgewicht

Es lassen sich nahezu alle Aufgaben der Abschnitte 4.1 und 4.2 mit angehobenem Innenski ausführen. Dadurch wird die Erhaltung des dynamischen Gleichgewichtes wesentlich erschwert und eine Druckverstärkung auf dem Außenski erreicht. Eine weitere Steigerung im Hinblick auf das Gleichgewicht - im Sinne der Akzentuierung, wie sie in der Einleitung zum Abschnitt 4 erwähnt wird - erfahren die Aufgaben noch dadurch, daß sie ohne Stöcke versucht werden. Dieser Aspekt soll hier noch aufgegriffen und vertieft werden, in dem wir uns Aufgaben zuwenden, die ohne Skistöcke, zusammen mit Partnern und mit einer Slalomstange als Hilfsmittel erprobt werden. Der Partner stützt, sichert und hilft bei der Lösung.
Hier nun werden exemplarisch Aufgabenkomplexe zum Bereich der Innenskischwünge und zum Thema "Mit geschlossenen Augen fahren" vorgestellt. Angeregt wurden diese Aufgaben u.a. durch die Ausführungen und zahlreichen Praxisbeispiele von ARTURO HOTZ sowie durch vielfältige Unterrichtsversuche.

Ski("Technik")

1. Aufgabe: Paarweise an einer vor dem Oberkörper getragenen Slalomstange fahren: Fahre weite Schwünge nur auf dem jeweiligen Außenski und hebe den jeweiligen Innenski hoch an.
a) Der jeweils Äußere trägt die Slalomstange wie ein Tablett auf den flachen Händen.
b) Beide tragen die Slalomstange wie der Äußere in a).
c) Wechselt für mehrere Schwünge die Körperstellung ("halbe" Hocke, aufrecht)
Zielsetzung: DYNAMISCHES GLEICHGEWICHT verbessern
2. Aufgabe: Fahre weite Schwünge nur auf dem Innenski und
a) hebe den Außenski hoch an ("Flamingo")
b) halte den Außenski weit seitwärts,
c) halte den Außenski nach hinten ("Reuel").
Anmerkungen: Der Partner sichert "normal" fahrend den Experimentierenden.
Zielsetzung: Neben der Wahrnehmungszentrierung auf das Gleichgewicht (Lage, Körperstellung und Lagewechsel) sind nun Kommunikationsprozesse mit dem Partner bereits während der Aufgabenausführung gefordert.
3. Aufgabe: Paarweise an der Slalomstange fahrend: Der jeweils Äußere führt einen Innenskischwung aus.
Anmerkungen: Diese Aufgabenfolge (1 - 3) kann beliebig fortgesetzt werden, indem die Aufgabenstellungen variiert werden.
Z. B.:
- Veränderte Schwungradien bis hin zu Kurzschwüngen
- Alle Schwünge nur auf einem Ski fahren
- Veränderte Körperlagen und Körperstellungen
Zielsetzung: Durch das Sichern des Partners gewinnt der Übende soviel Selbstvertrauen, daß weitere Aufgaben aus dem Trickskibereich probiert werden können. Erleben der EIGENEN BEWEGUNGSVIELFALT.
4. Aufgabe: Mit geschlossenen Augen fahren, indem der Partner an zwei Slalomstangen den Vorderen führt und sichert. Mit einfachen Schwüngen und langsamem Fahrtempo beginnen.

Ski("Technik")

Aufgaben:
a) Führe beim Blindfahren ausladende Bewegungen aus (Bewegungsumfang).
b) Führe langsame Bewegungsfolgen aus (Zeitlupe)
c) Führe schnelle Bewegungen aus.
d) Erhöhe etwas das Fahrtempo und wiederhole die verschiedenen Bewegungsausführungen.
e) Reduziere den Bewegungsumfang auf das Nötigste.

Anmerkungen: Sicherheitshinweis:
- Abgesicherter Pistenbereich
- Verantwortung des Partners betonen
- Geländewahl sorgfältig treffen
- Pistenbeschaffenheit (Unebenheiten) berücksichtigen.

Zielsetzung: WAHRNEHMUNGSKONZENTRATION auf kinästhetische, akustische und taktile Informationen unter Ausschaltung des visuellen Analysators.

Auch diese Aufgaben sind nur Beispiele und können beliebig ergänzt werden.

4.4 Aspekte allgemeiner Körpererfahrungsaufgaben im Skifahren

Hier nun eine kleine Auswahl von Körpererfahrungsaufgaben für das alpine Skifahren, die mehr einen übergreifenden Charakter besitzen und nicht bestimmten Strukturelementen der Skitechnik zuzuordnen sind. Es geht dabei im wesentlichen um Atmung, Anspannung und Entspannung (vgl. auch FÖRSTER, KNÖRZER und TREUTLEIN / PREIBSCH in diesem Band).

1. Aufgabe: Erinnere Dich an die Phase"3" (Kanten der Ski) am Ende eines jeden Schwungs. Atme nun so aus, daß mit dem Erreichen des schmalen Druckstreifens an der Innenseite der Fußsohle - also mit Erreichen der Phase "3" - die Ausatmung beendet ist. Atme hörbar aus!

Anmerkungen: Mehrere Wiederholungen in unterschiedlichen Situationen (zunächst einfaches Gelände, dann schwierigere Bedingungen).

Zielsetzung: Aufbau eines ANSPANNUNGS- und ENTSPANNUNGSWECHSELS

2. Aufgabe: Wie in Aufgabe (1) und ergänzt um:
Richte Dich nach dem Ausatmen ganz auf (Vertikalbewegung) und atme hierbei ein. Fühl Dich leicht/schwerelos. Löse dabei gleichzeitig

Ski("Technik")

die neue Richtungsänderung aus.
Anmerkungen: Für viele Skifahrer ist die Angst beim Skifahren eine wesentliche Lernbarriere. Bewußtes, auf den Bewegungsfuß abgestelltes Atmen kann u. a. helfen, diese Angst zu überwinden; ähnlich wie das Selbstvertrauen in die eigenen Fähigkeiten.
Zielsetzung: Sich-Wohlfühlen mit Skitechnik verbinden und erleben.
3. Aufgabe: Laß die Schultern und Arme in der Phase des Einatmens hängen und laß die Ski von der Fallinie "ansaugen" (warte).
Anmerkung: Weites Gelände ist notwendig, damit die Lernenden Zeit zum Wahrnehmen z. B. des "Ansaugens" haben.
Zielsetzung: Bewußte Verlängerung der ENTSPANNUNG. Bewußtes Erleben des "Loslassens"
4. Aufgabe: Wie Aufgabe (3) und ergänzt durch:
Wechsle (erhöhe und verringere) die Schwungfrequenz und damit die Atemfrequenz und umgekehrt.
Anmerkung: Hierbei soll mal die Atemfrequenz den Wechsel der Schwungfrequenz und mal umgekehrt bestimmen.
Zielsetzung: Ökonomisch Skifahren heißt auch, den Wechsel zwischen Entspannung und Anspannung durchgängig realisieren können.
5. Aufgabe: Werde beim Ausatmen zunehmend schwerer
Anmerkung: Hiermit soll der Skifahrer zusätzlich zu dem Drehdruck seine Körerschwere erleben und verstärken lernen, indem er tiefgeht.
Zielsetzung: Entspannung verstärken durch Erhöhen der vorangegangenen Anspannung.
6. Aufgabe: Variiere die Vertikalbewegung:
  - schnell, langsam
  - umfangreich, gering und variiere das Gelände und wiederhole die oben angeführten Aufgaben (1 - 5).
Anmerkung: Die Erfahrungen sollen in möglichst variantenreichem Gelände angewandt werden.
Zielsetzung: Wahrnehmungen, Empfindungen und Erfahrungen modifizieren und stabilisieren.
Körpererfahrung im alpinen Skiunterricht bereichert den intendierten Lernprozeß um fundamentale Erfahrungsdimensionen. Lernen - und hier Skifahrenlernen - kann als ein Entdeckungsprozeß betrachtet

Ski("Technik")

werden, bei dem es auch darum gehen muß, die durch den menschlichen Körper vorgegebene Einheit (Ganzheit) in den differenzierten Prozessen beizubehalten. Wahrnehmen und Fühlen, Erkennen und Verstehen, Planen und Wünschen, Bewegen und Kontrollieren sind Bestandteile von menschlichen Handlungen. Eine Vernachlässigung eines oder mehrerer Bestandteile bedeutet eine Verengung menschlicher Möglichkeiten. In diesem Sinne verstehe ich Körpererfahrung als integralen Bestandteil menschlichen Lernens, der nie verhindert werden kann, der aber im herkömmlichen Skiunterricht bislang mehr zufällig und beliebig ausgebildet wurde. Die hier vorgestellten Beispiele sollen dazu beitragen, daß im Skifahrenlernen künftig mehr auf Körpererfahrungsaspekte eingegangen wird, daß Lernenden ein Erlebnisbereich erschlossen wird, der sowohl das Fähigkeits- und Fertigkeitsniveau erhöht, als auch geeignet ist, Vertrauen des Lernenden in seine eigenen Handlungs- und Erlebnismöglichkeiten aufzubauen.

3. Körpererfahrung in den Sportspielen

Bernd Ruhnau

Körpererfahrung im Handball

"Warum spielst Du eigentlich Handball?" fragte ein Kommilitone. "Weil es mir Spaß macht", fiel mir als einzige Antwort ein. "Und was macht Dir Spaß?" Diese unerwartete Frage machte mich sprachlos, verunsicherte und provozierte mich. Sie stand am Beginn eines Prozesses, der mich nachdenklich werden ließ, am Beginn einer langen Suche nach den Gründen für meinen Spaß und mein Engagement in dieser Sportart, die mir doch auch viele Entbehrungen, Schmerzen und Enttäuschungen bereitet hat. Irgend etwas machte Spaß, es war mehr als nur der freundschaftliche Kontakt zu den Mitspielern (oder auch zeitweise zu den Gegenspielern) oder das Erlebnis von Erfolg und Sieg. Ich war sicher, es hatte etwas mit meinem Körper zu tun, ich konnte es aber nicht in Worte fassen und beschreiben. Beeinflußt durch Körpererfahrungsübungen und Seminare während meines Studiums begann ich, mich selbst als Spieler gezielter zu beobachten und während meiner gleichzeitigen Tätigkeit als Arbeitsgemeinschaftsleiter im Hochschulsport und als Trainer im Verein, andere zu beobachten, mit dem Inhalt Handball zu experimentieren und mich auf die Suche nach den Freude erzeugenden Elementen im Handball zu begeben. Über den bewußteren Umgang mit mir selbst und mit anderen wurde mir im Laufe der Zeit klarer, welche Elemente im Handball mich besonders faszinieren. Die dabei gemachten Wahrnehmungen, Erlebnisse und Erfahrungen beeinflußten mich in meiner Entwicklung als Handballer und in meiner Einstellung zum Sport: die intensive Beschäftigung mit dem eigenen Körper, mit fremden Körpern und Körpererfahrungen erweiterten mein Bild vom Sport. War ich früher ein absoluter LEISTUNGSFANATIKER, wurde ich mit der Zeit kritischer, ohne so weit zu gehen wie MOEGLING (vgl. MOEGLING/MOEGLING 1984, S. 9 f.) und den Leistungssport abzulehnen. Auch heute noch bin ich aktiv im Leistungssport Handball und habe viel Spaß dabei. Aber es hat sich ein Wandel vollzogen; der Erfolg heiligt nicht mehr alle Mittel, aus dem

Handball

Gegner als Feind ist ein Mitspieler geworden, die Sensibilität für seinen Körper und seine Verletzlichkeit wurde über die Beschäftigung mit dem Thema "KÖRPERERFAHRUNG" erhöht.
Der nachfolgende Beitrag stellt einen Versuch dar, meine Experimente zum Thema "KÖRPERERFAHRUNG" offenzulegen und andere interessierte Handballer, Sportlehrer und Trainer zum Experimentieren zu ermutigen. Die Anwendung der nachfolgenden Übungen wirkte sich sehr positiv auf die Motivation der beteiligten Sportler aus. Ein Aspekt sollte aber bedacht werden. Die Durchführung war im Hochschulsport einfacher als im Vereinssport und wurde bei AG-Teilnehmern wieder schneller interessiert aufgenommen als von Prüfungskandidaten. In Anbetracht der leistungsorientierten Erwartungshaltung von Prüflingen und an Meisterschaften teilnehmenden Sportlern ist es nicht unproblematisch, Inhalte und Übungen (und damit verbundene Ziele) in den Übungs- und Trainingsablauf zu integrieren, die sich nicht sofort augenscheinlich leistungssteigernd und erfolgbringend auswirken. Eine einseitige Orientierungsgrundlage "Leistung und Erfolg" erschwert den Zugang zu Körperwahrnehmungen, -erlebnissen und -erfahrungen.
Die anschließenden Übungen zur Verbesserung der Wahrnehmungsfähigkeit, zur Steigerung der Erlebnisfähigkeit und zur Eröffnung von Erfahrungsmöglichkeiten werden in Aufgaben für Anfänger und für Fortgeschrittene getrennt; dabei bleibt allerdings zu beachten, daß Anfängerübungen auch noch für erfahrene Spieler interessant sein können. Zudem sind die meisten Übungen nicht nur handballspezifisch, sondern lassen sich auch in das Lernen und Trainieren anderer großer Sportspiele integrieren. Dort können modifiziert ähnliche KÖRPERERFAHRUNGEN gemacht werden.

1. Zur Vorgehensweise

Günstig wäre es, wenn eine Sensibilisierungsphase den handballspezifischen Aufgabenstellungen vorangestellt werden könnte (vgl. KNÖRZER in diesem Band). Diese soll die Spieler für ihre eigenen Körper und die Körper der Mitspieler sensibilisieren. Allerdings kann es passieren, daß solche handballfremden Aufgaben, die selten den Erwartungen der Spieler entsprechen, zunächst auf Ablehnung stoßen können.

Handball

Bei der Planung von Körpererfahrungsaufgaben und ihrer Integration in Unterricht und Training muß der Lehrer/Trainer die Erwartungshaltung seiner Adressaten eruieren und berücksichtigen. In unserer leistungsorientierten Gesellschaft und vor allem auch in den leistungsorientierten Sportmannschaften ist es nicht unproblematisch, Inhalte anzubieten, die sich nicht augenscheinlich auf Leistung und Erfolg auswirken. Deshalb sollte für Vereinsmannschaften der Einstieg in Körpererfahrungsübungen in einer Übergangsperiode zwischen Wettkampf- und Vorbereitungsperiode - mit vermindertem Leistungsdruck - gewählt werden. Diese zur Regeneration der Spieler gedachte Zeit läßt größere Offenheit der Spieler für ein solches Angebot erwarten.

Alle im Anschluß exemplarisch aufgeführten Übungen enthalten vorwiegend das Ziel, die Körperwahrnehmung der Spieler zu erhöhen und damit eine verbesserte Grundlage für Erlebnis- und Erfahrungsmöglichkeiten zu schaffen. Es hängt von der Situation und den Intentionen des Lehrenden ab, ob er es bei einer Wahrnehmungszentrierung und Sensibilisierung für Körper und Bewegung bewenden läßt oder von einem intentionalen Ansatz her gezielt Erlebnisse und Erfahrungen anspricht (vgl. dazu SPRENGER/TREUTLEIN/JANALIK 1984, S. 137 ff.).

2. Übungen zum Anfängerbereich

2.1. Fangen des Balls (Sensibilisierung für Tast- und Muskelsinn)
Als Einstieg in das Aufgabenfeld "KÖRPERERFAHRUNG IM HANDBALL" eignet sich gut das Fangen des Balls, das stark den taktilen Wahrnehmungsbereich anspricht; hier kann über die Sensibilisierung für den Bewegungsablauf und die Beteiligung des Körpers an ihm in vielen Fällen Betroffenheit über die geringe Kenntnis (bzw. Automatisierung und damit geringe Bewußtheit) der eigenen körperlichen Reaktionen ausgelöst werden. Hierzu stelle ich folgende Frage: "Mit welchen Fingern berührt ihr den Ball beim Fangen zuerst?"
Technik des Fangens: Der Handball wird gefangen, indem die Hände dem Ball entgegengeführt werden, wobei Daumen und Zeigefinger fast ein Dreieck bilden. Die Finger sollen in mittlerer Spannung und nicht verkrampft sein. Sobald die Daumen Ballkontakt haben, schließen sich die anderen Finger krallenartig um den Ball.

Handball

Obwohl jeder Handballer schon unzählbar oft den Ball gefangen hat, haben auch die meisten "Profis" Probleme, die Frage zu beantworten. Die Antworten reichen von den kleinen Fingern als erstem Ballkontaktpunkt bis zu den Daumen. Eine nachfolgende Experimentalphase bringt Übereinstimmung, daß der erste Ballkontakt mit den Daumen erfolgt; viele Spieler sind dennoch verblüfft, daß sie eine so einfache Frage nicht gleich beantworten konnten.

2.2. <u>Welche Muskeln brauche ich beim Wurf?</u> (Sensibilisierung des Muskelsinns)

Diese Frage ist ebenfalls gut als Einstieg in den Bereich der Selbst- oder Körpererfahrung geeignet, da sie dazu anregt, sich bewußt mit seinem Körper und den Bewegungsabläufen auseinanderzusetzen.

Handball ist ein typisches Ganzkörperspiel; trotzdem müssen bestimmte Muskelpartien stärker ausgeprägt sein, um den speziellen Anforderungen des Spiels gerecht zu werden. Dies kann am Beispiel des Wurfs bewußt gemacht werden:

Folgende Muskelgruppen werden beim Wurf besonders beansprucht:

Finger-, Handgelenks-, Unterarmmuskulatur, Armstreck-, Brust- und Deltamuskel.

Bei dynamischem Ganzkörpereinsatz und Sprungwurf werden darüber hinaus beansprucht: gerade und schräge Bauchmuskulatur, Gesäßmuskulatur, Lendendarmbeinmuskeln, Oberschenkelmuskulatur, Wadenmuskulatur und Zehenbeugemuskeln.

Aufgabenstellung:

Werft kräftig gegen die Wand und versucht, die Muskeln zu erfühlen, die für den Wurf wichtig sind.

Manchmal wird man gezieltere - engere - Fragen stellen müssen, da oft zunächst undifferenzierte Antworten kommen wie z. B.:
- Man braucht den ganzen Körper oder
- die Armmuskeln braucht man zum Werfen.

Bei solchen Antworten muß nachgefragt werden, welche speziellen Muskeln besonders stark beansprucht werden. Funktionszusammenhänge der Bewegung wie das Zusammenspiel von Beuger und Strecker können hier erarbeitet werden (Wahrnehmungszentrierung).

Bei allen Versuchsgruppen ergaben sich angeregte Diskussionen

Handball

unter den Teilnehmern und persönliche Eindrücke wurden ausgetauscht. Immer wieder wurde ausprobiert, so lange, bis man zu einem Ergebnis kam, mit dem alle einverstanden waren. So manchem wurde bewußt, daß man z. B. auch die Bauchmuskulatur zum Werfen braucht, oder daß ein stark entwickelter Bizeps nichts über die Wurfkraft aussagt.

2.3. Gefühle beim Wurf (Sprungwurf) (Sensibilisierung für Spannung und Entspannung)

In den meisten Sportarten wird versäumt, die Gefühle bei häufig ausgeführten Bewegungen zu berücksichtigen. Aber nur angenehm empfundene Bewegungen werden aus eigenem Antrieb heraus häufig ausgeführt und automatisiert. Beim Werfen und vor allem beim Sprungwurf können angenehme körperlich sinnliche Empfindungen zu Spannung (Wurfauslage) und Spannungslösung (Abwurf) auftreten. Mit folgendem Versuch sollen solche Empfindungen bewußt und damit erlebbar gemacht werden:

Bewegungsablauf

Beim Sprungwurf kommt es im KÖRPER zu einer starken Bogenspannung im Moment der optimalen Wurfauslage. Der Wurfarm ist bei gleichzeitiger starker Verwringung des Schultergürtels zur Hüfte nach hinten geführt, um eine maximale Vorspannung für den Wurf zu erreichen, während die Beine nach dem Absprung durch Streckung die Flugphase stabilisieren. Die Hüfte wird beim Wurf weit nach vorne gebracht, um die Bogenspannung zwischen Beinen und Oberkörper zu erhöhen (s. Abb. 1). - Diese hohe Spannung im ganzen Körper wird im Moment des Abwurfs aufgelöst.

Aufgabenstellung:

Was wird bei der Ausführung des Sprungwurfes als besonders angenehm empfunden?

Probiert es aus! Lauft aus der Mitte an und werft auf das Tor!

Verschiedene Antworten aus meinem Kursen:
- Hohe kurzzeitige Spannung und deren Lösung im Wurf
- Der schöne, gut ausgeführte Wurf (Form)
- Das Fluggefühl und die momentane Schwerelosigkeit sind schön
- Ich spüre meine eigene Kraft (sich vom Boden lösen)

Handball

- Starke Spannung in Bauch und Brust
- Erfolgserlebnisse
- Von der Form der schönste und leichteste Wurf

Alle direkt nach den Würfen geäußerten Gefühle sollten beachtet und evtl. aus eigenen Erfahrungen heraus ergänzt werden. Äußerungen zum Fluggefühl könnten beispielsweise folgendermaßen aufgegriffen werden:
"Ja, das Fluggefühl und die Schwerelosigkeit sind auch für mich sehr wichtig. Wir sollten uns gemeinsam überlegen, wie wir öfter zu diesem schönen Gefühl kommen können."
Mögliche Ergebnisse solcher Gespräche können sein:
- Verstärktes Sprungkrafttraining, um die Flugphase zu verlängern
- Aufbauten (z. B. Kastenteile), um die Flugphase zu verlängern und mehr (Flug-)Zeit für eine Feinkorrektur der Bewegung zu haben.

Andere Wurf- oder Angriffsvarianten können ähnlich angegangen werden (z. B. der Fallwurf beim Handball, der Hook-Shot beim Basketball, der Schmetterschlag beim Volleyball). Die genaue Kenntnis des Bewegungsablaufs und der dabei möglichen Wahrnehmungen, Empfindungen, Erlebnisse und Erfahrungen ist Voraussetzung dafür, über Fragen und Selbstbeobachtungsaufträge Wahrnehmungszentrierungen vornehmen und Schwerpunkte setzen zu können. Bei den Aussprachen darf aber nicht auf den vorausgeplanten und beabsichtigten Schwerpunkten beharrt werden, da jeder das Recht zu einer ganz persönlichen Sicht und Erfahrungsebene hat. Es kann nur angestrebt werden, diese Perspektiven zu erweitern.

2.4. Abwehr von Bällen (Sensibilisierung für Spannung und Verspannung)

Die bisherigen Aufgaben behandelten Aspekte von Angriffsaktionen, aber ca. die Hälfte der Spielzeit besteht aus Abwehrhandlungen. Anfänger und Fortgeschrittene greifen meist lieber an als abzuwehren. Die Gründe dafür sind vielschichtig, einen Aspekt möchte ich im folgenden behandeln.

Problemstellung:
Jeder Handballer kennt die Situation: Man steht als Abwehrspieler am Torkreis und ein Rückraumspieler "zieht" am Freiwurfkreis ab.

Handball

Die normale Reaktion wäre, den Körper davor zu schützen, getroffen zu werden, d. h. die Trefferfläche kleiner zu machen, sich zusammenzukauern oder zumindest die (empfindlichere) Körpervorderseite abzuwenden. Die taktisch richtige Reaktion verlangt aber eine möglichst große Abwehrfläche, um einen Torerfolg zu verhindern oder ein frühzeitiges Angreifen des Rückraumschützen, damit er bereits im Wurfansatz gestört wird.(s. Abb. 2)

Wegen des Zwiespalts zwischen der Angst vor Schmerzen und Verletzungen einerseits und dem geforderten taktisch richtigen Verhalten andererseits, kommt es oft zu einem Abwehrverhalten, das der Situation nicht gerecht wird. Viele Abwehrspieler drehen sich ab, aber heben vielleicht noch einen oder beide Arme. So entsprechen sie weder ihrem Schutzbedürfnis noch werden sie zu wertvollen Abwehrspielern. Die beste Möglichkeit, diesen inneren Zwiespalt zu lösen, besteht darin, den Schützen schon frühzeitig am Wurf zu hindern. Diese Abwehrtaktik muß den Spielern einsichtig gemacht werden.

Aufgabenstellung:
"Stellt Euch auf den Torkreis und versucht, möglichst viele Bälle abzublocken, die von der Freiwurflinie geworfen werden!"

Wenn jeder Spieler versucht hat, mehrere Würfe abzuwehren, kann entweder sofort die Frage nach den möglichen Gefühlen und (Ver-) Spannungen gestellt werden oder die Gruppe erhält eine entsprechende Selbstbeobachtungsaufgabe.

Antworten aus den Versuchsgruppen:
- Der ganze Körper vom Kopf bis zu den Füßen ist angespannt (unangenehm)
- Angst, getroffen zu werden, dabei weniger Angst, verletzt zu werden, als vielmehr die Angst vor Schmerzen
- Am besten, man dreht sich weg, man hat doch keine Chance
- Ich bin doch kein Torwart!
- Man verspannt sich vor allem im Genick und im Bauch, die Augen sind geschlossen

Nach solchen Äußerungen erfolgt die Frage: "Was könnte man anders machen, um solche negativen Gefühle zu vermeiden? Probieren wir es einmal aus!" Sehr schnell werden die Spieler zu der Einsicht

Handball

gelangen, daß die beste Methode die ist, den Schützen schon frühzeitig am Wurf zu hindern.

3. Übungen für Fortgeschrittene

Bei den Versuchs- und Übungsvorschlägen für Fortgeschrittene gehe ich davon aus, daß die handballspezifische Feinmotorik weitestgehend entwickelt ist und die wichtigsten Handlungen und Bewegungsabläufe automatisiert sind. Bei diesen Gruppen ist es nicht leicht, neue Inhalte und Sinnperspektiven in das Sporttreiben zu integrieren, da bereits festgeformte Vorstellungen und Normen von dem, was Sporttreiben zu beinhalten hat, bestehen. Gute Spieler haben "nichts am Hut mit so nem neumodischen Zeugs" (Aussage eines Spielers). Es kommt hier vor allem darauf an, verkrustete Denkweisen und unbewußte Handlungen bzw. Reaktionen aufzubrechen und bewußt zu machen.

3.1. Spieler mit schweißnassem Trikot (Sensibilisierung für unangenehme Gefühle durch den Tastsinn)

Problemstellung:
Normalerweise nimmt man einen Kreisläufer mit dem Körper an und versucht, ihn "hautnah" zu beschatten, um seinen Wirkungskreis einzuschränken. Wenn ein Kreisläufer jedoch ein schweißdurchnäßtes Trikot trägt, ist man stärker versucht, ihn auf Distanz zu halten.

Aufgabenstellung und Vorgehensweise:
Gegen Ende eines Trainings ließ ich einen Kreisläufer zum abschließenden Spiel ein mit Wasser präpariertes Trikot überziehen, um die Reaktion der Abwehrspieler zu beobachten. Tatsächlich versuchten die Spieler, den direkten körperlichen Kontakt mit dem "verschwitzten" Kreisläufer zu vermeiden; für ihn ergaben sich mehrfach Situationen, in denen er den Spielraum erfolgreich ausnutzen konnte.

Nach dem Spiel fragte ich die Spieler der abwehrenden Mannschaft nach ihren Reaktionen und Gefühlen. Der allgemeine Tenor war, die Berührung des nassen Trikots sei unangenehm und man würde versuchen, den Körperkontakt zu vermeiden. Manche Spieler spürten sogar Aggressionen wach werden und fühlten sich irgendwie provoziert. Alle Spieler betonten, diese Reaktion erfolge nur im Training und spielte im Wettkampf keine Rolle. Meine daraufhin angestellten

Beobachtungen bestätigten diese Aussage: Während des Spiels hat das Ziel zu gewinnen eindeutige Priorität; unangenehme Gefühle werden dafür in Kauf genommen.

3.2. Wohlbefinden und Unwohlsein bei verschiedenen Geräuschen (Sensibilisierung für den Hörsinn)

Problemstellung:
Unter diesem Punkt möchte ich den Einfluß und die Wirkungen eines aktiven Publikums auf die Spieler beleuchten, das Einfluß auf das körperliche Empfinden haben kann. Leistung, Anstrengungsbereitschaft, Anspruchsniveau, soziales Verhalten und Taktik der Spieler können dadurch gefördert oder beeinträchtigt werden. Bekannt sind Aussagen von Sportjournalisten wie:
- Die Mannschaft von X wirkte im Hexenkessel von Y verkrampft und fand nie zu ihrem Spiel
- Mit dem Publikum im Rücken spielte die Mannschaft gelöst auf und eröffnete sich eine um die andere Möglichkeit

Nicht umsonst behauptet so manche Mannschaft, ihr Publikum sei immer für einen Punkt gut. Die Ursache liegt darin, daß die eigene Mannschaft frenetisch angefeuert wird, die gegnerische Mannschaft dagegen wird mit Pfiffen bedacht und nicht selten diffamiert.

Als Spieler bin ich in manche Halle mit gemischten Gefühlen gefahren und ließ oft noch kurz vor dem Spiel meinen Nacken und Schultern massieren, weil sie völlig verspannt waren. Damals habe ich diese Verspannung zwar registriert, konnte sie jedoch nicht einordnen. Während des Spiels löste sie Hektik, Ballunsicherheiten etc. aus. All diese Faktoren werden durch ein negativ wahrgenommenes Publikum noch verstärkt. Junge, unerfahrene Spieler sind für solche Einflüsse von außen anfälliger als "alte Hasen". Dennoch wird es versäumt, sie auf solche Situationen vorzubereiten.

Vorgehensweise
Auf Band aufgezeichnete Zuschauerreaktionen wurden während eines Trainingsspiels über die Hallenlautsprecheranlage eingespielt: Zuerst etwa 7 Minuten lang ein wildes Pfeifkonzert, Geschrei und Buh-Rufe, danach etwa genauso lang Anfeuerungsrufe und Beifall. Nach dem Training befragte ich die Spieler nach ihren Reaktionen und Gefühlen: die Pfiffe und das Geschrei wurden als Mißfallens-

kundgebungen gewertet und riefen vor allem bei unerfahrenen Spielern starke emotionale Reaktionen hervor, die sich in einer wesentlich härteren Spielweise auswirkten. Das Interaktionsverhalten wurde bei einigen Spielern empfindlich gestört und damit automatisch das Kooperationsvermögen. Spielsituationen wurden von den Akteuren unterschiedlich gesehen und führten zu verschiedenen Handlungen, wobei jeweils die Handlung des Mitspielers als nicht situationsangemessen bezeichnet wurde.

Insgesamt wurde diese erste Versuchsphase mit unangenehmen Empfindungen in Zusammenhang gebracht. Nur zwei Spieler fühlten sich motiviert oder nicht beeindruckt - beides ältere Spieler mit viel Spielpraxis, die auch während Punktspielen als eiskalt gelten.

Der zweite Bandabschnitt mit Applaus wirkte auf alle Spieler stimulierend, obwohl das Gruppenkommunikationssystem teilweise beeinträchtigt wurde. Auf meine Beobachtungen hin angesprochen, entwickelte sich unter den Spielern eine lebhafte Diskussion, die eine Sensibilisierung für die Problematik bewirkte. Als Ergebnis wurde beschlossen, des öfteren auf das Band zurückzugreifen, um sich an solche Einflüsse zu gewöhnen, und um die eigenen Reaktionen zu beobachten und gegebenenfalls ändern zu können.

Bei einer Erweiterung des Versuchs setzte ich bei der Aufwärm- und Konditionsarbeit Musik ein, um beobachten zu können, ob die Anstrengungsbereitschaft ähnlich positiv beeinflußt wird wie bei Skigymnastiken und Aerobicstunden. Die meisten Teilnehmer empfanden die musikalische Untermalung mit Schlagermusik als angenehm und entspannend; einige meinten sogar, automatisch ihren Schrittrhythmus dem Takt der Musik angepaßt zu haben. Eine Minderheit lehnte die Musik im Training jedoch als unpassend ab. Diese drei Spieler, die alle etwa 30 Jahre alt waren, haben weder im Sportunterricht noch im Training bis dahin jemals mit Musik gearbeitet. Insgesamt wurde von den Spielern geäußert, daß solche akustischen Reize von der Anstrengung ablenken und die Ermüdung erst später einsetzt.

3.3. <u>Wurfkorrektur mit Hilfe von Videoaufzeichnungen</u>

In den meisten Großsporthallen stehen heute Videoanlagen zur Verfügung; sie werden jedoch meist nur zur Spielanalyse herangezogen und auch dann oft nur von den Trainern und Übungsleitern analysiert. Die Möglichkeiten, die in diesem Medium liegen, werden dabei bei weitem nicht ausgenutzt.

Problemstellung:

Durch den Muskelsinn, den Stellsinn, den Raum-Lage-Sinn und andere Sinne bekommt der Spieler ständig Rückmeldungen über seine momentane Haltung und die Stellung der einzelnen Glieder. Bei schnellen Bewegungen reichen diese subjektiven Rückmeldungen jedoch oft nicht aus, um sich ein genaues Bild von der Bewegung zu machen, eine äußere Rückmeldung bis hin zu Bewegungskorrektur wird notwendig. Sobald die Bewegung effektiver wird, geht die Anzahl der äußeren Rückmeldungen und Korrekturen erheblich zurück. Der Lernende kann dann davon ausgehen, er habe seine Bewegungsabläufe den Idealvorstellungen angeglichen. Bei einer solchen Vorgehensweise bleibt der Spieler stets voll und ganz von der Trainereinschätzung abhängig. Ziel ist es deshalb, über einen Vergleich von Selbstwahrnehmung und Videoaufzeichnung die innere Rückmeldung zu verbessern.

Aufgabenstellung und Vorgehensweise:

Die Spieler führten Sprungwürfe aus der Mittelposition auf das Tor aus, wobei ich sie von der Seite auf der Höhe des Freiwurfkreises mit der Videokamera aufnahm. Im nächsten Schritt teilte ich den Teilnehmern Bewegungskontroll- und Korrekturbögen aus, mit der Aufgabe, sich selbst als Strichmännchen im Moment der maximalen Wurfauslage einzuzeichnen. Diese visualisierte Selbstwahrnehmung verglichen die Spieler mit den Videobildern (Einzelbildschaltung) bzgl. des Körperwinkels, der Armposition, des Schwungbeines etc. Diese Vorgehensweise wurde mehrfach wiederholt, bis es zu einer weitestgehenden Übereinstimmung zwischen Vorstellung und Ausführung kam. Diese Vorgehensweise bietet sich natürlich nicht nur für den Sprungwurf oder Würfe generell an, sondern läßt sich z. B. auch gut zur Selbsteinschätzung und zur Korrektur von Abwehrverhalten (Torwart) und Spielzügen anwenden. Interessant war die Beobachtung, daß selbst geübte Handballer, die bereits unter mehreren Trainern gespielt haben, keine genaue Bewegungsvorstellung hatten.

Handball

Äußerungen der Teilnehmer zu dem Versuch:
- Mensch, ich springe ja viel höher, als ich gedacht habe.
- Ja, ich sehe, mir fehlt noch etwas Bogenspannung beim Wurf
- Meine Beinarbeit ist ineffektiv.
- Ich hab gar nicht gewußt, daß mein Wurf so schön ist.
- Der Wurf (meiner) sieht unmöglich aus, wie bei einem Amotoriker, und ich war immer der Meinung, der Wurf sei so in Ordnung.
- Es ist schon toll, wenn man sich so sehen kann, das bringt einem viel mehr als die Anweisungen von Trainern.

Mehrere Teilnehmer erklärten, die letzten Rückmeldungen zu ihrer Sprungwurftechnik würden schon mehrere Jahre zurückliegen.
Die Spieler waren bei diesem Versuch vielleicht auch deswegen motiviert, weil ein für viele neues Medium eingesetzt wurde. Auch an das Arbeiten mit Video gewöhnte Spieler können profitieren, weil sie noch nie aufgefordert worden waren, ihre Körperstellung zu zeichnen. Bei diesem Rückerinnern erkennen sie, wie wenig sie sich über die im Moment "nicht gebrauchten" Extremitäten und deren Stellung im klaren sind.

4. Ausblick

Das bewußte Auseinandersetzen mit dem eigenen Körper ist für Spieler ein wichtiger Schritt in verantwortungsvolleres Umgehen mit dem Körper. Diese Sensibilisierung für sich selbst führt in letzter Konsequenz auch zu einer Sensibilisierung für den Mitspieler.
Die Zahl der Möglichkeiten für weitere Versuche und Übungen ist leicht zu erhöhen, wenn man sich an sein eigenes Sporttreiben erinnert und versucht, Erlebtes und Erfahrenes auch anderen zugänglich zu machen, hierzu stichpunktartig einige Anregungen:
- Übungen zum Problem der Wirkung des Gegners
- z. B. Sprungwurf durch eine Abwehrgasse von Spielern, die eine Abwehr nur simulieren. Viele Spieler verkrampfen bei diesen Übungen und erst durch die Problematisierung wird bewußt, daß die Verletzungsgefahr durch die Verspannung erst vergrößert wird.
- oder Spiel 1:1 Angreifer - Abwehrspieler: Wann und wie atme ich im Zweikampf? (Sensibilisierung für den Atemrhythmus)

- Würfe in verschiedenen Raumlagen
- Würfe in verschiedenen Lagen (z. B. liegend auf einem Kasten), Sensibilisierung für den Raum-Lage-Sinn durch Orientierungs- und Koordinationsschwierigkeiten
- Mit geschlossenen Augen aus der Bewegung werfen. Bei Sprung- und Schlagwürfen mit geschlossenen Augen werden der Raum-Lage- und der Tastsinn sensibilisiert
- Übungen und Versuche zu visuellen Täuschungen und Abhängigkeiten
- Richtigen Abstand vor der eigenen Freiwurfmauer erproben (eigene Mauer als Hindernis oder als Hilfe?) Nach einer Ist-Analyse (Abstand zum Block meist zu groß) sollen die Werfer ihren Anlaufweg abmessen und sich den gewünschten Absprungpunkt suchen. Die großen Abweichungen sind auf die optische Täuschung, der Block sei ein Hindernis, zurückzuführen.
- Wirkung verschiedenfarbiger Trikots von Mitspielern (ein Gefühl der Unsicherheit und die Auswirkungen auf jeden einzelnen und den Spielfluß) kann untersucht werden. Hier lassen sich starke individuelle Unterschiede registrieren. Ein Spieler orientiert sich an der Trikotfarbe, ein anderer am typischen Angriffsverhalten.
- Spiel in der abgedunkelten Halle (andere Sinne müssen stärker eingesetzt werden, bewußtmachen der Abhängigkeit vom Sehsinn).
- Mit geschlossenen Augen Richtung und Entfernung eines Signals (z. B. Zuruf) abschätzen und den Ball zum Signalgeber zupassen (erkennen, daß die anderen Sinne zu wenig eingesetzt werden, obwohl sie sehr präzise arbeiten).

Schlußwort: Bei diesem Artikel habe ich bewußt ein Schwergewicht auf den praxisorientierten Aspekt der KÖRPERERFAHRUNG UND SENSIBILISIERUNG gelegt, da ich das Problem einer schnelleren Entwicklung der Theorie zu ungunsten der Praxis sehe. In diesem Punkt kann ich mich nur E. HEINE anschließen, der schon früh erkannt hat, daß man sich davor schützen muß, theoretische Konzepte einer Praxis aufzustülpen, die für dieses Anliegen nicht sensibel und empfänglich ist (E. HEINE in "SU als Körpererfahrung" 1983 S. 11 f, Hrsg. J. FUNKE).

Handball

Peter Weinberg

Was die Hände über (den) Kopf auf das Spielfeld bringen. Oder: Körpererfahrung im Volleyball

<u>Volleyball, die Sportart</u>

Volleyball ist eine international anerkannte und in weltweit beachteten Regeln verankerte Sportart. In den Regeln ist fast bis ins Detail festgelegt, was der Spieler mit dem Ball und im Spielfeld machen kann oder darf. Im Spielen entsteht dann konkrete Erfahrung, es verbinden sich die objektiven Regelungen des Spiels mit den sinnlich-körperlichen "Regungen" von Menschen. Natürlich entwickeln sich dabei auch Fertigkeiten, d.h. relativ stabile subjektive Formen des Volleyballspiels.

Diese Techniken z.B. des Pritschens, Baggerns oder des Schmetterns sind, sofern sie in Büchern beschrieben oder auf Bildern festgehalten sind, quasi Momentaufnahmen aus dem vielfältigen Geschehensablauf des Spiels. Solche Techniken repräsentieren eine bestimmte Struktur, von der Lehrer oder Trainer ausgehen, um sie an Lernende weiter zu vermitteln. Durch Körpererfahrung (*1) soll nun nicht direkt eine bestimmte Technik erlernt, es soll der Prozeß des "Sich-Bewegens" hin zu einer Struktur erlebt werden. Was dann i.e. gelernt wurde, das wird dann im Spiel deutlich werden.

In einem speziellen Sinn sind Körpererfahrungen Erfahrungen von etwas, d.h. von einer funktionellen Bedeutung des Körpers und seiner Teile für Spiel und Spielfertigkeiten. Die funktionellen Bedeutungen ergeben sich aus den funktionellen Beziehungen, die im Volleyballspiel objektiv gegeben sind. So hat beispielsweise das "Pritschen" die Funktion des "oberen Zuspiels", um den Ball "in der Luft" zu halten bzw. herauszustellen.

Das Pritschen hat aber auch für die einzelnen Spieler eine Funktion: es wird zu einem Mittel, um den Ball in Verbindung mit Regeln und bestimmten Zielen oder Wünschen zu spielen. Die letztgenannte Funktion ist für Körpererfahrung entscheidend. Es ist eine "psychische Funktion" und nur in Verbindung mit einem "per-

Volleyball

sönlichen Sinn" des jeweiligen Spielers zu verstehen. Wenn nun Körpererfahrungen organisiert (!) werden, dann geht es z.B. beim Pritschen um folgendes:
1. Wie **kommt** **es** zum Pritschen?
2. Wie **komme** **ich** zum Pritschen?

Dies soll in der Praxis erarbeitet werden. Dazu werde ich im folgenden "Praxisteile" vorstellen. Es sollen hierdurch
- Funktionen erfahren und erlebt (wie liegen die Finger am Ball?), funktionelle Verbindungen geschaffen (Auge-Hand Verbindung)
- und funktionelle Systeme (eben: das Pritschen) entwickelt werden (*2).

Im Hinblick auf das Lernergebnis geht es mir in erster Linie um ein Verständnis für Handlungs- und Bewegungszusammenhänge und darum, daß sich eine bestimmte Bewegungsstruktur funktional "einpendeln" (und nicht starr fixieren) läßt.

Ich werde Aufgaben und Übungen umschreiben, in denen das Entdecken von wichtigen Zusammenhängen möglich wird. Es soll also nicht das schon "Entdeckte" lediglich reproduziert werden. (*3) Meine Hinweise und Anregungen sollen also in Erfahrungen umgewandelt, nicht "erfüllt" werden. Aufgaben und Übungen sind "Stellvertreter" von Erfahrungen. Ein solches Vorgehen halte ich aber in einer Hinsicht dennoch für problematisch: ich tue so, als ob das zu Entdeckende auch mir oder einem anderen Lehrenden selbst unbekannt wäre. In Wirklichkeit weiß ich (und muß ich möglichst genau wissen), was herauskommen sollte (wozu sollte ich sonst Aufgaben stellen?). Für den Lernenden ist die Sache noch weitgehend unbekannt, und das ist der wesentliche psychologische Unterschied zum Wissen des Lehrers/Übungsleiters.

Das obere Zuspiel oder Pritschen: worum geht es?
In dieser Handlung soll mit Fingern, Händen und restlichem Körper eine Fertigkeit gebildet werden, damit ein Volleyball nach nur geringer Kontaktzeit mit den Händen in den Raum zu einem Partner gezielt zugespielt werden kann (unter Berücksichtigung bestimmter spieltaktischer Erfordernisse). Pritschen heißt: 1. eine feste und doch variable (weil hochgradig steuerfähige) Abspielfläche mit den Händen bilden;

Volleyball

2. Energie gewinnen und umsetzen können, um den Ball "spielend" leicht "fliegen zu lassen"; 3. Wahrnehmungen von Raum, Partner, Ballflug und eigenem Körper perzeptiv-operativ "richtig" umsetzen zu können (i.w. Abstimmung von Ball- und Raumwahrnehmung).

Das obere Zuspiel oder Pritschen: wie erfahre ich funktionelle Verbindungen?

Ich setze voraus, daß derjenige, der nun mit diesem Text oder den Aufgaben und Übungen konfrontiert wird, über Erfahrungen und Können in "Ballspielen" (weitestgehend: im Umgang mit einem Ball) verfügt. Und daß er zumindest "Volleyball" kennt und daher weiß, was "Pritschen" ist.

Aufgabe

Versucht genau herauszufinden, wie ihr einen Ball fangt und werft. Welche Beziehung könnte zum Pritschen bestehen?
- Konzentriert euch auf die zeitliche Dauer des Ballhaltens.
- Konzentriert euch auf den Kontakt von Finger/Händen zum Ball.
- Können die Augen den Ball sehen? Müssen sie ihn sehen?
- Wie wird der Auge-Ball-Kontakt beim Pritschen sein und welche Auswirkungen hat dies auf die Körperhaltung?

Aufgabe

Werft euch einen Ball zu zweit zu, und zwar mit einem Arm (links, dann rechts), mit beiden Armen (vor dem Körper, oberhalb oder hinter dem Kopf) und versucht herauszufinden, was die Beine machen.
- Wann wird ein Bein parallel (gleichseitig) mitgeführt bzw. "eingesetzt"?
- Gibt es beim Pritschen ein bestimmtes Bein, das vorne bzw. hinten stehen sollte? Wenn ja, wie begründet sich dies aus eurer bislang gemachten Erfahrung? Versucht herauszufinden, wie sich die Bewegungsmöglichkeiten des gesamten Körpers im Raum bei paralleler Fußstellung oder bei einer Grätsch-Schrittstellung ändern. Was wird besser, schlechter?
- Beim Pritschen soll eine Grätsch-Schrittstellung eingenommen werden, ist das angemessen?

Wovon hängt es ab, welcher Fuß vorne steht? Worin unterscheiden

Volleyball

sich dabei der Bodenkontakt des vorderen und hinteren Fußes? Ihr könnt dies leicht herausfinden, wenn ihr in einer Schrittstellung das Körpergewicht einmal nach vorne, dann wieder nach hinten verlagert.

Aufgabe

Es ist immer einmal möglich, daß sich Erlebnisse nicht sofort einstellen, weil unsere "Erfahrungsmöglichkeiten" nicht mehr fein genug , unsere Fertigkeiten noch zu eingespielt oder starr sind. Dann biete ich folgende Übung an, um die funktionellen Verbindungen zwischen Rumpf, Armen und Beinen besser erfahren zu können: Jeder geht durch den Raum, zuerst vorwärts - dann rückwärts. Wie "bewegen" sich Arme und Beine zueinander (miteinander, gegeneinander?).

Nachdem ihr nun spontan eine bestimmte Erfahrung gemacht habt, versucht einmal bewußt Arme und Beine parallel (gleichseitig) oder überkreuz (gegenseitig) einzusetzen. Könnt ihr nun herausfinden, was dies mit "Fangen und Werfen" und mit Pritschen zu tun hat?

Doch zurück zur Aufgabe "Fangen und Werfen":

- Ihr fangt und werft den Ball mit beiden Händen und variiert die Wurfposition (vor, oberhalb, hinter Kopf).
- Achtet darauf, wie die Wurfposition die Ellenbogenfreiheit in Verbindung mit der genauen Position von Fingern und Händen am Ball verändert.
- Was geschieht, wenn ihr die Ellenbogen "aufmacht" (nach außen führen) oder "zumacht" (nach innen zum Körper)? Läßt sich der Ball noch werfen? Könnt ihr herausfinden, wie die Verbindung Ellenbogen - Hände - Finger beim Pritschen aussieht?

Aufgabe

Der Volleyball wird mit beiden Händen gehalten und oberhalb des Kopfes geführt, etwa stirnhoch. Die Augen sollen den Ball fixieren (dabei wird der Kopf leicht nach hinten geneigt sein; die übrige Körperhaltung ist noch unwichtig). Handfläche und Finger sollen vollen Ballkontakt haben.

- Konzentriert euch auf die Stellung der Daumen, verändert diese Stellung (bis der Ball aus den Händen fällt).
- Welche Position des Daumens zum Ball und zu den Augen ist für

Volleyball

  das Pritschen wichtig?
(Diese Aufgabe scheint sehr simpel zu sein, doch sie ist sehr wichtig und sollte sorgfältig durchgeführt werden: das Zurückführen des Daumens ist das A und O beim Pritschen, denn dieser will "von selbst" (und rein "reflektorisch") immer nach vorne. Wenn diese Aufgabe durchgeführt ist, sollte die funktionell angemessene Form für das Pritschen erarbeitet worden sein. Bevor nun der Ball auch "regelgerecht" gespielt werden kann, möchte ich noch auf folgendes eingehen. Bei der vorgestellten Übung "sieht" der Kopf zum Ball. Durch diesen Blickkontakt wird der Kopf nach hinten in den Nacken geführt, daraus wiederum folgt, ebenfalls reflektorisch, eine Streckung des Oberkörpers. Diese Körperhaltung ist beim Pritschen ungünstig. Hier sollte wegen der Vorwärts-Aufwärts Bewegung des Balles (Flugbahn) eine ihm entsprechende Körperposition eingenommen werden.
Haltet den Ball wieder oberhalb des Kopfes, geht nun deutlich "in die Knie" (bei leichter Schrittstellung). Wie verändert sich die Form des Oberkörpers? Welche Verbindung besteht zwischen Flugbahn des Balles und einem "runden Rücken"?
Achtet nun bitte besonders auf die Spannung in euren Oberschenkeln (und macht zwischen den Übungen ruhig eine Pause, konzentriert euch dann jeweils neu). Was ist der Unterschied zur aufrechten Haltung?
- Der Körper stellt durch ein spezifisches Spannungsverhältnis in
  den Muskeln auch Energie (sog.Kraft) bereit, die erforderlich
  ist, damit der Volleyball hoch, weit und längere Zeit gespielt
  werden kann.
Nun möchte ich abschließend zum Pritschen noch auf das kurzzeitige Berühren des Balles beim Abspiel eingehen. Erinnert euch an das Fangen und Werfen: hier hatte der Ball unterschiedlich lange Kontakt zu den Händen/Fingern. Beim Pritschen soll dieser Kontakt nun praktisch "gegen Null" gehen, der Ball wird weder gehalten noch geführt, sondern sofort weiter und/oder zurückgespielt.
<u>Aufgabe</u>
Haltet den Ball oberhalb des Kopfes in den Händen, Finger haben vollen Ballkontakt. Klappt jetzt die Hände nach vorne und versucht

Volleyball

gleichzeitig, den Ball hoch nach oben und vorwärts (vielleicht zu einem Partner) zu spielen. Den Ball bitte nicht "herunterdrücken".
- Welche Teile der Hand sind zuletzt am Ball - dies sind dann auch die wesentlichen Kontaktstellen beim Pritschen - ? Den Ball könntet ihr nun auch mit den Handballen regelgerecht (und mit wesentlich mehr Kraft) spielen. Versucht herauszufinden, warum dies im Endeffekt doch schlechter ist als das Spielen des Balles mit den Fingern. Wer weiter nachdenken und erfahren möchte: was hat z.B. ein Tennisschläger mit der Form des Pritschens in bezug auf kurzzeitiges und präzises Abspiel des Balles zu tun?
Und nun noch ein Hinweis, warum die für das Pritschen günstige Körperhaltung stets vor dem Ballabspiel eingenommen werden sollte. Das kurzzeitige Ballabspiel ist eine Art "ballistische" Bewegung, bei der unmittelbar nach dem Schlag jede Möglichkeit verloren geht, den Ball noch zu steuern bzw. die Flugbahn zu korrigieren. Die Flugbahn muß also durch eine günstige Körperhaltung vor dem Schlag gewissermaßen programmiert werden (dies gilt auch für andere Schlag-Ball-Spiele).

Das untere Zuspiel oder Baggern: worum geht es?
Volleyball ist ein Flugballspiel. Der Ball soll fliegen, in der Luft bleiben, nicht geführt oder gar gehalten werden. Nun hat der Ball von sich aus die Eigenschaft, daß er auf den Boden fällt, auch wenn er noch so gut gepritscht, d.h. in der Luft gehalten wird. Für diese Zwecke gibt es eine Fertigkeit, mit der der Ball nach oben "geschaufelt" werden kann: das Baggern. Oftmals wird beim Baggern ein sog. Annahme- von einem Abwehrbagger unterschieden. Der Unterschied resultiert aus verschiedenen Fluggeschwindigkeiten des Balles. Bei einem relativ "langsamen" Ball (6,4 m/s nach IWOILOW 1984) wird der Oberkörper zum Baggern vorwärts geneigt, die Spielhandlung ist aktiver, die Annahme des Balles kann in der Regel in ein genaues Zuspiel umgesetzt werden.
Bei einem relativ "schnellen" Ball (18 m/s), z.B. nach einem Schmetterschlag, bleibt der Oberkörper fast senkrecht, er bewegt sich sogar leicht nach rückwärts und der Ball wird "federnd" von den Armen abgespielt. Ein gezieltes Zuspiel ist oftmals kaum möglich. Hauptsache, der Ball bleibt im Spiel.

Volleyball

<u>Das untere Zuspiel oder Baggern: wie erfahre ich funktionelle Verbindungen?</u>

<u>Aufgabe</u>

Paarweise einen Volleyball fangen und werfen, aber so, daß der Ball in Kniehöhe aufgefangen wird. (Bemerkung hierzu: Bei dieser Übung fangen einige zuerst den Ball und führen ihn dann in Kniehöhe; so bitte nicht.)
Versucht herauszufinden, welche Zusammenhänge zwischen der Fuß-/Beinstellung beim Pritschen und der hier erfahrenen Stellung besteht.
- Welcher Fuß ist vorne?
- Wie ist der Bodenkontakt der Füße?
- Wie sieht die Schritt-/Grätschstellung aus?

Nun konzentriert euch bitte auf die Arme: ihr werdet sehen können, daß diese gestreckt sind, wenn der Ball wirklich in Kniehöhe gefangen wird. Merkt euch diese Armhaltung, sie wird nachfolgend wichtig.

<u>Aufgabe</u>

Der Volleyball soll beim Baggern von unten nach oben "hochgeschaufelt" werden. Wie verändert sich die Beweglichkeit der Arme, wenn sie in den Ellenbogen "fixiert" sind?
Wie erklärt es sich, daß die Bewegung der Arme nach oben durch die tiefe Körperhaltung (in die Knie gehen) unterstützt wird? (Diese Aufgabe kann auch ohne Ball ausgeführt werden.)
Das Verständnis über die Beweglichkeit der Arme wird vielleicht durch folgenden Hinweis erleichtert: Wenn ihr die Arme in den Ellenbogen abwinkelt und somit den Ball durch aktiven Unterarmeinsatz spielt, verändert sich automatisch der Abflugwinkel des Balles. Denkt an das physikalische Gesetz vom Einfall- und Ausfallwinkel. Probiert den aktiven Unterarmeinsatz und stellt fest, wo der Ball jeweils hinfliegt.

<u>Aufgabe</u>

Bisher sollte nicht auf die Haltung der Hände geachtet werden. Das soll nun geschehen.
- Wie beeinflußt die Stellung der Hände eine zusätzliche Streckung der Arme (und damit zugleich Qualität und Breite - erweiterte

Volleyball

  Unterarmfläche - der Abspielfläche)
- Probiert verschiedene Handstellungen aus
- Hände liegen ineinander (Handrücken der einen Hand in der Handinnenfläche der anderen Hand)
- Hände liegen mit den Fäusten aneinander
- eine Faust wird von einer Hand umschlossen.

Was haltet ihr von folgenden Behauptungen:
1. Die Handflächen müssen fast gestreckt ineinander liegen und nach unten abgewinkelt werden, weil dadurch die Armstreckung optimal unterstützt wird (richtiges Baggern?).
2. Für die Haltung der Hände gibt es unterschiedliche Möglichkeiten, eine absolut "richtige" Stellung gibt es nicht, wohl aber eine bestimmte funktionell günstige Form.

Ihr könnt zusätzlich noch folgendes machen: nehmt euch Lehrbücher zum Volleyball und vergleicht Bildvorlagen mit Textdarstellungen zum Baggern. Was fällt euch auf?

Damit wäre ich abschließend wieder bei einem Problem angelangt, das auch beim Pritschen schon angeklungen war: Kraft-und-Energiemobilisierung. Hinweise dazu habe ich schon gegeben (vgl. Annahme- und Abwehrbagger).

Ihr könnt euch nunmehr selbst die Bälle abwechselnd "weich" oder hart zuspielen.

Habt ihr den wichtigsten Unterschied entdeckt?

Bei harten Bällen ist das Baggern wie gesagt mehr passiv, die Füße stehen parallel zueinander und bilden so eine sichere Stützfläche. Die Arme federn leicht nach hinten, der Oberkörper wird nach oben und hinten gestreckt. Und umgekehrt: "normales" Baggern erfolgt aktiv, die Füße/Beine nehmen eine Grätsch-Schrittstellung ein, die Arme bewegen sich leicht vorwärts-aufwärts, der Oberkörper "hebt" sich durch die Streckung der Beine.

<u>Schmettern</u> <u>des</u> <u>Balles</u> <u>und</u> <u>worum</u> <u>es</u> <u>geht</u>

Körpererfahrung und Schmettern? Mag sein, daß sich manch einem die Haare sträuben ... Gewiß, hier ist eine bestimmte reale wie didaktische Grenze erreicht, wo es fraglich scheint, was diese "destruktive" Spielhandlung noch mit Erleben und Körpererfahrung zu tun hat. Schmettern kann durchaus auch positiv gesehen werden.

Volleyball

Diese Handlung bereichert dann das Volleyballspiel, und erhöht damit Spielerlebnisse, weil sie schwierige wie abwechslungsreiche Spielsituationen bewirkt. Unter dieser Prämisse ist Schmettern sinnvoll, es wird in der Praxis eigentlich auch von jedem Spieler als Lernziel angestrebt. In diesem Sinne will ich hier auf Schmettern als "Körpererfahrung" eingehen. Wohl wissend um die Grenzen des Ganzen.

Das große Problem des Schmetterns besteht im wesentlichen darin, den herabfallenden Ball in der Luft situations- und zeitgerecht (mit dem richtigen Timing also) nach einem Sprung zu schlagen.

<u>Schmettern oder wie erfahre ich funktionelle Verbindungen</u>
<u>Aufgabe</u>
Ihr müßt "in die Luft" kommen, also abspringen und dann den Ball schlagen.
- Wie springt ihr ab? Im Stemmschritt, beide Beine werden gleichzeitig aufgesetzt? Oder Schrittsprung, d.h. die Beine werden nacheinander aufgesetzt?

Lauft durch den Raum, stoppt und springt ab, konzentriert euch auf die Beine. Versucht zwischendurch einen Sprungwurf im Basketball (entweder mit oder ohne Ball).

Überlegt anschließend, ob es beim Absprung einen bestimmten Zusammenhang zwischen Schlagarm und Beinen gibt. - Bei einem Schrittsprung werden in der Regel Schlagarm und entsprechendes Bein gleichseitig (nicht unbedingt gleichzeitig) geführt. Ist dieser Absprung günstiger als ein Stemmschritt (s.o.)?

<u>Aufgabe</u>
Hochspringen ist die eine Sache, rechtzeitig ablaufen und springen ist die andere. Und die ist gar nicht einmal so einfach. Dazu folgende Übung:
- Der "Schmetterspieler" bekommt den Ball so gut es geht am Netz zugespielt. Gleichzeitig wird er von einem Partner, der hinter ihm steht, leicht an der Hüfte mit beiden Armen "festgehalten". Der Schmetterspieler merkt sich nun, wann er abgelaufen ist: direkt nach dem Ballabspiel, als er den aufsteigenden Ball sehen konnte, nachdem der Ball den höchsten Punkt der Flugbahn erreicht hatte? Bitte nicht durchlaufen und schlagen, nur der

Volleyball

Ablaufzeitpunkt ist interessant. Der hintere Partner registriert nun seinerseits über ein "Zucken" in der Hüfte den Ablaufzeitpunkt (er muß also auch den abgespielten Ball beobachten). Setzt euch zusammen und wertet etwa immer drei bis vier Schlagversuche aus. Habt ihr den optimalen Ablaufzeitpunkt herausgefunden...?
Und nun noch einige Hinweise zum "Schlagen" des Balles. Das Schmettern ist ein sehr dynamischer Handlungsablauf, so daß die folgenden Dinge schlecht "geübt", wohl aber überdacht und von anderen beobachtet und mitgeteilt werden können. Es ist wichtig, daß vor dem Schlag die Arme hochgeführt werden. Die Armhaltung sollte parallel sein, weil dadurch die Flugphase stabiler wird. Der Nicht-Schlagarm kann in Richtung Ball zeigen und damit den gezielten Schlag des Balles visuell unterstützen. Es ist weiter wichtig, daß der Ball mit den Augen fixiert wird, wie beim Tennis oder Badminton.
Der Volleyball sollte <u>vor</u> <u>dem</u> <u>Körper</u> (nicht oberhalb oder hinter dem Kopf, was man meistens beobachten kann) getroffen werden, wo er genau gesehen wird. Im günstigsten Fall überdacht die Schlaghand den Ball.
Der Schlagarm wird geführt wie z.B. beim Badminton: so wird beim "Clear" der Schläger hinter dem Rücken soweit abgesenkt, daß der Schlägerkopf sich unterhalb des Ellenbogens befindet. Übersetzt in Volleyball: der Unterarm wird soweit abgesenkt, daß der Ellenbogen "spitz" nach vorne/oben zeigt und die Schlaghand unterhalb des Ellenbogengelenks liegt. Dies kann auch im Stand geübt werden.
<u>Das</u> <u>Volleyballspiel</u> <u>oder</u> <u>wie</u> <u>ich</u> <u>die</u> <u>Aufgaben</u> <u>des</u> <u>Körpers</u> <u>im</u> <u>Raum</u> <u>und</u> <u>in</u> <u>Verbindung</u> <u>mit</u> <u>anderen</u> <u>erfahren</u> <u>kann.</u>
Im folgenden soll erfahren werden, ob und warum eine bestimmte Spielstruktur (aus der sich dann bestimmte Spielsysteme entwickeln) sinnvoll ist.
Die Erfahrung des Spielzusammenhangs erfolgt schrittweise, indem ich von den bekannten Spielideen des Volleyball ausgehe:
1. der Ball soll hin und her gespielt werden
2. der Ball soll so gespielt werden, wie dies nach internationalen Regeln "erlaubt" ist (den Ball auf den Boden des Gegners spielen und dementsprechend den Aufschlag gewinnen oder Punkte machen).

Volleyball

1. Schritt: Spieler verteilen sich im Raum, dieser ist nach außen hin begrenzt (Spielfeld), der Ball wird hin und her gespielt (ihn also möglichst lange im Spiel halten, bewußt miteinander spielen).

Aufgabe

Das Spielfeld mit möglichst vielen Spielern "besetzen" (9, 10, 12 usw.) den Ball spielen und feststellen, wie das Spiel läuft.
- Wieviel Ballkontakte sind naheliegend?
- Versucht an dieser Stelle schon herauszufinden, warum es günstig ist, mit sechs Spielern Volleyball zu spielen.

In diesem Erfahrungsschritt sollte ohne gezielten Aufschlag gespielt werden, das Spiel ist auch nicht weiter speziell geregelt. Die Spielzeit ist unwichtig, ebenso sind es besondere Techniken oder Taktiken. - Macht das Spielen Spaß?

2. Schritt: Der Ball soll nun innerhalb der Mannschaft zugespielt und gezielt vor das Netz gespielt werden. Einzelne Spieler können besondere Aufgaben erhalten (z.B. die des sog. "Stellers").

Aufgabe

Spielt sechs gegen sechs und versucht herauszufinden, warum es sinnvoll ist, den Ball in der jeweiligen Mannschaft durch drei Ballkontakte zu spielen.

Nach Spielidee 1 reicht es oftmals aus, wenn der Ball sofort wieder über das Netz gespielt wird. Wahrscheinlich reichen euch 1 bis 2 Ballkontakte.

Nach Spielidee 2 wird der Ball "in der Regel" dicht an das Netz gespielt (1. Ballkontakt), von dort wird er "schmettergerecht" herausgestellt (2. Ballkontakt, auch möglich als direktes Spiel über das Netz). Schließlich kann ein Schmetter- oder anderer Schlag erfolgen (3. Ballkontakt).

Nunmehr kann das Volleyballspiel mit einer bestimmten Taktik, Spielaufstellung usw. gespielt werden. Es ist auch möglich, daß mancher Spieler spezielle Aufgaben erhält (Abwehr-, Stell oder Angriffsspieler).

Das wars. Alles weitere wird sich dann schon auf einem relativ hohen Niveau von Volleyball (mit bestimmten taktischen Variationen, Spielsystemen, Spezialisten usw.) vollziehen. Aber dann wird der Körper mehr und mehr Instrument für bestimmte Ziele sein. Von

Volleyball

den (oftmals recht leidvollen) Erfahrungen, die dann gemacht werden, soll hier nicht mehr die Rede sein.

Anmerkungen

(*1) Ich habe an anderer Stelle versucht, den Begriff "Körpererfahrung" in einen umfassenderen Begriff von Selbsterfahrung einzuordnen (vgl. WEINBERG 1984). Es schien mir angemessen, von Selbsterfahrung zu sprechen, weil damit jene Prozesse von individueller Selbstorganisation und Selbständigkeit erfaßt werden können, die über alle Elemente und Prozesse von Handlungen hinweg integrativ wirken und in ihrer übergreifenden Bedeutung erfahren werden können. Der Begriff "Selbsterfahrung" hebt personenbezogene Handlungsbedingungen, Erfahrungen und Erlebnisse hervor. Sie können - gerade im Sport - bewegungsbezogen und körperorientiert sein und dementsprechend organisiert werden.

(*2) Meine praktischen Beispiele zu Körpererfahrung im Volleyball beziehen sich in erster Linie auf lernorientierte Prozesse. Erfahrungen und Erlebnisse des "Spielens" selbst sind hier nicht gemeint. Für das Lernen sind Körpererfahrungen von großer Bedeutung. Sie zeigen an, was der Körper mitbringt, um etwas neues zu lernen. Meine Praxisbeispiele sind insgesamt dem Modell des "etappenweisen Lernens" von Sporthandlungen zugeordnet (vgl. WEINBERG 1981). Sie werden hier aber ohne diesen Theoriekontext dargestellt.

(*3) Lernen wird somit wesentlich ein Entdeckungsprozeß der eigenen, person-internen Regulationsvorgänge. Die regulativen Vorgänge kommen direkt aus der Handlungsausführung. Sie kommen indirekt aus Anweisungen, methodischen Maßnahmen, Geräten usw. Wenn wir nicht bereit sind, aus unseren eigenen regulativen Vorgängen zu lernen, hemmen wir unseren eigenen Entwicklungsprozeß. Und der bekannten gesellschaftlichen Erfahrung fügen wir nicht Neues hinzu ... Es ist erforderlich, daß wir uns in unsere eigene Ausführung von Handlungen vertiefen. Das braucht Zeit und Mut und vieles mehr. Nur wer sich vertieft, erhält eine kontinuierliche Rückmeldung seiner eigenen Erfahrungen (in der Fachsprache heißt dies Reafferenzen).

Leist, Karl Heinz / Loibl, Jürgen

Basketball - grundsätzliche Überlegungen und erste praktische Schritte

1. Die Wiederkehr des Körpers

"Die Erziehung des Leibes in zeitgemäßer Form, das muß ja heißen, daß hier der ganze Mensch tätig ist - in seiner ursprünglichen Welt des unmittelbaren Erlebens von Raum und Zeit, von Bewegung und Rhythmus ..., so hat einmal PORTMANN (1958, 327) die zentrale Aufgabe für diejenigen formuliert, die heute Sport unterrichten. In der Folgezeit wurde jedoch der Leib aus den Curricula herausoperationalisiert und aus den "modernen zeitgemäßen methodischen Vorgehen" ausgeblendet. Diese sind auf Bewegungsabläufe, auf die "im Raum und in der Zeit beobachtbaren Veränderungen ... als Lösungsmöglichkeiten von Aufgabenstellungen" (GÖHNER 1979, 13) zurechtgeschnitten - wobei die Aufgabenstellungen durch situationsspezifische Bewegungsziele und Regelbedingungen einerseits sowie Umgebungsbedingungen, Movendum- und Bewegeratribute andererseits gekennzeichnet werden (vgl. Göhner 1979). Hinter den Stand solcher Vermittlungskonzepte gibt es, so sagt man, ganz unbenommen von Meinungsverschiedenheiten hinsichtlich didaktischer Positionen, kein Zurück (vgl. GÖHNER 1981, 382).

Der Leib, der erfahrene Körper, stellt sich im Rahmen solcher Vermittlungskonzepte nicht mehr als pädagogische Aufgabe, er taucht allenfalls als Störfaktor auf, wenn er "als Beweger" nicht den Gefordertheiten entsprechend funktioniert.

Das Thema "Körpererfahrung" fand sich so abgeschoben in Vorhöfe von Sportunterricht (Vorschule, vorbereitende Übungen), in psychotherapeutische Zentren, wo Körpertherapien immer mehr Zuspruch und Verbreitung fanden, in Selbsterfahrungsgruppen, wo versucht wird, "verlorene Körpersensibilität gegen die Rüstungen und Panzerungen eines abstrakten Ich wiederzugewinnen" (KAMPER, WULF 1982, 10), in Bereiche der Sondererziehung (Psychomotorik). Das Thema tauchte in den exotischen Zirkeln einer Gegenkultur auf. Und da in diesen Zirkeln "reichlich voreilig begeisterte, dafür aber oft ziemlich

Basketball

finster entschlossene Leute es mit Yoga, Zen und Bogenschießen treiben, wie einst heruntergekommene Alchimisten mit den ketzerischen Weisheiten des Mittelalters unter naturwissenschaftlicher und protestantischer Zensur" (ZUR LIPPE 1974), konnte man sich - sicher nicht ganz zu unrecht - vor einer näheren Beschäftigung mit Duschen, Yoga, Zen und Streicheleinheiten im Sportunterricht scheuen. Nun aber kündet der aus einem systemrational aufgebauten Sportunterricht so systematisch vertriebene Leib bzw. Körper in schon dürrenmattisch zu nennender Konsequenz (vgl. "die Physiker") seine Wiederkehr an.
In der Gestalt von "Trimm-Dich", "Jogging", "Squash", "Aerobic" macht er auch vor den Schultüren nicht mehr halt. Unübersehbar zeigen sich hier Symptome eines Mangels. Was sich hier Bahn bricht, ist der Protest gegenüber der alltäglichen Beanspruchung des Körpers - auch im Sportunterricht (vgl. RUMPF 1980, 1983).
Aber dem Symptom haftet ebenso unübersehbar der Mangel an, von dem es kündet: Der Mensch wird getrimmt, gejoggt, in Aerobic gebadet, er wird mit Körpererfahrung versorgt, der Körper wird auffrisiert, aber der Mensch ist verplant.
Umso eindringlicher stellt sich Körpererfahrung als pädagogische Aufgabe und unüberhörbar wird hier auch von außen, von Anthropologen, Pädagogen ... darauf verwiesen (vgl. z. B. RUMPF 1983, ZUR LIPPE 1982). Aber, als was und wie ist dieses Thema zu stellen und zu behandeln? Müssen wir neue Betätigungsfelder suchen oder lassen sich nicht auch die alten Felder des Turnens, des Spiels auf Körpererfahrung hinwenden? Und kennen wir nicht auch aus dem alltäglichen, systemrational aufgebauten Sportunterricht Erfahrungen, die den Rahmen dieses Modells sprengen, und sind nicht sie es, die solchen Unterricht über die Runden bringen?

2.1. <u>Umwelt</u> und <u>Aktionserfahrung</u>

Es ist Winter. Die Teiche vor unserem Dorf sind zugefroren. Seit heute trägt ihr Eis und ganze "Völkerscharen" nehmen sie als Schlitter- und Schlittschuh-Landschaft wahr.
So erfahren wir die winterlichen Teiche und ihr Eis als etwas und dies ist das Charakteristikum jedweder Erfahrung: daß wir etwas in bestimmtem Sinn auffassen, eben als etwas. Dies bedeutet zunächst,

daß unsere Erfahrung begrifflich geprägt ist. Damit greift sie über den aktuellen (Einzel-)Fall hinaus und umfaßt Möglichkeiten: "Eis ist etwas zum Schlittern".

Die begriffliche Struktur der Erfahrung von etwas als etwas ist nun eine Beziehungsstruktur: Sie ist bezogen auf das Etwas, einen Erfahrungsgegenstand, wie auf ein Subjekt, das etwas als etwas erfährt. Die Beziehungsstruktur als primäre Gegebenheit manifestiert sich in der Einheitlichkeit der unmittelbaren Wahrnehmungs- bzw. Erfahrungswelt. Da ist nicht ein Teich und ein Eis und seine Fähigkeit, da sind eine Schlittschuhbahn bzw. ein rutschiges Eis als primäre Wahrnehmungseinheiten. Da ist - für manche Skifahrer - die Fallinie unmittelbar als etwas, das einen "in die Tiefe absausen läßt", das folglich zu "umkurven" ist.

So erfahren sind ein vereister Teich, eine Fallinie, bestimmte Bestandteile einer i. S. von UEXKÜLL/KRISZAT (1956) zu verstehenden Umwelt als von uns behandelbarer, bemerk- und bewirkbarer Wirklichkeit.

Als solche erscheint sie einem als Gefüge abgrenzbarer Anschauungseinheiten, wobei die Ordnung des Gefüges wie seine Einheiten vom gegebenen Handlungszusammenhang abhängt, davon also, wie ein Handelnder im Rahmen einer bestimmten Zielperspektive eine Umweltsituation und sein Handeln darin sieht. Die so bestimmte Erfahrung der Umwelt ist - worauf die Beispiele bereits verweisen - nicht nur begrifflich "geprägt", sie ist auch gefühlsmäßig "getönt", die Fallinie z. B. kann als "Zone der Bedrohung" angstvoll gemieden aber auch als "tragendes Moment" lustvoll gesucht werden. Erfahrung trägt schließlich nicht nur abstraktbegriffliche und gefühlsmäßige Züge, sie ist durch und durch sinnlich-körperlich "durchwirkt": Der Skifahrer, der die Fallinie angstvoll als Bedrohung erfährt, "blockiert" vor ihr, steht stocksteif verspannt auf den Skiern, während sich der Könner gelöst, entspannt der Fallinie überläßt (um sich dann in der Aussteuerphase anzuspannen, in der sich demgegenüber der "Fallinien-Blockierer" nach überstandener Gefahr entspannt - wodurch er dann oft zu sehr ins Rutschen kommt) - man macht eben Erfahrung und dies auf "körperliche Weise". Schließlich ist zu vermerken, daß Erfahrung von ihrem

Basketball

Inhalt, den Umweltgegebenheiten, "durchtränkt" ist, die Weichheit des Pulverschnees, der Duft einer Bergwiese bleibt einem im Sinn, unsere Erfahrung ist material.
Genau wie das strömende Wasser, der Wind, der Schnee, die Erde, der Regen, die Frühlingsluft, die Oktoberkühle und der Herbstnebel, so ist auch die dynamische Konstellation von Spielern im Spielraum ein Medium, das sich mir entgegenstellt, mit dem ich mitströmen kann, das mich mitzieht, in dem ich nach dem Maße meines Könnens mehr oder weniger bruchlos "schwimmen" kann. Und hier wie dort ist ein sinnlich-körperlicher Genuß, von dem Medium umhüllt, in es eingetaucht zu sein, es mehr oder weniger bruchlos als zweite Haut zu erfahren.
Zu unserer Umwelt gehören nun auch unsere Mitmenschen. Auch Interaktionsprozesse und -erfahrungen mit ihnen sind als sinnlich-körperliche Prozesse bzw. Erfahrungen dingfest zu machen. An dem Beispiel "Zwei Jungen spielen Federball" hat WERTHEIMER (1963, 151 - 159) dies eindringlich deutlich gemacht, indem er den Prozeß einer produktiven Konfliktlösung mittels der Kategorien personaler sinnlich-körperlicher Prozesse bzw. Erfahrungen charakterisiert.
Unsere (Bewegungs-) Umwelt ist schließlich soziokulturell geformt und auch die entsprechend normierten Einrichtungen von Bewegungsumwelten finden ihren Erfahrungsniederschlag in unserer sinnlich-körperlichen Verfassung, die also auch sozialer Natur ist.
So kann z. B. der eingefleischte Basketballer nicht einfach aus seiner Haut. In fußballerischen Wegen steht ihm seine begrifflich geprägte, gefühlsmäßig getönte, sinnlich-körperlich "durchwirkte" Basketball-Verfassung im Wege und dem eingefleischten Volleyballer geht es zunächst gegen den Strich, wenn er nach Faustballmanier agieren soll. In seinem gewohnten Handlungsraum, der für ihn erschlossenen (Bewegungs-) Umwelt geht er gewöhnlich auf: zentriert auf den Handlungsvollzug nimmt er sich bietende Gelegenheiten unmittelbar wahr, so daß er die Erfahrung macht, seinem Handeln ganz und gar innezuwohnen, sich wie ein Fisch im Wasser zu bewegen; seine eigene Verfassung tritt nicht in Erscheinung.
Die "bipolare Verankerung" von Wahrnehmung bzw. Erfahrung macht es aber möglich, bewußte Wahrnehmung (Aufmerksamkeit) auf den einen

wie den anderen Pol zu konzentrieren, intentional auf den Handlungsgegenstand, reflexiv auf den Handelnden und "dazwischen" auf den Handlungsvollzug zu richten - wobei aus der Dualität von Objekt und Subjekt einen Dualismus (von Substanzen) gemacht zu haben, der Fehler des klassischen Subjekt-Objekt-Schematismus ist (vgl. Leist 1983). Die im Handeln regelhaft auftretenden Widerstände führen zur Bildung von - relativ zu den Einwirkungen konstanten - Reaktions- bzw. Eigenschaftsbegriffen wie Trägheit, Elastizität, Verschiebbarkeit von Dingen, Glätte des Eises. Komplementär dazu entwickeln sich Aktionsbegriffe wie Stoßen, Biegen, Verschieben, Rutschen.

Die sozial reglementierte "Widerständigkeit" des Aktionsraums "Fußballfeld" gegenüber basketballspezifischen Aktionsweisen führt im Lernprozeß zur Bildung von fußballspezifischen Feldeigenschaften wie "Tiefe des Raumes" und komplementär dazu zu Aktionsbegriffen wie "Öffnen des Raumes", "In den freien Raum stoßen".

Auch eine Bewegungsaktion erscheint in der natürlichen Erfahrung nicht als neutrale Sache, sondern als "Funktion" (BUYTENDIJK 1956), als Tätigkeit, "die etwas soll, etwas zeigt und zu etwas führt" (CHRISTIAN 1963, 21). Wichtig ist, als was etwas gemacht wird und nicht was dabei geschieht. Sinn ist wichtiger als Struktur. Aktionserfahrungen sind somit wie Umwelterfahrungen durch zwischenbegriffliche Relationen "geprägt" und emotional "getönt", sie sind "umweltdurchwirkt" (in die Erfahrung des "Abfederns" beim Tiefschneefahren geht der "federnde Schneewiderstand" mit ein) und schließlich sind sie natürlich sinnlich-körperlich "durchtränkt".

2.2. Das "Körper-Ich"

Zentriert man seine Aufmerksamkeit reflexiv auf den subjektiven Pol des Ich-Umweltbezugs im Handeln oder wird man - wie der geschilderte Basketballer - aufgrund der Gebrochenheit der Handlungssituation darauf geworfen, dann wird man sich seiner eigenen Verfassung bewußt:

Polar zur Erfahrung von Umwelt und Handeln wird man sich seiner selbst als einheitliches "anschauliches Ich" bzw. "Körper-Ich" bewußt. Dieses "Körper-Ich" ist einerseits erfahrbar als (Umwelt- und Aktions-) Erfahrung Konstituierendes und Bergendes, als

Basketball

"Erfahrungsgebilde", das immer wieder von den Umwelteinwirkungen bzw. Aktionsrückwirkungen betroffen wird - dem Volleyballer geht Faustballgeplänkel gegen den "(alten) Strich", wenn ich mit den Fingern über die Tischkante gleite, kann ich spüren, wie scharf sie ist, ich kann aber auch den Einschnitt, den "Strich" spüren, den sie auf dem Finger hinterläßt.

Das "Körper-Ich" tritt andererseits als "Erfahrung Machendes", "Wirkendes und Merkendes" in Erscheinung - auf "Basketballprellen" antwortet ein Handball anders als ein Basketball, und diese Erfahrung macht man, indem man als "Körper-Ich" wirkt und merkt.

Dies sind nun ineinander verschränkte Prozesse: Wenn wir ein Holz auf seine Bruchfestigkeit prüfen wollen, so nehmen wir erstens vorweg, wie hart oder weich, fest oder spröde es seine könnte. Damit geben wir gleichzeitig vor, wie stark wir zupacken, wo wir zugreifen. Wir führen zweitens die Wahrnehmungstätigkeit korrekt aus, packen hier und dort zu, biegen, verwinden usw. und das kann man daran sehen, daß unsere linke Hand hier, unsere rechte Hand dort, der Griff mehr oder weniger fest ist, daß unsere Muskeln mehr oder weniger angespannt sind, daß das Holz mehr oder weniger gebogen ist. Die in unserem Zugriff gegebene Spannung des Holzes impliziert ein Urteil über seine Bruchfestigkeit.

Das Körper-Ich, darauf verweist dieses Beispiel, kann mehrere Rollen spielen: es kann Ausführungs- wie Wahrnehmungsorgan, es kann aber auch Wahrnehmungsgegenstand sein. Und diese Rollen sind ineinander verschränkt: die Hand ist Greifer und Fühler zugleich, vermittelt Informationen nicht nur über das betastete Objekt, sondern auch über sich als Organ. Laufen sich solche Prozesse auf immer denselben sportiven Bahnen tot, so kommt es zu dem, was man Verdinglichung des Körpers nennt (vgl. RUMPF 1983). Soll der Prozeß lebendig erhalten bleiben, so bedarf es prinzipiell offener Erfahrungssituationen, in denen jede Grenze ein neuer Anfang ist.

2.3. <u>Exkurs: Zur Auffassung von Umwelt und Körper-Ich im Rahmen handlungstheoretischer Betrachtung</u>

Im Rahmen der gerade skizzierten Abstraktionsstufe von Erfahrung können Eigenschaften von Umwelt wie Körper-Ich gleichartig kategorisiert werden: Sachliche wie personale wie soziale Umwelt werden in Handlungsmerkmalen, in Merk-, Wirk- und Wertmerkmalen erfaßt: die "tragende Fallinie", "die schneidende Kante", der "griffige Schnee", der "flüchtige Seitenblick" des Mitspielers, seine "enttäuschte Miene", der "tiefe Raum", die "Abwehrkette". Entsprechend wird das auf die jeweilige Umweltebene bezogene "Körper-Ich" aufgefaßt: man "fühlt" sich "gelassen", "gelöst", "verspannt", "weich", "hart", man spürt einen "Einschnitt", man "haftet im Schnee", ein trauriger Blick "nimmt einen mit", es geht einem gegen den "(gezogenen) Strich".

Das "körper-Ich" ist polar dazu verfaßt, wie die Umwelt für das "Ich" verfaßt ist, die Erfahrung des "Körper-Ich" bildet die Umwelt so ab wie der Schlüssel sein Schloß. Gleichwohl bleibt das Körper-Ich von der Umwelt wohlunterscheidbar: Ein abgeschlagener Finger ist nicht mehr der meine, er kann nichts bemerken oder bewirken, die Einheit des "Ich", die Einheit der Funktion ist zerstört.

Die Einheit der Funktion im Rahmen handlungsgebundener Ich-Umwelt-Verflechtungen bringt es allerdings mit sich, daß die Grenzen zwischen Umwelt und "Körper-Ich" fließend sind, daß das "Körper-Ich" weiter reichen kann als anatomisch-physiologisch definierte Körperglieder gehen (können).

Man kann mit Schlittschuhen oder Skiern so verwachsen, daß man die Beschaffenheit des Eises oder des Schnees unmittelbar unter den Schlittschuhen oder Skiern wahrnimmt, an ihrer Angriffsstelle zur Umwelt; polar dazu reicht dann eben auch das "Körper-Ich" bis zu dieser Angriffsstelle. Daß das "Körper-Ich" wie die "Umwelt" - aufgrund der Ich-Umweltverflechtungen im Handeln - keine festen Gebilde sind, zeigen auch folgende Beispiele: Macht man über einen quergestellten Kasten hinweg eine Hechtrolle durch einen dahinter gehaltenen Reifen, so kommt man sich länger vor als ohne Reifen, ist der Reifen mit einem Tuch verhängt, das sich beim Durchspringen um den Kopf verfängt, hat man den Eindruck, man stürze unmittelbar zu Boden, springt man mit zugebundenen Augen von einem Kasten nach unten, meint man ins Bodenlose zu stürzen (der "optische Halt" (GIBSON) fehlt).

All dies sind keine Falsch-, sondern Wahrnehmungen, die den Ich-

Basketball

Umwelt-Bezug reflektieren (vgl. LEIST 1983).
Über diese bislang skizzierte elementare Abstraktionsebene hinaus können Abstraktionen weitergeführt werden, einerseits von wahrgenommener Umweltgegebenheit bis hin zu dem Abstraktionsprodukt eines physikalischen Gegenstandes als isoliertem Element einer (physikalischen) "Umgebung" (vgl. UEXKüLL/KRISZAT 1956) als angenommener Wirklichkeit vor ihrem Wahrgenommen-Werden und andererseits vom (empirischen, gewußten) "Körper-Ich" bis hin zu dem logischen (erkennenden) oder transzendentalen Ich.
Auf dieser Ebene erscheint der Körper als anatomisch-physiologisches Gebilde und von dieser Beschreibungsform her führt kein Weg mehr zum (wahrgenommenen) "Körper-Ich" und seinen Funktionen. Ein analoges Beispiel von LAUCKEN (1983, 64) soll diesen Sachverhalt verdeutlichen:
"Wenn man erklären will, wie und warum sich ein Kind über eine Blume freut und diese pflückt, so scheint es unangemessen zu sein, diese Blume aus zellbiologischer Sicht zu beschreiben. Eine Beschreibung, die von Farben, Gerüchen, Gestalten usw. spricht, mag angemessener sein. Und eine solche Beschreibung ist nicht "richtiger" oder "falscher" als eine zellbiologische, sie ist nur anders."

2.4. Funktionale Potentialität und Symbolcharakter des "Körper-Ich"
Im Rahmen der ersten Abstraktionsebene bleiben Objekt und Subjekt polar verbunden, Gegenstände sind als behandelte konstituiert und vermögen als handhabbare Handlungsfähigkeiten anzuregen, so daß die Umwelt auf neue Weise subjektiviert wird, sie repräsentiert die "funktionale Potentialität" (BOESCH 1980, 65) des Handelnden, die sich wiederum im "Körper-Ich" manifestiert. Dazu ein Beispiel: Wenn ich mich meiner Tochter als Turngelegenheit anbiete, erfahre ich, daß ich so wahrgenommen werde, indem das Kind an mir herumturnt, sich an mich hängt ... Und bei Zentrierung auf die Aktivität des Gegenübers tritt mein "Körper-Ich" (die Turngelegenheit) zurück, nun wird meine Wahrnehmung von den Turnfiguren, die das Kind macht, beherrscht. Sie ist ihrerseits jedoch imprägniert von dem Halt, dem Widerstand, der Unterstützung, der Sicherheit, der Elastizität ..., von alledem, was ich als Turngelegenheit biete. Insofern spiegelt auch sie noch, wie ich meinen Körper in die

Situation einbringe, welche seiner Eigenschaften sich entfalten. Und dieser Eigenschaften werde ich dann ausdrücklich gewahr, wenn sie überstrapaziert werden, und ich merke und spüre, daß ich den Füßen, die an mir hochlaufen, nicht mehr genug Widerstand bieten kann, daß mein Halt unsicher wird, daß meine Muskeln zittern ...
So vergegenständlicht sich mein Körper im Rahmen von Handlungen, und in analoger Weise lernt auch das Kind seinen Körper erfahren, wenn seine Füße nicht den erwarteten Halt finden, wenn es nachgreifen muß, wenn es sich mit den Armen nicht mehr halten kann und mit den Beinen nachklammern muß.
Der Einschnitt in die ursprünglich gegebenen Sinnbezüge bringt Eigenschaften wie die der Haltekraft der Arme oder die Elastizität der Turngelegenheit "Vater" zur Wahrnehmung.
Aber auch sie sind nicht neutral, keine Eigenschaften als solche, die Elastizität besagt nichts bloß über die Turngelegenheit, sondern auch über ihre Verwendbarkeit, Beanspruchbarkeit.
Gegenläufig, aber - aufgrund der primären Einbindung von Körpererfahrung in Handlungszusammenhänge - gleichwohl in Ergänzung zu Prozessen solcher Vergegenständlichung, vollzieht sich eine Subjektivierung des Körpers: das Kind erfährt seine körperlichen Möglichkeiten, Fähigkeiten, seine Handlungspotenzen. Und diese verkörpern sich in Handlungen, deren Sinn "nur" darin besteht, eben diese Potenzen zu aktivieren. Dies genießt das Kind, wenn es z. B. unaufhörlich dabei ist, vorn an mir hochzulaufen, auf meinen Schultern die freie Balance zu halten, den Rücken hinunterzugleiten ...
Auch wir jagen ja nichts anderem als unseren Handlungsmöglichkeiten nach, wenn wir auf Jahrmärkten Stände umlagern und bedrängen, an denen es darum geht, möglichst gut zu hämmern. Der Nagel hat dort nichts zu verbinden oder zu halten, wichtig ist hier allein, daß man die Gelegenheit zum Nageln, also zum Handeln hat, wichtig ist allein das Nageln-Können bzw. das Hämmern (vgl. BOESCH 1980).
Nicht nur die "funktionale Potentialität" manifestiert sich im "Körper-Ich", es trägt auch symbolische Züge. Dazu zwei Beispiele: Das "Körper-Ich" des Vaters kann für das kind über die eben skizzierte Situation hinaus zum Symbol für Sicherheit und Geborgenheit

werden. Fühlt es sich bedroht, kann es in dem "Außenhaus" "Vater" Schutz suchen.

Die Wucht, mit der im Volleyball geschmettert wird, präsentiert nicht nur die "funktionale Potentialität" des Angreifers, sie symbolisiert auch seine Männlichkeit, weswegen viele Mädchen das Schmettern scheuen.

3. Didaktische Umsetzung im Basketballunterricht

Greifen wir noch einmal das Bild vom "Fisch im Wasser" auf: Um einem Menschen den Zugang zu einer Sportart, also einem "Wasser", überhaupt zu ermöglichen und damit die Voraussetzung zu schaffen, daß er möglicherweise ein "Fisch" auch in diesem "Wasser" werden kann, gilt es, den jeweiligen Sportartkörper zu entwickeln. Dies kann nur geschehen, indem wir dem Lernenden ermöglichen, die sportarttypischen Erfahrungen zu sammeln. Um dies leisten zu können, sind also zunächst zwei Fragen zu beantworten:

1. Welches sind die mit sportarttypischen Erfahrungen verbundenen Handlungssituationen?
2. Was hindert Anfänger daran, diese Handlungssituationen aufzusuchen und die entsprechenden Erfahrungen zu machen?

Diese beiden Fragen sollen zunächst beantwortet werden, bevor dann in einem dritten Schritt ein Lehrgang zur Vermittlung des Basketballspiels dargestellt wird.

3.1. Grundlegende Körpererfahrungen des Basketballspiels

3.1.1. Körperloses Spiel

Das Prinzip des "körperlosen" Spiels Basketball führt zunächst für den Angreifer zu drei wesentlichen Erfahrungen:
- Mein Körper ist tabu!
- Der Ball ist keineswegs tabu, auch wenn ich ihn "besitze"!
- Auch der Körper eines Gegenspielers ist tabu!

Die Erfahrung, daß der eigene Körper tabu ist, nicht aber der Ball, führt nun dazu, daß der Angreifer seinen Körper einsetzt, um den Ball abzuschirmen gegen die Verteidiger. Damit hat er ein Mittel gefunden, mit dem Ball durch Lücken in der Verteidigung zu schlüpfen, um in eine korbnahe und sichere Wurfposition zu gelangen. Dabei liegt die Betonung auf dem Begriff "schlüpfen", denn

Basketball

die Erfahrung, daß auch der Körper des Gegners tabu ist, hält die Möglichkeiten durchzu"brechen" in Grenzen.

Bei der gegebenen Möglichkeit, den Ball mit der Hand zu spielen, ist damit klar, daß im Basketballspiel ein Angreifer von seinem Gegenspieler praktisch nicht zu stoppen ist. Dies gilt, obwohl eine komplizierte Schrittregel die Möglichkeiten der Bewegung mit dem Ball einschränkt, wenn der Angreifer die daraus resultierenden Techniken (Dribbling, Zweierrhythmus) nur gut genug beherrscht.

Diese Tatsache prägt nun ihrerseits wieder das Spiel: Man kann einen Korbwurf eben nicht verhindern, sondern dem Werfer nur den Weg in eine erfolgversprechende Position so schwer wie möglich machen und dann den Wurf möglichst stören, um seine Wurfausbeute zu verschlechtern.

Damit sind nun auch für den Verteidiger bestimmte Körpererfahrungen verknüpft:
- Der Körper des Gegners ist tabu!
- Der Ball ist keineswegs tabu!
- Mein eigener Körper ist tabu!

Dabei steht, nach unserer Erfahrung, tatsächlich auch für den Verteidiger der Körper des Angreifers im Vordergrund, der nicht berührt werden darf und nicht der eigene Körper. Dieser wird zum Instrument, um die einzig mögliche Verteidigungsmaßnahme durchzuführen: dem Gegner den Weg zum Korb möglichst zu erschweren und seinen Wurf zu stören. Dies erfordert in hohem Maße Bewegungsbereitschaft, Antizipation und Kraft, um dem Gegner zuvorzukommen oder den Weg abzuschneiden; denn wenn beider Körper tabu ist, dann hat derjenige Anrecht auf einen Platz auf dem Spielfeld, der zuerst da ist.

3.1.2. Täuschungen, Spiel 1:1

Diese Verhaltensweise des Verteidigers, basierend auf der Tatsache, daß auch dessen Körper tabu ist, führt nun wiederum den Angreifer zu einer bestimmten Erfahrung: Der Verteidiger reagiert auf meine Bewegung mit einer entsprechenden Bewegung. Dies kann ausgenutzt werden, um den Verteidiger z. B. aus dem geplanten Weg zum Korb hinaus zu manövrieren: zu Täuschungen. Die Körpererfahrung ist diejenige, daß nach einer Reihe von Täuschungsbewegungen

Basketball

der Verteidiger nicht mehr mitkommt und der Angreifer dann an der Stelle, wo der Verteidiger gerade nicht ist, durchschlüpfen kann. Der Wahrnehmungscharakter dieser Erfahrung wird im amerikanischen Sprachgebrauch offensichtlich, wenn dort gesagt wird, daß der Angreifer da durchschlüpft, wo "daylight" zwischen ihm und dem Korb ist. Dies spiegelt auch die wahrnehmungsmäßige Lernaufgabe des Anfängers wider, der lernen muß, die Lücken wahrzunehmen und nicht die Körper der Verteidiger.

3.1.3. Angriffspositionen

Die Tatsache, daß der Ballbesitzer von seinem Verteidiger praktisch nicht zu stoppen ist, legt es nun den Angreifern ohne Ball nahe, ihrerseits dem Ballbesitzer den Weg zum Korb nicht zu verlegen, indem sie sich etwa in Korbnähe in Erwartung eines Zuspiels aufhalten.

Stattdessen läßt sich unter Freihaltung des Raumes am Korb (unabhängig von einer 3-sec-Regel) hieraus die Verteilung des zur Verfügung stehenden Angriffsfeldes auf alle Angreifer in Form von festen Angriffspositionen ableiten. Da diese Position unterschiedliche Aufgabenverteilungen aufweisen, entwickeln sich hier auf Leistungsniveau sogar spezielle Aufbau-, Flügel- und Centerspielerkörper. Für die Verteidiger bedeutet die Übermacht des Ballbesitzers, daß man sich gegenseitig beim Stoppen des Ballbesitzers helfen muß, wobei natürlich der eigene Gegenspieler zumindest kurzfristig vernachlässigt werden muß.

3.1.4. Freilaufen

Mit der Festlegung von Angriffspositionen und der Aufgabe, den Raum am Korb freizuhalten, werden nun für die Angreifer spezielle Manöver zum Freilaufen notwendig, um auf engem Raum den Ball zugespielt bekommen zu können. Auch dies geschieht wieder auf der Grundlage von Täuschungsbewegungen. Daneben ergibt sich aus dem gegenseitigen Helfen der Verteidiger bei einem Durchbruchsversuch die Möglichkeit, einen Mitspieler freizuspielen - indem ein Durchbruch nur angetäuscht wird, um einen Verteidiger zum Helfen zu veranlassen und dann dessen Gegenspieler anzuspielen.

Damit sind die Grundstruktur des Basketballspiels und die damit verbundenen Erfahrungen beschrieben. Es gilt nun die zweite Frage zu beantworten:

3.2 <u>Was</u> <u>hindert</u> <u>Anfänger,</u> <u>sich</u> <u>wie</u> <u>beschrieben</u> <u>zu</u> <u>verhalten</u> <u>und</u> <u>diese</u> <u>Erfahrungen</u> <u>zu</u> <u>machen?</u>

Das entscheidende Hindernis für den Anfänger, wie beschrieben zu spielen, besteht nach unseren Erfahrungen in der Reglementierung der Bewegung mit dem Ball durch die Dribbelregeln des Basketballspiels. Bedenken wir, daß Ausgangspunkt der grundlegenden Erfahrungen des Basketballspiels der Körper als Schutzschirm des Balles war. Dies ist nur dann richtig, wenn die Spieler so gut dribbeln können, daß sie dabei den Ball immer noch abschirmen können. Könner können dies! Anfänger jedoch, für die der Ball im Dribbling kaum zu kontrollieren ist, selbst ohne Verteidiger, können dies sicher nicht! Umso weniger, als dabei auch noch auf bestimmte Kontaktregeln zu achten ist!

Es ist offensichtlich, daß damit schon vor die grundlegendste Erfahrung eine schier unüberwindliche Barriere gestellt ist. Denn wer nicht erlebt, daß er den Ball abschirmen kann, der wird auch die daraus abgeleiteten Erfahrungen nie machen können - entweder weil er den Ball verliert oder weil er einen Schrittfehler begeht oder weil er, um beides zu vermeiden, den Ball wie eine heiße Kartoffel schnellstens wieder loszuwerden versucht.

Ein traditioneller Vermittlungsweg versucht, dieses Problem durch die Schulung der Technik Dribbling zu lösen, wobei zunächst das Spiel in den Hintergrund treten muß. Damit gehen aber die mit dem Spiel verbundenen Erfahrungen verloren. Da diese für uns die grundlegenden Erfahrungen sind, muß unser Weg also genau der umgekehrte sein:

Das Dribbling wird aus dem Basketballspiel eliminiert - beim Laufen mit dem Ball muß dieser nicht geprellt werden!

Wie unter diesen Voraussetzungen unser Basketballehrgang aussieht, soll im folgenden aufgezeigt werden. Dabei können nur nach unseren Erfahrungen geeignete Problemlösungen aufgezeigt werden; eine Reihenfolge ist nicht anzugeben, sie wird durch die von der jeweiligen Lerngruppe im Spiel festgestellten Probleme bestimmt.

Basketball

3.3. Lehrgang Basketball
3.3.1. Problem Regelveränderung

Um das Spiel für Anfänger spielbar zu machen, haben wir als Einstieg in das Basketballspiel ein Basketballspiel gewählt: die Schüler werden aufgefordert, Basketball zu spielen; weitere Angaben werden nicht gemacht. In aller Regel sind genügend Vorerfahrungen, zumindest bei einigen Schülern, vorhanden, um ein Spiel in Gang zu bringen. In einem anschließenden Gespräch werden die aufgetretenen Probleme aufgegriffen, insbesondere das Leistungsgefälle in der Lerngruppe und die meist implizit vorgenommenen Regelveränderungen, die das Spiel spielbar machen sollten. Auf dieser Grundlage werden die Regeln des Basketballspiels erarbeitet, die unverzichtbar erscheinen, um die Spielidee zu erhalten:

1. Spiel zweier Mannschaften auf zwei hohe Körbe in einem Spielfeld, mit einem Ball, der mit den Händen gespielt wird. Das Spielziel ist es, den Ball in den Korb zu werfen bzw. den Gegner daran zu hindern.
2. Dabei muß die Foulregel beachtet werden:
   Jede Behinderung durch Körperkontakt, auch unabsichtlich, wird als Foul definiert.
3. Die Dribbelregel wird ausdrücklich weggelassen, um das Leistungsgefälle auszugleichen.

Weitere Regeln sind zunächst nicht notwendig; rein organisatorische Regeln können bereits dem Basketballspiel entsprechend übernommen werden:
Einwurf an der Grundlinie nach Korberfolg, sonst von der Seitenlinie; Sprungballsituationen.
Da das Regelwerk sehr wenige Regeln umfaßt, können die Schüler das Amt des Schiedsrichters übernehmen.

3.3.2. Problem Körperkontakt

In einem ersten Spiel mit dem neuen Regelwerk ist häufig schon eine zunehmende Aktivität der Anfänger festzustellen; sie übernehmen mehr Spielanteile, die sonst nur von den erfahrenen Spielern getragen werden. Entgegen den Erwartungen, vor allem der erfahrenen Schüler, zeigt sich, daß das Weglassen der Dribbelregel keineswegs zu rugbyähnlichem Spielverhalten führt, mit einer Vielzahl

nicht zu stoppender Einzeldurchbrüche. Stattdessen muß man die Anfänger immer wieder zu Durchschlüpfaktionen ermuntern. Dabei zeigt sich jedoch häufig, daß der Versuch sehr früh wieder abgebrochen wird. Im Gespräch kommt hier immer wieder heraus, daß die unerfahrenen Spieler, in der Mehrzahl die Mädchen, sich in dieser Situation davor scheuen, ihren Körper als Schutzschirm für den Ball einzusetzen, da es dabei zu Körperkontakten mit anderen Spielerinnen und Spielern kommen kann. Dies gilt nicht nur bei harten Rempeleien, sondern für jeden Kontakt!
Hier tritt die symbolische Bedeutung für Körpereinsatz als "männliches" Durchsetzungsvermögen zutage, das aufgrund sozio-kultureller Einflüsse vor allem von den Mädchen abgelehnt wird.
Dies ist eine weitere, entscheidende Schranke, die für solche Spieler (-innen) vor das Erreichen der Spielfähigkeit gestellt ist. Wird sie nicht geöffnet, so muß für diese Spieler der Weg zum "Wasser " Basketballspiel verschlossen bleiben, ähnlich wie man schwimmen lernen kann, ohne sich wie ein Fisch im Wasser zu fühlen. Wichtigste Voraussetzung für das Durchbrechen dieser Schranke ist es, dieses Problem überhaupt zur Sprache zu bringen; und zwar nicht rein theoretisch, sondern auf der Grundlage von Erfahrungen, wie sie etwa in unserem ersten Basketballspiel mit neuem Regelwerk für jeden machbar sind.
Als methodische Schritte, diese Barriere aufzubrechen, sind nach unseren Erfahrungen folgende Situationen geeignet:
1. Oktopus-Spiel
Eine Gruppe von Spielern (etwa 2/3 der Gesamtgruppe), die "Oktopusse" stellen sich auf dem Spielfeld in feste Positionen, in denen sie sich bewegen, die sie aber nicht verlassen dürfen. Die verbleibenden Spieler müssen als "Fische" mit einem Ball durch das Oktopus-Feld laufen, wobei die Oktopusse versuchen, ihnen den Ball abzunehmen. Dabei treten in spielerischer Form typische Formen des Ballabschirmens und Körperkontakts auf. Das genaue Regelwerk - Abstände der "Oktopussse" und erlaubter Körperkontakt - kann der Gruppe zur Absprache überlassen werden.
2. In der im folgenden Abschnitt besprochenen Spielform "Streifenlaufen" wird das Körperkontaktproblem in Verbindung mit typischem

Basketball

Verteidiger-Sperrverhalten ebenfalls thematisiert.

3.3.3. Problem individuelle Verteidigung

Ein Problem, das sich scheinbar durch das Weglassen der Dribbelregel stellt, wird von den Schülern wie folgt formuliert: "Wie kann man denn den Ballbesitzer stoppen, wenn er nicht dribbeln muß"!? Dies ist deshalb nur ein scheinbar neues Problem, weil es im Spiel mit Dribbling sich im Prinzip ganz genauso stellt, wenn ein Dribbler nur gut genug dribbeln kann. Andererseits ist diese Tatsache eine wichtige Voraussetzung dafür, daß das Weglassen der Dribbelregel nicht zu einer Änderung des Spielverhaltens führt! Es gibt im Basketballspiel für den Verteidiger eben im Prinzip nur die Möglichkeit, im Zurückweichen dem Angreifer den Weg zum Korb so lang wie möglich zu machen und ihn dann beim Wurf zu stören. Dieses Verhalten kann in folgender Spielform geschult werden:

Streifenlaufen

In einem etwa vier bis fünf Schritte breiten Streifen auf dem Spielfeld hat ein Angreifer die Aufgabe, an einem Verteidiger vorbeizulaufen, zunächst ohne Ball. Hierbei tritt neben den Versuchen des Verteidigers, über "Beinarbeit" seine Position vor dem Angreifer in Laufrichtung gegen dessen Täuschungsmanöver zu erhalten, vor allem ein typisches Verteidigerverhalten auf: Die Verteidiger strecken in kritischen Situationen einen Arm seitlich aus, um dem Angreifer eine offen gebliebene Lücke zu versperren. Da dies im Fall des Körperkontakts mit dem Angreifer ein Foul des Verteidigers darstellt, gilt es, dieses Verhalten durch Übungsaufgaben abzustellen.

Viel wichtiger jedoch ist die Beobachtung, die schon oben besprochen wurde: Dieses Verteidigerverhalten wirkt nicht erst durch das körperliche Versperren der Lücke, sondern die Angreifer scheuen schon vor den ausgestreckten Armen zurück.

Da das Ausstrecken der Arme zum Angriff auf den Ball erlaubt ist, kann man nicht dieses allein schon als Foul definieren. Stattdessen muß es zum Körperkontakt kommen, um den Tatbestand des Fouls zu erfüllen. Wenn aber die Angreifer diesen Körperkontakt scheuen, so ist das Ausstrecken des Armes eine wirkungsvolle Verteidigungsmaßnahme ohne Foul.

Deshalb ist es in dieser Spielform erste Aufgabe, die Angreifer dahin zu bringen, daß sie diese Scheu überwinden. Dabei ist es sehr hilfreich, daß die Verteidiger in aller Regel kurz vor dem Kontakt den Arm wieder wegziehen, so daß es gar nicht zu massivem Körperkontakt kommt.

3.3.4. Problem kollektive Verteidigung

Neben der Möglichkeit, wie bisher angenommen, ein Verteidigerverhalten in Mann-Mann-Verteidigung aufzubauen, wird von den Schülern häufig die Lösung Zonenverteidigung vorgeschlagen.

Nach unserer Meinung spricht vieles dafür, im Schul- und Breitensportbereich mit Mann-Mann-Verteidigung zu spielen.

Wir gehen zur Lösung dieses Problems den Weg, zunächst, wie oben beschrieben, mit Mann-Mann-Verteidigung zu spielen. Danach wird die Zonenverteidigung erklärt und ein Spiel mit Zonenverteidigung durchgeführt. Auf der Grundlage der im Spiel mit Mann-Mann-Verteidigung gewonnenen Erfahrungen treten dann die eingeschränkten Handlungs- und Erfahrungsmöglichkeiten des Spiels mit Zonenverteidigung deutlich hervor, vor allem die Verlagerung auf Würfe aus der Halb- und Mitteldistanz, sowie das Wegfallen aller Durchbruchaktionen.

3.3.5. Problem Angriff: Positionen

Obwohl durch das Weglassen der Dribbelregel jedem Angreifer die Möglichkeit gegeben ist, seine Aufmerksamkeit vom Ball weg auf den Spielablauf zu richten, ist dieser Spielablauf noch sehr chaotisch. Dieses Chaos entsteht durch die Bemühungen, den Ball möglichst in Korbnähe zugespielt zu bekommen. Da dies außer dem Ballbesitzer bis zu vier Spieler sein können, behindern sie sich in ihrem Bemühen gegenseitig. Vor allem aber hindern sie den Ballbesitzer daran, einen Durchbruch zum Korb zu starten. Denn obwohl er, wie gesehen, von seinem Verteidiger praktisch nicht zu stoppen ist, scheut er zurecht davor zurück, sich in das Getümmel in Korbnähe zu stürzen.

Auch dieses Problem ist mit den Schülern leicht zu erarbeiten, sind sie doch gerade auch als Ballbesitzer in der Lage, diesen Spielablauf wahrzunehmen, da sie sich praktisch nicht um den Ball kümmern müssen.

Basketball

Die Lösung dieses Problems wird leicht aufgrund von Vorerfahrungen auch aus anderen Sportspielen gefunden: das Festlegen von Angriffspositionen mit bestimmten Aktionsradien und Aufgaben. Aus den vielen möglichen Formationen des Basketballspiels wählen wir die 2-2-1 Aufstellung aus, mit zwei Aufbauspielern, zwei Vorderspielern und einem Centerspieler, so daß der Raum am Korb freigehalten wird. Dabei ist die Aufgabe der Aufbauspieler neben dem Spielaufbau noch das Verhindern schneller Gegenangriffe, die anfangs wegen der geringen Wurfausbeute verstärkt auftreten können. Diese brauchen nicht durch Zusatzregeln (wie etwa: jeder muß einmal den Ball vor dem Korbwurf berührt haben) unterbunden zu werden, denn nur ihre übermäßige Häufung ist störend! Das Spiel selbst hält in der Verbesserung der Wurfausbeute und der Aufgabenstellung an die Aufbauspieler das Regulativ für dieses Problem bereit. Bezüglich der Rolle des Centerspielers ist darauf zu achten, daß er, auch ohne 3-sec-Regel, den Raum am Korb nicht durch ständiges Freilaufen blockiert. Da er prinzipiell eine Sonderrolle im Spiel einnimmt (Spiel mit dem Rücken zum Korb!) kann man ihn auch zunächst ganz weglassen. Dieses Spiel 4:4, mit zwei Aufbau- und zwei Vorderspielern, haben wir mit gutem Erfolg durchgeführt.

3.3.6. Problem Technik

Die in unserem Spiel geforderten Techniken entsprechen durchaus denen des Basketballspiels: Standwurf, Sprungwurf, Korbleger, Passen und Fangen sind von Anfang an beinhaltet. Es fehlt jeweils nur der spezielle 2-Kontakt-Rhythmus.

Prinzipiell schulen wir solche Techniken in parallel laufenden Übungsreihen, die zum Schluß über Komplexübungen die Technik ins Spiel einführen. Besonderes Gewicht kommt in unserem Spiel von Anfang an dem Durchbruch und damit der Korblegertechnik zu. Hier können alle typischen Probleme der Wurfsituation, aus schnellem Lauf und Sprung zum Korb, bereits angesprochen werden: weicher Wurf mit Unterhandwurfbewegung; Werfen mit der vom Verteidiger abgewandten Hand; Abspringen möglichst mit dem zur Wurfhand gegengleichen Bein. Das Ermöglichen und Unterstützen von Durchbruchsituationen weist ebenso direkt auf die Notwendigkeit des Sprungwurfes, der sich aus der Bewegung heraus viel schneller ausführen läßt als der Standwurf.

Trotz allem Üben jedoch ist kurz- und mittelfristig keine zufriedenstellende Wurfausbeute bei Anfängern zu erreichen. Um die notwendige Übungszeit zu umgehen, setzen wir hier einen Korb von ca. 65 cm Durchmesser ein, der das Treffen erleichtert. Dies ist technisch einfacher zu bewerkstelligen als ein niedriger hängender Korb. Dabei ist die Wurfausbeute nicht nur wegen der motivationalen Bedeutung des Erfolgserlebnisses wichtig, sondern vor allem dafür, ein realistisches Verteidigerverhalten zu erreichen: einen Angreifer in etwa 4 m Entfernung vom Korb muß man beim Wurf stören!

3.3.7. Problem Freilaufen und Freispielen (Spiel 2:2 bis 5:5)

Mit der Festlegung von Angriffspositionen, verbunden mit der Aufgabe, den Raum am Korb freizuhalten, werden für die Angreifer besondere Manöver zum Freilaufen notwendig, um auf engem Raum den Ball zugespielt bekommen zu können. Im Basketballspiel kommt hier vor allem dem Freilaufen im Rücken des Verteidigers zum Korb, der sog. "backdoor"-Bewegung besondere Bedeutung zu.

Neben dieser Möglichkeit des Freilaufens ist besonders das Freispielen eines Mitspielers zu schulen: Die Übermacht des Ballbesitzers bedeutet für die Verteidiger, daß man sich gegenseitig beim Stoppen des Ballbesitzers helfen muß, wobei natürlich der eigene Gegenspieler zunächst kurzfristig vernachlässigt werden muß. Dies kann umgekehrt von den Angreifern genutzt werden: ein Durchbruchversuch lockt einen Verteidiger weg von seinem Gegner, der dann aus dem Durchbruch heraus angespielt werden kann. Dieser Spieler hat dann einen raum-zeitlichen Vorsprung vor seinem Verteidiger, der erst wieder zu ihm zurückkommen muß.

Dies stellt vor allem auch eine Möglichkeit dar, den Centerspieler mit ins Spiel zu bringen.

Durch ein anschließendes Zurückkehren des ursprünglich durchgebrochenen Spielers (und damit auch seines Verteidigers) auf die Ausgangsposition entsteht darüber hinaus eine Lücke, die dem neuen Ballbesitzer seinerseits eine Durchbruchgelegenheit bietet. Dabei hat er sogar einen kleinen Vorsrpung vor seinem Verteidiger mit

Basketball

auf den Weg bekommen. Führt sein Durchbruchversuch nicht gleich zu einer günstigen Wurfsituation, so kann er daraus seinerseits einen anderen Angreifer freispielen und so fort.
Diese Verhaltensweise ist die grundlegende im Zusammenspiel zweier Spieler und schließlich einer ganzen Mannschaft: Durch Freilaufen und Freispielen sich selbst und anderen Gelegenheiten zu einem Durchbruch und erfolgreichen Wurf zu schaffen. Hierin ist auch die Grundlage für das Entstehen eines "Mannschaftskörpers" zu sehen, bei dem alle Spieler in Abstimmung aufeinander ständig in Bewegung sind und füreinander spielen - mit und ohne Ball.

3.3.8. Problem Dribbling

Mit dem bisher beschriebenen Spielverhalten ist nach unserer Auffassung ein typisches Basketballspiel entstanden, das die Grundlage für alle im Basketball möglichen Entwicklungen in sich trägt. Mit dem Einführen der Techniken Dribbling und Zweierkontakt sollte nach unseren Erfahrungen nicht zu früh begonnen werden: Erst wenn die Grundlage tragfähig genug ist, kann man erwarten, daß mit dem Fordern der Technik Dribbling im Spiel das Spielverhalten nicht unter eine untere Grenze absinkt. Das Einführen der Technik Dribbling ins Spiel geschieht dabei wie bei allen anderen Techniken nach Üben in Übungsreihen und Komplexübungen. Da die Techniken Dribbling und Zweierkontakt entgegen der anderen Techniken vom Regelwerk gefordert werden, ist hier auf ein anfangs großzügiges Auslegen der Regel zu achten, das nur langsam an das strenge Regelwerk angeglichen wird. Nach unseren Erfahrungen sind die grundlegenden Bewegungsabläufe wie etwa der Korbleger so weit vorbereitet, daß eine regelgerechte Ausführung leicht gelernt wird. Diese regelgerechte Ausführung im Spiel anzuwenden, ist auch bei frühzeitigem Einführen der Dribbelregel nur in einem langen Lernprozeß zu erreichen.
Während dieser Zeit haben unsere Schüler ständig Basketball gespielt.

4. Körpererfahrung in der Vor- und Nachbereitung

Wolfgang Knörzer

KÖRPERERFAHRUNGSÜBUNGEN - Hilfen zur Verbesserung der Körperbewußtheit

Hat man als Lehrer im Sportunterricht oder als Trainer im Verein die Perspektive "Körpererfahrung" als wesentlich anerkannt und möchte sie nun in seine Unterrichtsplanung einbeziehen, so stellen sich neben den Überlegungen, wie man Körpererfahrungen sportartspezifisch vermitteln kann, häufig folgende Fragen:
Wie kann ich meine Schüler/Gruppenmitglieder für körperliche Erlebnisse öffnen?
Wie kann ich die für meine Sportart typischen Körpererfahrungen exemplarisch und sportartunabhängig vermitteln?
Hier bieten sich nun Körpererfahrungsübungen an. Ich verstehe darunter solche Übungen, die dazu dienen können, die Bewußtheit der eigenen Körperlichkeit und ihrer Handlungsmöglichkeiten zu erhöhen. Sie können dazu dienen, die Sensibilität für die eigene Körperlichkeit im allgemeinen zu erhöhen, oder aber dabei helfen, sportartspezifische Körpererfahrungen zu vertiefen. Möchte man allgemein die Körpersensibilität erhöhen, so erscheint es mir sinnvoll, sie vor allem in den Aufwärm- und Schlußteil einer Übungsstunde immer wieder einzubauen. Sollen mit ihrer Hilfe sportartspezifische Körpererfahrungen vertieft werden, so bietet sich an, sie im Sinne von flankierenden Maßnahmen situationsentsprechend einzusetzen. Im ersten Fall empfiehlt es sich, die Körperwahrnehmung nur allgemein auf das Körpererleben zu lenken ("Achtet darauf, was ihr fühlt bzw. erlebt!"). Im zweiten Fall ist es dagegen oft angebracht, die Körperwahrnehmung auf spezielle, für die sportartspezifischen Körpererfahrungen typische Bereiche zu zentrieren (z. B. "Achtet auf den Punkt, an dem ihr das Gleichgewicht verliert!").
In beiden Fällen halte ich es für wichtig, nach der Durchführung von Körpererfahrungsübungen immer wieder einmal die Möglichkeit

Hilfen

zum Gespräch über die gemachten Erlebnisse zu geben. Wie ein solches Gespräch aussieht (Partner- oder Gruppengespräch; Länge des Gesprächs), wird sich aus der Situation ergeben. Sicherlich sollte auch nicht über jede Körpererfahrungsübung sofort gesprochen werden, dies würde das angestrebte Körpererleben oft eher behindern. Jedoch glaube ich, daß nur dann Körpererfahrung und Körperbewußtheit entstehen kann, wenn auch die Anregung zum Gespräch und zur Reflexion über das Erlebte gegeben wird (vgl. auch KNÖRZER 1985).

Soweit einige Bemerkungen zum Umgang mit Körpererfahrungsübungen. Ich möchte nun versuchen, einen allgemeinen Überblick über mögliche Körpererfahrungsübungen zu geben. Hierzu werden diese in Gruppen und Untergruppen eingeteilt. Dies scheint mir vor allem sinnvoll im Hinblick auf den Lehrenden, der solche Übungen einsetzen will und einen Hinweis braucht, welche von ihnen seinen Intentionen am ehesten entsprechen. Die Unterscheidung darf aber nicht so verstanden werden, als handle es sich hier um unabhängige Teile der Körperlichkeit, die zusammengesetzt dann deren Gesamtheit ausmachen. Vielmehr ist es so, daß die Körperlichkeit immer als Ganzheit gesehen werden muß und die hier gemachte Unterscheidung lediglich dazu dient, einzelne Aspekte ein und derselben Körperlichkeit besonders in den Vordergrund zu stellen. Die einzelnen Gruppen werden zunächst knapp beschrieben, dann werden einige Übungen aus der jeweiligen Gruppe vorgestellt und schließlich werden weiterführende Literaturangaben zur Gruppe gemacht. Bei der Auswahl der angeführten Übungen habe ich versucht, solche zu nehmen, die möglichst leicht anhand der Beschreibung nachvollzogen werden können. Die Übungen sind zum Teil der angeführten Literatur entnommen. Die anschließenden Literaturangaben zeigen auf, wo weitere Übungen mit Beschreibung gefunden werden können. Die Übersicht erhebt keinen Anspruch auf Vollständigkeit, sie kann und soll ergänzt werden. Sie bietet aber dem, der sich neu mit dem Thema befaßt, eine große Anzahl an Übungen und Hinweisen, die auch zum eigenen Weitersuchen anregen sollen. Im folgenden sind vier Gruppen von Körpererfahrungsübungen unterschieden, von denen die ersten beiden noch in Untergruppen geteilt sind.

Hilfen

1. "Ich und mein Körper"
Übungen, die besonders dazu dienen, die eigene Körperlichkeit und ihre grundlegenden Funktionen bewußt zu machen:
Gemeint sind hier Übungen zur Atemschulung, Übungen, durch die das rechte Verhältnis zwischen Spannung und Entspannung gefunden werden kann, Zentrierungsübungen, die dazu dienen, den rechten Körperschwerpunkt und damit die eigene Mitte zu finden und Übungen zur Haltungsschulung.

a) Atemschulung
Beispiele: "Ballonverschieben"
Der Übende liegt entspannt auf dem Rücken. Nun soll er tief in den Brustraum hinein einatmen und lange durch den Mund ausatmen. Dies wird mehrere Male wiederholt. Besonders wichtig ist dabei das bewußte lange Ausatmen, das Einatmen sollte dann erfolgen, wenn es von alleine kommt. Danach soll mehrere Male in den Bauchraum geatmet werden. Auch hier tiefes Einatmen und langes Ausatmen. Schließlich wird tief in den Brustraum eingeatmet, die Luft angehalten, nun die Luft in den Bauchraum verschoben, dann wieder zurück und wieder in den Bauch ("Stellt Euch vor, ihr verschiebt einen Luftballon!"). Die Luft wird so lange hin- und hergeschoben, wie man die Luft anhalten kann. Dann wird einige Male ruhig durchgeatmet. Die Übung soll mehrere Male wiederholt werden.
Bei der Einführung kann die Übung mit Partnerhilfe durchgeführt werden. Der Übende wird dabei von einem Partner unterstützt, der ihm je eine Hand auf Brust und Bauch legt. Der Übende stellt sich nun vor, "in die Hand des Partners zu atmen".
Die Übung hat das Ziel, den Unterschied zwischen Brust- und Bauchatmung deutlich erfahrbar zu machen sowie Verspannungen der Atemmuskulatur zu lösen. Sie eignet sich besonders für den Einstieg in Atemübungen. Sie kann vielfach variiert werden (vgl. FELDENKRAIS S. 138 - 147).

"Im Knien atmen"
Der Übende kniet sich auf den Boden, setzt sich auf seine Fersen ab und beugt den Oberkörper so weit nach vorn, daß seine Stirn den Boden berührt. Die Hände werden zu beiden Seiten des Kopfes mit der Handfläche auf den Boden gelegt. Nun wird tief in den Bauch-

Hilfen

raum eingeatmet und lange ausgeatmet. Man kann dabei mit der Vorstellung arbeiten, daß man durch den Beckenboden atmen würde. Der Atmungsvorgang wird so noch vertieft. Die Übung kann ruhig mehrere Male wiederholt werden. Sie dient vor allem dem Aufladen mit Energie und der Sammlung.

"Ki-Atmung"
Der Übende sitzt im Fersensitz, die Wirbelsäule soll aufrecht gehalten werden ("Mit dem Scheitel himmelwärts spüren!"), die Schultern locker hängen lassen, den Schwerpunkt im Unterbauch (Hara) suchen (vgl. c). Nun wird tief eingeatmet, vor allem auch in den Bauch und anschließend durch den Mund lange ausgeatmet. Am Ende des Ausatemvorgangs wird der Oberkörper langsam nach vorn gebeugt, bis zu einem Winkel von ca. 45 %, dabei wird auch noch der Rest der eingeatmeten Luft ausgeatmet. Nun wird in dieser Haltung so lange verharrt, bis "das Einatmen von selbst kommt". Während des Einatmens wird der Oberkörper wieder langsam aufgerichtet, so daß er am Ende des Vorgangs wieder ganz aufrecht gehalten wird. Diese Übung kann man mehrere Minuten, sogar bis zu einer halben Stunde, wiederholen. Sie dient, neben dem Aufladen mit Energie, vor allem auch der Vertiefung des langen Ausatmens.

Weiterführende Literatur:
FELDENKRAIS: S. 138 - 147 u. 224 - 235
TÄUBE: S. 64 - 67
DÜRCKHEIM: S. 78 - 79
MOEGLING/MOEGLING: S. 84 u. 90
PALOS:S.55ff
LODES:S.32ff

b) Spannung und Entspannung:
Beispiele: "Händeausschütteln"
Der Übende steht aufrecht, Füße etwa schulterbreit auseinander, den Schwerpunkt im Unterbauch halten. Nun werden beide Hände und Unterarme so schnell wie möglich geschüttelt, so daß der ganze Körper bis zu den Zehen vibriert.

"Hundabschütteln"
Man steht wie bei der o. g. Übung. Nun stellt man sich vor, ein Hund würde sich an ein Hosenbein hängen und man wolle ihn abschüt-

teln. Beim Abschütteln kann man ruhig Töne von sich geben oder "Geh weg, hau ab!" rufen.

"Schüttelsieb"
Man steht wie oben. Nun stellt man sich vor, man sei ein Schüttelsieb mit dem Einfülltrichter oben auf der Schädeldecke. Die "Steine", die dort eingefüllt werden, müssen durch Schüttelbewegungen mit dem ganzen Körper durch die Arme und Beine wieder herausgeschüttelt werden.

"Reise durch den Körper"
Der Übende liegt auf dem Rücken. Die "Reise" wird von außen angeleitet. Jedes Körperteil, durch das die Reise geht, soll danach ganz schwer sein. Die Aufmerksamkeit des Übenden soll mit den Anweisungen des Leiters mitwandern.
Man beginnt am linken Fuß und Unterschenkel ("Dein linker Fuß und Unterschenkel ist ganz schwer"), geht weiter zu Knie, Oberschenkel, zum rechten Fuß und Unterschenkel sowie Knie und Oberschenkel. Nun sind beide Beine ganz schwer. Anschließend das Becken, dann der untere und obere Rücken, der linke Arm und die linke Hand, der rechte Arm und die rechte Hand. Nun geht es hoch zu den Schultern, zu dem Nacken und zum Kopf. Jetzt sollte der Körper ganz schwer sein. Zwischen den einzelnen "Reisestationen" sollte immer genügend Zeit sein, so daß der Übende seine Aufmerksamkeit auch wirklich auf diesen Punkt richten kann. Die so entstandene Entspannung kann noch vertieft werden, wenn der Übende nun aufgefordert wird, sich vorzustellen, er läge auf einer Sommerwiese oder am Strand und würde nichts tun, als sich die Sonne auf den Bauch scheinen zu lassen. Nach einigen Minuten soll der Übende ganz langsam wieder von seiner "Reise" zurückkommen, sich strecken und räkeln, die Augen aufmachen und wieder aufstehen.

"Spannen und Entspannen"
Diese Entspannung ist der vorherigen ähnlich. Auch hier wird zunächst jedes einzelne Körperteil entspannt und dann der ganze Körper. Die Entspannung erfolgt jetzt jedoch nicht durch reine Vorstellung, sondern das jeweilige Körperteil wird zunächst stark angespannt, die Spannung wird gehalten und dann wird entspannt. Nachdem von den Füßen beginnend nach und nach jedes Körperteil ge-

Hilfen

und entspannt hat, wird abschließend der ganze Körper so kräftig wie möglich angespannt, die Spannung gehalten und dann entspannt. Anschließend kann man wie oben die Entspannung vertiefen.
Weiterführende Literatur:
BÜSSER: S. 53 - 56
BROOKS: S. 31 - 90
TOHEI: S. 152 - 155
MOEGLING: S. 25 - 35
MÜLLER: S. 25-64

c) Zentrierungs- und Haltungsübungen
Beispiele: "Seinen Schwerpunkt im Hara finden"
Die Übung wird im Stand ausgeführt. Man drückt mit den Fingern von zwei Händen oder mit der Faust einer Hand ca. drei Finger breit unter dem Bauchnabel in den Unterbauch. Dieser Punkt entspricht sowohl dem physikalischen Schwerpunkt des menschlichen Körpers als auch dem Sitz einer Energie, die von den Japanern "Ki", von den Chinesen "Chi" genannt wird. Nun werden die Finger mit einem kräftigen Stoß der Muskulatur wieder hinausgeworfen, gleichzeitig wird mit einem kräftigen Atemstoß ausgeatmet. Wiederholt man dies mehrere Male, kann man einmal die Kraft spüren, die hier vorhanden ist, zum anderen ein Gefühl für seinen Schwerpunkt entwickeln.

"Zentrieren im Fersensitz"
Den Fersensitz einnehmen wie bei der "Ki-Atmung". Der Oberkörper bleibt jetzt aber aufrecht. Die Konzentration ist auf den Hara-Punkt (drei Finger breit unter dem Nabel) gerichtet und auf das lange Ausatmen. Mit jedem Ausatmen soll der Übende versuchen, seinen Schwerpunkt noch weiter abzusenken, wobei der Beckenboden und der Unterbauch mehr und mehr entspannt werden. Dies sollte man regelmäßig einige Minuten üben. Eventuell störende Gedanken läßt man "wie Wolken vorüberziehen". In der Zenmeditation wird diese Übung, das Za-Zen, bis zu 30 Minuten ausgedehnt.

"Haltungsschulung im Stehen"
Am besten führt man diese Übung barfuß aus. Die Beine stehen schulterbreit auseinander, Knie ganz leicht gebeugt, der Oberkörper ist aufrecht ("mit dem Scheitel himmelwärts spüren"), die Schultern locker lassen, den Schwerpunkt im Hara suchen, das

Becken leicht nach vorne schieben. Wird die Haltung richtig eingenommen, so steht man stabil und ohne Anstrengung. Als Test kann ein Partner dem Stehenden einen leichten Stoß mit der flachen Hand auf die Brust geben. Ist die Haltung richtig, so wird er dadurch kaum erschüttert, ansonsten kippt er entweder nach hinten oder er muß viel Muskelanspannung aufwenden, um stehen zu bleiben.

"Haltung/Zentrierung in der Bewegung"
Zunächst wird die richtige Haltung, wie oben beschrieben, eingenommen. Auf ein Signal hin wird schnell auf der Stelle gelaufen. Auf ein zweites Signal wird wieder die Ausgangsstellung eingenommen. Dies wird so oft wiederholt bis es gelingt, mühelos von der Bewegung in die richtige Ausgangsstellung zu wechseln.
Nun kann man die Übung bezüglich der Bewegungsarten variieren: langsames Gehen, Laufen, Hüpfen, Tanzen etc.. Wichtig ist, daß der schnelle Wechsel von der Bewegung zur Ruhestellung gelingt.

Weiterführende Literatur:
ABHUDAYA: S. 42 - 49
FELDENKRAIS: S. 98 - 120
DE HAAS: S. 120 - 125
MOEGLING/MOEGLING: S. 33 - 43
TOHEI: S. 26 - 30

2. "Mein Körper in Beziehung zu anderen Körpern"
Übungen, die besonders dazu dienen, die eigene Körperlichkeit in Beziehung zur fremden Körperlichkeit bewußt zu machen. Gemeint sind hier solche Übungen, die vor allem die Wahrnehmung des Partners zum Ziel haben, aber auch solche, bei denen der oder die Partner als Helfer bei der Selbstwahrnehmung auftreten.

Beispiele:
a) Partnergewöhnungs- und Vertrauensübungen:
   "Pendel"
Ein Partner, der sich passiv verhält, wird zwischen zwei oder mehreren Partnern hin- und hergependelt. Seine Füße bleiben an einem Punkt. Der Pendelnde soll dabei darauf achten, welche Gefühle er hat, ob er weiter normal atmen kann, ob er sich verspannt, ob er passiv bleiben kann.

Hilfen

"Blindenführung"
Ein Partner schließt die Augen oder bekommt sie mit einem Tuch verbunden, ein zweiter Partner führt ihn an der Hand durch die Halle. Der Geführte soll dabei wie bei der vorher beschriebenen Übung auf seine Atmung, seine Spannung und seine Gefühle achten.
Nun kann diese Übung variiert werden, einmal bezüglich des Laufweges. Es können beispielsweise Hindernisse mit zunehmendem Schwierigkeitsgrad eingebaut oder unterschiedliche Laufuntergründe gewählt werden, zum anderen kann man die Art der Führung variieren, Handhaltung, Fingerhaltung, Verbindung nur mit Hilfe eines Gymnastikstabes, Führung nur durch akustische Signale, schließlich läßt sich auch noch das Tempo der gemeinsamen Fortbewegung variieren.

"Gassenschaukel"
Ein Partner liegt auf dem Rücken. Jeweils vier Partner stehen links und rechts an seiner Seite. Sie schieben ihre Arme unter den Liegenden, der seine Augen geschlossen hält und heben ihn langsam bis Kopfhöhe an. Nun beginnen sie, ihn sanft vor- und zurückzuschaukeln.

"Kreiseln"
Mehrere Partner (6 - 10) bilden auf dem Rücken liegend einen Stern, wobei ihre Köpfe die Mitte des Sternes bilden. Sie halten ihre Arme nach oben. Nun legt sich ein weiterer Partner mit dem Rücken nach unten auf die ausgestreckten Arme der Liegenden und wird nun nach rechts und links gekreiselt.

Weiterführende Literatur:
BÜSSER: S. 47 - 50
BROOKS: S. 165 - 182
DIETRICH/KLEIN: S. 147, 148
REICHEL u. a.: S. 7 - 35

b) Atemübungen
Beispiele: "Paralleles Atmen"
Zwei Partner sitzen Rücken an Rücken auf dem Boden. Sie lehnen sich aneinander, der Kontakt soll möglichst den ganzen Rücken betreffen. Nun beginnen sie tief einzuatmen und lange auszuatmen, vor allem auch mit Bauchatmung. Nachdem jeder seinen eigenen

Atemrhythmus gefunden hat, sollen sie nun versuchen, einen gemeinsamen Rhythmus zu finden. Oft ist es dabei so, daß der eine seinen Rhythmus verlängern, der andere seinen verkürzen muß.

"Atmungsvertiefung"
Beide Partner stehen Rücken an Rücken, die Arme sind untergehakt. Der eine Partner beugt seinen Oberkörper nach vorne und zieht den anderen auf seinen Rücken, nun können die Arme gelöst werden. Der auf dem Rücken liegende Partner soll ca. 10 Mal tief in Brust- und Bauchraum atmen. Bei eventuell auftretenden Unsicherheiten können die Arme auch untergehakt bleiben.

"Wechselatmung"
Zwei Partner sitzen sich auf dem Boden gegenüber, die Beine sind leicht gegrätscht, die Fußsohlen sind gegeneinandergestellt. Nun fassen sich beide an den Händen und ziehen sich abwechselnd vor und zurück. Derjenige, der gerade zieht, soll einatmen, der Gezogene atmet aus. Die Übung soll nicht zu schnell ausgeführt werden. Wichtig ist es, daß beide einen Rhythmus finden, der es ihnen erlaubt, tief zu atmen.

Weiterführende Literatur:
DOWNING 1981: S. 68 - 79
TÄUBE: S. 70, 71
SCHWIEGER: S. 28

c) Spannung und Entspannung
Beispiele: "Klopfmassage"
Ein Partner liegt auf dem Bauch, der andere massiert ihn nun durch Klopfen mit den Fingerspitzen aller zehn Finger. Es kommt dabei nicht so sehr auf kräftiges Klopfen an, viel wichtiger ist die Geschwindigkeit, je schneller desto besser. Man beginnt am Kopf, geht dann über den Nacken, die Schultern zu den Armen bis zu den Fingern. Nun kommt der Rücken, dann das Gesäß. Weiter geht es zunächst ein Bein hinunter bis zu den Füßen, wobei die Fußsohlen nicht vergessen werden dürfen. Dann das andere Bein.

"Ausschütteln"
Ein Partner liegt auf dem Rücken, der andere steht vor seinen Füßen. Dieser hebt nun die Beine des Liegenden an und schlenkert sie von der einen zur anderen Seite. Allmählich kann diese Schlen-

Hilfen

kerbewegung den ganzen Körper des Liegenden erfassen. Danach wird ein Arm des Liegenden an der Hand gefaßt, leicht angehoben und ausgeschüttelt. Anschließend der andere Arm.

"Kopfmassage"
Ein Partner sitzt auf einem Stuhl oder auch auf dem Boden, der andere steht oder sitzt hinter ihm zum Massieren. Er legt seinem Partner eine Hand auf die Stirn und massiert mit der anderen dessen Nackenmuskeln. Danach legt er eine Hand auf den Hinterkopf des Partners und massiert mit der anderen das Gesicht, hier vor allem Stirn, Schläfen und Wangen. Abschließend wird mit beiden Händen die Kopfhaut des Partners massiert.

"Die rechte Spannung finden"
Ein Partner liegt auf dem Rücken, der andere steht, faßt den Liegenden an den Füßen und hebt diese langsam an. Zunächst soll der Liegende sich ganz entspannen, jetzt werden nur die Beine angehoben. Beim nächsten Versuch sollen alle Muskeln so stark wie möglich angespannt werden. Nun läßt sich der ganze Körper anheben, allerdings ist das Anspannen aller Muskeln sehr anstrengend. Jetzt soll der Liegende versuchen, die Muskeln gerade so weit anzuspannen, daß sein ganzer Körper angehoben werden kann. Nach einigen Versuchen gelingt es so, die mittlere Spannung zu finden.

"Der unbeugsame Arm"
Ein Partner streckt seinen Arm aus, der andere versucht, diesen mit zwei Armen zu beugen. Versucht man nun, mit großer Muskelanspannung den Beugeversuchen zu begegnen, so kann bei gleich starken Partnern der Arm ohne große Schwierigkeiten gebeugt werden. Hält man den Arm dagegen in einer mittleren Spannung, zentriert sich im Hara, stellt sich vor, daß vom "Hara" Energie durch den Arm nach außen fließt und ignoriert gleichzeitig die Beugeversuche des Partners, so wird dieser den Arm kaum beugen können.

Weiterführende Literatur:
DOWNING 1978
TOHEI: S. 37, 38 u. S. 206, 207
SPRENGER: S. 39, 40

3. "Mein Körper in Beziehung zum Raum"
Übungen, die besonders dazu dienen, die eigene Bewegung in Beziehung zum Raum bewußt zu machen. Gemeint sind hier solche Übungen, die dabei helfen, ein Gefühl für die räumlichen Entfernungen zu entwickeln und für die Abstände zu möglichen Partnern.
Beispiele: "Den Raum durchlaufen"
Den Raum zunächst mit offenen Augen auf vorhandenen Linien, später dann auf gedachten, durchlaufen (geradlinig, in Wellenlinien, im Zickzack, vorwärts und rückwärts, langsam und schnell). Wichtig ist, daß man sich immer vor Beginn des Laufweges den genauen Endpunkt festlegt. Dann die gleichen Übungen mit geschlossenen Augen.
"Die Distanz zum Partner erspüren"
Zwei Partner bewegen sich mit geschlossenen Augen auf einer Linie aufeinander zu und versuchen, genau in der Mitte der Linie zusammenzutreffen.
Zwei Partner stehen an verschiedenen Enden des Bewegungsraumes und bewegen sich mit Hilfe von akustischen Signalen (Rufen, Pfeifen etc.) aufeinander zu. Die Aufgabe wird erschwert, wenn mehrere Paare dies gleichzeitig versuchen.
Weiterführende Literatur:
REICHEL u. a.: S. 52 - 57

4. Übungen, die dazu dienen, die eigene Körperlichkeit in Beziehung zu Geräten, Objekten und Materialien bewußt zu machen
Anstelle von Beispielen, die mir deshalb nicht sinnvoll erscheinen, weil es in beinahe jeder Sportart eine Fülle von Übungen gibt, die eine Gewöhnung ans jeweilige Sportgerät erleichtern sollen, möchte ich hier kurz auf deren Ausführung eingehen. Der Umgang mit Geräten etc. kann unter folgenden Fragestellungen erfolgen:
Wie ist die Beschaffenheit des Gegenstandes? Kann ich beim Umgang mit dem Gegenstand in der richtigen Spannung bleiben, oder verspanne ich mich unnötig? Atme ich richtig? Gelingt es mir, mich mit dem Gegenstand zu bewegen, mit ihm zu spielen oder "kämpfe" ich gegen ihn?

Hilfen

Weiterführende Literatur:
BROOKS: S. 112 - 119, 129 - 138, 144 - 149, 183 - 190
REICHEL u. a.: S. 81, 82
DEPPERT: S. 122 - 134
MÜNSTERMANN
TREBELS

Abschließend noch ein Hinweis für die Lehrenden, für die Körpererfahrungsübungen selbst neu sind. Es ist in jedem Fall sinnvoll, die Übungen einmal selbst auszuprobieren, bevor man sie im Unterricht einsetzt. Ist dies jedoch nicht möglich, etwa bei Partnerübungen, so kann man sie durchaus auch gemeinsam mit der Gruppe erarbeiten. Oft ergibt sich so eine entspannte Atmosphäre des gemeinsamen Experimentierens.

Im folgenden einige Literaturangaben mit besonders großer Übungsauswahl

BROOKS, Charles: Erleben durch die Sinne, Paderborn 1983
DOWNING, Georg: Partnermassage, München 1978
ders.: Massage und Meditation, Berlin 1981 3
DÜRCKHEIM, Karlfried Graf: Übung des Leibes, München 1981
FELDENKRAIS, Moshe: Bewußtheit durch Bewegung, Frankfurt 1981 3
LODES, Hiltrud: Atme richtig, München 1985
MOEGLING, Klaus (Hrsg.): Sanfte Körpererfahrung II, Kassel 1984
MÜLLER, Else: Hilfe gegen Schulstreß, Reinbek bei Hamburg 1984
MÜNSTERMANN, Uta: Spielen, Experimentieren und Gestalten mit Materialien und Objekten, in: "Turnen und Sport", Heft 1/2/4/5/6/11/12 1983 und 4/5/6 1984
REICHEL/RABENSTEIN/THANHOFFER: "Bewegung für die Gruppe", Frankfurt 1982, zu beziehen über: PUPPEN und MASKEN, Eppsteiner Str. 22, 6000 Frankfurt 1

Hilfen

Abb. 1: Atmungsvertiefung

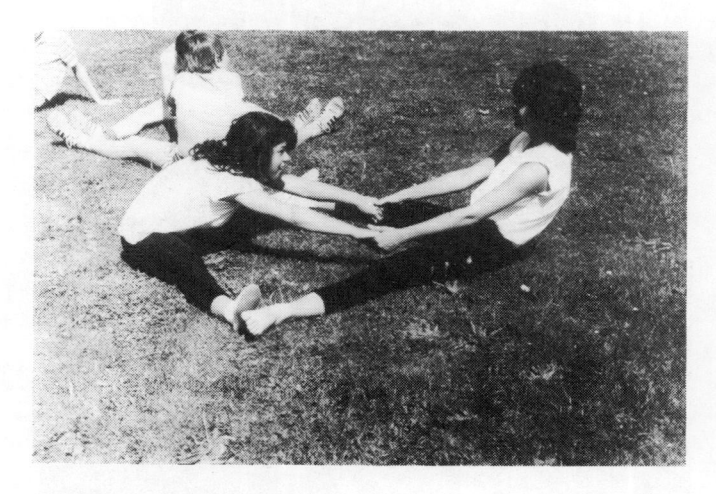

Abb. 2: Wechselatmung

Hilfen

Abb. 3: Blindenführung

Abb. 4: Kreiseln

Hilfen

Abb. 5: Ballonverschieben

Abb.6 : Klopfmassage

Hilfen

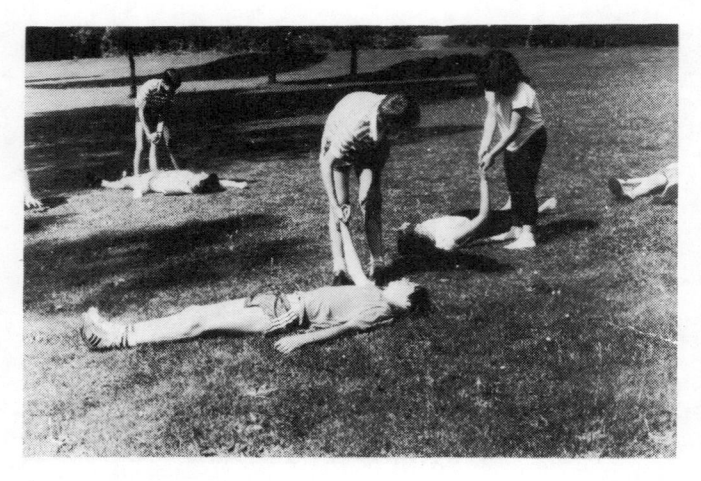

Abb. 7 : Ausschütteln

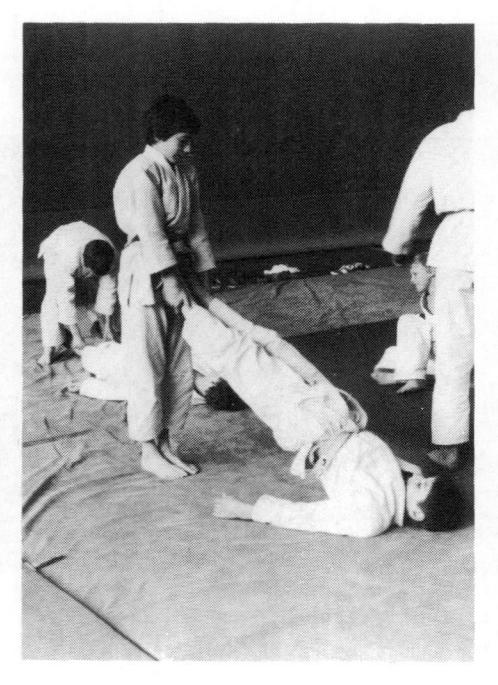

Abb. 8: Die rechte Spannung finden

Hilfen

Abb. 9: Der unbeugsame Arm

Abb.:1o: Seinen Schwerpunkt im Hara finden

Angelika Förster

Atmung und Bewegung: Über die psychophysiologische Wirkung von Atemübungen auf den Organismus.
- Eine praktische Anleitung für den Sport -

1. Einleitung

Atmen ist mehr als ein Austausch von Gasen, der uns physisch am Leben erhält. Neben der rein gesundheitsfördernden Wirkung einer richtigen Atmung, hat der Atemprozeß als solches auch Auswirkungen auf das gesamte psychische Wohlbefinden des Menschen. Eine Erkenntnis, nach der bereits seit Jahrtausenden (Yoga) bzw. seit Jahrhunderten (Zen-Buddhismus) in der meditativen Praxis der fernöstlichen Körperkultur verfahren wird und die zu einer Vielfalt an Übungsformen und Techniken der Atemschulung geführt hat (DÜRCKHEIM 1976, 1981 a und b; MOEGLING 1984; NAKAMURA 1984; PALOS 1980; TOHEI 1980; WU 1984). Im westlichen Kulturkreis entwickelten sich zunehmend aus der gleichen Erkenntnis heraus verschiedene Atemschulen und gerade die Neuen Körpertherapien (s. PETZOLD 1981; ZIMMER-SCHÜRING 1979;LOWEN 1979; FELDENKRAIS 1978; MIDDENDORF 1977; LODES 1985) und die verschiedenen psychophysischen Regulationsverfahren (Autogenes Training, Mentales Training u. a.) räumen dem Atem einen hohen Stellenwert ein.

In der jüngsten Zeit wurden im Bereich des Leistungssports, hauptsächlich aus Gründen der weiteren Optimierung des Leistungsvermögens von Athleten, verschiedene psychoregulative Verfahren entwickelt und eingesetzt (FÖRSTER 1985 b; STEINER 1983; GABLER et al. 1985). Diese sollen die Athleten befähigen, Belastungssituationen zu meistern, um sich soweit selbst zu regulieren, daß die gewünschte Leistung erbracht werden kann (STEINER 1983, 1984-1985).

Der Einsatz dieser Verfahren beschränkt sich keineswegs nur auf den Bereich der verbesserten Leistungsfähigkeit, sondern auch auf eine umfassendere Regeneration und Motivation. Eine Notwendigkeit, einfache psychologische Verfahren zur Entspannung, Beruhigung oder auch Aktivierung zu vermitteln (z. B. körperliche Entspannungsübungen, einfache Atemübungen) ergibt sich bereits für den Breiten- und Schulsport. Wenn diese Bestandteil einer täglichen

"Psychohygiene" geworden sind, lassen sich die Auswirkungen der bestehenden Reizüberflutung und des psychosozialen Stress (vegetative Störungen, Nervosität, Angst) mildern.
Zwar steigt die allgemeine Anerkennung und Popularität solcher und ähnlicher Verfahren außerhalb des Sports, jedoch wurde innerhalb der Sportpsychologie mit "Atmung" als psychoregulativem Verfahren ein Neuland betreten (s. STEINER, Manuskripte der Sportpsychologischen Trainerseminare in Karlsruhe 1984-1985).
In den letzten Jahren zeigt sich ein zunehmendes Interesse von Trainern und Athleten an psychoregulativen Verfahren, die auf einer Regulierung durch Atemübungen basieren. Ein Grund dafür ist die unkomplizierte und praxisnahe Übertragungsmöglichkeit auf Bedingungen, die durch das Training und den Wettkampf vorgegeben sind.
In diesem Beitrag sollen einige wichtige Zusammenhänge bezüglich der psychophysiologischen Auswirkung von Atmung auf den Organismus dargestellt werden. Der praktischen Umsetzung ist das Verzeichnis von Übungen am Ende gewidmet.

2. Atmung als Mittel zur psychophysiologischen Regulation

Entgegen früher vorherrschender Lehrmeinung (insbesondere aus der Medizin), daß sich unwillkürlich verlaufende Körperprozesse nicht willkürlich beeinflussen lassen, hat sich inzwischen die Erkenntnis durchgesetzt, daß eine bewußte Einflußnahme auf normalerweise unwillkürlich verlaufende Prozesse möglich ist (Erkenntnisse aus der Hirnforschung, aus dem Biofeedback u. a.).
Die Trainingspraxis der fernöstlichen Körperkultur machte sich dies bereits seit langer Zeit zu eigen. Was im Westen bis in die 60er Jahre hinein als ein "Geheimnis östlicher Philosophie und Religion" galt, nämlich die willkürliche Steuerung "innerer" Körperprozesse, wird mittlerweile intensiv wissenschaftlich erforscht (vgl. SIEVEKING/ANCHOR 1983).

Resultierend aus einer ganzheitlichen Grundhaltung wurde, mit den Mitteln der <u>Atemschulung,</u> des <u>Haltungs- und Spannungsaufbaus</u> des Körpers, der <u>Schulung und Erspürung von muskulären Spannungszuständen</u> und der <u>Schulung des psycho-physischen</u>

Atmung

Gleichgewichts (jap. Hara, s. DÜRCKHEIM 1981 a und b) Einfluß auf verschiedene Regulationsebenen des menschlichen Organismus genommen, insbesondere auf Prozesse, die durch das Vegetative Nervensystem gesteuert werden (MAIER 1981, DüRCKHEIM 1976, 1981 a und b).
Das bedeutet, daß sich mit Hilfe der Atmung Erregungszustände beeinflussen lassen (Dämpfung und Anregung) und die Befindlichkeit des Menschen sich verändern läßt.
Die Atmung zeichnet sich besonders durch die folgenden drei Zusammenhänge aus:
1. Die Atmung wird gleichzeitig willkürlich (bewußt) und unwillkürlich (unbewußt) gesteuert. Einerseits können wir willkürlich auf Atemfrequenz, Atemzuglänge u. ä. Einfluß nehmen, andererseits atmet der Organismus beim Verlust der bewußten Steuerung (z. B. Ohnmacht) von alleine weiter.

   Die Atmung zeichnet sich dadurch aus, daß eine willkürliche Einflußnahme im Vergleich zu allen anderen physiologischen Prozessen (z. B. Herzschlag, Verdauung) am direktestenmöglich ist.
2. Es besteht ein enger Zusammenhang zwischen der Atmung und der Emotion (z. B. Seufzen, Stöhnen). Ein Erklärungsansatz hierfür ist, daß der unbewußte Teil des Atemvorganges ebenso wie die Gefühle im Hirnstamm gelagert sind und eine Koppelung beider besteht (RAMA et al. 1979). Emotionale Belastungen (Freude, Aufregung) führen unweigerlich zu einer Änderung des Atemverhaltens.
3. Mit der Atmung sind sowohl Vorgänge der Entspannung als auch der Aktivierung verbunden.

Bisher wird dem Aspekt der Entspannung durch Atemübungen in der gängigen Literatur fast ausschließlich Rechnung getragen, während die Aktivierung kaum beachtet wird (LYSEBETH 1978; 1982; SPEADS 1983; MOEGLING 1984). Auch die gängige sportpsychologische Literatur zeigt eine Bevorzugung von entspannenden und zumeist auch körperlich passiven psychoregulativen Verfahren (FÖRSTER 1985 b). Diese Einseitigkeit wird jedoch der Anforderungsstruktur der sportlichen Leistung und den Reaktionsmustern des täglichen Lebens

nicht gerecht. Eine aktivierende, mobilisierende Wirkung ist oft ebenso erforderlich. Dies ist insbesondere dann notwendig, wenn es in der Erwartung von Belastungssituationen (Wettkampf) zu einer überwiegend parasympathisch gefärbten Reaktion kommt (Startapathie, "Absacken der Psyche", Umkippen von Angespanntheit in Passivität). Sehr oft entwickeln erfahrene Sportler aus der Notwendigkeit der Aktivierung heraus selbst die adäquaten Mittel z. B. Schreien beim Hammerwurf oder Gewichtheben.
Besonders kultiviert wurde die Aktivierung durch Atmung in Verbindung mit Bewegung in den Übungsformen des japanischen BUDO (Budo = Oberbegriff für japanische Kampfkünste wie Judo, Karate, Kendo u. a.). Die Schulung des Kampfgeistes, des Kampfschreies (KIAI) und des kampftaktischen Verhaltens waren dort schon immer mit Atemschulung- bzw. Atemkontrolle verbunden (FÖRSTER 1985 a; DESHIMARU-ROSHI 1978). Sehr ausgeprägt ist dies in der Trainingsform der sog. "Atemkata" (Kata = jap. Form). Bei der Kata führt man Kampftechniken in einer bestimmten, traditionell z. T. über Jahrhunderte überlieferten Reihenfolge gegen einen oder mehrere imaginäre Gegner aus. Die Kata ist eine der wichtigen Übungsformen in fast allen fernöstlichen Kampfkünsten und unterscheidet diese wesentlich von den westlichen Kampfsportarten (FÖRSTER 1983). Die Besonderheit der Atemkata (z. B. "Hangetsu" und "Sanchin") liegt darin, daß mit dem Ausatmen bestimmte Anspannungs- und Haltungsmuster im Körper gekoppelt sind. Die Bewegungen sind stets bewußt an die Atemphasen angepaßt und variieren von schnellen, leichten Ausführungen bis hin zu zeitlupenartig ausgeführten Bewegsformen bei gleichzeitiger voller geistiger Konzentration. Ein- und Ausatmen gehen fließend ineinander über, folgen bestimmten rhythmischen An- und Entspannungsmustern und die Atmung aus dem Bauch wird gleichzeitig mit der Ausführung der Technik geschult. Um eine Atemkata zu erlernen, bedarf es unbedingt eines Lehrers, sie ist nicht aus Büchern anzueignen. Die ausgesuchten Übungen am Ende des Artikels sind einzelne, verwandte Elemente daraus, die sich als kurze Übungen besonders eignen. Die vollständige Bewegungsfolge einer Atemkata erstreckt sich über mehrere Minuten (von einer bis maximal ca. 15 Min. je nach Art der Kata).

Atmung

Die Aktivierung durch Atmung ist - ebenso wie die Entspannung durch Atmung - an die Ausatmungsbewegung gebunden.
Bezeichnend für die aktivierende Wirkung ist, daß diese Ausatmungsbewegung mit bestimmten Spannungsmustern der Muskulatur einhergeht und fließende Übergänge zwischen Ein- und Ausatmung bestehen - synchron zu den dabei ausgeführten Bewegungen/bzw. Spannungsmustern.
Bei den entspannenden Atemübungen überwiegt mit der Ausatmungsbewegung das körperlich-passive Geschehenlassen und Erleben des Atmens. Je nach Atemschule oder Atemtherapierichtung wird bei entspannenden Atemübungen die Pause zwischen Ein- und Ausatmung noch besonders betont und ein bestimmtes Verhältnis von Einatmung, Atempause und Ausatmung eingehalten (SPEADS 1983,DüRCKHEIM 1981 a)

3. Der besondere Stellenwert der Bauchatmung

Sowohl die westlichen als auch die östlichen Atemschulen legen besonderen Wert auf das Erlernen und Praktizieren der Bauchatmung. Die Gründe dafür sind vielfältig. Z. B. ist, rein physiologisch betrachtet, die Bauchatmung die ökonomischste Art der Atmung (erhöhter Gasaustausch in den unteren Lungenflügeln, bessere Ventilation der Lunge und einfachere Atemarbeit als bei Brust- und Schlüsselbeinatmung). Während beim Kleinkind die Bauchatmung noch überwiegt, geht diese im Laufe der Entwicklung oft völlig verloren und wird durch Mischatmungsformen oder eine sehr oberflächliche Brustatmung verdrängt. Zum einen mag dies seine Ursachen in der Überbetonung des Geistigen, d. h. einer gewissen "Kopflastigkeit" der westlichen Kultur liegen (DüRCKHEIM 1981 b).Zum anderen besorgen Lebensgewohnheiten und Mode (z. B. Wespentaille bei Frauen als Ideal und Jeansmode) das übrige, um den Bauchbereich so einzuengen, daß eine Bauchatmung erschwert wird. Eine mögliche Erklärung für dieses Verdrängen der Bauchatmung zugunsten der Brustatmung geben RAMA et al. (1979). Demnach kommt es unter Einfluß des Autonomen Nervensystems (sympathischer Anteil) zu einer verschärften Atmungstätigkeit, um dem Organismus mehr O2 zur Verfügung zu stellen. D. h., auch wenn ein Mensch vorher Bauchatmung praktizierte, wird nun zusätzlich die Brustatmung verschärft. Kommt es zu keiner Abreaktion oder bleibt es bei einer dauernden Reizung des Organismus, gewöhnt sich der Körper an diese Art der Atemarbeit und wendet sie zunehmend auch in normalen, unspezifischen Situationen an. Die Folge von Dauerstreß und starken seelischen Belastungen ist dann die schlechte Atemgewohnheit des hastigen, oberflächlichen Brustatmens (bis hin zu ausgeprägten Fehlatmungsformen mit Störungen des Atemrhythmus, asthmatischen Erscheinungen etc. (s. dazu SCHÖNTHAL 1984).

Eine solche falsche Atemgewohnheit beeinflußt das gesamte Befinden (Ängstlichkeit, Nervosität). Dies läßt sich leicht nachvollziehen, wenn man selbst einmal zur Probe für kurze Zeit in dieser Weise atmet. Durch das Erlernen der Bauchatmung können diese Atemmuster wieder durchbrochen werden.

Das Ausüben von Bauchatmung beeinflußt die Reaktionslage des Vegetativums und hat meist eine ausgleichende Wirkung (u. a. durch die Massagewirkung auf innere Organe und Nervenknoten des Autonomen Nervensystems im Bauchraum). Die Bauchatmung bildet eine organische Grundlage sowohl für eine beruhigende als auch für eine mobilisierende Steuerung des Organismus.

Anzumerken wäre noch, daß viele Atemübungen auch einen nicht zu unterschätzenden gesundheitlichen Wert haben. Nicht selten findet man im Sport falsche Atemgewohnheiten wie:

- Anhalten der Atmung bei gymnastischen Bewegungen
- Pressen der Luft bei Kraftanstrengungen
- Hastiges Luftschnappen mit geöffnetem Mund nach Anstrengung, anstatt daß dazu angehalten wird, sobald wie möglich ruhig durch die Nase einzuatmen und das Ausatmen zu betonen, um damit den Atem zu beruhigen und den Gasaustausch zu erhöhen (DE MAREES, 1982)
- Ungenügende Abstimmung von Atemrhythmus und Bewegungsstruktur.

Die später vorgestellten Übungen sollen auch dazu dienen, solche und ähnliche schlechte Atemgewohnheiten bewußter zu machen und zu ändern.

Atmung

4. Anleitungen für die praktische Arbeit mit Atemübungen

4.1. Wie atmen?
Bei allen vorgestellten Übungen soll das Einatmen möglichst immer durch die Nase erfolgen und das Ausatmen durch die Nase oder den leicht geöffneten Mund.

4.2. Welcher Atemrhythmus?
Grundsätzlich sollte bei entspannenden Übungen das Verhältnis von Ein- und Aausatmung so sein, daß das Ausatmen länger ist. Die Ausatmung ist in jedem Fall der wichtigere Teil der Atmung (s. LODES 1985, 112). In welchem Verhältnis diese zueinander stehen, hängt sehr von der jeweiligen Atemschule ab. Ein ungefährer Richtwert ist das Verhältnis 1:3.
Ähnliches gilt auch für die Pause zwischen den Atembewegungen. Bei entspannenden, körperlich-passiven Übungen kann - je nach Atemschule - eine Pause zwischen Ein- und Ausatmung bewußt verfolgt werden. Bei allen Übungen, die mit körperlichen Bewegungen gekoppelt sind und besonders bei allen aktivierenden Übungen soll der Übergang zwischen Ein- und Ausatmung fließend sein.

4.3. Methodische und didaktische Grundsätze
Für die praktische Atemarbeit im sportlichen Training gilt es, bestimmte Grundsätze zu beachten:
- Eine Einführung erfolgt am besten im letzten Trainingsdrittel oder idealerweise nach anstrengenden Trainingsinhalten, wo der Wunsch nach einer Regeneration bereits besteht (z. B. mit der Atembewußtseinsübung (1) im Liegen beginnen oder mit "Übungen zum Spüren, Beobachten und Geschehenlassen des Atems", LODES 1985, S. 33 ff.)
- Nie ein Training mit entspannenden Atemübungen beginnen. Ein Einbau von Atemübungen in die normale Aufwärmarbeit ist empfehlenswert. Besonders bewährt haben sich dabei Verbindungen von Stretchings (ANDERSON 1982) und Atmung bzw. Atemübungen.
  Entspannende Atemübungen eignen sich besonders zur besseren Regeneration am Ende eines Trainigs oder in Belastungspausen zwischendurch, bzw. auch in Wettkampfpausen bei langanhaltenden Wettkämpfen (z. B. Mehrkampf).
  Will man das sportliche Training (und insbesondere den Wett-

Atmung

kampf) nach entspannenden Atemübungen fortsetzen, muß zuvor der Kreislauf wieder aktiviert und der Organismus wieder in die nötige Reaktionsbereitschaft gebracht werden.
- Im Rahmen des normalen sportlichen Trainings soll die Atemarbeit ca. 10 - 15 Minuten betragen. Bewährt hat sich dabei folgende Vorgehensweise:
- Zuerst Lockerungsübungen.
- Dann spezielle gymnastische Übungen oder Stretchings zur Lösung der Verspannungen in den Problemzonen Schultergürtel und Becken/unterer Rücken.
- Anschließend mit Übungen zur Schaffung von Atembewußtsein beginnen. Die Athleten müssen erst lernen, in sich hineinzuhören und den eigenen Atem wahrzunehmen.
- Danach erst mit Atemübungen (Atem und Bewegung) arbeiten.
- Der Trainer soll in jedem Fall die Übungen, die er durchführen möchte, selbst erproben, gegebenenfalls variieren und weiterentwickeln. Ideal ist, wenn die Übungen an die Bewegungsmuster und Anforderungen der Sportart angepaßt werden können (z. B. den Tennisaufschlag mit aktiver Ausatmung koppeln).
- Suche nach Kombinationsmöglichkeiten von Musik und Atmung und verbinde Übungen aus der Sportart bewußt mit der Atmung.
- Es kann bei der Atemarbeit zu Halskratzen und Hustenreiz kommen. Dies ist durchaus normal, die Athleten sollen gründlich husten und sich räuspern und die Reize nicht unterdrücken. Das gleiche gilt auch für das Lachen - die Athleten sollen sich ruhig "auslachen". Störungen von außen (Lärm, Beobachter) sollen nicht verdrängt werden, sondern möglichst, ohne ihnen besondere Beachtung zu schenken, durch die Übenden "hindurchgehen".
- Ein kalter Boden und kalte Füße und Hände sind sehr störend. In diesem Falle muß man sich Alternativen überlegen (Einhüllen in Decken, Pullover, Üben im Sitzen) und den Körper vorher genügend aufwärmen.
- Die Athleten sollen die Atemübungen auch zuhause durchführen. Eine geeignete Tageszeit dafür ist morgens nach dem Aufstehen (vor dem Frühstück).
- Die besten Erfolge werden durch tägliches Training erzielt.

Atmung

Lieber täglich 10 Minuten "Psychohygiene durch Atmung" als einmal in der Woche eine Stunde.
Atemübungen sind fast überall und jederzeit durchführbar. Seinen Atem trägt jeder mit sich, und es bedarf keiner besonderen Ausstattung. Genau dies macht die Arbeit mit dem Atem so ideal für den Alltag und den Sport.

5. Übungen

Im folgenden werden einige Atemübungen vorgestellt. Die Anregungen zu diesen (und vielen anderen) Übungen kamen von verschiedenen Seiten, z. B. von meinem früheren Karate-Lehrer Helmut QUECKENSTEDT und meiner Freundin Charlotte HONDA aus New York (Ausbilderin in Yoga, Tai Chi und Laban Movement Analysis) und wurden z. T. von mir weiterentwickelt. Die aktivierenden Übungen habe ich während eines halbjährigen Studien- und Trainingsaufenthalts in Japan kennengelernt.
Jede verbale Beschreibung von Bewegungen stößt an gewisse Grenzen der Vermittlung. Deshalb ist es unerläßlich, die Übungen vor einer eventuellen Weitervermittlung selbst zu erproben. Am besten ist sicherlich eine Teilnahme an einem Atem-Workshop oder ähnlichen Veranstaltungen, da hierbei die eigene körperliche Erfahrung den größten Stellenwert besitzt und durch nichts zu ersetzen ist.

NAME: Grounding Position
ZWECK: Vitalisierung der Beine, Spannungslösung im Beckenbereich, Vorbereitung für Atemübungen im Stehen
ABLAUF: (auch nachzulesen in SCHWIEGER 1977)
Ausgangsposition: Etwa schulterbreit stehen, Oberkörper aufrecht, Becken leicht nach vorne-oben geschoben. Arme hängen locker seitlich am Körper herab.
Man beugt langsam die Knie, bis man an einen Punkt kommt, an dem das Becken wieder rückwärts bewegt werden müßte.
Verbleibe in dieser Stellung, versuche mit dem ganzen Fuß den Boden zu spüren, die Kraft des Beckens zu spüren. Versuche ohne Anstrengung in den Bauch zu atmen.

Atmung

BEMERKUNGEN: Übung ein paarmal hintereinander machen, evtl. zur Erleichterung die Augen schließen. Danach Beine lockern. Gute Vorbereitung für die Übung "OM im Stehen".
Weiterführung: Bogenposition nach SCHWIEGER.

NAME: Atembewußtseinsübung (1)
ZWECK: Entspannende Atemübung, Bewußtsein für die eigene Atmung wecken, Beruhigung der Atmung nach anstrengenden Trainingsinhalten im Sport.
ABLAUF: Rückenlage auf Boden, Füße flach auf Boden aufgestellt, Beine leicht angewinkelt, kein Hohlkreuz - unterer Rücken möglichst am Boden. Arme liegen neben Körper.
Oder sitzend, Rücken abgestützt, Füße flach auf Boden, Hände auf Schoß. Augen am besten schließen oder halb schließen.
Versuch, Aufmerksamkeit auf die eigene Atmung zu lenken, ruhig atmen. Eine Hand auf den Brustkorb legen und der Atembewegung nachspüren. Dann die gleiche Hand nach unten, auf den Unterbauch, wandern lassen. Versuchen, die Atembewegung im Bauch (HARA) zu spüren. Die andere Hand in gleicher Höhe dazu auf den Bauch legen. Zunehmend versuchen, die Atemzüge lang zu machen, insbesondere die Ausatmung. Spüren, wie die Luft beim Ausatmen lange über die halbgeöffneten Lippen streicht. Die Pause zwischen Ein- und Ausatmen genießen.
BEMERKUNGEN: Bei Anfängern am besten die Augen schließen lassen. Als Einstiegshilfe kann man auch Musik im Hintergrund spielen lassen (z. B. Kitaro).
Diese Übung ist auch als Partnerübung geeignet - d. h. ein Partner sitzt daneben und legt seine Hand auf Brust und Bauch und spürt die Atembewegung des anderen. Ideal zum "Aufwachen" danach: Sich strecken, räkeln und langsam aufsetzen. Fest die Hände aneinander reiben, bis sie ganz warm werden, dann die Handballen schnell auf die Augen legen und die Wärme spüren. Mehrmals wiederholen (ca. viermal).

Atmung

NAME: Uhr
ZWECK: Spannungslösung Becken und unterer Rücken. Atembewußtsein in Unterbauch lenken.
ABLAUF: Ausgangsposition: liegend wie bei Atembewußtseinsübung (1), besonderen Wert darauf legen, daß unterer Rücken und Kreuzbein flach aufliegen, etwas zurechträkeln und die Lage vorher ausprobieren.
Kreuzbein und Lendenwirbelsäule (d. h. der untere Teil des Rückens) vor und zurück, Wirbel für Wirbel langsam und genüßlich abrollen. Keine Anstrengung dabei, es soll angenehm sein.
Die Vorstellung geben, daß im Becken eine Uhr sitzt. Die Zeigerposition 6 liegt in Richtung der Füße, die Position 12 in Richtung des Kopfes, dann langsam von der 12 zur 6 rollen und umgekehrt. Zur 6 einatmen und zur 12 ausatmen, langsam.
Dann auf den Beckenseiten die Position 3 und 9 vorstellen und das Becken breit aufliegend von der 3 zur 9 und umgekehrt abrollen (nur den unteren Rücken leicht nach rechts und links bewegen, Beine und Füße bleiben fast in Ausgangsposition). Immer Kontakt zur Unterlage halten und die Hin- und Herbewegung mit dem eigenen Atemrhythmus verbinden. Anschließend das Becken so bewegen, daß ein imaginärer Zeiger der Uhr langsam, Minute für Minute von der 12 über die 3, 6 und 9 wandert. Dabei nach eigenem Rhythmus atmen. Mehrmals wiederholen. Das Gefühl haben, der untere Rücken liegt "breit" auf.

NAME: Pelvis-Rock
ZWECK: Spannungslösung unterer Rücken und Becken. Entspannende Atemübung. Atembewußtsein in Bauchraum lenken.
ABLAUF: Ausgangsposition: Rückenlage, Beine aufgestellt, Füße mit ganzer Fußsohle am Boden und leicht nach außen zeigend, Lendenwirbel und Kreuzbein flach am Boden (kein "Hohlkreuz"). Zuerst ruhig atmen in dieser Lage, Kreuzbein spüren und versuchen, mit breitem unterem Rücken aufzuliegen. Mit einem Bein beginnen, indem der Fuß langsam (dabei einatmen) - mit Bodenkontakt - nach vorne geschoben wird. Die Vorwärtsbewegung endet, wenn die Fußsohle sich vom Boden löst. Dann das Bein anheben (dabei ausatmen) und in einer kreis-

Atmung

förmigen Bewegung nach vorne-oben in die Ausgangsposition zurückführen. Mit dem Ende des Ausatmens ist der Fuß wieder flach auf dem Boden aufgestellt und der Zyklus beginnt von vorne. Beine abwechseln, versuchen, lange Bewegungen zu machen. Arme liegen leicht auf dem Unterbauch (Atembewegung mitspüren) oder seitlich neben dem Körper.
BEMERKUNGEN: Nach der Übung Kreislauf wieder aktivieren durch Strampeln, Aufstampfen o. ä. (nicht zu heftig!). Oft sackt bei Frauen der Kreislauf ab - kalte Füße als Folge behindern eine Weiterarbeit. In diesem Fall nach der Übung aufsitzen, Füße reiben, klopfen und massieren.
Diese Übung läßt sich ideal mit "Scapula-Wrap" kombinieren oder an Atembewußtseinsübung (1) anschließen.

NAME: Scapula-Wrap
ZWECK: Spannungslösung im Schulterbereich. Atembewußtseinsübung, entspannende Übung.
ABLAUF: Ausgangsposition: liegend, genau wie in der Übung Pelvis-Rock, dabei ruhen beide Hände in gleicher Höhe leicht auf dem Unterbauch.
Oder sitzend, Schultergürtel möglichst durch Lehne abgestützt, Füße flach auf Boden.
Zuerst ruhig ein- und ausatmen, dem eigenen Atem nachspüren. Mit dem Einatmen eine Armbewegung beginnen. Den ganzen Arm vom Bauch her in einer Kreisbewegung nach vorne-oben zur Seite führen und flach ablegen (bei liegender Position), so langsam und gleichmäßig wie das Einatmen selbst ist. Mit dem Ende der Bewegung (Arm liegt leicht auf Boden auf oder läßt sich nicht mehr mühelos zur Seite weiterbewegen) die Ausatmung beginnen und synchron damit den Arm in der gleichen Weise wieder zum Bauch zurückführen, bis das Ausatmen beendet ist.
Beim Öffnen des Armes (Einatmen) auch die Schulterregion öffnen, d. h. das Gefühl haben, das Schulterblatt zieht nach hinten und der Brustkorb weitet sich, beim Schließen (Ausatmen) das Gefühl haben, das Schulterblatt wickelt den Brustkorb ein.
Arme abwechseln, Armmuskeln locker lassen, Finger locker lassen.

Atmung

BEMERKUNGEN: Anfangs noch "ein" und "aus" vorgeben. Immer beachten, daß die Bewegung und das Atmen lang wird. Zu langsamen Bewegungen anhalten. Die Bewegung und das Atmen jedoch geschehen lassen, nicht zu aktiv werden.

NAME: KAN-KU (Himmelsbetrachtung)
ZWECK: Atemberuhigung und verbesserter Gasaustausch nach Anstrengung. Verbindung von Atmung und Bewegung, Entspannung (langsame Ausführung) oder Aktivierung des Organismus (s. Bemerkungen).
ABLAUF: Ausgangsposition: Grundstand wie im Tai-Chi oder Grounding-Position, d. h. Beine ca. schulterbreit auseinander, Füße leicht nach außen, Beine leicht gebeugt. Oberkörper gerade, Becken etwas nach vorne, so daß der untere Rücken lang ist (kein Hohlkreuz und kein Buckel). Schultern hängen lassen ("Bärenschultern"). Arme hängen am Körper herab. Grundstand einnehmen, dabei Hände vor dem Körper so formen, daß linker und rechter Daumen und linker und rechter Zeigefinger zusammen ein Dreieck bilden.
Mit dem Einatmen beginnend, langsam vor dem Körper die gestreckten Arme nach oben in Richtung Himmel führen (ohne Kraft), wenn das Fingerdreieck die Augen passiert, mit den Augen das Dreieck verfolgen, bis man nach oben in den Himmel schauen kann (nicht den Kopf nach hinten überstrecken oder die Arme zu sehr nach obenhinten strecken).
Wenn mit dem Hochführen der Arme die Einatmung zu Ende ist, die Arme leicht auseinander nehmen, das Dreieck auflösen und die gestreckten Arme im weiten, leichten Kreis seitlich am Körper heruntersinken lassen. Dabei ausatmen. Die Ausatembewegung wird beendet, indem die Hände vor dem Körper wieder zu einem neuen Fingerdreieck zusammengeführt werden. Ein- und Ausatmen sollen ineinander übergehen, versuchen, die Armbewegungen synchron mit den Atembewegungen lange zu machen.
BEMERKUNGEN: Ideal ist, wenn die Übung im Freien (auch nach dem Lauftraining) oder (morgens) am offenen Fenster durchgeführt wird.
Für Anfänger ist ein Zyklus von drei- bis fünfmal ausreichend.
Anfangs den Rhythmus vorgeben, dann soll jeder eigenen Rhythmus finden.

Atmung

Zur Aktivierung wird der Ausatmungsteil verändert: Mit den Armen und dem Blick durch das Dreieck oben angelangt (am Ende der Einatmung), werden die Arme auseinandergenommen und dabei die Hände zu Fäusten geballt und mit angespanntem, gebeugtem Arm nach unten gezogen. Dabei kräftig durch den halbgeöffneten Mund ausatmen (Schreien auf HA-A-A-A). Nicht den Atem pressen, alle Luft rauslassen, auch aus dem Bauch. Evtl. zusätzlich noch etwas in die Knie gehen. Dann wieder den langsamen, leichten Einatmungsteil anschließen. Ca. drei- bis fünfmal den Zyklus wiederholen.
Für die Aktivierung einer Gruppe, das Signal für den Beginn der Ausatembewegung vorgeben. Da die Übenden dazu tendieren, den Einatmungsteil zunehmend schneller zu machen, zum langsamen Einatmen anhalten.

NAME: Schöpfen
ZWECK: s. Beschreibung der Kan-ku-Übung.
ABLAUF: Ausgangsposition wie bei Kan-ku-Übung.
Mit den Händen vor dem Körper (noch hängende Arme) eine Schöpfkelle bilden (die Fingerspitzen beider Hände berühren sich leicht). Mit der Vorstellung, man schöpft mit dieser Kelle Wasser (oder KI = Energie), die Hände und Arme langsam nach oben, bis Brusthöhe, führen. Arme dabei beugen, jedoch die Schultern nicht hochziehen. Mit dieser Bewegung einatmen. Mit dem Ende der Schöpf- bzw. Einatembewegung die Hände langsam umdrehen und wieder vor dem Körper nach unten führen - d. h. das Wasser ausleeren und nach unten wegschieben. Dabei ausatmen. Unten angelangt, Hände nach außen öffnen und dann wieder einen neuen Zyklus beginnen.
BEMERKUNGEN: Variation der Übung zur Aktivierung wie bei Kan-ku-Übung. Zur Hilfe ruhig die Wörter "Schöpfen", "Hergeben" und "Wegschieben" verwenden und mit bildhaften Vorstellungen arbeiten.
Ausgleichsübung: Beine ausschütteln, Federn auf der Stelle und Füße gut abrollen dabei.

NAME: Himmel und Erde
ZIEL: Aktivierung, besonders als Gruppenübung geeignet. Lösung von Aggressionen.

Atmung

ABLAUF: (auch nachzulesen im EGAMI 1976)
Ausgangsposition: Schulterbreit stehen, Schultern und Arme locker hängend.
Hände ineinander legen, nach unten in die (Japaner-)Hocke gehen (Vorsicht - Füße leicht nach außen stellen, langsam bewegen). (Dabei einatmen. Langsam von unten nach oben aufrichten (Kopf voran, aus den Beinen drücken, nicht Oberkörper abklappen), dabei gleichzeitig die Arme nach oben strecken, auf die Zehenspitzen stehen. Finger strecken, nach oben schauen und dabei ausatmen. A-A-A-A-H-H intonieren, so lange wie möglich.
BEMERKUNGEN: Jeder findet sein eigenenes A-A-H. Bei manchen ist es heller, dunkler, länger oder kürzer. Der Gruppenleiter soll es am besten einmal vormachen. In der Gruppe ist eine Aufstellung im Innenstirnkreis (Halle) oder hin zum Licht (im Freien) günstig.

NAME: OM im Stehen
ZWECK: Spannungslösung und wohltuende Wirkung durch Übertragung der Vibrationen der Luftsäule auf den Bauchraum (Eingeweide, Vegetativum). Atembewußtsein für den Bauchraum (HARA) entwickeln. Den eigenen "Eingeweideton" spüren. Schaffung von Harmonie in einer Gruppe.
ABLAUF: Ausgangsposition: wie bei Kan-ku-Übung.
Die Hände werden vor dem Körper ineinandergelegt und beginnen mit einer leichten Schüttelbewegung (ohne viel Kraft). Man versucht, das Schütteln auf den ganzen Körper übertragen zu lassen (Beine leicht gebeugt lassen und OK gerade, Bauchbereich nicht anspannen). Kurz durch die Nase einatmen, dann auf O-M-M-M-M-M so lange wie möglich ausatmen. Mehrmals wiederholen, so wie es noch angenehm ist. Versuch, die Vibration des Mantras OM im ganzen Leib zu spüren und mit dem Schütteln zu verbinden.
BEMERKUNGEN: Ideal als Gruppenübung. Der Gruppenleiter intoniert das erste OM am besten vor. Danach sollen es alle probieren und die Gruppe dann selbständig intonieren. Sehr oft kommt es zu einer Harmonie im Gesang der Gruppe. Langsam ausklingen lassen ("jeder singt sein letztes Om zu Ende").
Zur Bedeutung des Mantras OM s. auch BERENDT 1983.

Interessant in diesem Zusammenhang ist auch die Vokal- und Konsonantenatmung nach LODES 1985, S. 116 ff.

NAME: OM im Sitzen mit Partner
ZIEL: Wie bei OM im Stehen. Zusätzlich Intensivierung des Partnergefühls.
ABLAUF: Partnerweise, Rücken an Rücken auf dem Boden sitzen. Möglichst großflächiger Kontakt zum Rücken des Partners, d. h. vorher etwas aneinander reiben, einfühlen. Beine leicht im offenen Schneidersitz, wer kann, im Lotossitz. Unbedingt eine zusammengefaltete Decke oder ein Sitzkissen als Unterlage zum Sitzen verwenden, damit das Gesäß erhöht sitzt und die Knie leicht nach unten weisen. Beide Partner stimmen das OM an. Versuchen, auch die Vibration des anderen zu spüren. Anfangs gemeinsam in der Gruppe anfangen, dann arbeitet jedes Paar für sich. Dazwischen auch eimal den Partner wechseln.
BEMERKUNGEN: Zur Demonstraion des Singens aus dem Bauch, eignen sich gut Aufnahmen von Sutra-Singenden tibetanischen Mönchen oder japanischen Zen-Mönchen.

NAME: KI in der Gruppe
ZWECK: Aktivierung durch Atmung mit und in einer Gruppe.
ABLAUF: Gruppe bildet Innenstirnkreis, faßt sich an den Händen. Auf ein Signal hin geht die Gruppe langsam in die Kniebeuge (Füße leicht nach außen, Beine bereits aufgewärmt) und wieder hoch. Beim Runtergehen wird ausgeatmet mit H-E-E-E und beim Hochgehen ausgeatmet mit A-A-A-A, so daß eine Hoch-Tief-Bewegung mit H-E-E-E-A-A-A entsteht. Oben angelangt, immer eine kurze Verschnaufpause (zum Einatmen).
Nie den Atem anhalten, auch nicht beim Runtergehen! Nach und nach enger, d. h. an den Schultern fassen.
BEMERKUNGEN: Nach einigem Proben hat sich eine Serie von 1 bis 2mal 10 Bewegungen bewährt. Diese Übung ist gut für Mannschaften, zur Einstimmung auf einen Wettkampf oder als Abschluß eines harten Trainings.

Vorbereitung

Gerhard Treutlein / Michael Preibsch

Vor- und Nachbereitung eines an Körpererfahrungen orientierten Sporttreibens

Wenn Sportler beim Betreiben traditioneller Sportarten weitergehende Körpererfahrungen machen sollen als bisher, dann muß auch die Vor- und Nachbereitung - das "Aufwärmen" und das "Auslaufen" - dahingehend neu bedacht werden, welchen Beitrag sie zu einem an Körpererfahrungen orientierten Sporttreiben leisten können. Wir sehen Unterschiede zu geläufigen Formen von Aufwärmen und Gymnastik in folgenden drei Bereichen:
- Psychische Einstimmung (und "Nach"-Stimmung beim Ausklang) statt nur funktioneller Vor- und Nachbereitung,
- sensibler, tastender Umgang mit dem eigenen Körper, nicht "Hauruck"- und gewaltsames Umgehen wie bei vielen Formen dynamischer Gymnastik und passiver Dehnung,
- Eigenwertigkeit von Vor- und Nachbereitung im Gesamtrahmen des Sporttreibens statt nur Mittel zum Zweck, d.h. nicht nur Vorbereitung des Körpers für spätere Leistungsbereitschaft und -fähigkeit bzw. Entmüdung für die nächste Trainigseinheit.

Wenn Sporttreiben stärker an Körpererfahrungen orientiert werden soll, geben folgende Punkte uns Suchanstöße zum Überdenken traditioneller Formen der Vor- und Nachbereitung:
- Atmung
- Dehnung und Lockerung
- Erwärmen
- Sensibilisierung für den Wechsel zwischen Spannung und Spannungslösung
- Schärfen der Wahrnehmung (d.h. wahrnehmungsbereit werden)
- Sensibel werden für den Ist-Wert statt dem Soll-Wert
- Sich einstimmen

Eine körpererfahrungsorientierte Gymnastik sollte dafür sorgen, daß sich der Sportler auf die nachfolgenden Bewegungen einstimmt, sein Körperbewußtsein erhöht, bewußt atmet und sein Körpergefühl steigert, während doch die traditionelle Zweckgymnastik mit meist

Vorbereitung

sehr dynamisch ausgeführten Dehn- und Lockerungsübungen Verletzungsgefahren in sich barg. Auf diese Weise wurden zu Turn - Vater - Jahns Zeiten Muskeldehnungen ausgeführt, die durch die Auslösung dieses kurzzeitigen Reflexes keine Muskeldehnung zur Folge hatten, sondern eine häufig direkt über das Rückenmark verschaltete Anspannung des gestreckten Muskels. Übungen hieraus, wie z. B. federndes Rumpfvorbeugen (s. Abb. 1), das beliebte ruckartige Zurückfedern der Arme, sind uns sicher noch im Gedächtnis. Direkte Muskelverletzungen wie Muskelzerrungen oder Muskelfaserrisse waren keine Seltenheit, da der Körper bei jenen unkontrollierten, reflexartigen Bewegungen bei mangelnder Dehnfähigkeit (HARRE definiert Dehnfähigkeit als Beweglichkeit, Biegsamkeit, Geschmeidigkeit und Spreizfähigkeit) nicht entsprechend reagieren kann. Auch Störungen der Statik der Wirbelsäule waren Folge ungezielter Gymnastik. Durch die Kontaktaufnahme mit seinem ganzen Körper soll der Sportler sich selbst als leibseelische Einheit erleben, sich seiner Körperlichkeit bewußt und für den Körper sensibel werden und auf ihn hören lernen, Spannungen und vor allem Verspannungen erfühlen, letztere nach Möglichkeit reduzieren, sich auf Spannungslösungen und Entspannung konzentrieren und den Fluß der Energie fühlen. Alle Übungen sollten unter Führung des Gefühls und nicht unter jener eines Soll-Werts ausgeführt werden, d.h. statt objektiver - außengeleiteter - Vorgaben werden körpereigene subjektivische Bezugspunkte gewählt.

Ein solcher Soll-Wert ist z. B. die Zielsetzung bei der Rumpfvorbeuge, mit den Händen den Boden zu berühren. Daß hierbei der überdehnende Einfluß auf die für die Stabilität der Wirbelsäule notwendigen rückwärtigen Gelenkbänder wesentlich größer ist als eine Beweglichkeitssteigerung der rückseitigen Oberschenkelmuskulatur, wurde nie bedacht.

Probleme einer solchen Vor- und Nachbereitung

Eine so orientierte Vor- und Nachbereitung hat einen Eigenwert, bereitet zugleich aber auch eine erhöhte Wahrnehmungs-, Empfindungs-, Erlebnis- und Erfahrungsfähigkeit in Phasen höherer physischer und psychischer Anspannung und Anstrengung während Unterricht, Training und Wettkampf vor. Für sie fehlt in der heutigen

Vorbereitung

Zeit viel Wissen, da in Anbetracht angestrebter Ziele (die meist zu ihrer Umsetzung einen sehr hohen Spannungsgrad erfordern) Sportlehrer, Übungsleiter und Trainer weit besser über Übungen und Inhalte informiert sind, die Spannung und Muskelkontraktion zum Schwerpunkt haben als über solche, die Spannungslösung, Entspannung, Wohlbefinden, Innensicht und Wahrnehmung des Ist-Werts anstreben. Bei einer solchen nicht ausgewogenen Verteilung des Wissens kann nur schwer ein sinnvoller Rhythmus zwischen Anstrengung und Entspannung hergestellt werden. Eine gezielte physische und psychische Regeneration sowohl vor, während, als auch nach dem Sporttreiben wird bisher selten in der gleichen Weise geplant und zielgerichtet durchgeführt wie dies bei anderen sportunterrichtlichen Schritten, Trainings- und Wettkampfmaßnahmen der Fall ist. Körpererfahrungsorientiertes Sporttreiben erfordert eine solche Planung.

<u>Schwerpunkte einer körpererfahrungsorientierten Vorbereitung</u>
1. <u>Zur Vorbereitung</u>
Während nach dem Sporttreiben das Schwergewicht auf der Regeneration und dem Nachspüren liegt, muß bei der Vorbereitung der Aufbau einer günstigen Spannung der Muskulatur angestrebt werden, um ein gelöstes und überspannungsfreies Sporttreiben zu ermöglichen.
Zum folgenden Verständnis einige physiologische Grundgedanken. Sieht man den Menschen in seiner Ganzheit von seiner Geburt an, fällt auf, wie die subcorticalen Primitivreflexe, wie z. B. Schlucken, Saugen, Schreien oder die Lagereaktionen der Arme und Beine im Laufe der Entwicklung unter Kontrolle des Großhirns gestellt und z. T. gehemmt werden. D. h., es wird durch Bahnung und Hemmung möglich, bestimmte willkürliche Bewegungen (nicht einzelne Muskeln) auszuführen. Dieser Vorgang wird Ausarbeitung dynamischer motorischer Stereotypen (JANDA, sog. "movement-pattern") genannt. Der Mensch hat nun die Angewohnheit, Bewegungsmuster (Pattern) zu automatisieren, die in seinen Bewegungen des täglichen Lebens ("daily-life-activities") einen möglichst geringen, wenn auch häufig unökonomischen Kraftaufwand bedingen, d. h. durch Anpassung an Umweltsituationen können diese motorpattern

verändert werden durch die Anpassungsfähigkeit der Großhirnrinde, die wir "Plastizität" nennen. Sporttreiben mit unphysiologischen Bewegungsautomatismen, d. h. mit unausgeglichenen hemmenden und bahnenden Bewegungsimpulsen verhindert Körpererfahrungen; Sporttreiben mit ausgeglichenem Spannungsgrad ermöglicht nicht nur positive Bewegungserfahrungen, sondern setzt auch die Ermüdungsgrenze herauf, da ein ausgewogenes Spannungsfeld in einem synergistischen System, d. h. zwischen Spielern und Gegenspielern, auch verringerten Energieverbrauch bedeutet. Auch die psychische Spannungskomponente ist von Bedeutung.

FELDENKRAIS (1978, 134) weist zurecht daraufhin, daß unnötige Anspannung zudem den Körper kürzer macht: "Bei jeder Handlung, die als schwierig vermutet oder bei der Schwierigkeiten erwartet werden, zieht sich der Körper zum Schutz gegen Schwierigkeit und Widerstand zusammen ... Solcher Selbstschutz und solche unnütze Anstrengung sind der Ausdruck mangelnden Selbstvertrauens. Sobald einer glaubt, er brauche alle seine Kraft, strengt er seinen Willen an, um seinen Körper für die Handlung zu verstärken; in Wirklichkeit aber nötigt er sich nur zu unnützer Anstrengung."

Bei der Vorbereitung muß demnach das Schwergewicht auf Dehnungs- und Atmungsübungen zur Entspannung und Energieaufladung, auf meditativer Konzentration auf den eigenen Körper und seine Kraft, auf der Erhöhung des "Selbstvertrauens" und vor allem auf der Erhöhung der Bewußtheit liegen, weniger bei einer Zentrierung auf ein Leistungsziel. Bewußtheit bringt die Erfahrung mit sich, "daß durch die gezielte Bewußtmachung der eigenen Bewegung nicht nur das Orientierungs- und Koordinationsvermögen verbessert und damit auch die Sicherheit gesteigert werden, sondern daß hierdurch auch das Bewegungserlebnis intensiviert werden kann." (NICKEL 1984, 11)

2. Dehnung

Herkömmliche dynamische wie auch passive Dehnung bringt die Möglichkeit von Schädigung und Schmerzen mit sich. Wir tendieren deshalb zu Dehnübungen im Sinne von Yoga, Bioenergetik, Feldenkraisübungen und Stretching.

Dehnungsübungen sind Bestandteil fast jeder Sportstunde, Muskeldehnungen werden im Training von Leistungssportlern, in der Gymna-

Vorbereitung

stik im Schulsport und zunehmend in medizinisch-therapeutischen Bereichen angewandt.
Die Grundlagen der Muskelmechanik wurden bereits um die Jahrhundertwende erarbeitet und sind z. T. heute noch gültig. Es zeigte sich, daß der Skelettmuskel, nach Anspannung um 10 % - 30 % vermindert in seine Ausgangslänge entspannen kann. Es bleibt ein sog. Kontraktionsrückstand, der nur passiv, d. h. durch Dehnung, beseitigt werden kann, Dehnungen unter Vermeidung einer Reflexauslösung. Wir empfehlen daher aktiv dynamische, sowie passive Dehnungen durch den Partner (s. Abb. 2) zu meiden. Sportlern fehlt es meist an einem ausreichend gründlichen und anwendbaren Wissen über ihren Körper. Ihre Empfindungsmechanismen sind verzerrt, vor allem auch durch die oft anzutreffende Einstellung, daß nur das, was weh tut, auch gut ist. Dehnungen nach PIR, der sog. postisometrischen Relaxation, sind zu bevorzugen.
Diese Methode wird aus unseren Erfahrungen den meisten Nutzen nach sich ziehen und daher bisher fast ausschließlich auch in der Krankengymnastik und von den Manualtherapeuten angewandt. Die neuro-muskulären Vorgänge sind durch die Prinzipien von SHERRINGTON bekannt. Der zu dehnende Muskel wird ca. 7 Sek. gegen einen Widerstand kontrahiert und kann in der Phase danach nicht oder nur gering auf einen Dehnreiz mit einer Gegenspannung reagieren. Dies beruht vermutlich auf der Tatsache, daß die Reizschwelle der Reflexapparate der Sehnen überschritten wurde und es somit zu einer Hemmung der Muskelaktivität des gedehnten Muskels kommt. Somit haben wir die Möglichkeit, bei dieser passiven Art der Dehnung, diesen Eigenreflex auszuschalten.
Ein weiteres Prinzip, der Grundsatz der reziproken Innervation, ist ebenfalls nutzbar. Durch Kontraktion des Gegenspielers in entsprechender Ausgangsstellung, kommt es zur Hemmung und damit zur Dehnung des Spielers (s. Abb. 3 u. 4).

3. Spannungswechsel

Dehnung und Kontraktion müssen sich die Waage halten, nicht nur im Alltag sondern auch im Sport, beide ergänzen sich sinnvoll. Jede Abweichung nach einer Seite hin ist ungünstig; vor allem die

ständige Kontraktion der Muskeln führt zu Verspannungen und längerfristig zu Abnutzungserscheinungen und Krankheit. Deshalb sollte bewußte Dehnung als Ergänzung in die Vor- und Nachbereitung eingefügt werden. Zudem haben Dehnen und Strecken auch einen Eigenwert. Sie sichern eine günstige psychische Disposition für das nachfolgende Sporttreiben und erhöhen über die größere Expansionsfähigkeit des Körpers auch die Genußfähigkeit des Sporttreibenden. Strecken und Dehnen sind vitale, aufbauende Bewegungen, die vor jedem Sporttreiben durchgeführt werden sollten.
Bewußtheit für den Körper kann durch systematisches Spannen und Entspannen der einzelnen Muskeln erreicht werde. Zusammen mit einer auf Verspannungen gerichteten Atmung wird es möglich sein, nicht nur Bewußtheit für den Körper zu entwickeln, sondern auch Verspannungen aufzulösen. Zugleich verringert diese Methode Nervosität und psychische Gespanntheit. Verspannungen behindern die Sensibilität für den eigenen Körper und Körperbewußtheit, d.h. sie reduzieren den Umfang von Körperwahrnehmungen und empfindungen, sie beeinträchtigen die Erlebnisebene und behindern Erfahrungen.
Welche Folgen haben Verspannungen:
- Sie behindern die Muskelkoordination und erschweren leichte und gelöste Bewegungen.
- Sie beeinträchtigen die Blutzirkulation.
- Sie machen den Körper gefühllos.
- Sie beeinträchtigen die Funktion des Nervensystems.
- Sie behindern die natürliche, d.h. volle und tiefe Atmung.
- Sie verändern physiologische Bewegungsautomatismen.
Letztere Erkenntnis wurde erhärtet durch einen Versuch von Prof. JANDA 1980) der Bauchmuskelübungen ausführen ließ mit vorheriger Dehnung der Antagonisten (Gegenspieler), in diesem Fall der Rückenstrecker und ohne Dehnung dieser.
Er ließ diese elektromyographisch ableiten und es zeigte sich, daß beim ersten Versuch - ohne Dehnung der Rückenstrecker - diese erheblich mitkontrahierten und so ein unphysiologisches motorpattern zeigten, wobei ein zweiter Versuch nach angewandter Dehnung durch die erwähnte PIR-Methode eine Anspannungskurve der Rückenstrecker nicht mehr erkennen ließ und der Proband ein wesentlich

Vorbereitung

ökonomischeres Spannungsmuster aufwies.
Aus diesen Erkenntnissen lassen sich nun nochmals die Ziele korrekt angewandter Dehnungen aufzeigen.
1. Förderung der muskulären Beweglichkeit nach längerer Bewegungspause
2. Wiederherstellung eines Spannungsgleichgewichtes (phasisch-tonischer Synergismus) zur Aufrechterhaltung eines ökonomischen Bewegungsmusters
3. Erweiterung der Bewegungsamplitude vor sportlicher Tätigkeit mit nachfolgender Spannungsaktivierung zur Herabsetzung der Reizschwelle
4. Erhöhung der Sauerstoffaufnahmekapazität und der Muskelkerntemperatur zur besseren Leistungsfähigkeit
5. Senkung psychischer Übererregbarkeit
6. Vermeidung von "Muskelkater" nach sportlicher Tätigkeit und Aufhebung des erwähnten Kontraktionsrückstandes

Auf eine weitere Möglichkeit des Lösens von Verspannungen weist LOWEN hin: "Das Vibrieren ist eine natürliche Art, Muskelverspannungen zu lösen" (LOWEN 1975, 213). "Das Vibrieren lockert nicht nur Spannungen, sondern erfüllt noch eine andere wichtige Aufgabe. Es erlaubt uns, die unwillkürlichen Bewegungen unseres Körpers bewußt zu erleben und zu genießen. Sie sind ein Ausdruck des Lebens, seiner vibrierenden Kraft" (LOWEN 1975, 215 f.). Das Vibrieren gibt ein neuartiges Gefühl für den Körper und hilft, sich eventuell bestehender Sperren und Verspannungen bewußt zu werden. Leben ist Fühlen, beim Vibrieren fühlt man, daß das Leben im Körper pulsiert, daß man vor innerer Spannkraft vibriert. Das Unterdrücken des Fühlens verringert Spannkraft und Wohlbefinden, deshalb ist es wichtig, das Fühlen der Spannkraft bewußt in Vor- und Nachbereitung zu integrieren. Lust wird hervorgerufen durch die bewußte Wahrnehmung unseres lebendigen, energiegeladenen und (eutonisch) gespannten Körpers, in dem Energie frei und ungestört fließen kann.

4. Ausgleich von Einseitigkeiten

Die Spezialisierung auf eine Sportart bringt massive Einseitigkeiten mit sich, die ihrerseits möglicherweise das Wahrnehmungs- und Empfindungsvermögen beeinträchtigen. "Manche Sportler haben massiv entwickelte Oberkörper, daß man den Eindruck hat, sie hätten sich zu anatomischen Mißgeburten gemacht. ...Besonders schädlich wirken sich einseitigen Sportarten aus ... " (MASTERS/HOUSTON 1983, 50). Wichtig erscheint deshalb die Durchführung eines Ergänzungs- oder Alternativprogramms (bis hin zur Krankengymnastik), um die Sportler ganzheitlich zu entwickeln. Aber auch eine Information darüber ist wichtig, welche Deformationen entstehen können. Asymmetrien und Unausgewogenheiten sollen nicht nur aus ästhetischen Gründen vermieden werden, sondern auch um Schädigungen im Sinne von unnatürlichen Bewegungsautomatismen mit der Folge von Rückenleiden etc. vorzubeugen. Das Betreiben einer Sportart - zumal einseitiger Sportarten wie Tennis - reicht nicht aus, um den Rückgang an Beweglichkeit, Koordination und damit langfristig eine Beeinträchtigung von Gesundheit und Wohlbefinden zu vermeiden. Eine Ergänzung des Sporttreibens durch eine Alternativgymnastik dient nicht nur der Bewußtheit und der sportlichen Leistungsfähigkeit sowie der Verletzungsvorbeugung, sondern langfristig Gesundheit und psychischem Wohlbefinden.

5. Atmung (vgl. dazu auch FÖRSTER in diesem Band)

Sport lebt in hohem Maße von der Atmung, aber nur wenige beschäftigen sich bewußt mit der Atmung. Eine wesentliche Erkenntnis der Bioenergetik besteht darin, daß der Energiespiegel steigt, wenn die Atmung aktiver wird (vergl. LOWEN 1975, 35). Eingeschränkte Atmung bewirkt Konzentrationsunfähigkeit und Unruhe, eine unzureichende Atmung kann Angst, Gereiztheit und Verspannungen hervorrufen (vergl. LOWEN 1975, 36). Vor diesem Hintergrund ist verständlich, daß Atemschulen die bewußte Atmung in der Therapie benutzen (vgl. LODES 1977), nicht aber, daß bei fast keiner Sportart weder in der Vorbereitung noch während des Übens oder im Wettkampf bewußt gemacht wird, wie der Sporttreibende atmet. Dies wäre wichtig, weil eine Unfähigkeit zu normaler, regelmäßiger, tiefer und rhythmischer Atmung die Empfindungsfähigkeit herabsetzt. Zudem

Vorbereitung

besitzen wir die Neigung, unter Streß und hoher körperlicher Anspannung den Atem anzuhalten; bewußte tiefe Ausatmung kann dieser Tendenz entgegenwirken.
Niemand möchte den ganzen Tag an die Atmung denken. Dies ist auch nicht notwendig. Notwendig ist aber, sich seine Atmungsgewohnheiten bewußt zu machen, damit sie einer Verbesserung zugänglich werden. Die verbesserten Atmungsgewohnheiten können dann wieder ins Unterbewußtsein abgesenkt werden. Der Vorteil der zeitweisen Bewußtheit bei der Atmung liegt darin, daß in (körperlich oder psychisch) belastenden Situationen über die Atmung diese Situationen beeinflußt werden können. Solche belastende Situationen bringen meist eine flache und auch unregelmäßige Atmung mit sich. Die bewußte Regulierung und Rhythmisierung des Atmens erzeugt einen therapeutischen Effekt: Das Bewußtsein wird klarer und ruhiger, unnötige Spannungen werden reduziert, ich bin besser zu einem sinn-vollen und energischen Körpereinsatz in der Lage. Z.B. vergessen Skiläufer beim Kurzschwingen zu atmen, holen zwischendurch Luft, um dann mit angehaltenem Atem ein paar Schwünge zu absolvieren. Die bewußte Verbindung von Atmung und Schwüngen führt zu einem persönlichen Rhythmus, der die Schwünge runder, weicher, rhythmischer und weniger anstrengend werden läßt. Der Schwerpunkt des Atmens sollte auf dem Ausatmen und der Pause liegen (vgl. LODES 1977, 112). Intensiviertes Einatmen fördert Anspannung und Verkrampfung, tief ausatmen dagegen entspannt, lockert und schafft Unterdruck in den Lungen, so daß Einatmen von selbst geschehen kann. Die bewußte Atmung sollte sowohl als selbstständiger Teil bei der Vorbereitung durchgeführt, zusätzlich aber auch beim Dehnungsprogramm beachtet werden. Die physiologische Gesetzmäßigkeit bringt bei einer Dehnung des Körpers eine Einatmung mit sich, bei der Kontraktion (und Muskelarbeit) die Ausatmung. Dehnungen in Verbindung mit bewußter Atmung eröffnen die Fähigkeit zu empfinden (vgl. MIDDENDORF 1982, 442).
Die Atmung sollte bewußt auf die zu dehnenden Partien zentriert werden. Es ist ein bekanntes Phänomen, daß die Blutzirkulation in dem Körperteil angeregt wird, auf den sich die Aufmerksamkeit richtet; die Dehnung wird dadurch erleichtert.

Vorbereitung

Richtige Atmung, in Verbindung mit Dehnung und Streckung, verbessert die Selbstwahrnehmung. Dies ist auch unter dem Aspekt zu beachten, daß eine Störung der Selbstwahrnehmung immer auch Störungen der Fremdwahrnehmung nach sich ziehen. Versucht werden sollte auch intensives Gähnen. "Gähnen bewirkt einen natürlichen Spannungsausgleich im Körper sowohl bei Unter- als auch bei Überspannung, es führt zu einer Sauerstoffzunahme im Gehirn und somit zu einer Steigerung des Wachheitszustandes. Körperliche und seelische Verspannungen können dadurch gelöst werden" (LODES 1977, 69 f.)

Gedanken zur Durchführung von Vor- und Nachbereitung

1. Vorbereitung
Vor Beginn des Unterrichts- oder Trainingsschwerpunkts bzw. eines Wettkampfs sollte über Atmung, Jacobson-Übungen und Muskelentspannung versucht werden, zu innerer Ruhe und Konzentration zu finden. Menschen unseres Kulturkreises haben meist die Fähigkeit verloren, sich zu lockern; Lockerheit ist eine wesentliche Voraussetzung für Wahrnehmungs- und Empfindungsfähigkeit. Durch einen Beginn des Sporttreibens im Sinne des obigen Vorschlags soll der notwendige Grad an Lockerheit und Zentrierung auf sich selbst erreicht werden. Entspannung setzt die Bewußtheit von Verspannungen voraus. Verspannungen zeigen einen unnötig hohen Spannungsgrad an, der Energie raubt, Enge und möglicherweise Angst schafft. Über gezieltes Spannen und Entspannen einzelner Muskeln, über Ausstreichen und leichte Klopfmassage können verspannte Körperpartien bearbeitet werden. Im Anschluß daran sollten Dehnungs- und Streckungsübungen stehen, die mit bewußter Atmung verbunden werden. Entsprechend der Aufgabenstellung, im Anschluß an die Vorbereitung, können bei der Übungsauswahl Schwerpunkte gesetzt werden (vgl. dazu KNÖRZER in diesem Band).
Bei der Vorbereitung auf Bewegungen im Hauptteil einer Unterrichtsstunde, eines Trainings oder eines Wettkampfs sollte auf gelöste, rhythmische Bewegungen geachtet werden, denn jede gelöste, rhythmische Bewegung ist lustvoll und energiebringend: "Er-

Vorbereitung

folgt sie mechanisch und ohne rhythmisches Gefühl, wird sie zu einer mühsamen Angelegenheit" (LOWEN 1979, 261). Ohne gelöstes, rhythmisches Sich-Bewegen wird die Vorbereitung zu einer möglicherweise unter physischen Aspekten zweckfunktionalen und -rationalen Veranstaltung, von der psychischen Seite her aber zu einer Anstrengung und schlechten Grundlage für das nachfolgende Sporttreiben.

Eine vollwertige Vor- und Nachbereitung des Sporttreibens ist vor allem dann gegeben, wenn der Sportler sich seiner Körperlichkeit bewußt wird und auf seinen Körper hören lernt. Dann kann er den Fluß seiner Energie fühlen, Spannungszustände regulieren und Verspannungen reduzieren. Wenn seine Wahrnehmungsfähigkeit ausreichend entwickelt ist, ist auch eine Voraussetzung geschaffen, für eine Ablösung aus unangemessenen Abhängigkeiten; Lehrer, Trainer, Ärzte u. a. m. können von außen nie so gut erkennen, was in einem Sportler vor sich geht wie dieser selbst, wenn er seine Wahrnehmungs-, Empfindungs- und Reflexionsfähigkeit entwickelt hat.

Je geringer die Sensibilität des Sportlers für die körpereigenen Botschaften und seine Fähigkeit zu ihrer Interpretation entwickelt ist, desto wichtiger werden Experten, die dem Sportler das Denken abnehmen und ihn letztlich daran hindern, für sich sensibel zu werden. Die etablierten Autoritäten wie Sportlehrer, Arzt, Trainer und Funktionär "ersparen" dem Sportler oft, sorgsam auf die Stimme seines Körpers zu hören.

Fehlt die Zeit für eine ausgedehnte Vorbereitung, dann hilft vorübergehend auch eine Sofortentspannung, indem man z. B. die ruhige, tiefe Vollatmung mit der Konzentration auf verschiedene Muskelpartien ausführt, oder sich überall dort, wo man sich verspannt fühlt, noch mehr anspannt, dann ausatmet und losläßt.

2. Nachbereitung

Nach dem Sporttreiben ist es sinnvoll, den belasteten Bewegungsapparat nicht abrupt auszuschalten, sondern eine aktive und passive Entmüdung folgen zu lassen, auch zur Vorbeugung eines Muskelkaters. (Wir verstehen Muskelkater im Sinne der "Ermüdungskontraktur", d. h. einer Stoffwechselstörung nach sportlicher Belastung

im anaeroben Bereich mit der Folge einer übermäßigen Milchsäureansammlung in der Muskulatur). Der dadurch bedingte Muskelschmerz beginnt direkt anschließend an die sportliche Betätigung und verschwindet nach 3 - 5 Stunden wieder. Dieser ist von einer "ultrastrukturellen Muskelschädigung" zu unterscheiden, die den Muskelschmerz der Stoffwechselstörung überdauert oder erst danach beginnt und über mehrere Tage andauert. Hierbei ist die Anwendung von Muskeldehnungen noch umstritten und nur durch im Sport erfahrene Krankengymnasten zu empfehlen. Unter passiven Maßnahmen verstehen wir Entmüdungsmassagen durch gelernte Sportmasseure, Entmüdungsbäder, Dauerbrause und Wechselbäder nach Pfarrer Kneipp.
Aktive Maßnahmen sind neben den genannten Dehnungen das Auslaufen (cool-down) und das Auslockern. Zur Beschleunigung des Abtransportes von Stoffwechselschlacken wirken Kräutertees unterstützend, die blutreinigend sind: Holunderblüten, Brennesseln, Scharfgarben, Ackerschachtelhalm u. a.. Bedeutend ist auch der Versuch, sich an das allgemeine Gefühl während und direkt nach dem Sporttreiben zu erinnern und dieses sich bewußt zu machen. Über die erneute Dehnung erfolgt eine Konzentration auf die gedehnten Körperteile und eine bewußte Kontaktaufnahme mit ihnen, vor allem mit jenen, die im Hauptteil des Trainings oder im Wettkampf besonders intensiv oder häufig kontrahiert wurden. Über diese Wahrnehmungszentrierung kann ein weiterer Beitrag zu einer Sinnes- und Wahrnehmungssensibilisierung geleistet werden.
Auch die Sauna kann als entmüdende Maßnahme eingesetzt werden; sie hilft bei der Ausschwemmung von Stoffwechselschlacken und schafft ausgezeichnete Voraussetzungen für kommende körperliche Betätigung. Ebenfalls wirkt sich das Saunabad anregend auf die Körperabwehr aus. Wichtige Grundregeln sollten beim Saunabesuch beachtet werden: Temperatur zwischen 80 und 100 Grad, am günstigsten sollte man flach liegen, dabei 3 bis 4 Saunagänge absolvieren, von jeweils etwa 10 Minuten und dazwischen jeweils einer Viertelstunde Ruhepause. Saunabesuch am Tag vor dem Wettkampf ist nicht empfehlenswert.
Eine vollwertige - sinn-volle - Vor- und Nachbereitung dient der höheren Genußfähigkeit des Sportlers für sein Sporttreiben und

Vorbereitung

leistet damit einen Beitrag zur Befähigung zu einer eigenen aktiven Planung und Suche von Wohlbefinden im und durch den Sport. Doch haben Dehnungen und andere vor- oder nachbereitende Maßnahmen nur dann ihren Sinn, wenn

a. Aufbau und Systematik dem Grund der Anwendung angepaßt sind,
b. Exaktheit und Effizienz der Dehnungen weiterlaufende Bewegungen auf andere Körperregionen, Ausweichmechanismen und falsche Techniken vermeiden und
c. alle Gegenanzeigen ausgeschaltet sind.

Text zu den Abbildungen S. 298 - 303

Abb. 1 Beispiel einer ungezielten Dehnungsübung.
Man sieht, daß sich der Finger-Boden-Abstand durch zunehmende Krümmung der Wirbelsäule verringert.
Abb. 2 Der Druck auf den Rücken des Partners wirkt weniger auf die rückwärtige Oberschenkelmuskulatur als vielmehr schädigend auf den Bandapparat der Wirbelsäule.
Abb. 3 Beispiel einer gezielten Dehnung der rückwärtigen Oberschenkelmuskulatur nach dem Prinzip der antagonistischen Hemmung. Der Sportler fixiert seinen Oberschenkel in 90 Grad Hüftbeugung mit beiden Händen und streckt aktiv das Kniegelenk.
Abb. 4 Beispiel einer Eigendehnung nach PIR:
Der Sportler liegt längs durch ein Tor und streckt seinen Oberschenkel am Pfosten so weit nach oben, bis eine Spannung spürbar wird. Nach isometrischer Kniebeugung gegen den Torpfosten versucht er unter Beibehaltung seiner Ausgangsstellung die Ferse weiter nach oben zu schieben.
Abb. 5 Beispiel einer Wiederherstellung eines Spannungsgleichgewichtes innerhalb eines Muskelsynergismus:
   a. Dehnung der verkürzten Hüftbeugemuskulatur und Rückenstreckmuskulatur mit anschließender
   b. Kräftigung der Hüftstreckmuskulatur (großer Gesäßmuskel)
   c. Fehlstatik bei entsprechendem Muskelungleichgewicht beim Laufen mit Spikes

Vorbereitung

Abb. 6 Partnerweises Auslockern der rückseitigen Wadenmuskulatur.

Abb. 7 Kräftigungsübung der rückwärtigen Brustwirbelsäulenmuskulatur mit antagonistischer Dehnung des Gegenspielers (großer Brustmuskel) in einer Ausgangsstellung, die keine Ausweichbewegungen zuläßt.

Abb. 8 Notwendige Dehnung (a) der verspannten und verkürzten Wadenmuskulatur mit anschließender Kräftigung (b) der meist zu schwachen Kniebeuger.

Abb. 9 Dehnlagerung zur Vertiefung der linksseitigen Atmung: Der Sportler entfernt obenliegend Hand und Fuß voneinander.

Abb. 1

Vorbereitung

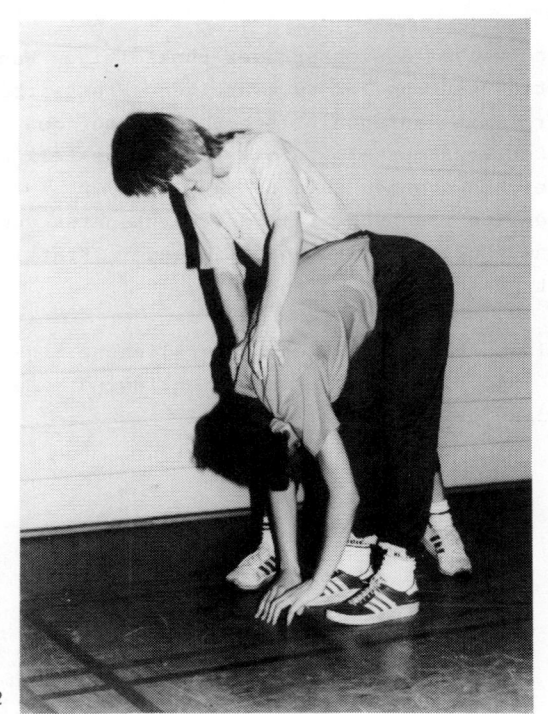

Abb. 2

Abb. 3

Vorbereitung

Abb. 4

Abb. 5a.

Vorbereitung

Abb. 5 b.

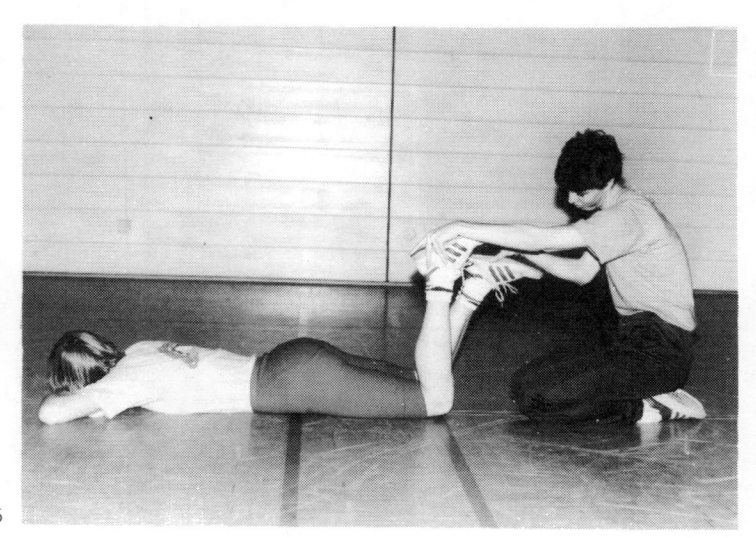

Abb. 6

Vorbereitung

Abb. 7

Abb. 8 a.

Vorbereitung

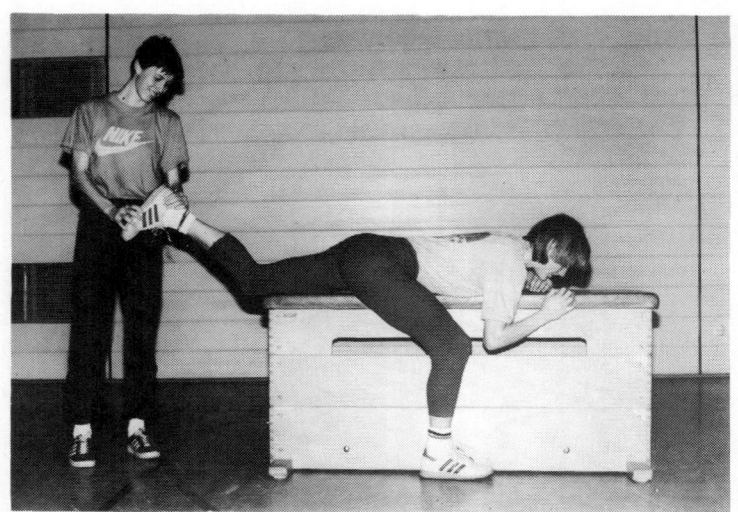

Abb. 8 b.

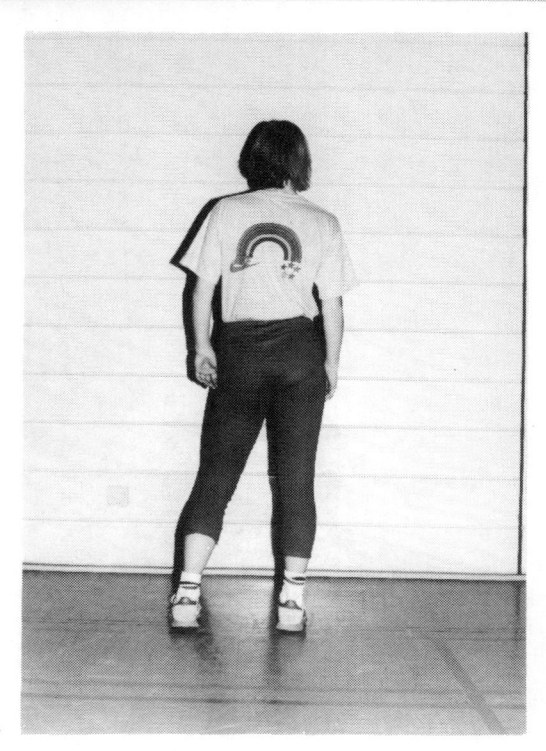

Abb. 8 c.

Vorbereitung

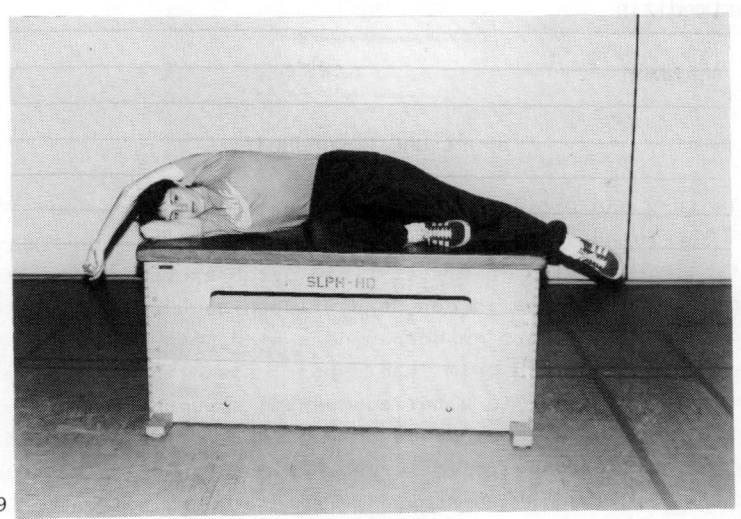

Abb. 9

Gesundheit

5. Sportmedizin

Jürgen Schimmel

Sport und Gesundheit

1. <u>Einleitung</u> <u>und</u> <u>Definition</u> <u>von</u> <u>Gesundheit</u>

Gesund zu leben ist heute ein Bedürfnis breiter Bevölkerungsschichten. Dieses wird in erster Linie durch sportliche Betätigung befriedigt. Läuferpulks in den Stadtwäldern nach Feierabend, Gruppen von Fahrradfahrern an Wochenenden sind ein gewohntes Bild geworden; insbesondere beim Tennissport sowie in den Schulen für body-building steigen die Mitgliederzahlen sprunghaft. Bemerkenswert bei der heutigen Sportbegeisterung ist im Gegensatz zu früher eine deutliche Leistungsorientierung. Die Zunahme von Muskelmasse wird in cm gemessen, die Stoppuhr ist oft genug beim abendlichen Jogging ein unentbehrlicher Begleiter, es wird danach gefragt, was "es bringt", regelmäßig zu trainieren. Die angestrebte Gesundheit ist dann nur ein Produkt, ein nach Maß, Zahl oder Gewicht festgelegtes Objekt.

Die rechte Besinnung auf Gesundheit läßt jedoch eine subjektive Seite deutlich werden; Gesundheit als "sich wohlfühlen", als zufrieden sein, als handeln aus Lebensfreude. Aus dem subjektiven Aspekt der Gesundheit wird die individuelle Gesundheit deutlich, jeder hat "seine" Gesundheit, seine Vorstellungen davon und sein eigenes Erleben. Dieses richtet sich nach seiner ererbten Konstitution ebenso wie nach den Bedingungen seiner Sozialisation Daher stellt auch jeder andere Ansprüche an sich, wenn von Gesundheit die Rede ist. Dem einen mag es genügen, wenn er keine Schmerzen verspürt, andere kontrollieren mit Meßinstrumenten ihre Leistungsfähigkeit, manche erlernen durch Beobachtung ihres mentalen und emotionalen Zustandes sowie von Muskelverspannungen schon frühzeitig, ihr Gleichgewicht wieder herzustellen.

Im folgenden soll daher ein Beitrag gegeben werden, wie der Sporttreibende sein Training gesundheitsfördernd aufbauen kann, damit er selbst ein Gespür entwickelt, was ihm gut tut und was nicht.

2. Grundsäulen der Gesundheit
Als Richtschnur können uns drei übergeordnete, die Gesundheit beeinflussende Lebens- und Erfahrungsbereiche dienen, die jeden in unterschiedlichem Ausmaß angehen.
a) Der Bereich unseres Gemüts: zugeordnet dem Nervensystem, beinhaltend Empfindungen, Emotion, Gedanken.
b) Der Bereich des Bewegungsorganismus: zugeordnet dem Muskelsystem, damit auch den Kreislauforganen. Mittelbar auch dem Knochen- und Bandapparat.
c) Der Bereich der Ernährung: zugeordnet dem Magen-Darmtrakt, den Verdauungsdrüsen und z. T. auch dem Blut.

2.1. Die Rolle des Gemüts
Jeder kennt die Nackenverspannungen nach einem anstrengenden Tag oder hat sich schon eine lange Autofahrt aus den Beinen geschüttelt. Ständige Anspannung und Aufregung verspannt das Muskelsystem, welches über verschiedene Nervenfasern mit dem Großhirn verbunden ist. Über das Vegetative Nervensystem werden auch die Blutgefäße, Drüsen und Verdauungsorgane von unseren Erlebnissen beeinflußt. Wir erbleichen vor Schreck, uns ist übel vor Angst, wir haben schweißnasse Hände bei Aufregung. Da in unserer gegenwärtigen Zivilisation unser Nervensystem beansprucht ist wie nie zuvor bei gleichzeitig minimaler körperlicher Bewegung, kommt es bei immer mehr Menschen zu schweren Tonusstörungen der Muskulatur. Hierher gehören ein großer Teil der Herz-Kreislauferkrankungen, die in unserer Gesellschaft die Todesursache Nr. 1 sind.
Geübte Ärzte und Masseure können durch Ertastung des muskulären Zustandes Rückschlüsse auf Lebensweise und Biographie des Betreffenden ziehen. Freude und Schmerz bilden sich ab in der Muskulatur, hinterlassen Elastizität oder Verkrampfung, entsprechend beflügeln sie uns zu Taten oder hemmen uns.
Nicht nur für unsere seelische, sondern auch für die körperliche Gesundheit spielt unser Gemütszustand die vorrangige Rolle, wie überhaupt körperliche und seelische Gesundheit sich gegenseitig bedingen. So kann man nicht übergangslos nach einem anstrengenden Arbeitstag ein anspruchsvolles Tennismatch bestreiten, Verzerrun-

Gesundheit

gen der Muskeln und Bänder sind die gesetzgemäße Folge. Wer wirklich Gesundheit erlangen will, benötigt Disziplin im Umgang mit sich selbst, mit seinen Gedanken und Gefühlen: Ein elastischer und leistungsbereiter Bewegungsapparat ist die Folge (* 1-9)

2.2. Zustand des Bewegungsorganismus
Ein zweiter Aspekt unserer Gesundheit ist der Zustand des Bewegungsorganismus, also der Gesamtheit der willkürlichen und unwillkürlichen Bewegungen, wie sie repräsentiert sind in der Muskulatur, einschließlich der der Gefäße sowie in den Sehnen und Gelenken. Über nervale Reflexe ist die Muskulatur (besonders die des Rückens) mit inneren Organen verknüpft, so daß für den Geübten aus dem Zustand der Muskulatur auch Rückschlüsse auf Organdysfunktionen möglich sind. Es ist entweder der Tonus zu schlaff, was auf eine Unterfunktion des oder der betreffenden Organe hinweist und damit eine Haltungsschwäche nach sich zieht oder der Tonus ist zu gespannt, ja es kommt zu gleichsam knöchernen Verhärtungen in den Muskeln, was auf Verkrampfungen und Durchblutungsstörungen im Organbereich hinweist.
Auch weit voneinander entfernt liegende Körperteile weisen energetische Beziehungen auf, wie sie z. B. im Meridiansystem der Akupunktur aufgezeigt sind. So kann eine chronische Prostatitis der Grund für Anfälligkeiten im Bereich der Achillessehne sein, ein Leberschaden begünstigt vorzeitigen Verschleiß der Gelenkknorpel, chronisch entzündete Zahnwurzeln, Nasennebenhöhlen, Mandeln u. ä. verändern die körpereigene Abwehrkraft und verlängern die Erholungsphase nach Belastung. Damit steigt die Verletzunganfälligkeit. Verdauungsbeschwerden besonders im Dickdarmbereich begünstigen den sogenannten Tennisarm, eine chronische Eierstockreizung kann eine Ischialgie unterhalten. Die aufgezeigten Beispiele zeigen deutlich die Vernetzungen zwischen verschiedenen Organen und Körperteilen, auch wenn sie weit voneinander entfernt liegen.
Der Bewegungsorganismus ist für Störungen besonders anfällig, da er vom Gemütszustand und von der Ernährungsqualität beeinflußt wird. Die Vorstellungen des Gemüts wirken auf ihn durch elektrische Impulse des Nervensystems, die Ernährung teilt sich ihm in

der Blutbeschaffenheit mit. Im Zustand der Gesundheit besteht Bewegungslust, es ist uns Bedürfnis und Freude, uns zu bewegen und durch Taten auszudrücken. Bewegungsunlust ist Ausdruck von Krankheit, deren Ursachen meist im Gemütsbereich oder in der Ernährung zu suchen sind. Der Bewegungsorganismus erkrankt in der Regel nicht aus sich selbst, sondern nur über die beiden Pole, zwischen die er gespannt ist. Dies hängt damit zusammen, daß der Bewegungsorganismus keinen unmittelbaren Kontakt zur Außenwelt hat, wie z. B. das Gemüt über die Sinnesorgane und der Magen-Darm-Trakt über die Nahrungsaufnahme. Der Bewegungsorganismus ist Mittler zwischen diesen beiden Polen und hat nur indirekten Kontakt zur Außenwelt.

2.2.1. Pflege des Bewegungsorganismus

Die Muskulatur macht etwa die Hälfte des Körpergewichts aus und ist unser größtes Organ. Dieses Organ des Körpers verlangt nach Betätigung. Wer seine Muskulatur durch ausreichende Inanspruchnahme pflegt, übt auch die passiven Teile des Bewegungsapparates, die Knochen und ihre festen, sehnigen Verbindungen, die Bänder. Ebenso wirkt die Bewegung zurück auf Atmung und durch den erhöhten Stoffumsatz auf die Ernährung. In der ausreichenden Bewegung haben wir einen Gesundheitsmotor erster Ordnung zur Verfügung, der gleichrangig neben die Ernährung und die Atmung tritt.

Den Bewegungsorganismus zu pflegen bedeutet zunächst das Bewußtmachen seines Grundgesetzes: der Anspannung und Entspannung. Wer spielende Kinder beobachtet, wird feststellen, daß sie ganz von allein die notwendigen Ruhepausen einlegen. Die Abwechslung zwischen heftiger Anstrengung, die unaufgefordert aus eigenem Antrieb erfolgt und folgender Entspannung durch sitzen, liegen oder sichherumwälzen ist in dieser Lebensperiode noch nicht verfälscht. Das Kind folgt noch diesem Bewegungsgesetz, wenn auch unbewußt. Unangemessen für jüngere Kinder sind Dauerbeanspruchungen der Muskulatur. Kinder mögen keine Spaziergänge, sie geben dem Spaziergang den ihnen eigenen Rhythmus, lockern das Gleichmaß auf. Das Kind läuft vor, bleibt wieder stehen und sucht sich irgendeine Beschäftigung, die Ruhe und Entspannung bietet. Bei der Pflege des Bewegungsorganismus ist immer wieder darauf hinzuweisen, daß man die

Gesundheit

Kinder gewähren lassen soll. Sie haben noch ihr Gesetz in sich, dem wir vertrauen dürfen.
Ein neuer Abschnitt beginnt mit der Einschulung des Kindes. Es muß nun mehrere Stunden am Tage bewegungslos und ruhig sitzen. Trotz vieler Mahnungen und Hinweise wird die Pflege des Bewegungsorganismus beim Schulkind stark vernachlässigt. So ist die Forderung nach der täglichen Schulsportstunde noch immer nicht durchgesetzt. Haltungsschwäche und Haltungsverfall sind bei unseren Schulkindern weit verbreitet. Dabei ist die Haltung ebenso wie die Atmung ein Tor vom unbewußten in das bewußte Empfinden. Wenn die Schule noch nicht den notwendigen Ausgleich der Sitzschäden bietet, ist es richtig, das Kind zweimal in der Woche zum gymnastischen Unterricht zu schicken.
Das Schulkind soll zu einem richtigen Körpergefühl erzogen werden und die Unterschiede zwischen guter und schlechter Haltung empfinden und erleben. Aus der Bewußtmachung der Empfindung von z. B. Hohlkreuz oder Buckel entspringen die unbewußten nervösen Impulse an die beteiligten Muskelgruppen, die zu einer guten Haltung führen. Das Kind spürt dann, wie wohltuend eine harmonische Körperbewegung ist, wenn man sich gut hält, durch aufrechte Haltung größer wird und den Kopf freier tragen kann. Es prägt sich auch in den Gesichtszügen aus, das haltungsschwache Kind steht etwas ängstlich und duckmäuserisch vor uns. Beim haltungsgestärkten Kind entwickelt sich die selbstsichere, in sich ruhende naive Frische eines gesunden Kindes.
Neben der auf Anspannung und Entspannung Rücksicht nehmenden Gymnastik sind Übungen wie Laufen, Werfen, Springen, Geräteturnen und besonders Schwimmen der Pflege des Bewegungsorganismus dienlich. Alle Übungen sollen neben dem Alter auch die Konstitution berücksichtigen. Eine in der Praxis brauchbare Typisierung liegt von HUTER vor. Er spricht vom Empfindungs-Bewegungs- und Ernährungsnaturell, was organisch dem Nervensystem, dem Bewegungsapparat und dem Verdauungs- und Lymphsystem entspricht.
Ohne im einzelnen darauf einzugehen, sei bemerkt, daß ein Ernährungsnaturell zu körperlicher Bewegung schwerer motivierbar ist als z. B. das Bewegungsnaturell. Ein Mensch mit vorwiegendem

Gesundheit

Empfindungsnaturell ist harmonischen Bewegungsabläufen wie rhythmischer Gymnastik, Eutonie, Eurhythmie u. ä. aufgeschlossener, während das Bewegungsnaturell ausgesprochene körperliche Belastung braucht, um sich wohl zu fühlen. Ein Studium der Literatur ist dem zu empfehlen, der dem Schulkind oder Übenden ein Übungsprogramm "nach Maß" oder gemäß seiner Konstitution vorbereiten will (* 10-13).

Aus dem Gesagten geht klar hervor, daß Drill auf meß- und wägbare sportliche Leistung nicht der Sinn einer sorgsamen Pflege unseres Bewegungsorganismus sein kann. Der Weg dahin geht nur über den spielerischen Umgang mit dem Grundgesetz der Bewegung, der Anspannung und Entspannung. Darüber entsteht allmähliches Bewußtwerden, daß sich die Gesundheit durch diesen rhythmischen Wechsel erhält (* 14-19).

Selbst die sportliche Hochleistung kann nur über den individuell angepaßten Wechsel von Trainingseinheiten und Erholung erreicht werden, andernfalls werden sich Verletzungen einstellen. Die so zahlreichen Sportverletzungen rühren wohl auch daher, daß nicht rechtzeitig das Empfinden für den richtigen Wechsel von Anspannung und Erholung geschult worden ist und daher sich die jungen Sportler zu viel zumuten. Auch wird die jeweilige Konstitution und die aus ihr ableitbare Trainingsintensität zu wenig beachtet.

2.3. Die Rolle der Ernährung

Wann ist eine Ernährung gesund? Man könnte sagen, wenn sie den Bedürfnissen des Organismus angepaßt ist. Diese richten sich nach der körperlichen Belastung wie auch nach der jeweiligen Konstitution. Grundsätzlich ist zu gewährleisten, daß jede Kost vitalstoffreich ist. Dies ist sie umsomehr, je naturbelassener sie eingenommen wird. Das gilt gleichermaßen für pflanzliche wie für tierische Produkte. Denaturierte Eiweiß- und Mineralstoffpräparate sowie künstlich hergestellte Vitamine sind für den Organismus eher eine Belastung als eine Hilfe. Ihre Herstellung geht von dem Gedanken aus, die menschliche Verdauung funktioniere wie eine chemische Fabrik und ihre Reaktionen liefen ebenso ab wie solche, die im Reagenzglas simulierbar sind. Aus dieser Denkweise entwik-

Gesundheit

kelte sich die Nährwertbestimmung nur nach dem Verbrennungswert der Nahrung (Kalorienwert). Heute wissen wir, daß der Nährwert eines Lebensmittels nicht nur von seinem Brennwert, sondern auch von seinem Vitalstoffreichtum abhängt. Zur Steigerung der körperlichen Leistungsfähigkeit und Gesundheit ist eine naturbelassene und vollwertige Kost besser als die heute angepriesenen Konzentrate, die unphysiologische Muskelzuwächse und damit Verletzungsanfälligkeit provozieren (* 20-23).
Ein besonderes Wort soll noch zur Milch gesagt werden. Für den, der sie verträgt, mag sie ein gutes und kraftspendendes Nahrungsmittel sein. Ärztliche Erfahrung lehrt allerdings, daß viele Erwachsene (besonders solche mit blauen Iriden) sowie Kinder mit Hautkrankheiten die Milch nicht gut vertragen, z. T. sogar eine maskierte Allergie darauf entwickeln. Darunter versteht man Beschwerden, die durch Absetzen von Milch auftreten und verschwinden, sobald wieder Milch getrunken wird, ähnlich der Symptomatik, wie wir sie von den Süchten her kennen (* 24). Die Unverträglichkeit gilt abgeschwächt für Quark und Käse, weniger für Joghurt. Unter diesem Gesichtspunkt ist vor ungehemmtem Milchgenuß zu warnen, wie er heute von Kraftsportlern betrieben wird, um Muskelmasse anzureichern.
Die individuelle Konstitution muß bei der Zusammenstellung einer optimalen Ernährung ebenfalls berücksichtigt werden. Man wird einem Marathonläufer nicht dieselbe Kost zumuten wie einem Kugelstoßer. Ein Bewegungs- oder Ernährungsnaturell kann viel reichlichere und derbere Kost verdauen als ein vorwiegend vom Nervensystem geprägter Organismus. Auch hier würde sich die Kenntnis der Konstitution gesundheitsfördernd auswirken.
Kurz gesagt dient Ernährung dann der Gesundheit, wenn sie konstitutionell angepaßt, vitalstoffreich und möglichst naturbelassen ist.

2.4. Zusammenfassung

Sportliche Betätigung kann der Gesundheit dienen, wenn das durch individuelle Konstitution und Krankheitsdisposition gesetzte Maß nicht überschritten wird. Dies setzt ein Mindestmaß an Körpererfahrung voraus, in erster Linie des Bewegungsgesetzes von Anspannung und Entspannung. Bei Nichtbeachtung ist Über-Training die Folge, der Sport wird ungesund. Die Bewußtmachung des Bewegungsgesetzes müßte ein dringendes Anliegen des Sportunterrichts sein, denn dadurch wird jeder in die Lage versetzt, für sich adäquat Sport zu treiben bis ins Alter und eine selbständige Gesundheitspflege zu entwickeln. Gesundheit in ihrem quantitativen Aspekt kennen wir zur Genüge: Wir wissen, wie hoch ein Kind springen können soll in einem bestimmten Alter, wie schnell es laufen, wie weit es werfen soll. Fragen wir mit der gleichen Intensität nach der Freude, die es beim Laufen empfindet, wie sein Erleben ist beim Erlernen des Hürdenlaufes? Erst wenn die Freude die Quelle wird, aus der heraus die Bewegung erfolgt, können wir von Gesundheit durch Sport sprechen.

Literaturverzeichnis

* 1 Mike SAMUELS/Hal BENNET: Das Körperbuch. Berlin 1978.
* 2 Hans-Erich FICK: Autogene Aktivierung unseres Bio-Energiesystems. Der Arzt in uns. Mannheim o. J.
* 3 Vernon COLEMAN: Gesund ohne Medizin. Wie wir die Selbstheilungskraft unseres Körpers aktivieren und nutzen können. München 1985.
* 4 Helmut MILZ: Ganzheitliche Medizin. Neue Wege zur Gesundheit. Mit einem Vorwort von Fritjof CAPRA. Königstein 1985.
* 5 BERKELEY HOLISTIC HEALTH CENTER (Hrsg.): Das Buch der ganzheitlichen Gesundheit. Bern, München, Wien 1982.
* 6 Kenneth H. COOPER: Dr. Coopers Gesundheitsprogramm. Bewegung, Ernährung, Seelisches Gleichgewicht. München 1984.
* 7 Ernst SCHNEIDER: Nutze die Heilkräfte der Natur. Herausgegeben im Auftrag des Deutschen Vereins für Gesundheitspflege. Hamburg 1980.
* 8 F. BECKER: Der Weg zur vollkommenen Gesundheit. Positive Gesundheitsvorsorge oder moderne Computer-Behandlung? Mannheim o. J.

Gesundheit

* 9 Maximilian ALEXANDER: Die (un)heimlichen Krankmacher. Vorbeugen, erkennen, heilen. Düsseldorf 1985.
* 10 S. KUPFER: Grundlagen der Menschenkenntnis Bd. 1: Naturell und Charakter.
* 11 C. HUTER: Menschenkenntnis. Beide in C. HUTER-Verlag Schwaig bei Nürnberg.
* 12 H. R. GABLER-ALMOSLECHNER: Wer-Was-Wie bin ich. Psycho-physiognomische Studien. Selbstverlag, 7091 Neuler-Ramsenstrut, Im Pfaffenhölzle.
* 13 E. KRETSCHMER: Körperbau und Charakter. 26. Auflage Springer Verlag 1977.
* 14 Hede KALLMEYER: Heilkraft durch Atem und Bewegung. 2. Auflage Haug Verlag 1978.
* 15 Simeon PRESSEL: Bewegung ist Heilung. Verlag Freies Geistesleben 1984.
* 16 G. ALEXANDER: Eutonie. Kögel Verlag München 1976.
* 17 U. GLASER: Eutonie-Verhaltensmuster des menschlichen Wohlbefindens. Haug Verlag.
* 18 R. STEINER: Was ist und was will die neue Bewegungskunst Eurhythmie? R. Steiner Verlag, Dornach 1979.
* 19 Indra DEVI: Yoga leicht gemacht. Goldmann Ratgeber 1978.
* 20 Werner KOLLATH: Getreide und Mensch. Verlag Schwabe und Co. 1964.
* 21 Max BIRCHER-BENNER: Ordnungsgesetze des Lebens. Bircher-Benner Verlag Bad Homburg 1977.
* 22 U. RENZENBRINK: Zeitgemäße Getreideernährung. Gering Verlag Dornach 1979.
* 23 G. SCHNITZER: Die Schnitzerkost. Schnitzer Verlag St. Georgen, Schwarzwald.
* 24 R. MACKARNESS: Allergie gegen Nahrungsmittel. Hippokrates Verlag Stuttgart 1982.

6. Literaturverzeichnis

ABHUDAYA, S.: Sensory Awareness - Direktes Erleben durch die Sinne. In: MOEGLING, K.: a.a.O., S. 37 - 54.
ABRAHAM, A.: Anmut und Angst. In: KLEIN, M. (Hrsg.): Sport und Körper. Reinbek 1984, S. 76 - 88.
ABSALIAMOV, T.: Controlling the Training of Top-Level Swimmers. In: CRAMER, J. L. (ed.): How to Develop Olympic Level Swimmers. St. Micheals Print. Helsinki 1984. S. 12 - 21.
ANDERSON, B.: Stretching. Waldeck Dehringhausen 1982.
BAUMANN, Ch./GRÖSSING, St.: Ganzheitlichkeit und Körpererfahrung in der Sporterziehung. Bericht über die Tagung der Komm. Sportpäd. in der DGfE. 1. - 3. 12. 1983, Salzburg. Salzburg 1984 (= Salzburger Beiträge zum Sport unserer Zeit. 10. Folge).
BERENDT, J. E.: Nada Brahma. Insel-Verlag 1983.
BERMAN, M.: Wiederverzauberung der Welt. Am Ende des Newton'schen Zeitalters. München 1983.
BERGEN, P.: Developing Swimming Champions at the Club Level. In: CRAMER, J. L. (ed.): How to Develop Olympic Level Swimmers. St. Michaels Print. Helsinki 1984, S. 22 - 45.
BERNARD, M.: Der menschliche Körper und seine gesellschaftliche Bedeutung. Phänomen. Phantasma. Mythos. Bad Homburg 1980.
BERTHERAT, T./BERNSTEIN, C.: Der entspannte Körper. Schlüssel zu Vitalität, Gesundheit und Selbstbestimmung. München 1982.
BONFRANCHI, R.: Kata. In: Judo-Revue (1980) 18, S. 30.
BREMER, D./KOCH, J./SPERLE, N.: Fehlerkorrektur und Mängelreduktion im alpinen Skilauf aus handlungstheoretischer Sicht. In: BREMER, D./SPERLE, N. (Hrsg.): Fehler, Mängel, Abweichungen im Sport. Von der fertigkeits- zur handlungsorientierten Fehlerkorrektur und Mängelreduktion. Wuppertal 1984, S. 120 - 143.
BROOKS, C. V. W.: Erleben durch die Sinne. (Sensory awareness). Paderborn 1979.
BUNCSAK, E./KEHRER, I./KLEIN, CH.: Der Iglu mit dem roten Punkt. Ein Handbuch für alle Gruppen, die im Winter in die Berge fahren. Tübingen 1981.
BÜSSER, P.: Körpererfahrung als Bereich des Sportunterrichts der Gesamtschule. In: FUNKE, J.: Sportunterricht als Körpererfahrung. Reinbek 1983, S. 44 -62.
BUSCH, W.: Und die Moral von der Geschicht'. Bd. 1. Gütersloh o. J.
CAPRA, F.: Das Tao der Physik. Die Konvergenz von westlicher Wissenschaft und östlicher Philosophie. 3. Aufl. Bern/München/Wien 1984.
CAPRA, F.: Wendezeit. 7. Aufl. Bern/München/Wien 1984.
COUNSILMAN, J.: Schwimmen. Frankfurt 1971.
CRAMER, J. L. (ed.):How to Develop Olympic Level Swimmers. St. Micheals Print. Helsinki 1984.
DE MAREES, H./MESTER J.: Sportphysiologie II. Frankfurt 1982.
DAUGS, R. u. a.: Alternativen im Skiunterricht. Konzeption für breitensportlich orientiertes Skilaufen. Schriftenreihe zum Hochschulsport. Nr. 11. Darmstadt 1975.
DESHIMARU-ROSHI, T.: Zen in den Kampfkünsten Japans. Berlin 1978.
DEPPERT, I.: Bewegen, Spielen und Experimentieren mit Materialien und Objekten - ein körperliches Erlebnis.
In: BINNEWIES, H./WEINBERG, P.: Körpererfahrung und soziale

Literatur

Bedeutung. Ahrensburg 1984, S. 122 - 134.
DROPSY, J.: Lebe in Deinem Körper. Kreativität und menschliche Beziehungen durch "expression corporelle". Paris 1982.
DIGEL, H.: Skilauf als kommunkatives Ereignis. In: AASH (Hrsg.): Informationen und Materialien für das Schwerpunktfach Skilauf. Skilauf in der Sportlehrerausbildung. Heft 3, S. 29 - 58. Esslingen 1977.
DÜRCKHEIM, K. G.: Meditieren, wozu und wie. Freiburg 1976.
DÜRCKHEIM, K. G.: Japan und die Kultur der Stille.Weilheim 1981 a.
DÜRCKHEIM, K. G.: Hara - Die Erdmitte des Menschen. Weilheim 1981 b.
DÜRCKHEIM, K. G.: Übung des Leibes. 2. Aufl. München 1981 c.
DÜRCKHEIM, K. G. (Hrsg.).: Der zielfreie Weg. Im Kraftfeld initiatischer Therapie. Freiburg 1982.
DYCHTWALD, K.: Körperbewußtsein. Eine Synthese der östlichen und westlichen Wege zu Selbst-Wahrnehmung, Gesundheit und persönlichem Wachstum. Essen 1981.
EGAMI, S.: The Way of Karate beyond Technique. Tokyo 1976.
EHNI, H.: Sport und Schulsport. Schorndorf 1977.
EHNI, H. W.: Didaktische Überlegungen zum Skilauf in der Schule. In: AASH (Hrsg.): Informationen und Materialien für das Schwerpunktfach Skilauf. Skilauf in der Sportlehrerausbildung. Heft 3, Esslingen 1977, S. 3 - 29.
EHNI, H.: Üben. In: Sportpädagogik 9 (1985) 6, S. 14 - 25.
EISELY, L. IN: WIENER, H. S.: Total Swimming. Fireside New York 1980.
FARFEL, W. S.: Bewegungssteuerung im Sport. Berlin (DDR) 1977.
FELDENKRAIS, M.: Bewußtheit durch Bewegung. Der aufrechte Gang. Frankfurt 1978.
FELDENKRAIS, M.: Bewegungserziehung zur Verbindung von Körper und Geist. In: PETZOLD, H. (Hrsg.): Psychotherapie. S. 176 - 194.
FELDENKRAIS, M.: Die Entdeckung des Selbstverständlichen. Frankfurt 1985.
FERGUSON, M.: Die sanfte Verschwörung. 3. Aufl. Basel 1983.
FETZ, F.: Beiträge zu einer Bewegungslehre der Leibesübungen. Wien 1964.
FEUDEL, E.: Durchbruch zum Rhythmischen in der Erziehung. 2. Aufl. Stuttgart 1965.
FÖRSTER, A.: Neue Perspektiven für den Sport durch die Philosophie und Praxis der fernöstlichen Kampfkünste. In: LENK, H. (Hrsg.): Topical Problems of Sport Philosophy. Schorndorf 1983, S. 211 - 240.
FÖRSTER,OG.: Allgemeiner Rahmen für ein Trainingskonzept Karate. In: Hochschulsport 12 (1985 a) 2, S. 20 - 22.
FÖRSTER, A.: Einstellung zur Sportpsychologie und zu psychologischen Trainingsverfahren. Wiss. Arbeit für die Zulassung zur Prüfung für das Lehramt an Gymnasien. Karlsruhe 1985 b.
FÖRSTER, A.: The Nature of Martial Arts and Their Change in the West. In: KLEINMANN, S. (ed.): Mind and Body - East meets West. Champaign, 111 (1986), S. 83 - 87.
FROHNE, I.: Das rhythmische Prinzip. Lilienthal 1981.
FUNKE, J. (Hrsg.): Sportunterricht als Körpererfahrung. Reinbek 1983.
FUNKE, J.: Forum Sportunterricht als Körpererfahrung. In: ADL (Hrsg.): Schüler im Sport - Sport für Schüler. Schorndorf

1984. S. 183 - 198.
FUNKE, J.: Körpererfahrung. In: Sportpädagogik 4 (1980) 4, S. 13 - 20.
FUNKE, J.: Körpererfahrung im Fußballspiel. In: Sportpädagogik 8 (1984) 1, S. 27 - 28.
FUNKE, J.: Die Reise nach Damüls - ein Curriculum. In: Neue Sammlung (1975) Nov./Dez., S. 538 - 552.
FUNKE, J.: Gespräche (im Sportunterricht). In: Sportpäadagogik 10 (1986) 2.
GABLER, H./HAASE, H./HUG, O./STEINER, H.: Psychologische Diagnostik und Beratung im Leistungssport. Frankfurt 1985.
GALLWAY, W. T.: Tennis und Psyche. Das innere Spiel. München 1977.
GALLWAY, W. T./KRIEGEL, B.: Besser Skifahren durch "Inner Training". Die neue Methode, sich selbst in Hochform zu bringen. München 1981.
GATTERMANN, E. (Red.).: Skilehrplan 1. München 1981.
GIEBENHAIN, H.: Neue Lernmodelle - z. B. Skilauf. In: Landeszentrale für politische Bildung Baden-Württemberg (Hrsg.): Der Bürger im Staat. (1975) 3, S. 222 - 231.
GILDENHARD, N.: Vielseitiger Schwimmunterricht in der Vorschule und Eingangsstufe. Schorndorf 1977.
GÖHNER, U.: Abriß einer Bewegungslehre des Sport. In: Sportwissenschaft 10 (1980) 3, S. 223 - 239.
GOETHE, J. W.: Faust. Der Tragödie erster und zweiter Teil. 3. Aufl. (= dtv Gesamtausgabe 9). München 1966.
GRUPE, O.: Grundlagen der Sportpädagogik. 3., überarbeitete Aufl. Schorndorf 1984.
GRUPE, O.: Leibeserziehung und Erziehung zum Wohlbefinden. In: Sportwissenschaft 6 (1976) 4, S. 355 - 373.
GRUPE, O.: Anthropologische Grundlagen und pädagogische Zielvorstellungen der Leibeserziehung. In: GRUPE u. a.: Einführung in die Theorie der Leibeserziehung. 2. Aufl. Schorndorf 1970. S. 15 - 43.
GULLSTRAND, L./HOLMER, I.: Physiological Characteristics of Champion Swimmers during a 5 Year Follow up Period. In: HOLLANDER, A. P./HUIJING, P. A./DE GROOT, G. (eds.): Biomechanics and Medicine in Swimming. Champaign 1983. S. 258 - 262.
DE HAAS, P.: Zen-Meditation - in sich selbst versenken, um aufzuwachen. In: MOEGLING, K.: a. a. O.,S. 119 - 142.
HAMPDEN-TURNER, C.: Modelle des Menschen. Ein Handbuch des menschlichen Bewußtseins. Weinheim und Basel 1982.
HEINE, E.: "Das ist ein irres Gefühl". Beobachtungen in der Schulpraxis. In: FUNKE, J. (Hrsg.): Körpererfahrung als Sportunterricht. Reinbek 1983, S. 11 - 17.
HERRIGEL, F.: Zen in der Kunst des Bogenschießens. 2. Aufl. 1982.
HERZOG, W.: Der Körper als Thema der Pädagogik. In: HERZOG, W./MILLE, Br. (Hrsg): Schwerpunkt Schule. Zürich/Stuttgart 1979. S. 181 - 231.
HETZ, G.: Schwimmen lernen - schnell und sicher. München 1974.
HÖLKER, E./KLAUS, E. J.: Das Wesen des Judo. In: MIETH, R. (Bearb.): Judo. Unterrichtsmaterialien zur Sportlehrerausbildung für den schulischen und außerschulischen Bereich. Schorndorf 1981, S. 43 - 49.
IWOILOW, A. W.: Volleyball - Biomechanik und Methodik. Berlin (DDR) 1984.
JANALIK, H.: Ju-Do im Judo-Anfängerunterricht. In: Hochschulsport

Literatur

12 (1985) 2, S. 11 - 13.
JANALIK, H./KNÖRZER, W.: Judo - ein Weg zur Bewegungsmeditation. In: Sportpädagogik 10 (1986) 1, S. 18 - 23.
JUNG, K.: Sportliches Langlaufen. Puchheim 1984.
KAMPER, D./RITTNER, V. (Hrsg.): Zur Geschichte des Körpers. Perspektiven der Anthropologie. München - Wien 1976.
KAMPER, D./WULF, Ch. (Hrsg.): Das Schwinden der Sinne. Frankfurt 1984.
KELEMAN, St.: Leibhaftes Leben. Wie wir uns über den Körper wahrnehmen und gestalten können. München 1982.
KEEN, S.: Die Lust an der Liebe. 2. Aufl. Weinheim/Basel 1983.
KIPHARD, E. J.: Motopädagogik. Dortmund 1982.
KLAUCK, J.: Bewegung und Aufenthalt im Wasser - biomechanische Betrachtungen. In: VOLCK, G. (Hrsg.):Schwimmen in der Schule. Schorndorf 1982. S. 86 - 114.
KLEIN, M. (Hrsg.): Sport und Körper. Reinbek 1984.
KNÖRZER, W./TREUTLEIN, G.: Barfuß gehen und laufen. In: Zs. Sportpädagogik 6 (1984) 6, S. 28 - 31.
KNÖRZER, W.: Körpererfahrungsübungen im Judounterricht. In: Hochschulsport 12 (1985) 2, S. 14 - 17.
KOHL, K.: Zum Problem der Sensumotorik. Frankfurt/M. 1956.
KREITER, C./SPERLE, N.: Mit Rücksicht abfahren. In: Zeitschrift Zt. NATUR (1985) 2.
KURZ, D.: Leichtathletik in der Schule. In: Sportpädagogik 6 (1982) 2, S. 11 - 19.
KRAVETTE, S.: Hundert Wege zur vollkommenenen Entspannung. Berlin 1979.
KRAVETTE, S.: Meditation. Das unbegrenzte Abenteuer. München 1983.
KJELLRUP, M.: Bewußt mit dem Körper leben. Spannungsausgleich durch Eutonie. 2. Aufl. München 1981.
KÜKELHAUS, H.: Fassen. Fühlen. Bilden. Organerfahrungen im Umgang mit Phänomenen. Köln 1978.
KÜKELHAUS, H.: Organismus und Technik. Gegen die Zerstörung der menschlichen Wahrnehmung. Frankfurt 1979.
KÜKELHAUS, H./ZUR LIPPE R.: Entfaltung der Sinne. Ein Erfahrungsfeld zur Bewegung und Besinnung. Frankfurt 1982.
LE BOULCH, J.: Vers une science du mouvement humain. Introduction à la psychocinétique. Paris Les Editions ESF 1971.
LEIBOLD, G.: Körpertherapie. Einklang von Körper, Geist und Psyche. Düsseldorf 1986.
LERMER, St.: Psychologie des Glücks. München 1982.
LEWIN, G. (Red.): Schwimmsport. Berlin 1977.
ZUR LIPPE, R.: Am eigenen Leibe. Zur Ökonomie des Lebens. 3. Aufl. Frankfurt 1983.
LODES, H.: Atme richtig. Der Schlüssel zur Gesundheit und Ausgeglichenheit. München 1977/1981/1985.
LOWEN, A.: Bioenergetik. Therapie der Seele durch Arbeit mit dem Körper. Reinbek 1975.
LOWEN, A.: Lust. Der Weg zum kreativen Leben. München 1979.
LOWEN, A.: Körperausdruck und Persönlichkeit. Grundlagen und Praxis der Bioenergetik. München 1981.
LOWEN, A.: Der Verrat am Körper. 2. Aufl. Bern/München 1980.
LOWEN, A.: Narzißmus. Die Verleugnung des wahren Selbst. München 1984.
LUTZ, R./KOPPENHÖFER, E.: Kleine Schule des Genießens. In: LUTZ, R. (Hrsg.):Genuß und Genießen. Weinheim/Basel 1983.

S. 112 - 125.
LYSEBETH, A.: Durch Yoga zum eigenen Selbst. Weilheim 1978.
LYSEBETH, A.: Die große Kraft des Atems. Bern 1982.
MAGLISCHO, E. W.: Swimming Faster. Palo Alto 1983.
MAIER, B.: Taktisches Foul und Fairneß - ein ethisches Dilemma. In: Leibesübungen - Leibeserziehung. 39 (1985) 3, S. 74 - 76.
MAIER, H.: Zusammenhang von psychischer Situation und Körperhaltung. Gedanken zur Wirkung von Pa Tuan chin. In: NITSCHKE, A./WIELAND, H.: Die Faszination und Wirkung außereuropäischer Tanz- und Sportformen. Ahrensburg 1981.
MARKERT, Ch.: Yin Yang. Harmonie von Sinnlichkeit und Vernunft. Düsseldorf und Wien 1983.
MASTERS, R./HOUSTON, I.: Bewußtseinserweiterung über Körper und Geist. München 1983.
MAUSS, M.: Die Technik des Körpers. In: MAUSS: Soziologie und Anthropologie II. München 1975, S. 199 - 220.
MAIER, H.: Zusammenhang von psychischer Situation und Körperhaltung. Gedanken zur Wirkung von Pa Tuan chin. In: NITSCHKE, A./WIELAND, H.: Die Faszination und Wirkung außereuropäischer Tanz- und Sportformen. Ahrensburg 1981.
MERLEAU-PONTY, M.: Phänomenologie der Wahrnehmung. Berlin 1966.
MIDDENDORF, I.: Atem - und seine Bedeutung zur Verbindung von Körper und Geist. In: PETZOLD, H. (Hrsg.): Psychotherapie und Körperdynamik. 3. Auflage. Paderborn 1979, S. 436 - 451.
MILLER, D.: Bodymind. Ein ganzheitliches Gesundheitsbuch. 2. Aufl. Berlin 1980.
MOEGLING, B./MOEGLING, K.: Sanfte Körpererfahrung I. Kassel 1984.
MOEGLING, K (Hrsg.): Sanfte Körpererfahrung II. Kassel 1984.
NAKAMURA, T.: Das große Buch vom richtigen Atmen. München 1984.
NEISSER, U.: Kognition und Wirklichkeit. Stuttgart 1979.
NICKEL, U.: Bewegungsbewußtsein. Grundlagen und Perspektiven bewußteren Bewegens im Sport. Bad Homburg 1984.
PALOS, S.: Atem und Meditation. München 1980.
PAULSEN, L. E.: Developing Sprint Champions through Strength Training and other Tricks. In: CRAMER J. L. (ed.): How to Develop Olympic Level Swimmers. St. Micheals Print. Helsinki 1984, S. 136 - 159.
PETERSEN, T./HOTZ, A.: Vermehrt quantitatives Denken im Sportunterricht. In: Sporterziehung in der Schule. 1985 a. Heft 9/10, S. 33 - 34.
PETZOLD, H. (Hrsg.): Psychotherapie und Körperdynamik. 3. Aufl. Paderborn 1979.
PETZOLD, H. (Hrsg.): Die neuen Körpertherapien. 3. Aufl. Paderborn 1982.
PFEIFER, H.: Some Selected Problems of Technique and Training in Backstroke Swimming. In: CRAMER, J. L. (ed.): How to Develop Olympic Level Swimmers. St. Michaels Print. Helsinki 1984. S. 160 - 179.
PIAGET, J.: Psychologie der Intelligenz. Zürich/Stuttgart. Rascher Verlag o. J.
POPESCU. A.: Schwimmen. München 1978.
POPPER, R./ECCLES, J. C.: Das Ich und sein Gehirn. 3. Aufl. München/Zürich 1982.
PILZ, G. A.: Sport und körperliche Gewalt-Darstellung aktueller Probleme. In: PILZ, G. A. (Hrsg.): Sport und körperliche Gewalt. Reinbek 1982, S. 9 - 22.

Literatur

PRESSEL, S.: Bewegung ist Heilung. Der Bewegungsorganismus und seine Behandlung. Stuttgart 1984.
RAMA, S./BALLENTINE, R./HYMES, A.: Science of Breath. Pennsylvania 1979.
RUMPF, H.: Die übergangene Sinnlichkeit. Drei Kapitel über Schule. München 1981.
RUMPF, H.: Der Menschenkörper - ein Bewegungsapparat? In: Annäherungen, Versuche, etrachtungen. Bewegung zwischen Erfahrung und Erkenntnis. (Sonderheft der Zs. Sportpädagogik) 1984, S. 10 - 12. ROHE, F.: Zen des Laufens. Berlin 1978.
SCHERLER, K. H.: Sensomotorische Entwicklung und materiale Erfahrung. 2. Aufl. Schorndorf 1979.
SCHERLER, K. H.: Bewegung und Erfahrung. In: HAHN, E./ PREISING, W. (Red.): Die menschliche Bewegung. Schorndorf 1976, S. 93 - 104.
SCHMITZ, J. N.: Sportdidaktik als Bildungslehre. In: GRÖßING, ST. (Hrsg.): Spektrum der Sportdidaktik. Bad Homburg v. d. H. 1979, S. 13 - 56.
SCHÖNTHAL, A.: Die Bedeutung der Atmung für die Praxis des Sports. Wiss. Arbeit für die Zulassung zur Prüfung für das Lehramt an Gymnasien. Karlsruhe 1984.
SCHÜTZ, A./LUCKMANN, Th.: Strukturen der Lebenswelt. Bd. 1. Frankfurt/M. 1977.
SCHWIEGER, C.: Bio-Energetik-Praxis. Frankfurt 1977.
SELVER, C./BROOKS, C.: Sensory Awareness. In: PETZOLD, H. (Hrsg.): Psychotherapie und Körperdynamik. 3. Aufl. Paderborn 1979, S. 59 - 78.
SIEVEKING, N./ANCHOR, K. N.: Körper-Kontrolle durch "passives Wollen". In: Psychologie heute. Januar 1983. S, 28 - 31.
SPEADS, C.: Atmen. München 1983.
SINNLICHKEITEN. Kursbuch 49. Berlin 1977.
SÖLL, W.: Wurf und Stoß im Theorieunterricht der Sek. II. In: Sportunterricht 34 (1985) 5, S. 185 - 190.
SPRENGER, H.: Partnermassage und Entspannungsübungen. In: Sportpädagogik 8 (1984) 6, S. 39, 40.
SPRENGER, J./TREUTLEIN, G./JANALIK H.: Sinnliches und Besinnliches zur Tagung. In: BAUMANN, Chr./GRÖßING, St. (Red.): Ganzheitlichkeit und Körpererfahrung in der Sporterziehung. Salzburg 1984. S. 121 - 145.
STEINER, H.: Sportpsychologische Trainerseminare Karlsruhe. Unveröffentlichte Manuskripte 1984 - 1985:
 - Entspannungstraining - praktische Übungen
 - Wettkampfvorbereitung
 - Entspannungs-Regenerationstraining
 - Psychol. Training im Sport (2), Musik
STEINER, h.: Psychologisches Training - Chance für die Leistungsverbesserung? In: Baden Tennis 4 S. 39 - 41 u. 5 S. 38 - 40. 1983.
STEINER, H.. Mentales Training. In: GABLER, H. et al. 1985.
STREICHER, M.: Gesammelte Aufsätze. In: GAULHOFER, K./ STREICHER, M.: Natürliches Turnen. Gesammelte Aufsätze 1. Wien 1949.
TÄUBE, A.: Rahimo: Yoga - Ein Weg zurück zur inneren Natur. In: MOEGLING, K.: a.a.O., S. 55 - 94.
TEEGEN, F.: Ganzheitliche Gesundheit. Der sanfte Umgang mit uns selbst. Reinbek 1983.

Literatur

TIWALD, H.: Budo-Ski. Psychotraining im Anfängerskilauf. Ahrensburg 1984.
TIWALD, H.: Zur Psychologie des Uchi-Komi-Trainings. In: Judo-Revue (1979) 12, S. 8 - 12.
TIWALD, H.: Psycho-Training im Kampf- und Budo-Sport. Zur theoretischen Grundlegung des Kampfsports aus der Sicht einer auf den Zen-Buddhismus basierenden Bewegungs- und Trainingstheorie. Ahrensburg 1981.
TOHEI, K.: Das Ki-Buch. Der Weg zur Einheit von Geist und Körper. Berlin 1981.
TOHEI, K.: Ki im täglichen Leben. Berlin 1980.
TREBELS, A. (Hrsg.): Spielen und Bewegen an Geräten. Reinbek 1983.
TREUTLEIN, G.: Selbsterfahrung, Faszination und Wohlbefinden in und durch Leichtathletik. In: ADL (Hrsg.): Schüler im Sport - Sport für Schüler. Schorndorf 1984. S. 186 - 188.
TREUTLEIN, G.: Körperwahrnehmung und Körpererfahrung beim Laufen. In: Hochschulsport 12 (1985) 11, S. 7 - 10.
UNGERECHTS, B.: Über den Wert der Zugzahlermittlung im Schwimmsport. In: Leistungssport (1979) 5, S. 353 - 356.
VOLCK, G. (Hrsg.): Schwimmen in der Schule. Schorndorf 1982.
WAGNER, A. u. a.:: Bewußtseinskonflikte im Schulalltag. Denkknoten bei Lehrern und Schülern erkennen und auflösen. Weinheim/Basel 1984.
WEBER, A.: Gesundheit und Wohlbefinden durch regelmäßiges Laufen. Paderborn 1984.
WEINBERG, P. (Hrsg.): Lernen von Sporthandlungen. Köln 1981.
WEINBERG, P.: Körpererfahrung als Selbsterfahrung. Probleme der Handlungsregulation im Sport. In: BINNEWIES, H./WEINBERG, . (Red.): Körpererfahrung und soziale Bedeutung. Ahrensburg 1984.
WEINBERG, P.: Körpererfahrung - Protokollierte Erinnerungsarbeit und erinnertes "Körperprotokoll". In: Hochschulsport (1984 a) 8/9.
WEIZSÄCKER, C. F. v.: Zum Weltbild der Physik. 12. Aufl. Stuttgart 1976. WIEMANN, K.: Analysen sportlicher Bewegungen, Thema: Sport Bd. 8. Düsseldorf 1979.
WILKE, K./MADSEN O.: Das Training des jugendlichen Schwimmers. Schorndorf 1983.
WIENER, H. S.: Total Swimming. Fireside. New York 1980.
WILKEN, T.: Skilaufen-Lernen aus handlungstheoretischer Sicht.In: SPERLE, N./SCHULKE, H. J.((Hrsg): Handeln im Hochschulsport. Dokumente zum Hochschulsport. Bd. 15. Ahrensburg 1985.
WINDELS, J.: Eutonie mit Kindern. München 1984.
WOPP, C.: Das kleine Skikursbuch. Wuppertal 1981.
WOPP, C.: Oldenburger Skikonzept. Oldenburg 1985. Unveröffentl. Manuskript anläßlich eines ADH-Skiseminars.
WU, K. K. (ed.): Therapeutic Breathing Exercise. Hongkong 1984.
YESUDIAN, S./HAICH, E.: Sport und Yoga. München u. Engelberg 1972.
ZIESCHANG, K.: Richtig Leichtathletik. München 1980.
ZIMMER-SCHÜRINGS, M.: Atmen - mehr als eine körperliche Funktion. In: Bewegungserziehung oder Körpertherapie. Oldenburg 1979.
ZIMMER-SCHÜRINGS, M./MAIER, H. (Hrsg.): Zur Theorie und Praxis von Körper und Bewegungserziehung. Oldenburg 1979.

Autoren

7. Informationen zu den Autoren

FÖRSTER, Angelika: Nach dem ersten Staatsexamen für das Lehramt an Gymnasien (Physik und Sport) ist sie wiss. Mitarbeiterin an der Universität Karlsruhe (Schwerpunkt Sportpsychologie). Wettkampfsportliche Erfahrungen hat sie vor allem im Karate gesammelt; in Kampf und Kata war sie Europameisterin 1984, mehrfache deutsche Meisterin und Bronzemedaillengewinnerin bei den World-Games 1985. Seit Ende 1985 ist sie Lehrwart des DKV.
Während eines halbjährigen Japanaufenthalts 1981 studierte sie verschiedene Budo-Disziplinen, Fareastern Philosophy sowie Japanese Sociology (Sophia Universität Tokio). In der Trainerausbildung verschiedener Sportfachverbände referierte sie über ihren Schwerpunkt "Psychoregulative Verfahren" und führte verschiedene Workshops zum Thema "Atmung und Körpererfahrung" durch.
Weitere Veröffentlichungen:
FÖRSTER, A.: Neue Perspektiven für den Sport durch die Philosophie und Praxis der fernöstlichen Kampfkünste. In: LENK, H.(Hrsg.): Topical Problems of Sportphilosophy. Schorndorf 1983. S. 211 - 240.
FÖRSTER, A.: Einstellung zur Sportpsychologie und zu psychologischen Trainingsverfahren. Wiss. Arbeit für die Zulassung zur Prüfung für das Lehramt an Gymnasien. Karlsruhe 1985.
FÖRSTER, A.: The Nature of Martial Arts and their Change in the West. In: KLEINEMAN, S. (ed.): Mind and Body - East meets West. Champaign, Ill. 1986. S. 83 - 87.

FUNKE, Jürgen, Prof. Dr.: arbeitet als Hochschullehrer im Fachbereich Sportwissenschaft der Universität Hamburg. Er hat als Leistungssportler im Kunstturnen und Wettkampfsportler im Volleyball und Tennis eigene "Körpererfahrungen im Sport" gesammelt und als Lehrer in der Bielefelder Laborschule den Erfahrungsbereich Körpererziehung, Sport und Spiel gemeinsam mit Kollegen entwickelt und betreut. Zum Buchthema liegen von ihm u. a. vor:
- Sportunterricht als Körpererfahrung. Reinbek 1983.
- Turnen auf dem Schwebebalken - ein Lehrbeispiel zur Körpererfahrung im Turnen für die Sportlehrerausbildung. In: GRÖßING/BAUMANN (Red.): Ganzheitlichkeit und Körpererfahrung in der Sporterziehung. Salzburg 1984, S. 84 - 94 (Salzburger Beitr. z. Sport in unserer Zeit. 10. Folge).
- Körpererfahrung im Fußballspiel. - Eine Skizze. In: Sportpädagogik 8 (1984), S. 27 - 28.

JANALIK, Heinz: Diplompädagoge, akademischer Rat an der PH Heidelberg: Er war viele Jahre Leistungs- und Wettkampfsportler, vor allem in den Sportarten Judo und Fußball, daneben auch im Volleyball, Skilauf und Handball. Er ist in der Übungsleiterausbildung des Badischen Sportbundes und in der badischen Sportjugend tätig. Im Anschluß an seine Diplomarbeit zur Mehrperspektivität (die aus seiner vielseitigen praktischen Arbeit erwuchs) und an seine Erfahrungen als Trainer, vor allem im Judo, versuchte er in zahlreichen Fortbildungsveranstaltungen für Trainer und Übungsleiter sowie durch Vorträge und Veröffentlichungen zu Mehrperspektivität und Körpererfahrung solche bisher vernachlässigte Sinngebungen in die gängige Praxis zu integrieren. Folgende Beiträge stehen im

Zusammenhang mit diesem Bemühen:
JANALIK, Heinz: Körpererfahrung in einem mehrperspektivischen Judounterricht mit Anfängern. In: ADL (Hrsg.): Schüler im Sport-Sport für Schüler. Schorndorf 1984, S. 188-191.
JANALIK, Heinz: Ju-Do im Judoanfängerunterricht. In: Hochschulsport 12 (1985) 2, S. 11 - 13.
JANALIK, Heinz/KNÖRZER, Wolfgang: Judo - Ein Weg zur Bewegungsmeditation. In: Sportpädagogik 10 (1986) 1, S. 18 - 23.

KNÖRZER, Wolfgang: arbeitet als Lehrer für Sport und Deutsch an einer Grund-, Haupt- und Realschule. Er hat mit Körpererfahrungsübungen Erfahrungen in Körpererfahrungsseminaren, in Hochschularbeitsgemeinschaften, in Körpertherapiegruppen, im Vereinstraining und in der Schule gesammelt. Außerdem führte eine mehr als zwanzigjährige Judopraxis als Wettkämpfer (Oberliga Baden-Württemberg) und später als Trainer in Schule und Verein zu einer intensiven Auseinandersetzung mit der Körperlichkeit.
Weitere Veröffentlichungen zum Thema des Buches von ihm sind:
KNÖRZER, Wolfgang/TREUTLEIN, Gerhard: Barfuß Gehen und Laufen. In: Sportpädagogik 8 (1984) 6, S. 28 - 31.
KNÖRZER, Wolfgang: Körpererfahrungsübungen im Judounterricht. In: Hochschulsport 12 (1985) 2, S. 14 - 17.
JANALIK, Heinz/KNÖRZER, Wolfgang: Judo - Ein Weg zur Bewegungsmeditation. In: Sportpädagogik 10 (1986) 1, S. 18 - 23.

LEIST, Karl-Heinz, Prof. Dr.: Nach einer Tätigkeit an den Universitäten Saarbrücken und Braunschweig ist er heute Ordinarius für Sportpädagogik an der Universität München. Eigene Erfahrungen in traditionellen Sportarten sammelte er als Aktiver in den Sportarten Fußball, Leichtathletik (Mittelstrecken), Volleyball und Skilauf. Im Fußball war LEIST auch längere Zeit Trainer.
Weitere Veröffentlichungen zum Buchthema:
LEIST, Karl-Heinz: Körpererfahrung. Das Paradoxon der Körpererfahrung und das Geheimnis der Sinnesqualitäten. In: FUNKE, J. (Hrsg.): Sportunterricht als Körpererfahrung. Reinbek 1983, S. 136 - 154.
LEIST, K.-H./LOIBL, J.: Körpererfahrung: Eine tragfähige didaktische Kategorie für den Sportunterricht? In: BAUMANN, Ch./ GRÖSSING, St. (Red.): Ganzheitlichkeit und Körpererfahrung in der Sporterziehung. Bericht über die Tagung der Kommission Sportpädagogik in der Deutschen Gesellschaft für Erziehungswissenschaft vom 1. - 3. Dezember 1983 in Salzburg. Salzburg 1984, S. 47 - 67.
LEIST, K.-H./LOIBL, J.: Zur bewegungspädagogischen Bedeutung der Körpererfahrung. In: BIELEFELD, J. (Hrsg.): Materialien zur Körpererfahrung. Dortmund 1985.

LOIBL, Jürgen, Prof. Dr.: Nach dem Studium in Heidelberg arbeitete LOIBL als wissenschaftlicher Assistent an der Universität Braunschweig, als Professor für Biomechanik an der Universität Hamburg und jetzt als Professor für Sportpädagogik an der Universität München. Vielfältige Erfahrungen hat er mit dem Basketballspiel als langjähriger Bundesligaspieler, deutscher Meister und Nationalspieler sowie als Trainer gesammelt. Durch eigene Erfahrungen und durch Forschung auf biomechanischem Gebiet entstand das Interesse am Thema "Körpererfahrung".

Autoren

Weitere Veröffentlichungen zum Buchthema:
LEIST, K.-H./LOIBL, J.: Zur bewegungspädagogischen Bedeutung der Körpererfahrung. In: BIELEFELD, J. (Hrsg.): Materialien zur Körpererfahrung. Dortmund 1985.
LEIST, K.-H./LOIBL, J.: Aufbau und Bedeutung kognitiver Repräsentationen für das Lernen im Sportunterricht. In: HACKFORT, D. (Hrsg.): Handeln im Sportunterricht. Köln 1984.
LANGE, H./LEIST, K.-H./LOIBL, J.: Die Bedeutung von Körpererfahrung für motorisches Lernen im Sportunterricht. In: BIELEFELD, J. (Hrsg.): a.a.O.

PREIBSCH, Michael: ist Krankengymnast und Physiotherapeut; er arbeitet seit mehreren Jahren auf diesem Gebiet. Zur Zeit bereitet er ein Buch zum Thema "Krankengymnastik und Sport" vor. Eigene sportliche Erfahrungen konnte er in der Leichtathletik und im Drachenfliegen sammeln sowie als Volleyballtrainer. Er arbeitete längere Zeit an der Krankengymnastikschule Viernheim, hat seit zwei Semestern einen Lehrauftrag für Sportphysiotherapie und für den Sport bedeutsame Aspekte der Krankengymnastik an der PH Heidelberg. PREIBSCH hielt zahlreiche Vorträge vor Fachgremien.

RUHNAU, Bernd: Nach seinem Studium an der Pädagogischen Hochschule Heidelberg absolviert RUHNAU zur Zeit seine Referendarzeit als Realschullehrer-Anwärter an der Realschule in Bad Schönborn. Im Handball konnte er im Laufe der Jahre vielfältige Erfahrungen als Spieler auf hohem Leistungsniveau, als Übungsleiter und Trainer sammeln. Erste Experimente zum Thema "Körpererfahrung" führte er im Rahmen seiner Zulassungsarbeit in der Arbeitsgemeinschaft "Handball" an der PH Heidelberg durch. Er ist Ressortleiter im Breitensport sowie Referent für Freizeit- und Breitensport im Badischen Handballverband. Im Deutschen Handballbund ist er Mitarbeiter des Arbeitskreises Freizeit- und Breitensport.

SCHIMMEL, Jürgen, Dr. med.: Nach seinem Medizinstudium in Heidelberg sammelte Jürgen Schimmel mehrere Jahre Erfahrungen im Rahmen seiner Facharztausbildung für Psychiatrie. Er ergänzte anschließend seine schulmedizinische Ausbildung um die Homöopathie und Naturheilkunde; er arbeitet heute als Arzt für Homöopathie und Naturheilkunde in freier Praxis in Heidelberg. Er ist Spezialist für Bioelektronische Funktionsdiagnostik. Als Leichtathlet war er besonders dem Hürdenlaufen verbunden (1967 - 1973), Bestzeit 13,8 sec. und startete mehrfach in der Nationalmannschaft. In seiner Dissertation beschäftigte er sich mit typischen Leichtathletikverletzungen.

SPERLE, Nico, M.A.: Nach dem Studium an der Päd. Hochschule und der Universität Heidelberg arbeitet er heute als hauptamtlicher Bildungsreferent des allgemeinen Deutschen Hochschulsportverbands (ADH). Er ist staatlich geprüfter Skilehrer, kommt aus dem alpinen Skirennlauf und ist seit 1973 im Lehrwesen des Skiverbands Schwarzwald Nord als Ausbilder tätig. Sechs Jahre lang war er Mitglied des Bundeslehrteams des Deutschen Skiverbands. In seiner Funktion als Bildungsreferent beim ADH leitete er mehrere Seminare zum Thema "Körpererfahrung".
Weitere Veröffentlichungen zum Buchthema:
SPERLE, Nico: Körpererfahrung und Sinnlichkeit im traditionellen

Sport - als therapeutische Arbeit - als neue Bewegungsformen - als alternative Praxisangebote? Seminarbericht. In: BINNEWIES, H./WEINBERG, P. (Red.): Körpererfahrung und soziale Bedeutung. Dokumente zum Hochschulsport. Band 13. Ahrensburg 1984, S. 44 - 52.

SPERLE, Nico: Alternative Sportpraxis im Hochschulsport - Sinnlichkeit- Körpererfahrung oder organisiertes Lernen? Seminarbericht. In: BINNEWIES, H./WEINBERG, P. (Hrsg.): a.a.O., S. 34 - 43.

TREUTLEIN, Gerhard, Prof. Dr.: arbeitet als Hochschullehrer im Fach Leibeserziehung der Päd. Hochschule Heidelberg. Er sammelte Erfahrungen im Wettkampfsport als Leichtathlet (Mittelstrecken) und als Übungsleiter/Trainer in der Leichtathletik und im Skilauf. Eine frühzeitige Begegnung mit vegetarischer Ernährung und langjährige (schmerzhafte) Erfahrungen mit Achillessehnenentzündungen weckten das Interesse an ganzheitlicher Medizin und Körperlichkeit. Seit 1972 ist er Disziplinchef Leichtathletik im ADH und versucht, neben der Betreuung der leistungssportlichen Belange in dieser Sportart im ADH, durch Veröffentlichungen und Referententätigkeit die Themen "Mündigkeit und Selbstbestimmung im Leistungssport" sowie "Körpererfahrung" voranzutreiben.
Weitere Veröffentlichungen zum Buchthema:
TREUTLEIN, Gerhard: Selbsterfahrung, Faszination und Wohlbefinden in und durch Leichtathletik. In: ADL (Hrsg.): Schüler im Sport - Sport für Schüler. Schorndorf 1984, S. 186 - 188.
TREULEIN, Gerhard/SPRENGER, Jochen/JANALIK, Heinz: Sinnliches und Besinnliches zur Tagung. In: BAUMANN, Ch./GRÖSSING, St. (Red.):Ganzheitlichkeit und Körpererfahrung in der Sporterziehung. Salzburg 1984, S. 121 - 145.
TREUTLEIN, Gerhard: Körperwahrnehmung und Körpererfahrung beim Laufen. In: Hochschulsport 12 (1985) 11, S. 7 - 10.

UNGERECHTS, Bodo, Dr.: ist wissenschaftlicher Angestellter an der Universität Bielefeld. Er sammelte umfangreiche Erfahrungen während seiner Aktivenzeit im Schwimmen und ist in diesem Bereich auch seit mehreren Jahren als Trainer und in der Übungsleiter- und Trainerausbildung tätig. UNGERECHTS ist Lehrwart im Deutschen Schwimmverband und bringt seit einiger Zeit in dieser Funktion auch das Thema "Körpererfahrung" in die Trainerausbildung hinein.

WEINBERG, Peter, Prof. Dr.: arbeitet als Professor für Sportwissenschaft an der Universität Hamburg (Schwerpunkte Bewegungsforschung und Handlungstheorie). Er verfügt über langjährige Erfahrungen in vielen Sportarten, auch im Volleyball. WEINBERG ist Mitglied des Bildungsausschusses im ADH.
Weitere Veröffentlichungen zum Buchthema:
BINNEWIES, H./WEINBERG, P. (Hrsg.): Körpererfahrung und soziale Bedeutung. Band 13 der Dokumente zum Hochschulsport. Ahrensburg 1984.
WEINBERG, P.: Bewegung, Handlung, Sport. Handlungsorientierte Bewegungsforschung. Köln 1985.

Innerhalb der ADH-Schriftenreihe sind bisher außerdem folgende Beiträge erschienen:

ADH 1
Rittmeyer/Buchheim
Zur Effektivität gesundheitsbezogener Sportprogramme
96 Seiten, ISBN 3-87650-027-3, DM 8,–

ADH 2
Duchrow/Lüddecke
Sport als Bildungsurlaub
Ein Lehrkonzept zur sportlichen Weiterbildung
123 Seiten, ISBN 3-87650-025-7, DM 8,–

ADH 3
Wopp
Volleyball spielen und lernen
160 Seiten, 175 Abbildungen, ISBN 3-87650-029-x, DM 12,–

ADH 4
Blischke/Daugs/Neuberg
Theorie und Praxis des Lehrprogrammeinsatzes in Schwimmunterricht
126 Seiten, 106 Abbildungen, ISBN 3-87650-028-1, DM 10,–

ADH 5
Lämmel
Freizeitssport für körperbehinderte Erwachsene
80 Seiten, ISBN 3-87650-033-8, DM 7,–

ADH 6
Dieter Bremer/Jürgen Pfister/Peter Weinberg (Hrsg.)
Gemeinsame Strukturen großer Spiele
128 Seiten, ISBN 3-87650-034-6, DM 10,–

ADH 7
Wopp
Das kleine Skikursbuch
264 Seiten, 117 Abbildungen, ISBN 3-87650-035-4, DM 19,50

ADH 8
Quinckhardt/Steiner
Bewegen, Spielen, Tanzen
144 Seiten, div. Abbildungen, ISBN 3-87650-041-9, DM 16,–

ADH 9
Bremer/Sperle (Hrsg.)
Fehler, Mängel, Abweichungen im Sport
144 Seiten, div. Abbildungen, ISBN 3-87650-042-7, DM 16,–